"十三五"高等学校电子商务专业规划教材

电子商务案例分析（第三版）

李晓明　主编

张小齐　徐和平　副主编

中国铁道出版社有限公司
CHINA RAILWAY PUBLISHING HOUSE CO., LTD.

内 容 简 介

本书是作者根据多年的教学和实践经验编写而成，精心挑选了 13 个国内当前具有代表性的电子商务案例。本书旨在通过对这些案例的分析，帮助读者理解电子商务的相关理论和基本知识，从而对电子商务这一新兴的交叉学科有一个全面深刻的认识，使读者了解电子商务行业最新发展动态和前沿趋势。

本书力求深入浅出，寓教于乐，每一个案例分成三个层次学习过程，即案例纵览、知识点学习和能力提升。将知识点融入案例中，通过对每一个案例的深度分析与讨论来提升读者的综合分析和理论水平。

本书适合作为高等学校电子商务以及相关专业的教材，也可作为开展电子商务应用的企事业单位的培训参考用书。

图书在版编目（CIP）数据

电子商务案例分析 / 李晓明主编. —3 版. —北京：
中国铁道出版社有限公司，2019.8（2023.2重印）
"十三五"高等学校电子商务专业规划教材
ISBN 978-7-113-26030-9

Ⅰ. ①电… Ⅱ. ①李… Ⅲ. ①电子商务-案例-高等学校-教材 Ⅳ. ①F713.36

中国版本图书馆 CIP 数据核字（2019）第 141921 号

书　　名：电子商务案例分析
作　　者：李晓明

策　　划：周海燕
责任编辑：周海燕　李学敏
封面设计：一克米工作室
封面制作：刘　颖
责任校对：张玉华
责任印制：樊启鹏

　　　　　　　　　　　　　　　　　　编辑部电话：（010）51873371

出版发行：中国铁道出版社有限公司（100054，北京市西城区右安门西街 8 号）
网　　址：http://www.tdpress.com/51eds/
印　　刷：三河市兴博印务有限公司
版　　次：2012 年 5 月第 1 版　　2019 年 8 月第 3 版　　2023 年 2 月第 3 次印刷
开　　本：787 mm×1092 mm　1/16　印张：19　字数：422 千
书　　号：ISBN 978-7-113-26030-9
定　　价：52.00 元

"十三五"高等学校电子商务专业规划教材
编委会名单

总 序

我国电子商务的发展进入了规模与规范并举的新阶段。本套丛书已使用多年，许多新知识、新实践不断涌现，我们的教材到了必须更新的时候。

在这一新形势下，为满足国家电子商务示范城市建设、信息化和工业化，即"两化"深度融合等电子商务发展趋势对培养大批电子商务复合型专业人才——尤其是大批应用型人才的需求，组织编写与时俱进的电子商务系列教材就成为当前较为迫切和至关重要的任务。因此，我们把编写这套"十三五"高等学校电子商务专业规划教材定为我们在新形势下的工作目标之一。

为了促进目标的实现，本套教材得到了国家信息化专家咨询委员会专家们的支持和悉心指导，得到了高等学校电子商务教学指导委员会相关专家的鼎力支持和积极参与，成立了教材编委会。在编委会的组织和领导下，选择并组织了一批优秀的中青年学者和骨干教师担任系列规划教材中各本教材的第一作者，同时遴选其他优秀中青年教师参编，以规范、有序地开展编写工作。

本套规划教材参照电子商务专业最新的培养目标和计划，内容涵盖电子商务的核心课程及重点选修课；读者对象以应用型人才为主，包括高等学校电子商务及经管类专业的本科生及高职高专院校相关专业学生，以及对电子商务感兴趣的工作人员。

本套规划教材内容主要包括电子商务导论、电子商务安全、电子商务物流、电子商务物流管理、电子商务营销、电子商务客户关系管理、网络贸易等。其主要特点包括：①为新形势下顺应电子商务发展的新需求而设计——整套教材的内容衔接合理、大纲设计完善、内容组织具有新意；②内容涵盖电子商务基础、电子商务支撑体系、电子商务服务和应用三大层面，知识体系符合电子商务专业的培养目标；③突出应用型人才培养的特色，从书目的选取，到大纲的制定，再到具体编写过程都强调以学生"易理解、易操作"为原则，在编写中较多地采用了案例讨论、实验指导等方法；④在内容逻辑、形式和体例上力求科学、合理、严密和完整，使之系统化和实用化。

自该套规划教材编写工作启动以来，在编委会各位专家、各分册第一作者以及参编人员的共同努力下，本套教材的修订将陆续面世。在此，我们对参与各项工作和在该项工作中给予支持的各位领导、专家、教师和朋友们表示最衷心的感谢！

我们深知，虽然我们对本套规划教材的组织和编写倾注了最大努力，但离读者对我们的期望仍有距离，在此，也衷心希望各位读者不吝赐教，促使本套教材真正成为受读者欢迎的精品教材！

"十三五"高等学校电子商务专业规划教材编委会

2016 年 8 月

第三版前言

《电子商务案例分析》（第二版）在全国高校中受到普遍欢迎，这对我们来说是莫大的鼓励，也激励我们完成了本书第三版的编写。

2019 年，随着数字化进程将不断深化，中国已经在数字经济的新一轮竞争中走在了前列，中国在 5G 技术、芯片技术、量子计算等领域取得重大突破；在先进技术、大数据、人工智能、云计算、区块链等技术领域日趋成熟，中国电子商务也进入了全新的发展阶段。电子商务经济已经形成了从商品交易、资金传输、商务活动、供应链体系建设，到商业发展、产业链体系和产业集群形成的发展模式。

电子商务经济以其开放性、全球化、低成本、高效率的优势，广泛渗透到生产、流通、消费及民生等领域。在培育新业态、创造新需求、拓展新市场、促进传统产业转型升级、推动公共服务创新等方面发挥出巨大的推动作用，成为国民经济和社会发展的新动力，是新经济的主要组成部分。

为了及时反映电子商务经济日新月异的发展，并满足广大读者的要求，本书在第二版的基础上全新改版，推出《电子商务案例分析》第三版。在第三版中，根据当前电子商务发展作了大幅度的更新。这些内容包括：

本书整体内容上删除了三个案例内容，并新增了四个案例内容，力求反映电子商务新业态、新零售、新需求的发展态势，以及前沿发展新趋势。

每章内容都进行了全面的更新，跟踪案例最新发展，内容和文献引用都截止到 2019 年 5 月，数据引用截止到 2019 年 2 月。

感谢所有第一版、第二版的读者朋友，谢谢你们对本教材的厚爱与关注。感谢谭镯玉、陆贝贝、刘佳玺参与本教材改版的编写。希望第三版的推出能给广大读者朋友带来电子商务全新的体验与感受。

本书案例的分析、讨论仅代表作者个人观点，书中不足之处欢迎广大读者继续给予批评指正。

李晓明
2019 年 6 月于西安

第二版前言

经过了四年多的等待，《电子商务案例分析》第二版终于面世了，我甚感欣慰。

到 2016 年，电子商务进入了普及深化的发展阶段，电子商务对国民经济和社会发展的贡献显著提高，电子商务的应用已经成为决定企业国际竞争力的重要因素，总量规模不断变化，并影响着未来商业发展模式。

根据前瞻产业研究院提供的《2016—2021 年中国电子商务行业发展趋势与投资决策分析报告》显示，目前，我国网购的用户的总人数为 3.61 亿元，网购在网民中的普及率高达 55.7%。"十三五"期间，我国的电子商务正如火如荼的发展，行业电子商务将成为下一代电子商务发展主流，企业导入电子商务的比例将持续增加，中国的网络零售交易额规模一跃成为世界第一。这足以证明，电子商务在我国已经取得显著成绩，并呈现出高速发展的趋势。在当今的"互联网+"时代，中国将成为电子商务在全球发展最快的国家。

《电子商务案例分析》第一版就是在电子商务行业大发展环境下出版的，并且十分成功，受到读者的普遍欢迎，也是"十三五"高等学校电子商务专业规划教材。为了及时反映出电子商务行业日新月异的发展，并满足广大读者的要求，决定再版。在第二版中，在保留第一版全部优点和特色的基础上，作了进一步更新、改进和创新。这些更新、改进和创新包括：

内容进行了全面的更新，跟踪每一案例最新发展，内容和文献引用都截至截至 2016 年 5 月，数据引用截至 2016 年 2 月。

进一步提高本书的可读性与趣味性。针对每一个章节的每一个句子，都经过了字斟句酌、反复推敲，尽可能使用短的句子，同时，继续邀请本科生参与试读教材，充分听取他们的意见，力争使第二版的内容更加生动、深入浅出和言简意赅。突出反映主线，使内容更加鲜活生动。同时增加引入了一些小框评论，小框中丰富思考的内容可进一步激发学生学习的兴趣，起到抛砖引玉的作用。

将各章小结进一步完善与深化，以有效地提炼成知识点；配有较多拓展讨论的内容，对课后思考题也进行了更新，可以协助读者深入学习；还提供了 PPT 课件和辅助学习资料可从 http://www.tdpress.com/51eds.com 下载。

感谢所有第一版的读者，谢谢你们对这本教材的厚爱。本书在编写过程中参阅了大量文献，在此向文献作者表示感谢。本书案例的分析、讨论仅代表作者个人观点，书中不足之处欢迎广大读者给予批评指正。

李晓明

2016 年 5 月于西安

第一版前言

　　电子商务是一门随着电子商务实践而不断发展起来的新兴学科，在近年来的电子商务概论的教学实践中，一直存有这样的疑问：传统的灌输讲授形式是否可以让学生领悟电子商务的内涵和本质？与传统经典学科相比，电子商务是否需要更具特色的、更加灵活的教学方式？电子商务是一门实践性很强的学科，离开实践只讲理论是否会导致培养出高理论低能力的人才？经过教学实践中的反复尝试与摸索，我们给出的解决方案便是：理论教学中加入电子商务案例教学和情景讨论模式。

　　电子商务学科是伴随着电子商务的实践发展而来的，具有面向应用的特征，具有工科学科的基本特征。用人单位希望学生有实际工作经验、有项目经验、有大型软件设计参于经验、有具体网络管理经验。这些都要求学生具有很强的实践能力，这些实践能力的培养一方面需要在实践中体验，而理论方面的学习则要来自于大量的案例学习。因为，电子商务是一个新兴的跨学科和边缘学科，当前其学科理论基础还不完善和成熟，只有从海量案例的学习过程中亲身体验其本质特点和内在规律。

　　在进行电子商务教学时，老师首先要培养学生对电子商务的兴趣。进行电子商务理论学习之前，要对案例进行分析，以激发学生学习电子商务的兴趣，为学生以后学习更深入的电子商务知识技能打下牢固的基础。

　　在此基础上，通过安排学生自主性合作探究、课堂讨论及教师讲解和答疑，共同探究电子商务案例当中的知识点和规律，这对于学生更好地理解电子商务知识、电子商务模式、电子商务发展及电子商务构成具有重要意义。因为案例学习过程就是给学生一个亲身领悟、感受的机会，是一个逐渐积累个人隐性知识的过程，它有助于创新性思维的培养和创新能力的提升。

　　本书由李晓明（长安大学经济与管理学院）担任主编和负责统稿，由张小齐（长安大学经济与管理学院）和徐和平（长安大学经济与管理学院）担任副主编。具体编写分工务如下：李晓明编写第 1 章和第 5～7 章；张小齐编写第 2～4 章和第 11 章；徐和平编写第 8~10 章和第 12 章。

　　本书编写的目的是让学生在快乐中学习、在体验中创新。本书在编写过程中参阅了大量文献，在此向文献作者表示感谢。本书在编写过程中调研了阿里巴巴、网易考拉海购等公司，获取了大量数据资料，在此谨向被调研公司表示最诚挚的感谢。本书案例的分析、讨论仅代表作者个人观点，书中不足之处欢迎广大读者给予批评指正。

李晓明

2012 年 1 月于西安

目 录

第 1 章 导 论

学习目标

通过对本章内容的学习，学生应该能够做到：

（1）了解电子商务目前的发展趋势，电子商务给社会经济模式、人们日常生活方式所带来的变革，以及国内电子商务的迅猛发展。

（2）理解电子商务的定义、构成、成本构成及分类，理解电子商务的内涵并掌握其本质。

（3）掌握本章所介绍的三层案例学习法的思路和方法，并能够在后续各章的学习过程中灵活运用。

（4）从全局角度宏观分析本书的结构、思路和方法，对后续各章的案例学习做好充分的准备。

引言

电子商务是应用以互联网为核心的现代网络技术进行企业生产、经营和商贸等一切活动的总称。其中，以互联网为核心的网络技术是手段，是活动实施的一种方式；而所进行的生产、经营和商贸活动是电子商务的核心与出发点。电子商务是由计算机网络、用户、商家、认证中心、物流配送中心和网上银行 6 个基本要素组成。

我国电子商务高等教育应致力于培养复合型电子商务人才。既要符合企业实际电子商务运营要求，培养学生的实际操作和动手能力，以提升学生的职业竞争力；又要强化学生分析和解决问题的能力，形成长期职业发展潜力。而案例教学正是适合这种复合型人才培养的最佳教学模式之一。

本章在界定电子商务定义及相关概念的基础上，详细阐述了电子商务所带来的前所未有的经济模式和生活方式的变革，最后给出了如何使用本书进行电子商务案例学习的具体方法和途径。

1.1 电子商务的概念

21 世纪，以互联网为核心的网络技术的发展与应用，使社会步入了全新的网络经济时代，人类迎来了"互联网时代"。在这个时代，市场竞争规则、竞争增长方式乃至社会生活方式都发生着剧烈变化。可以肯定的是，网络经济时代带来的变革，将不亚于 18 世纪蒸汽机的发明和 19 世纪电的发明给人类社会所带来的影响。而电子商务的诞生就是这个时代的必然趋势。它改变了传统的买卖双方的交流方式，打破了传统的经营管理模式，可以使企业在世界范围内为用户提供每周 7 天、每天 24 小时的全天候服务。行业专家预测，伴随着互联网的高速发展和家用计算机的普及，在未来的 10 年，电子商务将在家居消费领域获得爆发式增长，为人们日常生活中的吃、穿、住、行等带来实惠和便利。

美国 Intel 公司董事长格鲁夫这样说过："未来的企业都是电子商务企业，电子商务将'消失'。"

在中国，电子商务经过 20 多年的发展，电子商务发展环境、配套服务体系逐渐完善，企业及个人用户对电子商务认知及应用程度的加深，迅速扩展至大众日常消费领域，如购物、缴费、旅游、餐饮、娱乐、社区服务等。根据《第 37 次中国互联网络发展状况统计报告》显示，半数中国人已接入互联网，网民规模增速再次提升，截至 2015 年 12 月，我国网民规模达 6.88 亿，全年共计新增网民 3 951 万人，增长率为 6.1%，较 2014 年提升 1.1 个百分点。我国互联网普及率达到 50.3%，超过全球平均水平 3.9 个百分点，超过亚洲平均水平 10.1 个百分点。网民个人上网设备进一步向手机端集中，90.1% 的网民通过手机上网。移动互联网塑造了全新的社会生活形态，潜移默化地改变着移动网民的日常生活。无线网络覆盖明显提升，网民 Wi-Fi 使用率达到 91.8%。截至 2015 年 12 月，我国手机网民规模达 6.20 亿，网民中使用手机上网的人群占比由 2014 年的 85.8% 提升至 90.1%。

网络的普及推动了电子商务突飞猛进的发展，2018 年第十个天猫"双十一"全球狂欢节总交易额为 2 153 亿元，再创新高。而中国的"双十一"也已成为了世界上最大的网购盛事。电子商务已经成为大众生活不可缺少的一部分，已成为中国经济发展的新引擎。

虽然电子商务的出现可以追溯到以莫尔斯码点和线的形式在电线中传输的商贸活动，但电子商务概念真正的提出最早是由 IBM 公司于 1996 年提出的 Electronic Commerce（E-Commerce）的概念。之后，电子商务也可用英文 Electronic Business（E-Business）来表述，E-Business 比 E-Commerce 所包含的内容广泛，E-Commerce 指利用先进的电子技术所进行的一切商业贸易活动，而 E-Business 是利用先进的电子技术所从事的一切活动。本书对 E-Business 与 E-Commerce 不做更多的区分。

1.1.1　电子商务的定义

电子商务是一个随着以互联网为核心的网络技术发展与应用而不断发展的概念，至今为止，人们从不同角度对电子商务有着不同的认识与定义。电子商务没有统一的定义，国内外不同的书籍、机构对于电子商务的定义都有差异，电子商务研究者从不同角度给出了电子商务的定义。

IBM 公司对电子商务的定义是：电子商务是在 Internet 等网络的广泛联系与传统信息技术系统的丰富资源相结合的背景下，应运而生的一种在互联网上展开的相互关联的动态商务活动。

HP 公司对电子商务的定义是：通过电子化手段来完成商业贸易活动的一种方式，使人们能够以电子交易为手段，完成物品和服务等交换，是商家和客户之间的联系纽带。

联合国国际贸易程序简化工作组对电子商务的定义是：采用电子形式开展的商务活动，它包括在供应商、客户、政府及其参与方之间通过任何电子工具，如 EDI、Web 技术、电子邮件，共享非结构化或结构化商务信息，并管理和完成在商务活动、管理活动和消费活动中的各种交易。

全球信息基础设施委员会（GIIC）电子商务工作委员会报告草案中对电子商务的定义是：电子商务是运用电子通信作为手段的经济活动，通过这种方式人们可以对带有经济价值的产品和服务进行宣传、购买和结算。这种交易的方式不受地理位置、资金多少或零售渠道的所有权影响，公有、私有企业，公司，政府组织，各种社会团体，一般公民，企业家都能自由地参加广泛的经济活动，其中包括农业、林业、渔业、工业、私营和政府的服务业。电子商务能使产品在世界范围内交易并向消费者提供多种多样的选择。

联合国经济合作和发展组织（OECD）认为：电子商务是发生在开放网络上的包含企业之间（Business to Business）、企业和消费者之间（Business to Consumer）的商业交易。

美国政府在《全球电子商务纲要》中认为：电子商务是通过 Internet 进行的各种商务活动，包括广告、交易、支付、服务等，全球电子商务将涉及世界各国。

综上所述，本书认为：电子商务的实质包含两个方面：一是利用电子信息工具；二是进行生产、经营、商贸活动等一切相关活动。再具体一点来说，电子商务是利用现有的计算机硬件设备、完整的网络商务经营及管理信息系统和网络基础设施，在一定的协议下连接起来的电子网络环境中进行生产、经营、商务活动的方式。通俗地讲，电子商务一般是指利用互联网进行生产、经营、商务等活动的一种全新方式。

因此，电子商务的定义为：应用以互联网为核心的现代网络技术进行企业生产、经营和商贸等一切活动的总称。其中网络技术是手段，是活动实施的一种方式；而所进行的生产、经营和商贸活动是电子商务的核心与出发点。

（1）电子商务从内涵不同，可分为广义电子商务和狭义电子商务。

广义电子商务包括企业生产、经营、销售等一切电子化活动，即电子商务是基于Internet，支持企业经营的产、供、销、人事、财务等全部活动的自动化。除了买、卖商品和服务外，还包括服务、与商业伙伴之间的合作、网上学习、企业的内部电子交易、企业内部活动等。狭义电子商务是指与贸易相关的电子商贸活动。

（2）电子商务从完成过程的不同还分为完全电子商务和不完全电子商务。

完全电子商务即可以完全通过电子商务方式实现和完成整个交易过程的交易，也就是利用 Internet 能够进行全部的贸易活动，即在网上将信息流、商流、资金流和部分的物流完整地实现。

不完全电子商务即无法完全依靠电子商务方式实现和完成完整交易过程的交易，它需要依靠一些外部实体运作，如需要物流运输系统等来完成货物的送达。

1.1.2　电子商务的基本组成要素

1. 计算机网络

计算机网络包括互联网、内联网、外联网。互联网是电子商务的基础，是全世界范围内进行商务、业务信息传送的载体；内联网是企业内部商务活动和经营管理的网络平台；外联网是企业与企业自己及企业与客户之间进行商务活动的纽带。

2. 商家

商家指网络上提供产品或者服务而收取费用的个人或企业。企业商家建立企业内联网、外联网和企业管理信息系统，对人、财、物、供、销、存进行科学管理。

3. 用户

用户是指通过网上支付进行消费的个人或企业。用户使用浏览器、数字电视机顶盒、个人数字助理、可视电话等接入互联网。为了获取信息、购买商品，还须采用 Java 技术及其产品。

4．认证中心

认证中心是法律承认的权威机构，负责发放和管理电子证书，使网上交易的各方能相互确认身份。电子证书是一个包含证书持有人、个人信息、公开密匙、证书序号、有效期、发证单位的电子签名等内容的数字文件。

5．物流配送中心

物流配送中心接受商家的送货要求，组织运送无法从网上直接得到的商品，跟踪产品的流向，将商品送到客户的手中。

6．网上银行

网上银行在互联网上实现传统银行的业务，为用户提供 24 小时的实时服务；与信用卡公司合作，发放电子钱包，提供网上支付手段，为电子商务交易中的用户和商家服务。

1.1.3　电子商务的成本构成

1．技术成本

电子商务的技术成本包括软硬件成本、学习成本和维护成本。电子商务是各种技术相结合的产物，一般来说，电子商务投资较高，管理复杂，维护费用高昂。

2．安全成本

在任何情况下，网络交易的安全总是人们关心的首要问题，如何在网上保证交易的公正性和安全性，保证交易双方身份的真实性，保证传递信息的完整性以及交易的不可抵赖性，成为电子商务推广与普及的关键。

3．物流成本

电子商务中的瓶颈问题是物流配送。物流配送是电子商务交易最终实现的环节，是电子商务的目标和终点，是衡量电子商务质量的一个重要指标。

4．客户成本

电子商务的客户成本是指顾客用于网上交易所花费的上网、咨询、支付直到最后商品到位的费用的总和，不包括添置相应的硬件设备和学习使用的费用。

1.1.4　电子商务的特征

1．商务性

商务性是最基本特性，提供买卖交易的服务、手段和机会，可以扩展商机、市场。

2．服务性

服务性是指提供的服务全面、方便，对于客户、企业均受益。

3．集成性

集成性体现在事务处理的整体性和统一性，规范事务处理流程。

4. 可扩展性

对于企业而言，倘若原来有 40 万人次来访问，突然增至 80 万人次，此时若无可扩展性，可能导致访问速度急剧下降或有数千次可能带来丰厚利润的客户遭到拒绝。可见，可扩展性是非常重要的特征。

5. 安全性

无论网上商品如何有吸引力，若对交易安全性缺乏把握，客户也根本不敢在网上买卖。可见，安全性是基本要求和基本特征之一。

6. 协调性

商业活动是一种协调过程，需要雇员和客户、生产方、供货方以及商业伙伴之间的协调。为了提高工作效率，许多组织都提供了交互式的协议，电子商务活动可以在这些协议基础上进行。

1.2 电子商务模式的分类

电子商务可按照不同的方式进行分类，如按照使用网络的类型进行分类、按照商务性质分类、按照商务阶段分类、按照交易范围进行分类，但是最常见的分类方式是按照交易的性质或者交易参与方之间的关系进行分类。常见的电子商务模式如下：

（1）B2B 模式。B2B 模式指企业与企业间的电子商务，主要是通过 Internet 或专用网方式进行的电子商务活动。具体内容就是用电子技术、数据处理技术，解决商业和贸易领域中的信息处理问题，包括资源的调配、生产技术的革新、管理的虚拟化等，体现了企业生产过程的变革。从企业经营的宏观角度看，电子商务是基于 Internet，支持企业经营的产、供、销、人事、财务等全部活动的自动化，在供货、库存、运输、信息流通等方面大大提高了企业的效率。就目前来看，企业与企业之间的电子商务将是电子商务业务的主体，约占电子商务总交易量的 90%，是最值得关注和探讨的，因为从未来发展来看，它仍然是主流，最具有发展潜力。

（2）B2C 模式。B2C 模式指企业与消费者之间的电子商务，主要指企业通过 Internet 为消费者提供一个新型的购物环境——网上商业中心，消费者通过网络在网上购物、在网上支付、取货而完成全部购物过程，可以将其看作一种电子化的零售方式。由于这种方式节省了客户和企业双方的时间和空间，大大提高了交易效率，节省了不必要的开支，因而是一种新型、有效的电子购物方式。目前，在互联网上提供从鲜花、书籍到计算机、汽车等各种消费商品和服务。

（3）B2G 模式。B2G 模式指政府与企业之间的电子商务，包括政府采购、税收、商检、管理规则发布等在内的各项事务。政府在这里有两重角色：既是电子商务的使用者，进行购买活动，属商业行为人，又是电子商务的宏观管理者，对电子商务起着扶持和规范的作用。在发达国家，发展电子商务往往主要依靠私营企业的参与和投资，政府只起引导作用。与发达国家相比，发展中国家企业规模偏小，信息技术落后，债务偿还能力低，政府的参与有助于引进技术，扩大企业规模和提高企业偿还债务的能力。

（4）C2C 模式。这种应用系统主要体现在网上商店的建立。现在已经有很多的在线交易平台，如淘宝网、易趣网等。这些交易平台为很多消费者提供了在网上开店的机会，使得越来越多的人进入这一系统。C2C 电子商务的发展趋势应该是向精细化和区域化发展，未来在全国各个中小城市出现一批面向当地客户的 C2C 平台，这种模式的特点是规模小，信任度高。C2C 技术方面的发展趋势是 3D 技术的应用，3D 技术的应用为 C2C 平台提供了更加人性化的服务，比如，可以在一些提供 3D 技术的平台上，根据自己的体型设计出跟自己体型大体一致的 3D 模型，在购买衣物或鞋子的时候，完全可以用模型来代替自己试穿，这也省去了很多调换的成本和麻烦。

由于电子商务发展迅猛，与前述常见的电子商务模式相比，近年来涌现出了新的电子商务模式，具体如下：

（1）移动电子商务模式。移动电子商务就是利用手机、PDA 及掌上计算机等无线终端进行的 B2B、B2C 或 C2C 的电子商务。它将 Internet、移动通信技术、短距离通信技术及其他信息处理技术完美地结合，使人们可以在任何时间、任何地点进行各种商贸活动，实现随时随地、线上线下的购物与交易、在线电子支付以及各种交易活动、商务活动、金融活动和相关的综合服务活动等。

移动电子商务是在无线传输技术高度发达的情况下产生的，比如经常提到的 3G 或 4G 技术、技术移动电子商务的载体。随着电子商务的不断发展与成熟，新型的电子商务模式不断涌现，B4C、BNS 等以顾客个性化需求及体验为核心的注重服务型电子商务的出现对传统电子商务理念进行了全新的诠释。

（2）B4C（Business for Consumer）。B4C 是 B2C 模式的升华，倡导在线服务的提升也是顺应电子商务直销的一种新趋势。B4C 模式是一种全新的 B2C 模式。正是由于消费者决定工厂该生产什么，生产多少，生产厂商就不会盲目生产。这种订制模式抓住了购买者的最大消费愿望，在很大程度上规避了商业风险，同时也可以获得最大的利润回报。

（3）团购。传统行业通过网站进行大量优惠而引起大量网民进行购买的销售方式，对商家来说是一种新型广告促销的方式，而对于消费者来说是一种享受低价购买商品的机会。团购代表网站有拉手网、美团网、糯米网、24 券、团宝网、满座网、嘀嗒团等。

1.3 电子商务功能的三个层次

电子商务可提供网上交易和管理等全过程的服务。因此，它具有广告宣传、咨询洽谈、网上订购、网上支付、电子账户、服务传递、意见征询、交易管理等各项功能。

在现代信息社会中，电子商务可以使掌握信息技术和商务规则的企业和个人系统地利用各种电子工具和网络，高效率、低成本地从事各种以电子方式实现的商业贸易活动。从应用和功能方面来看，可以把电子商务的功能分为 3 个层次（3S），即展示（Show）功能、交易（Sale）功能、服务（Serve）功能。

1.3.1 展示功能

展示功能提供电子商情，企业以网页方式在网上发布商品及其他信息和在网上做广告等。通过 Show 功能，企业可以树立企业形象，扩大企业的知名度，宣传企业的产品和服务，寻找新的贸易合作伙伴。

1. 广告宣传

电子商务可凭借企业的 Web 服务器和客户的浏览器，在 Internet 上发布各类商业信息。客户可借助网上的检索工具（Search）迅速地找到所需的商品信息，而商家可利用网上主页（Home Page）和电子邮件（E-mail）在全球范围内做广告宣传。与以往的各类广告相比，网上的广告成本最为低廉，而给顾客的信息量却最为丰富。

2．咨询洽谈

电子商务可借助非实时的电子邮件、新闻组（News Group）和实时的讨论组（Chat）来了解市场和商品信息，洽谈交易事务，若有进一步的需求，还可用网上的白板会议（Whiteboard Conference）来交流即时的图形信息。网上的咨询和洽谈能超越人们面对面洽谈的限制，提供多种方便的异地交谈形式。

1.3.2 交易功能

交易功能即将传统形式的交易活动的全过程在网络上以电子方式来实现，如网上购物等。企业通过 Sale 可以完成交易的全过程，扩大交易的范围，提高工作的效率，降低交易的成本，从而获取经济和社会效益。

1．网上订购

电子商务可借助 Web 中的邮件交互传送，实现网上订购。网上订购通常都是在产品介绍的页面上提供十分友好的订购提示信息和订购交互格式框。当客户填完订购单后，通常系统会回复确认信息单来保证订购信息的收悉。订购信息也可采用加密的方式使客户和商家的商业信息不会泄露。

2．网上支付

电子商务要成为一个完整的过程，网上支付是重要的环节。客户和商家之间可采用信用卡账号实施支付。在网上直接采用电子支付手段可省略交易中人员的开销。网上支付需要更加可靠的信息传输安全性控制，以防止欺骗、窃听、冒用等非法行为。

3．电子账户

网上支付必须有电子金融来支持，即银行或信用卡公司及保险公司等金融单位要为金融服务提供网上操作的服务，而电子账户管理是其基本的组成部分。信用卡号或银行账号都是电子账户的一种标志，而其可信度需配以必要的技术措施来保证。例如，数字凭证、数字签名、加密等手段的应用提供了电子账户操作的安全性。

1.3.3 服务功能

服务功能是指企业通过网络开展的与商务活动有关的各种售前和售后的服务，可以完善自己的电子商务系统，巩固原有的客户，吸引新的客户，从而扩大企业的经营业务，获得更大的经济效益和社会效益。企业是开展电子商务的主角。

1．服务传递

对于已付款的客户应将其订购的货物尽快地传递到他们的手中，而有些货物在本地，有些货物在异地，电子邮件能在网络中进行物流的调配。而最适合在网上直接传递的货物是信息产品，如软件、电子读物、信息服务等。它能直接从电子仓库中将货物发到用户端。

2. 意见征询

电子商务能十分方便地采用网页上的"选择""填空"等格式文件来收集用户对销售服务的反馈意见，这样使企业的市场运营能形成一个封闭的回路。客户的反馈意见不仅能提高售后服务的水平，更使企业获得改进产品、发现市场的商业机会。

3. 交易管理

整个交易的管理涉及人、财、物多个方面，企业和企业、企业和客户及企业内部等各方面的协调和管理。因此，交易管理是涉及商务活动全过程的管理。电子商务的发展，将会提供一个良好的交易管理的网络环境及多种多样的应用服务系统。这样，能保障电子商务获得更广泛的应用。

1.4　电子商务对社会经济产生的影响

电子商务是 Internet 爆炸式发展的直接产物，是网络技术应用的全新发展方向。Internet 本身所具有的开放性、全球性、低成本、高效率的特点，也成为电子商务的内在特征，并使得电子商务大大超越了作为一种新的贸易形式所具有的价值。它不仅会改变企业本身的生产、经营、管理活动，而且将影响整个社会的经济运行与结构。电子商务行业的兴起犹如蝴蝶效应，改变了传统的经济模式，不亚于蒸汽机的发明给整个社会带来的影响。

1. 传统营销模式的改变

传统的商务活动最典型的情景就是"推销员满天飞""采购员遍地跑""说破了嘴、跑断了腿"，消费者在商场中筋疲力尽地寻找自己所需要的商品。现在，通过互联网只要动动手就可以了，人们可以进入网上商场浏览，采购各类产品，而且还能得到在线服务，商家可以在网上与客户联系，利用网络进行货款结算服务，政府还可以方便地进行电子招标、政府采购等。

2. 传统消费方式的改变

网上购物的最大特征是消费者的主导性，购物意愿掌握在消费者手中，同时消费者还能以一种轻松自由的自我服务的方式来完成交易，消费者主权可以在网络购物中充分体现出来。

3. 企业生产方式的改变

由于电子商务是一种快捷、方便的购物手段，消费者的个性化、特殊化需要可以完全通过网络展示在生产商面前。为了取悦顾客，突出产品的设计风格，制造业中的许多企业纷纷发展和普及电子商务，如美国福特汽车公司在 1998 年的 3 月就将全世界的 12 万个计算机工作站与公司的内部网连接起来，并将全世界的 1.5 万个经销商纳入内部网。福特公司的最终目的是实现能够按照用户的不同要求，做到按需供应汽车。

4. 经营模式的变革

电子商务是在商务活动的全过程中，通过人与电子通信方式相结合，极大地提高商务活动的效率，减少不必要的中间环节，传统的制造业借此进入小批量、多品种的时代，"零库存"成为可能；传统的零售业和批发业开创了"无店铺""网上营销"的新模式；各种线上服务为传统服务业提供了全新的服务方式。

5．金融支付模式的变革

在线电子支付是电子商务的关键环节，也是电子商务得以顺利发展的基础条件。随着电子商务在电子交易环节上的突破，网上银行、银行卡支付网络、银行电子支付系统以及电子支票、电子现金等服务，将传统的金融业带入了一个全新的领域。

6．政府行为的变革

政府承担着大量的社会、经济、文化的管理和服务的功能，在电子商务时代，当企业应用电子商务进行生产经营、银行金融电子化，以及消费者实现网上消费的同时，将同样对政府管理行为提出新的要求，电子政府或称网上政府，将随着电子商务发展而成为一个重要的社会角色。

总而言之，作为一种商务活动过程，电子商务将带来一场史无前例的革命，其对社会经济的影响远远超过商务的本身。除了上述这些影响外，它还将对就业、法律制度以及文化教育等带来巨大的影响，电子商务会将人类带入信息社会。

1.5　电子商务案例学习方法

高校电子商务专业在建设与发展中逐渐形成了 3 种取向：以管理为主的电子商务办学模式；以经济商务为主的电子商务办学模式（包括物流与市场营销）；以计算机（软件）为主的电子商务办学模式。3 种办学模式均分电子商务专业的天下，其中以管理为主的电子商务办学模式所占的比重更高一些。

1.5.1　我国电子商务学科教育现状

我国高校对电子商务专业的设置有两种情况：一是设在经济管理学院，以管理为主，把计算机网络技术作为平台，进行电子商务的应用；二是设在信息学院或计算机学院，以技术实现为主要目的，着重培养学生进行电子商务平台的开发、管理与维护能力。

我国电子商务高等教育应致力于培养复合型电子商务人才。既要符合企业实际电子商务运营要求，培养学生实际操作和动手的能力，以提升学生的职业竞争力；又要强化学生分析和解决问题的能力，形成长期职业发展潜力。而案例教学正是适合这种复合型人才培养的最佳教学模式之一。

1.5.2　电子商务学科的特点

我国电子商务教育的模式应该以注重培养技术类和商务类电子商务人才为主，就培养这两类电子商务人才而言，其特点都是实践性强、理论扎实，教学中以兴趣引导为出发点，生动活泼，寓教于乐，深入浅出，引导学生自主思考、体验与分析。

1．电子商务具有广泛的渗透性

电子商务在未来社会中将无处不在，当前电子商业突飞猛进地在各行业、各领域中渗透，从做电子商务最早的服装行业到目前家电、汽车、服务等行业无一不能离开电子商务，正如斯坦福大学现电子商务的研究中心发言人称："我们认为再过 5 年，电子商务将渗透到人们生活的各个领域。"因此，电子商务大量真实、生动、具有代表性的案例不断涌现，这就给我们电子商务案例学习带来了极大的便利和现实的可能性，同时从大量丰富、真实的案例学习中才能真正领悟到电子商务的真谛和精彩之处。

2．电子商务具有很强的实践性

电子商务学科伴随着电子商务的实践发展而来，具有面向应用的特征，具有工科的基本特征。用人单位希望学生有实际工作经验，有项目经验，有大型软件设计参与经验，有具体网络管理经验。这些都要求学生具有很强的实践能力，这些实践能力的培养一方面需要在实践中体验，而理论方面的学习则要来自于大量的案例学习。因为电子商务是一个新兴的跨学科的边缘学科，当前其学科理论基础还不完善和成熟，所以需要从海量案例的学习过程中亲身体验其本质特点和内在规律。

1.5.3　电子商务三层次案例学习方法

电子商务三层次案例学习方法主要是指知识学习、能力培养和案例拓展这 3 个层次。

案例即是一个可以用来说明问题的具体事例、现实场景或事实材料。所谓案例学习，则是通过某个典型案例的研习，掌握一般课程原理和学科知识的学习方法。真实性、科学性和典型性是案例选取的 3 大要素。

1．案例学习的目的

（1）案例学习的目的在于理解和掌握知识的同时，还要求掌握学习的方法，训练心理思维和技能。

（2）案例的情境性和探究性，可供借鉴或效仿，学生可以从模仿再现到应用创新，不断扩大学习的能力范畴，显然这对于提高学生学习能力和学习效率大有裨益。

案例学习的情境性和探究性更是非案例学习无可比拟的优势。情境性是通过一个共享经历建立隐性知识的过程，它能让学习者深入地体验电子商务某一事实景象，通过案例的综合实习、教师解答问题、学生自组织讨论、项目合作、项目汇报等形式实现隐性知识相互转化，使抽象的概念具象化，让深奥的原理浅显化，有助于深入理解案例本身隐含的知识信息。探究性则是通过案例研究的趣味性，引导学生主动地自主探究，从中体验感悟，发现知识，归纳结论。这种学习体验，正是案例学习的魅力所在。

（3）案例拓展，即课后给出更多的案例启发学生自主查找资料进行分析，提高学生分析和解决问题的能力，同时通过学生之间小组、团队式的讨论，思维的碰撞往往会激发出学生的创意思维。

2．三层次案例学习方法

案例学习首先通过案例概况、发展历程、热点事件、成功之处等内容的学习，对案例有一个全局、客观而翔实地了解与掌握；其次，引导学生自主探究式学习，体验理解电子商务知识点，掌握理解电子商务基本概念，这是案例学习的第二个层次；在前两个层次学习的基础上，挖掘案例中隐性知识，运用已有的知识解决问题，培养学生分析问题与解决问题的能力，进而提升学生的创新能力。

1）案例纵览

案例学习首先通过案例概况、发展历程、热点事件、成功之处等内容的学习，使学生对案例有一个全面、客观而翔实的了解与掌握。

2）知识点学习

根据知识的获取方式，知识可分为隐性知识（Tacit Knowledge）和显性知识（Explicit Knowledge）。显性知识包括文件、手册、报告、数据库、书本、课件等，隐性知识包括培训导师和学生头脑中的知识和技能，这些知识和技能的形成与培训一般难于表达，难于与他人交流与共享。

通过安排学生自主性合作探究、课堂讨论、教师讲解、答疑、解惑，共同探究电子商务案例当中内在的知识点和规律，这对于学生更好地理解电子商务知识、电子商务模式、电子商务发展及电子商务构成具有重要意义，因为案例学习过程就是给学生一个亲身领悟、感受的机会，逐渐积累个人隐性知识的过程，有助于创新性思维的培养。

这一过程要求围绕"是什么—怎么样—为什么"这样的问题链展开探究活动，从而发现知识的内在联系，建构起某一主题的知识体系，建立起较为完整的理解方式和合理性解答。

3）能力提升

要求学生在第一层面学习的基础上，由学生独立或合作学习来完成新的案例分析，这有助于训练学生在新情境中应用知识的能力，对学生学习能力结构的完善和提升，无疑是有积极作用的。

第二层面的学习在于对电子商务的知识发现和问题探究，一般用于新知识学习（新课）；第三层面的学习在于知识运用和问题解决，通过汇总组合产生新的显性知识被受训的学生吸收、消化，并升华成他们的隐性知识。一般用于知识巩固和提升，这是一个将显性知识形象化和具体化的过程。

这一过程的基本走向是"提出问题（从案例情境中提取有用信息，鉴别问题的类型）—分析问题（判断问题性质，调动和运用所掌握的知识进行分析）—解决问题（提出问题解决的方案）"，其目标指向是对"新情境"中新问题的解决。

作为一种学习方式，案例学习不但可以用于教师的课堂教学，也可以用于学生的自学和训练，这对于改变我们的传统课堂教学方式，创建适合电子商务学科特点的新型教学模式提供了有益的尝试。

小结

本章在界定电子商务定义及相关概念的基础上，详细阐述了电子商务所带来的前所未有的经济模式和生活方式的变革，最后给出了如何使用本书进行电子商务案例学习的具体方法和途径。

第2章　阿里巴巴——电子商务生态系统

学习目标

通过本章内容的学习，学生应该能够做到：

（1）了解阿里巴巴的产生背景、发展历程、现状及主要业务，体会阿里巴巴在中国电子商务领域的影响力和领导地位。

（2）了解阿里巴巴对中小企业的作用、阿里巴巴的企业文化和价值观。

（3）了解电子商务生态的基本概念和生态系统的发展及演化理论。

（4）理解阿里巴巴在发展过程中逐步形成的电子商务生态系统的构成成分及重要性。

（5）对阿里巴巴现阶段的新零售进行深入的分析，理解其产生的原因。

（6）分析讨论阿里巴巴的核心价值观——拥抱变化、持续创新。

引言

1999 年，马云创办了阿里巴巴，经过 20 年的发展，阿里巴巴集团不断壮大，从单一的阿里巴巴 B2B 平台，发展到由淘宝网、天猫、聚划算、全球速卖通、阿里巴巴国际交易市场、1688（阿里巴巴中国交易市场）、阿里妈妈、阿里云、蚂蚁金服和菜鸟网络等组成的综合性电子商务生态圈，业务涵盖了 B2B、C2C、B2C、软件服务、网络金融、搜索引擎、网络广告、团购及物流等各个领域。至此，一个强大的电子商务生态系统逐步形成了。

正如马云所言："我想未来几年我们不会因为各种各样的压力，我们不会因为市场的压力、各方面的压力而改变我们的策略，我们还会一如既往地发展中国电子商务的基础建设，建设中国的电子商务的生态环境。"

本章从生态系统的角度来分析研究阿里巴巴集团的发展及成功之处，主要内容包括阿里巴巴集团现状，阿里巴巴集团发展历程及发展战略，阿里巴巴电子商务生态系统的构成及演化阶段，阿里巴巴集团发展过程中出现的一系列热点问题，阿里巴巴核心价值观及创新思维，阿里巴巴存在的主要问题及解决方案。

2.1　案例纵览

1999 年，马云创办了企业对企业的网上贸易市场平台——阿里巴巴，经过 15 年的发展与创新，2014 年 9 月 19 日，阿里巴巴集团于美国纽约证券交易所正式挂牌上市。

阿里巴巴集团目前拥有的子公司及相关平台一共 15 个，包括淘宝网、天猫、聚划算、全球速卖通、阿里巴巴国际交易市场、1688（阿里巴巴中国交易市场）、阿里妈妈、阿里云、蚂蚁金服、菜鸟网络、飞猪、阿里体育、阿里巴巴创业者基金、阿里巴巴全球创新部和阿里影业。

2003 年 10 月淘宝推出支付宝服务，进军电子商务支付领域。基于支付宝的发展，2014 年 2 月，阿里巴巴集团关联公司蚂蚁金服正式成立。蚂蚁金服是一家旨在为世界带来普惠金融服务的科技企业。2015 年 9 月 9 日，阿里巴巴集团宣布成立阿里体育，正式全面布局体育产业，并提出要以数字经济思维创新发展体育产业链。2015 年 11 月，阿里巴巴集团创立非牟利项目——阿里巴巴创业者基金，希望协助港台两地的创业家和青年人实践梦想和愿景，推动他们的事业，并促进当地发展。2016 年 10 月，阿里巴巴集团宣布，将旗下旅行品牌"阿里旅行"升级为全新品牌"飞猪"，英文名为"Fliggy"，为淘宝会员提供综合性的旅游出行网络交易服务。2019 年 3 月 5 日，阿里巴巴集团对阿里影业的股权增持计划已完成交割，阿里影业正式成为阿里巴巴集团的附属子公司。

2.1.1　背景

1992 年，国内商潮涌起，本为英语教师的马云创办了一家外文翻译社——"海博翻译社"，承接外贸单位的翻译工作。1995 年，马云在美国朋友处意外地接触到了计算机及互联网，马云意识到互联网是一座金矿。1999 年，马云回杭州创办"阿里巴巴"网站。而此时全球制造业向中国转移，数以千万计的中小企业成为"世界工厂"。过剩的供应必然寻求出路，特别是走向海外市场，而信息渠道的不畅通却成了中小企业营销推广的瓶颈，于是马云给阿里巴巴创业初期的市场定位便是为中小企业提供信息服务。

2.1.2　现状

阿里巴巴集团是以曾担任英语教师的马云为首的 18 人，于 1999 年在中国杭州创立。迄今为止，阿里巴巴集团是全球电子商务的领导者，经营着多元化的互联网业务，还从关联公司业务和服务中取得经营商业生态系统上的支援。2014 年 9 月 19 日，阿里巴巴集团在纽约证券交易所正式挂牌上市，股票代码"BABA"，创始人和董事局主席为马云。截至 2018 年 6 月，阿里巴巴集团共有 86 833 名员工，优秀的服务使得阿里巴巴成为全球首家拥有 220 万商人的电子商务网站。

经过 20 年的发展，如今的阿里生态内，既有阿里云、蚂蚁金服、菜鸟、高德、钉钉等商业基础设施，也有包括天猫、淘宝、聚划算、阿里妈妈在内的商业与数字服务平台，同时还涵盖健康、娱乐等服务。每个业务既是相对独立的小生态，同时又可在阿里巴巴商业操作系统内产生化学反应和共振。在阿里巴巴集团公布的 2018 年 12 月底四季度业绩中，集团收入同比增长 41%至 1 172.78 亿元。

阿里巴巴集团的使命是让天下没有难做的生意。经过几年的收购布局，阿里巴巴逐渐整合为七大业务板块。分别是：阿里系的电子商务服务、蚂蚁金融服务、菜鸟物流服务、大数据云计算服务、广告服务、跨境贸易服务、前 6 个电子商务服务以外的互联网服务。

阿里巴巴两次被哈佛大学商学院选为 MBA 案例，在美国学术界掀起研究热潮；连续七次被美国权威财经杂志《福布斯》选为全球最佳 B2B 站点之一；被国内外媒体、硅谷和国内外风险投资家誉为与 Yahoo，Amazon，eBay，AOL 比肩的五大互联网商务流派之一；多次被相关机构评为全球最受欢迎的 B2B 网站、中国商务类优秀网站、中国百家优秀网站、中国最佳贸易网。

阿里巴巴的创始人、首席执行官马云也被世界经济论坛选为"未来领袖"、被美国亚洲商业协会选为"商业领袖"，并曾多次应邀为全球著名高等学府麻省理工学院、沃顿商学院、哈佛大学讲学，是 50 年来第一位登上《福布斯》封面的我国内地企业家。

阿里巴巴集团业务和关联公司组成如图 2-1 所示，其中实线为子公司，虚线为关联公司。

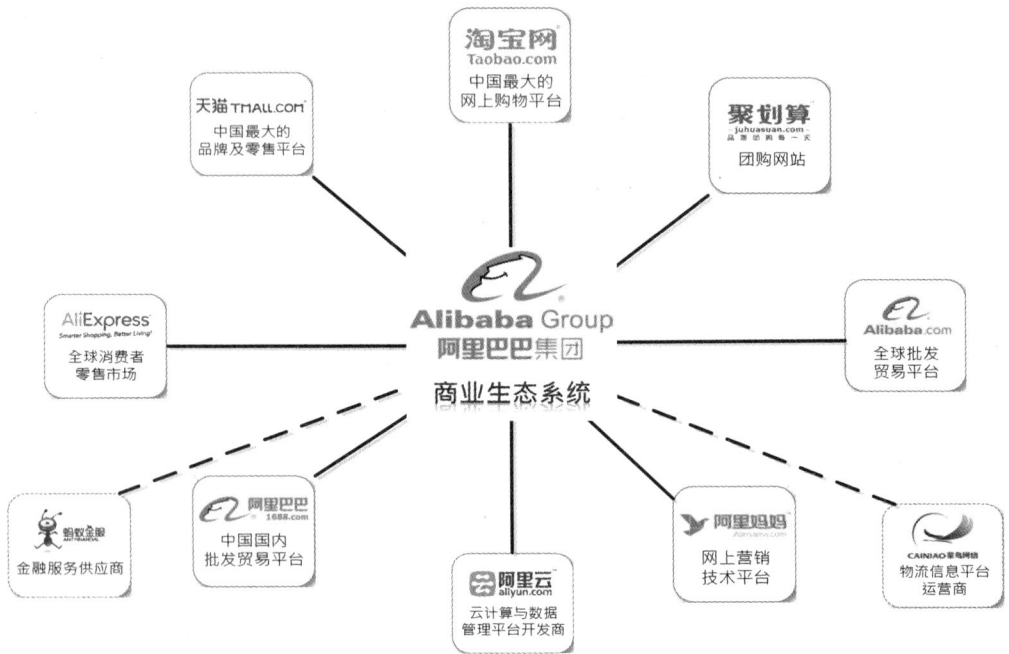

图 2-1　阿里巴巴集团业务和关联公司组成

1．淘宝网 —— 中国最大的网上购物平台

淘宝网（www.taobao.com）创立于 2003 年 5 月，是注重多元化选择、价值和便利的中国消费者首选的网上购物平台。淘宝网展示数以亿计的产品与服务信息，为消费者提供多个种类的产品和服务。根据艾瑞咨询的统计，以 2018 年的商品交易额（GMV）计算，淘宝网是中国最大的网上购物平台。2018 年 2 月至 2019 年 1 月，手机淘宝月度独立设备数在网络购物 APP 中排名第一，手机淘宝仍是中国最受欢迎的电子商务手机客户端。

2．天猫 —— 中国最大为品牌及零售商而设的第三方平台

天猫（www.tmall.com）创立于 2008 年 4 月，致力为日益成熟的中国消费者提供选购顶级品牌产品的优质网购体验。根据数据显示，2018 年天猫交易额达到 2 135.5 亿元，占全部中国零售交易额的 44.2%，天猫是中国最大的品牌及零售平台。2018 年 11 月 26

日，天猫升级为"大天猫"，形成天猫事业群、天猫超市事业群、天猫进出口事业部 3 大板块。

3．聚划算 —— 中国最受欢迎的团购网站

聚划算（www.ju.taobao.com）于 2010 年 3 月推出，是阿里巴巴集团旗下的团购网站，聚划算主要通过限时促销活动，结合众多消费者的需求，以优惠的价格提供优质的产品。官方公布的数据显示其成交金额达 100 亿元，帮助千万网友节省超过 110 亿元。截至 2018 年，聚划算已开通超过 322 个城市的团购服务，已经成为展现淘宝卖家服务的互联网消费者首选团购平台。

4．全球速卖通 —— 全球消费者零售市场

全球速卖通（www.aliexpress.com）创立于 2010 年 4 月，是为全球消费者而设的零售市场，其用户主要来自俄罗斯、巴西和美国。世界各地的消费者可以通过全球速卖通，直接以实惠的价格从中国批发商和制造商购买多种不同的产品。2019 年 2 月下旬，全球速卖通将与俄罗斯社交网站 VK 合作打造全新的社交产品。

5．阿里巴巴国际交易市场 —— 领先的全球批发贸易平台

阿里巴巴国际交易市场（www.alibaba.com）是阿里巴巴集团最先创立的业务，目前是领先的跨界批发贸易平台，服务全球数以百万计的买家和供应商。小企业可以通过阿里巴巴国际交易市场，将产品销售到其他国家。每年的 3 月，阿里巴巴国际站会启动一个月的大促，被称为外贸圈的"双 11"。2019 年 3 月新贸节仅用 10 分钟超越 2018 年 3 月新贸节全天交易额。

6．1688 —— 中国领先的网上批发市场

1688（www.1688.com，前称"阿里巴巴中国交易市场"）创立于 1999 年，是中国领先的网上批发平台。1688 为在阿里巴巴集团旗下零售市场经营业务的商家，提供了从本地批发商采购产品的渠道。 截至 2019 年 3 月，1688 已拥有 3 000 万家企业用户、2.5 亿在线商品。

7．阿里妈妈 —— 领先的网上营销技术平台

阿里妈妈（www.alimama.com）创立于 2007 年 11 月，是为阿里巴巴集团旗下交易市场的卖家提供 PC 及移动营销服务的网上营销技术平台。此外，阿里妈妈也通过淘宝联盟，向这些卖家提供同类型而又适用于第三方网站的营销服务。2019 年 4 月 3 日，阿里巴巴正式对外宣布，阿里妈妈负责内容营销的近 200 人团队已经并入优酷中，从而提高商业化的效率。

8．阿里云计算 —— 云计算与数据管理平台开发商

阿里云（www.aliyun.com）创立于 2009 年，是全球领先的云计算及人工智能科技公司，为 200 多个国家和地区的企业、开发者和政府机构提供服务。2017 年 1 月阿里云成为奥运会全球指定云服务商。2017 年 8 月阿里巴巴财报数据显示，阿里云付费云计算用户超过 100 万。阿里云致力于以在线公共服务的方式，提供安全、可靠的计算和数据处理能力，让计算和人工智能成为普惠科技。截至 2019 年 3 月，阿里云在全球 18 个地域开放了 49 个可用区，为全球数十亿用户提供可靠的计算支持。此外，阿里云为全球客户

部署 200 多个飞天数据中心，通过底层统一的飞天操作系统，为客户提供全球独有的混合云体验。

9. 蚂蚁金融服务集团 —— 专注于服务小微企业与消费者的金融服务供应商

蚂蚁金服起步于 2004 年成立的支付宝。2014 年 10 月，蚂蚁金服正式成立。蚂蚁金服以"为世界带来更多平等的机会"为使命，致力于通过科技创新能力，搭建一个开放、共享的信用体系和金融服务平台，为全球消费者和小微企业提供安全、便捷的普惠金融服务。截至 2019 年 3 月，蚂蚁金服旗下有支付宝、余额宝、招财宝、蚂蚁聚宝、网商银行、蚂蚁花呗、芝麻信用、蚂蚁金融云、蚂蚁达客等子业务板块。

10. 菜鸟网络 —— 物流信息平台运营商

菜鸟网络科技有限公司于 2013 年由阿里巴巴集团牵头成立。菜鸟是一家互联网科技公司，专注于搭建四通八达的物流网络，打通物流骨干网和毛细血管，提供智慧供应链服务。通过技术创新和高效协同，菜鸟与合作伙伴一起提高物流效率，降低社会物流成本，提升消费者的物流体验，为制造业创造更大利润空间。菜鸟的目标是与物流合作伙伴一道，加快实现"全国 24 小时，全球 72 小时必达"。为此，2019 年 3 月 22 日，菜鸟、全球速卖通与西班牙邮政在马德里签署新的战略合作协议，推动中国和欧洲的中小企业更便捷地参与全球跨境贸易，加快实现"全球 72 小时必达"。

2.1.3　发展历程

经过近 20 年的发展，阿里巴巴从单一的 B2B 平台发展成为中国最大的电子商务生态圈，在阿里巴巴 20 年的历程中大致经历了 4 个重要的阶段：第一阶段，阿里巴巴集团布局 B2B 模式，实现全年正向现金流，处于萌芽期；第二阶段，阿里巴巴集团布局淘宝与支付宝在线支付，进入稳定生长期；第三阶段，阿里巴巴集团从大淘宝到大阿里战略，创造生态帝国，进入转折扩张期，具体的发展历程如下。

1. 第一阶段，布局 B2B，处于萌芽期（1999—2002 年）

1999 年 3 月，马云以 50 万元人民币在中国杭州市创办了阿里巴巴 B2B 网站。

1999 年 6 月，马云带领 18 位创始人在杭州的公寓中正式成立了阿里巴巴集团。

1999 年 10 月，阿里巴巴集团获得高盛牵头的 500 万美元的天使投资。

2000 年 1 月 18 日，软银正式向阿里巴巴网站投资 2000 万美元，以拓展其全球业务，持有阿里巴巴 30% 的股份，同时在日本和韩国建立合资企业。

2000 年 7 月 24 日，《福布斯》将阿里评为全球最佳的 B2B 网站，并选用马云作为封面人物——这是中国商人首次登上这本著名商业杂志的封面。

2000 年 9 月，第一届西湖论剑在杭州召开，参会嘉宾有搜狐网 CEO 张朝阳、新浪网总裁王志东、网易董事长丁磊、阿里巴巴 CEO 马云、著名作家金庸。

2000 年 10 月，阿里巴巴推出"中国供应商"服务，为国内出口商提供业务标准认证，协助他们接通全球买家。

2002 年 3 月，阿里巴巴中国交易市场推出"诚信通"会员服务，全面推行诚信通，目的是建立网络的诚信体系。

2. 第二阶段，发展在线支付，处于稳定生长期（2003—2009 年）

2003 年 5 月，阿里巴巴员工在"非典"隔离期间众志成城，坚持为客户服务，推出个人网上交易平台——淘宝网。

2003 年 10 月，阿里巴巴发布支付宝第三方支付平台，正式进军电子支付领域。

2004 年 2 月 17 日，马云在北京宣布阿里巴巴第三轮融资 8 200 万美元，软银牵头出资 6 000 万美元，其余 2 200 万美金由富达、TDF 和 GGV 出资。这次融资成为当时中国互联网界最大规模的私募融资。三轮融资过后，阿里巴巴的持股结构改变为：马云及其团队占 47%、软银占 20%、富达占 18%、其他几家股东占 15%。三轮融资合计 1.12 亿美元，并没有改变马云在阿里巴巴大股东的地位。

2004 年 6 月，淘宝网推出让买家与卖家进行即时文字、语音及视频沟通的 PC 版通讯软件阿里旺旺；中国首届网商大会诞生中国十大网商，预示着互联网已从"网友网民"时代走向"网商"时代。

2004 年 12 月，支付宝从淘宝网独立出来，支付宝（www.alipay.com）正式独立运营。

2005 年 8 月，阿里巴巴兼并雅虎在中国所有资产，执掌中国雅虎，雅虎以 10 亿美元加上中国雅虎的全部资产，获得阿里巴巴集团 40%的股权，雅虎成为第一大股东。

2006 年 7 月，淘宝大学课程推出，向买家和卖家提供电子商务培训及教育。

2007 年 11 月，阿里巴巴网络有限公司在我国香港联交所主板挂牌上市，集资额达 17 亿美元；阿里巴巴集团成立网上营销技术平台阿里妈妈。

2008 年 4 月，淘宝网推出专注于服务第三方品牌及零售商的淘宝商城，后称"天猫"。

2008 年 6 月，阿里巴巴中国交易市场推出"诚信通个人会员"服务，帮助中小企业发展中国国内贸易。

2008 年 9 月，阿里巴巴集团宣布正式启动"大淘宝战略"。将阿里巴巴从过去的"电子商务服务商"逐渐转变为"电子商务基础设施运营商"，共同打造全球最大电子商务生态体系。

2009 年 9 月，阿里巴巴在国际交易市场推出"全球速卖通"批发平台，以促进网上小额批发交易；阿里巴巴集团庆祝创立 10 周年，同时成立阿里云计算。

2009 年 12 月，阿里巴巴完成收购中国领先的互联网基础服务供应商中国万网，以加强向国内小企业提供额外互联网基础设施服务的能力。

3. 第三阶段，创造阿里生态帝国，处于转折扩张期（2010 年至今）

2010 年 3 月，阿里巴巴更改其中国交易市场的名称为"1688"；淘宝网推出团购网站聚划算；阿里巴巴集团宣布成立大淘宝战略执行委员会，其成员来自淘宝、支付宝、阿里云计算和中国雅虎的高管，以确保"大淘宝"战略的成功执行。

2010 年 4 月，阿里巴巴正式推出全球速卖通，让中国出口商直接与全球消费者接触和交易。

2010 年 8 月，手机淘宝客户端推出。

2010 年 11 月，淘宝商城启动独立域名 tmall.com。

2011 年 5 月，支付宝经中国人民银行批准，获得第三方支付牌照，成为首批通过的 27 家企业之一。

2011 年 6 月，阿里巴巴集团将淘宝网分拆为 3 个独立的公司：淘宝网（taobao.com），平台型 B2C 电子商务服务商淘宝商城（tmall.com）和一站式购物搜索引擎一淘（etao.com），更精准和有效地服务客户，同时淘宝商城正式更名为"天猫"。

2011 年 10 月，聚划算从淘宝网分拆，成为独立平台。

2012 年 6 月 20 日，阿里巴巴网络有限公司（代码 1688）在香港联交所退市。

2012 年 7 月 23 日，阿里巴巴集团宣布将调整公司组织架构，从原有的子公司制调整为事业群制，把现有子公司的业务调整为淘宝、一淘、天猫、聚划算、阿里国际业务、阿里小企业业务和阿里云 7 个事业群。

2013 年 9 月，阿里巴巴集团正式推出社交网络手机客户端来往。

2014 年 2 月，作为天猫平台延伸方案的天猫国际正式推出，让国际品牌商直接向中国消费者销售产品。

2014 年 6 月，阿里巴巴集团完成收购移动浏览器公司 UC 优视并整合双方业务；阿里巴巴集团开始以阿里电信品牌在中国提供移动虚拟网络运营商服务；阿里巴巴集团完成收购电影及电视节目制作商文化中国传播（现称"阿里巴巴影业集团"）约 60% 股权。

2014 年 9 月 19 日，阿里巴巴集团于美国纽约证券交易所正式挂牌上市，股票代码"BABA"。

2014 年 10 月，阿里巴巴集团关联公司蚂蚁金融服务集团（前称"小微金融服务集团"）正式成立；淘宝旅行成为独立平台并更名为"去啊"。

2015 年 8 月 10 日，阿里巴巴集团与苏宁云商集团股份有限公司共同宣布达成全面战略合作。根据协议，阿里巴巴集团将投资约 283 亿元人民币参与苏宁云商的非公开发行，占发行后总股本的 19.99%，成为苏宁云商的第二大股东。

2015 年 9 月 8 日，阿里巴巴集团与全球领先的零售贸易集团麦德龙宣布达成独家战略合作，麦德龙官方旗舰店将入驻天猫国际。作为德国最大的零售贸易集团，麦德龙将和阿里巴巴联手，在商品供应链、跨境电商和大数据方面紧密合作，成为阿里欧洲战略的重要合作伙伴。

2015 年 9 月 10 日，2015 年世界零售大会（World Retail Congress）颁奖典礼在意大利罗马盛大召开。在颁奖典礼上，阿里巴巴集团荣膺大会最高奖项"年度最佳零售商"，这也是中国企业首次获得该奖项。

2015 年 9 月 24 日，阿里巴巴集团宣布启动"杭州+北京"双中心战略，并将以北京为大本营，高强度推进在中国北方地区的战略执行和业务发展。

2016 年 1 月 7 日，央视与支付宝在北京联合发布了 2016 年春晚的互动新玩法——咻红包、传福气。2016 年的央视春晚，支付宝成为央视独家互动合作平台。

2016 年 3 月，阿里巴巴集团中国零售交易市场的 2016 财年交易总额超越人民币 3 万亿元，集团随后成为全球最大的零售体。

2016 年 4 月，阿里巴巴集团签署协议认购东南亚领先电商平台 Lazada 的控股股权。

2016 年 7 月，阿里巴巴集团与上汽集团联合发布搭载 YunOS 智能操作系统的全球首款量产互联网汽车。

2016 年 7 月 22 日，阿里巴巴集团举办首届淘宝造物节，展示淘宝商家的创意和设计。

2016 年 10 月，阿里巴巴集团启动筹建阿里巴巴文化娱乐集团。

2016 年 11 月，阿里云宣布在中东（迪拜）、欧洲（法兰克福）、澳大利亚（悉尼）和日本（东京）开设四个全新的数据中心。

2017 年 1 月，国际奥委会与阿里巴巴集团达成期限直至 2028 年的长期合作。

2017 年 6 月，阿里巴巴集团正式发布"天猫出海"项目，服务 1 亿海外华人市场。

2017 年 7 月，阿里巴巴集团对外宣布孵化两年的"新零售"业务盒马鲜生。

2017 年 8 月，阿里巴巴集团升级淘宝和天猫会员计划，同时与万豪国际集团组建合资公司，为中国消费者重新定义旅行体验。

2017 年 9 月，阿里巴巴集团增持菜鸟网络至 51%，成为控股股东。

2017 年 10 月，阿里巴巴集团成立全球科学研发项目"阿里巴巴达摩院"，推动科技创新。

2017 年 12 月，阿里巴巴集团宣布投入人民币 100 亿元成立脱贫基金。

2018 年 2 月 1 日，阿里巴巴公布同意收购蚂蚁金服 33% 的股权。

2018 年 2 月 5 日，万达集团公告，阿里巴巴集团、文投控股股份有限公司与万达集团在北京签订战略投资协议，阿里巴巴、文投控股以每股 51.96 元收购万达集团持有的万达电影 12.77% 的股份。其中阿里巴巴出资 46.8 亿元、文投控股出资 31.2 亿元，分别成为万达电影第二、第三大股东，万达集团仍为万达电影控股股东，持有 48.09% 的股份。

2018 年 2 月 11 日，北京居然之家投资控股集团有限公司与阿里巴巴集团共同宣布达成新零售战略合作，阿里巴巴以及关联投资方向居然之家投资 54.53 亿元人民币，持有其 15% 的股份。

2018 年 3 月 6 日，阿里影业发布公告称控股股东 Ali CV 完成认购 10 亿股新股份，阿里影业正式成为阿里巴巴集团的附属子公司。

2018 年 4 月 2 日，阿里巴巴集团、蚂蚁金服集团与饿了么联合宣布，阿里巴巴已经签订收购协议，将联合蚂蚁金服以 95 亿美元对饿了么完成全资收购。

2018 年 5 月 8 日，巴基斯坦电商公司 Daraz 宣布被阿里巴巴集团全资收购，标志着中巴两国跨境电商发展迈出重要一步。

2018 年 5 月 30 日，菜鸟网络和中通快递宣布达成战略投资协议，阿里巴巴、菜鸟等向中通快递投资 13.8 亿美元，持股约 10%，双方将共同探索新物流机遇，推动行业数字化升级。

2018 年 8 月 2 日，阿里巴巴与星巴克宣布达成新零售全面战略合作，星巴克将依托饿了么配送体系，逐步上线外送服务；同时，基于盒马以门店为中心的新零售配送体系，共同打造星巴克"外送星厨"。

2018 年 8 月 8 日，阿里巴巴宣布推出"88VIP"全新会员计划，打通了阿里巴巴旗下多个平台的会员体系。"88VIP"有较高门槛，目标是持续获得中高端用户。淘气值以 1000 为界，1000 分以上的超级会员花 88 元即可获得会员权益，1000 以下的普通会员则须花费 888 元。

2018 年 9 月 10 日，马云宣布，2019 年 9 月 10 日将不再担任董事局主席，CEO 张勇接任。

2019 年 1 月 11 日，阿里巴巴发布阿里商业操作系统，将系统帮助全球零售业重构商业运营的 11 大要素（品牌、商品、销售、营销、渠道、制造、服务、金融、物流供应链、组织、信息技术）。

2019 年 3 月，NBA 中国与阿里巴巴共同宣布，双方将升级战略合作伙伴关系，在 NBA 视频内容和节目传播、电商和大数据等方面展开全面合作。

2019 年 3 月 11 日，阿里巴巴 46.6 亿元入股申通快递再扩物流版图。

2.2 聚焦热点

阿里巴巴经过 20 年的发展与创新，成为全球 B2B 电子商务的著名品牌，并于 2014 在美国纽约证券交易所正式挂牌上市。在发展过程中出现过很多热点事件，比如融资问题、淘宝网的诞生、支付宝的出现、新零售等。

2.2.1 至关重要的三次融资

1999 年阿里巴巴获得 500 万美金的第一轮投资，由高盛牵头，联合美国、亚洲、欧洲的投资机构，包括新加坡汇亚（Transpac Capital）、瑞典 Investor AB 和新加坡政府科技发展基金。

2000 年，马云为阿里巴巴引进第二轮 2500 万美元，软银领投 2000 万美元，富达、汇亚资金、TDF、Investor AB、日本亚洲投资公司等跟投 500 万美元。

2004 年，阿里巴巴第三轮融资 8200 万美元，成为当时中国互联网历史上融到的最大一笔资金。软银牵头出资 6000 万美元，其余 2200 万美元由富达、TDF 和 GGV 出资。

前三轮融资在阿里巴巴创业史上至关重要。第一轮"天使基金"帮助阿里巴巴度过了创业初期的寒冬，同时对阿里未来融资和提高媒体知名度颇有帮助，并最终引来日本软银的投资；第二轮融资使得阿里巴巴在 2001 年互联网泡沫破灭之前获得了充裕的资金，得以幸免，此后软银不断支持马云，使得阿里巴巴步步为营，走到了今天的规模；第三轮融资是当时国内互联网金额最大的一笔私募投资，这轮融资对于阿里巴巴从 B2B 到 C2C 的转型战略十分重要，当时阿里巴巴熬过互联网寒冬，马云准备向 eBay 易趣发起挑战，阿里巴巴将软银的 6000 万美元全部投到淘宝项目上，两年后淘宝网便将 eBay 易趣抛在身后，成为中国网络购物市场的领军者。

2.2.2 支付宝的诞生

起初，淘宝网仅提供交易平台，卖家通常采用"款到发货"的方式，将风险转移到买家身上，而这又是买家不愿意看到的，很多买家担心网络支付的安全性，这一困境严重限制了网络交易的发展，针对这个问题，2003 年 10 月，"支付宝"诞生，并率先做出了"你敢用，我敢赔"的全额赔付承诺，买家购物时，可以将货款打入淘宝网提供的第三方账户，确认货物收到后再将货款支付给卖家。支付宝充当了信用中介的角色，打破了买卖双方的信用屏障，网络交易得以迅猛发展。

支付宝的诞生不仅仅是淘宝的一个里程碑，也是中国电子商务的里程碑，它解决了困扰电子商务最大的一个障碍——支付。目前支付宝主要提供支付及理财服务。包括网络购物担保交易、网络支付、转账、信用卡还款、手机充值、水电煤缴费、个人理财等多个领域。在进入移动支付领域后，为零售百货、电影院线、连锁商超和出租车等多个行业提供服务。还推出了余额宝等理财服务。真正让人们感受到生活因支付而改变。

2.2.3　上市后退市又重新上市

2012 年 2 月 9 日，阿里巴巴集团向旗下港股上市公司阿里巴巴网络有限公司宣布停牌。同月 21 日，阿里巴巴集团宣布私有化 B2B 业务，从香港退市。同年 6 月 20 日，阿里巴巴网络公司从港交所正式摘牌。从宣布私有化到退市，仅耗时 4 个月。

阿里巴巴网络有限公司最早于 2007 年 11 月 6 日在港交所挂牌上市，融资 116 亿港元，创当时中国互联网公司融资规模之最。上市当天，开盘价达 30 港元，尾盘收于 39.5 港元，较发行价涨 192%。而上市之后，阿里巴巴 B2B 的股价表现不佳，自 2009 年第三季度开始一直呈下滑趋势，直至 2012 年 2 月份前跌至 10 港元。阿里巴巴集团为了将阿里巴巴网络公司摘牌退市也付出了很大的代价。在香港退市时回购价格为 13.5 港元，为退市，阿里巴巴集团付出了近 190 亿港元。

而对于阿里巴巴私有化并退市，大部分业内人士认为有三方面原因，第一，股票价格未能体现阿里巴巴方面的真实价值；第二，上市公司被收购后，新股东的战略和以前发生了变化；最后，阿里巴巴集团可能打通 B2B、B2C 平台，未来谋求整体上市。

而在当时，阿里巴巴集团董事长也表示，阿里巴巴集团 5 年内可能整体上市。但是，并未确定在哪个证券交易所进行 IPO。两年后，再踏征途。美国时间 2014 年 9 月 19 日，马云将在纽交所敲钟，创造史上最大的 IPO。

美国纽约时间 2014 年 9 月 19 日上午，阿里巴巴在纽约证券交易所上市。开盘价 92.7 美元，较发行价上涨超过 36%。随后，承销商行使超额配售选择权，使得本次募集资金高达 250 亿美元，刷新了首次公开发行（简称 IPO）募资新纪录，超过了 2006 年中国工商银行（3.980，–0.05，–1.24%）IPO 募资的 219 亿美元和 2010 年农行 IPO 募资的 221 亿美元。

2013 年阿里巴巴提出了"合伙人"制度，可以由"合伙人"提名董事会中的大多数董事人选，而不是按照持有股份比例分配董事提名权，而后再将提名交给股东表决，希望借此保证上市后管理层对公司的控制权。但是这一股权制度并不符合港交所"同股同权"的监管规则，而港交所行政总裁李小加明确表示，公众利益第一位，所有股东应得到平等对待，不会为阿里开"绿灯"。最终，2013 年 10 月，阿里巴巴宣布放弃香港上市，继而转向美国上市。

2.2.4　"盒马鲜生"的诞生

盒马鲜生是阿里巴巴对线下超市完全重构的新零售业态。消费者可到店购买，也可以在盒马 APP 下单。而盒马最大的特点之一就是快速配送：门店附近 3 公里范围内，30 分钟送货上门。

截至 2018 年 12 月 31 日，盒马鲜生在 14 个一二线城市开出了 109 家门店，开店数量远超 2016 年、2017 年的开店总数之和。整体来看，盒马鲜生的门店布局重点仍是聚焦于一线以及新一线城市。2018 年新开门店中，一线、新一线的门店占比分别为 44.18%、45.35%，二线门店仅占 10.47%。从各大城市的开店量来看，北京、成都、上海、武汉、深圳、西安开店量均为 7 家或以上，福州、贵阳、南通、海口均不超过 3 家，可见盒马鲜生在二线城市仍抱有谨慎试水的态度。

　　同时，随着业务版图和业务量的不断增长，盒马鲜生开始联姻各大房企或实体零售企业，以巩固门店物业基础。在"扩展疆土"的同时，盒马也不忘进行自我革新，不断推出"新物种"，如盒小马、机器人餐厅，进一步丰富门店业态，提高竞争力。

　　盒小马是盒马鲜生和大润发共同孵化，定位为"生鲜+精选+线上线下一体化"，主要瞄准四五线城市或生活小区的新零售需求，门店面积介于 500~1 500 m^2。盒小马大部分门店沿用了盒马"超市+餐饮"的经营模式，小部分门店删减了堂食餐饮区，如苏州文体店就没有餐饮区，但引入了体育用品并陈设了专区。

　　截至 2018 年 12 月底，盒小马共在全国开出了 12 家门店。机器人餐厅则是盒马"不计成本"用重金砸出来的一个无人餐厅模式。盒马 2018 年新开的 86 家门店中，仅两家为机器人餐厅——南翔东方伟业广场店和国家会展中心店，门店引入微波蒸、烤和自动化炒菜设备，没有服务员、收银员、传菜员，顾客扫描桌面二维码进行点餐，送餐机器人就会接连将餐品送至桌前。此外，盒马还首次推出付费会员，进一步瞄准中高端用户。

2.2.5　组织重构，数字化转型

　　2018 年 11 月，最新的阿里巴巴事业群架构形成：阿里云升级阿里云智能，天猫升级为大天猫，并成立新零售技术事业群，人工智能实验室并入集团创新业务。

　　此次架构调整之后，云业务将在阿里内部占据更重要的位置。如今阿里云在全球云计算行业中，其营收和市场份额均在迅速发展，成为仅次于亚马逊和微软的全球第三大云计算平台。根据最新财报，2018 年的阿里巴巴三季度财报显示，阿里云计算业务已经保持了长达 11 个季度的高速增长，仅 2018 年 Q3 就实现了季度内同比增长 104%的惊人业绩。阿里云已经以占据一半的市场份额成为国内云计算服务市场的第一。

　　除了阿里云作为主要业务升级为阿里云智能事业群以外，还有天猫升级为大天猫，成立新零售技术事业群。阿里发展新零售技术事业群，就是在原有新零售战略的基础上，整合 B2B 业务、天猫等各个业务的技术能力，通过几个主要业务的协同合作，为技术力量全面支撑阿里的新零售发展。

　　2015 年 12 月，阿里设立了"大中台、小前台"的组织机制。阿里巴巴 "大中台、小前台"机制中，"前台"是贴近最终用户和商家的业务部门，包括零售电商、广告业务、云计算、物流以及其他创新业务等；而"中台"则是为"前台"业务的开展提供底层的技术和数据等资源的支持，最终以大中台集合整个阿里巴巴的运营数据、产品技术，对小前台业务形成支撑。过去几年阿里在此机制中构建的技术基础能力等，未来都将全面和阿里云结合，目标就是构建数字经济时代基于云计算的技术基础设施。

　　架构调整后，"大天猫"业务方面，形成天猫事业群、天猫超市事业群、天猫进出口事业部三位一体的全新组织架构，并相应承担"推动品牌数字化转型""建立超市新零售模式""实践全球买全球卖"的战略使命。这个全新的天猫平台，承载的更是阿里成立以来的数字经济体角色。

　　在阿里的这个大生态中，所有的数据都将通过零售云、营销云、金融云、物流云等云化基础设施，帮助企业客户完成全面数字化转型。

2.3　成功之处

阿里巴巴从纯粹的商业模式出发，与大量的风险资本和商业合作伙伴相关联构成网上贸易市场，它的市场定位明确，按照循序渐进的过程来发展中国的电子商务，在发展过程中不断捕捉新的收入机会。从最基础的替企业架设站点，到随之而来的网站推广以及对在线贸易资信的辅助服务，交易本身的订单管理，不断延伸，逐步形成了有自己特色的盈利模式。它成功的原因本书综合起来归为以下七个方面。

2.3.1　拥抱变化　持续创新

拥抱变化是阿里巴巴的核心价值观，在成功引领阿里巴巴完成多次创新和转变之后，阿里巴巴始终毫不放松，追寻下一个创新的机会。如早期的支付宝、淘宝网的诞生，到后来的蚂蚁金服、阿里云和菜鸟，"双 11"购物节的发明，PC 端流量和资源转移到手机淘宝 APP，以及最近的新零售代表盒马鲜生。

阿里巴巴在近二十年的时间内一直保持着超强的创新力，也正是这一系列的创新让阿里巴巴进化成一个庞大的商业体系。阿里巴巴已经从一个大家所熟悉的电商公司，彻底蜕变为一个以大数据为驱动，以电商、金融、物流、云计算、文娱为场景，产生数据，并且用数据来反哺这些大行业来发展的一个数据公司。

新零售改造是当前阿里巴巴创新的重要内容，新零售改造包括门店数字化、数据化管理采购、供应链升级、大数据营销驱动等，2019 年将有 400 家门店完成新零售改造。这将是中国商业零售史上规模最大、覆盖面最广、受益人数最多的系统性升级，并足以改变中国整个零售格局。

马云的创新思维成就了今天的阿里巴巴，阿里巴巴从同期发展的众多电子商务公司中脱颖而出，成为全世界做大的 B2B 网站，而阿里巴巴 B2B 模式与雅虎网站模式、亚马逊 B2C 模式和 eBay 的 C2C 模式一起，被硅谷和互联网投资者称为"互联网的四种模式"。

2.3.2　纵横一体化发展战略

阿里巴巴创办于 1999 年，其战略愿景可以从三个方面理解：第一，要持续发展 102 年，打造跨越三个世纪的世界名企；第二，要成为全球十大网站之一；第三，让天下没有难做的生意，只要是商人，就使用阿里巴巴。阿里巴巴的愿景宏大高远，为打造生态圈提供了原始动力，特别是"让天下没有难做的生意，只要是商人，就使用阿里巴巴"，非常具有指导意义，使得阿里巴巴集团从内心深处全方位思索如何实现这一目标，正是在这一具有指导意义的战略愿景下，阿里巴巴上路了。

阿里巴巴集团的纵横一体化发展战略如图 2-2 所示。从图 2-2 可以清晰地看到，阿里巴巴是以 B2B 为切入点进军电子商务市场，推出中国供应商服务，并创造性地开发诚信通服务解决诚信问题的同时，也找到了盈利模式，使得阿里巴巴在远航中具备了良好的坐标点和发展动力。接下来阿里巴巴在这个基础上，通过横向一体化战略和纵向一体化战略构建了一个全新的电子商务生态系统。

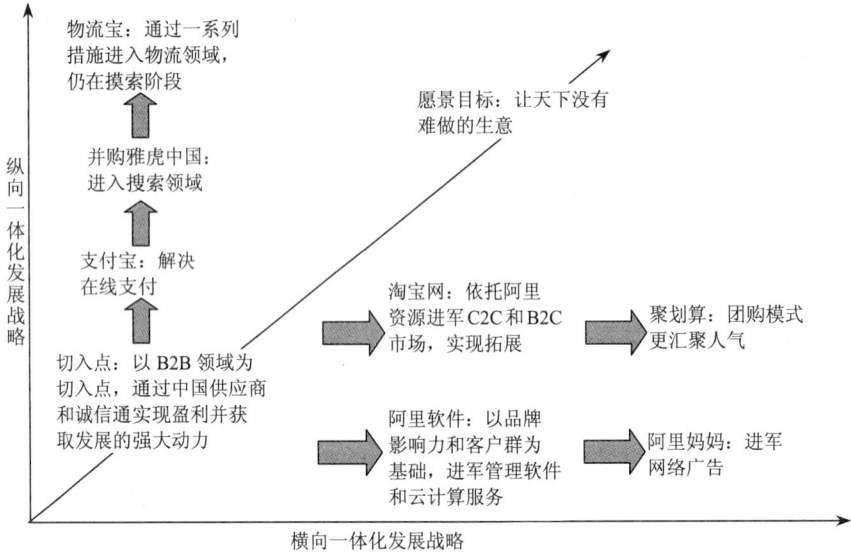

图 2-2　阿里巴巴集团纵横一体化发展战略

2.3.3　完善的电子商务生态系统

目前阿里巴巴拥有的子公司及关联公司有十个，包括淘宝网、天猫、聚划算、全球速卖通、阿里巴巴国际交易市场、1688、阿里妈妈、阿里云、蚂蚁金服、菜鸟网络等。业务分为七大板块，分别是：阿里系的电子商务服务、蚂蚁金融服务、菜鸟物流服务、大数据云计算服务、广告服务、跨境贸易服务、前六个电子商务服务以外的互联网服务。

经过 20 年的发展与创新，目前阿里巴巴已经成为全球最大、最活跃的网上贸易市场和商务交流社区，是中国最大的电子商务集团，阿里的业务涵盖了 B2B、C2C、B2C、软件服务、网络金融、搜索引擎、网络广告、团购及物流等各个领域。其数量庞大的会员吸引了大量相关机构的参与，使得阿里巴巴逐渐从功能单一的电子商务网站进化为以阿里巴巴为核心的电子商务生态系统，物种越来越丰富，物种结构越来越合理，自我繁殖与进化的机理越来越完善。这种以阿里巴巴平台为核心的电子商务生态系统正在逐步形成并完善。

电子商务生态系统中的 4 种不同的"物种"成员都已经在阿里巴巴电子商务生态系统中发展得相当成熟，阿里巴巴生态系统的物种可以描述为表 2-1 所示。

表 2-1　阿里巴巴生态系统的物种

领导种群	阿里巴巴集团
关键种群	使用阿里巴巴提供的电子商务平台进行交易的买卖双方，包括供应商、生产商、零售商以及消费者，包括入驻阿里巴巴的各类中小企业、个体卖家和消费者
支持种群	支持网络交易完成的相关组织机构，包括金融机构、物流公司、互联网技术提供商、电信服务商以及相关的政府机构
寄生种群	为关键种群和支持种群提供增值服务的机构，包括网络营销服务商、技术外包服务商、电子商务咨询服务商、互联网商盟、网商培训机构等

根据电子商务生态系统理论来看，按照生态位的不同将阿里巴巴电子商务生态系统分为核心层、扩展层和相关层。

核心层是指生态系统中提供电子商务交易的平台，如阿里巴巴 B2B 公司、淘宝网、一淘、淘宝商城、支付宝、中国雅虎、阿里云计算以及平台上的卖家和买家等。

扩展层主要包括电子商务交易相关的金融支付机构、物流公司、保险公司、软件服务商、广告服务商等，它们为电子商务交易平台提供多样化的服务，对于促进电子商务交易顺利完成发挥着重要的作用。

相关层主要包括与电子商务活动相关的政府主管部门、行业协会组织、教育和科研机构等。

电子商务生态系统的外部条件是经济、技术、政策、法律和社会等宏观环境。

2.3.4　选对时间占尽先机

阿里巴巴的产生是一个机遇，有着良好的发展空间，也就是俗话所说的"天时"。因为在 20 世纪 90 年代初，全球制造业向中国转移，数以千万计的中小企业成为"世界工厂"。过剩的供应必然寻求出路，特别是走向海外市场。而同时，信息渠道的不通却成了中小企业营销推广的瓶颈。这种矛盾直到 21 世纪初，互联网在中国被接受，第三方 B2B 网站出现才得以解决。

在中国，B2B 网站先于搜索引擎兴起，并在 Google 和百度壮大之前就吸引了大量的客户，树立了"要做网络营销就上阿里巴巴"的先入为主的印象。所以说产业转移、传统信息渠道不通畅是培育阿里巴巴的土壤，给予阿里巴巴成长的珍贵时间。

2.3.5　选对地域占领市场

1．地利

阿里巴巴选择浙江杭州作为总部，不仅是因为浙江是中国民营中小企业最发达的地区，而且是因为中小企业作为出口的生力军，对电子商务的需求很迫切、很实际。阿里巴巴所瞄准的江南五省一市，是中国出口企业最集中的地方，2000 年以前的很多资料显示，其出口总量占了全国总量的 70%。

2．市场定位准确

在 B2B 开展的初期，一部分大型企业已经拥有自己的商务网站，在自身的商务平台上已经可以完成产品的宣传和销售，而企业本身所具有的品牌效益又大大提高了信誉，所以阿里巴巴在定位的时候是抓中小型企业而不是大型企业，这是成功的重点。

阿里巴巴具有明确的市场定位，在创业初期专做信息流，绕开物流，前瞻性地观望资金流，并在恰当的时候介入支付环节。

2.3.6　拥有优秀的创业团队和卓越的领导

在互联网泡沫破灭时，阿里巴巴的员工只能拿到 500 元的月薪，但团队成员没有一人离开，这是一种非凡的凝聚力。作为一个创新型的企业，阿里巴巴保持着团队的年轻与时代创新性，是一支充满激情，充满凝聚力和拥有使命和价值观的团队。团队的配合、分享和患难与共，保证了阿里巴巴的成功。

"天下没有人能挖走我的团队。"基于公司牢不可破的文化"壁垒"，马云如是说，"整个文化形成的时候，人就很难被挖走了。这就像在一个空气很新鲜的土地上生存的人，你突然把他放在一个污浊的空气里面，工资再高，他过两天还要跑回来。"

当然阿里巴巴集团的创始人马云本身所具有的价值是不可估量的。马云的领导能力、商业天赋、管理能力和独特的人格魅力是阿里巴巴成功的重要因素。

2.3.7　独特的"武侠"企业文化

"与我们有文化共鸣的客户也非常容易记住淘宝网服务人员的花名，减少沟通成本，增加沟通乐趣。"淘宝网的一位"丐帮九袋弟子"对《财经时报》记者说。

在阿里巴巴，员工讨论江湖大事，不是聚首"光明顶"，就是笑傲"侠客岛"，因为这里所有的会议室也都是以金庸武侠小说里的地名来命名的。可以说，武侠文化中的正义感和团队精神渗透到了公司员工的一言一行。

在淘宝网，所有的员工都拥有属于自己的独一无二的、耳熟能详的武侠"花名"，并一起用青春捍卫自己的名号。段誉、语嫣、乔峰、胡斐、小龙女等来自金庸小说的"武侠人士"出没周边，在淘宝网，往往大家只知对方的花名，而忽略其真名。

阿里巴巴在 2000 年就推出了名为"独孤九剑"的价值观体系。"独孤九剑"的价值观体系，包括群策群力、教学相长、质量、简易、激情、开放、创新、专注、服务与尊重。公司又将这九条精练成目前仍在使用的"六脉神剑"。阿里巴巴正是在这种认识的高度中不断地完善企业文化建设。

剥开"六脉神剑"的外衣，阿里巴巴的价值体系内核也是我们似曾相识的，那就是：

（1）客户第一：客户是衣食父母；

（2）团队合作：共享共担，平凡人做非凡事；

（3）拥抱变化：迎接变化，勇于创新；

（4）诚信：诚实正直，言行坦荡；

（5）激情：乐观向上，永不放弃；

（6）敬业：专业执着，精益求精。

2.4　点评与建议

尽管阿里巴巴在电子商务领域取得了骄人的业绩，但是客观上讲，阿里巴巴也有不尽如人意的地方，详述如下。

2.4.1　阿里巴巴尚须改进之处

（1）暂时提供的信息是信息交流，并且是死信息。虽然信息更新快，信息量多，信息真实，但是信息是死的，不会自动找到企业，而是需要企业自己去找信息。由于阿里巴巴网站信息多，所以有一些有用的信息很难一下子找到企业，等企业通过努力找到这些信息的时候，这些信息却已经过时了，所以阿里巴巴提供的是死信息，而不是活的信息。

（2）资讯不及时。阿里巴巴每天有很多的资讯，但这些资讯多数是转载的，且是别人以新闻方式报道的，而阿里巴巴是针对企业和商人的电子商务网站，所以阿里巴巴的资讯不应该只有别人一般的新闻类网站的资讯，更应该以商人的眼光和手法去采编，重点突出商业性质。

（3）会员混杂。不仅有中国的供应商，还有国外的供应商，没有排名保障，谁花钱多谁排在前面。当买家用某一关键词去搜索时，会看到很多信息，可是买家是没有耐心一页一页看过去的，一般看个 3～5 页就罢了。

（4）买家询盘是群发的，即某个买家发一个询盘，阿里巴巴系统会给这个行业的所有的中国供应商发送，询盘没有针对性。

（5）在盒马疯狂开店时，其急速扩张带来的后遗症也开始显现，地域歧视、餐厨垃圾混放、出售过期食品等问题频频出现。在盒马还没有建立起绝对的行业壁垒以前，"舍命狂奔"是盒马唯一的选择。但面对各种错误，盒马"绝不能回避，而是要勇敢地面对"。

2.4.2   发展建议

（1）营造良好的网络环境，打造安全诚信的网络交易市场，时刻维护公司"客户第一"的价值观及诚信原则。

（2）阿里巴巴在针对提供信息方面，可以想办法给企业提供更好的服务，使信息变成活的，使信息有生命力。

（3）对于资讯不及时的问题，阿里巴巴应该自己成立记者团，收集和采编第一手的商业资讯，并且要及时地反馈给企业，让企业不必要通过其他的网站和报纸就可以知道这些资讯，并且是真实的，是第一时间的。同时，阿里转载的资讯是别人以新闻方式报道的，而阿里巴巴是针对企业和商人的电子商务网站，所以阿里巴巴的资讯不应该只有别人一般的新闻类网站的资讯，更应该以商人的眼光和手法去采编，重点突出商业性质。

（4）管理好商业联盟，提高它的可信度让其真正发挥作用。对阿里巴巴的排名进行优化，例如，针对阿里巴巴出口通（外贸站）的一些问题，如会员排名靠后、曝光率低、询盘数量少、询盘质量差、购买阿里固定排名价格昂贵等，推出阿里巴巴排名优化的解决方案，以吸引更多的阿里巴巴中国供应商。

（5）加强对假冒伪劣的惩治力度，净化网购环境，完善网购流程；加大物流环节的投资力度，降低物流成本，同时向农村、国际市场等新兴市场进军，抢占市场份额。

2.5   知识点学习

阿里巴巴的电子商务模式是典型的 B2B 模式，B2B 电子商务模式的相关概念、定义及分类等理论知识详述如下。

2.5.1　B2B 电子商务模式

1．概念

B2B（Business to Business）电子商务模式是指企业与企业之间通过互联网进行产品、服务及信息交换的电子商务活动。这种模式是目前电子商务所有模式中交易量最大的，也是被认为最有前途的一种模式。

2．分类

按照交易主体的多少将 B2B 电子商务分为三类，即多个企业对多个企业、多个企业对一个企业、一个企业对多个企业三种模式。

1）多个企业对多个企业的 B2B 模式

多个企业对多个企业的 B2B 模式，是指由某个第三方企业建立大型交易与服务平台，数量众多的买家和卖家利用这个平台开展贸易活动。这种情况又可以分为两种类型：

一是某个第三方企业建立的综合性贸易平台，它是将各个行业中相近的交易过程集中到一个场所，为企业的采购方和供应方提供一个交易的机会，如阿里巴巴、环球资源网等。我们称这种为第三方综合性 B2B 交易平台或者水平 B2B 模式。

二是某个第三方企业建立的行业性交易平台，这种模式有上游和下游。生产商或商业零售商可以与上游的供应商之间形成供货关系，比如 Dell 计算机公司与上游的芯片和主板制造商就是通过这种方式进行合作。生产商与下游的经销商可以形成销货关系，比如 Cisco 与其分销商之间进行的交易，还有中国制造网、我的钢铁网等。我们称这种为第三方行业性 B2B 交易平台或者垂直 B2B 模式。

2）多个企业对一个企业的 B2B 模式

多个企业对一个企业的 B2B 模式，是指数量众多的供应商面对一个采购商，这个采购商通常是大型零售商企业，供应商通常是产品的供应商。其交易平台往往是由采购商出资建立和运营的，如中百集团。通常这类模式会进一步向下延伸，形成 B2B2C 的新的电子商务模式。

3）一个企业对多个企业的 B2B 模式

一个企业对多个企业的 B2B 模式，是指某行业中的大集团，为了满足集团内品种众多、数量巨大的原材料需求而建立的集团采购网络平台，如能源一号网、中国石化等。这类模式的电子商务竞争型很强，最终胜利的可能就是行业中的最有影响力的网站，从而等同于第一类中的行业性 B2B 交易平台。

对于一个企业来说，在现代社会中，要从事电子商务活动，可以有多种选择，一是加入到第三方行业性交易平台，二是加入到第三方综合性交易平台，三是企业自建 B2B 交易平台。

2.5.2　电子商务生态系统概念

众多的生物以自己的生存和发展，为其他生物提供共生的环境和条件，同存于一种共生体之中，共同进化和优化。James F.Moore 指出商务生态系统正是模拟了自然生态系统中的以上机制。众多的商家、企业作为有生命的经济实体，同时还作为经济细胞，组成和推动着整个国民经济乃至整个国际经济的发展，形成一种功能协调、优势互补、和谐增长的共生共荣的生态环境。

1. 定义

1）商务生态系统

"商务生态系统"这一概念首先是由 James F.Moore 在他的著作 *The death of Competition: Leadership and Strategy in the Age of Business Ecosystem* 中提出的。这个概念的灵感来自于自然界的生态系统。生态环境学认为，生物之间存在一种相互依存、相互制约、互为环境的关系，并且生物的多样性和共生性是生物界生存和发展的普遍要求和规律。

2）电子商务生态系统

利用商业生态系统理论来分析电子商务的集群现象，可以发现电子商务是一系列关系密切的企业和组织机构超越地理位置的界限，将互联网作为竞争和沟通平台，通过虚拟、联盟等形式进行优势互补和资源共享，结成了一个有机的生态系统，简称电子商务生态系统。

2. 电子商务生态系统中的物种

电子商务生态系统中各"物种"成员各司其职，相互交织形成完整的价值网络，物质、能量和信息通过这个价值网络在联合体内流动和循环，共同组成一个多要素、多侧面、多层次的错综复杂的商业生态系统。电子商务生态系统中的"物种"成员按其定位可以划分为以下几类。

1）领导种群

即核心电子商务企业，是整个生态系统资源的领导者，通过提供平台以及监管服务，扮演电子商务生态系统中资源整合和协调的角色。

2）关键种群

即电子商务交易主体，包括消费者、零售商、生产商、专业供应商等，是电子商务生态系统其他物种所共同服务的"客户"。

3）支持种群

即网络交易必须依附的组织，包括物流公司、金融机构、电信服务商以及相关政府机构等，这些种群并非依赖电子商务生态系统而生存，但其可以从优化的电子商务生态系统中获取远超过依靠自己竞争力可得的利益。

4）寄生种群

即为网络交易提供增值服务的提供商等，包括网络营销服务商、技术外包商、电子商务咨询服务商等。这些物种寄生于电子商务生态系统之上，与电子商务生态系统共存亡。

3. 电子商务生态系统的演化阶段及路径

电子商务生态系统也要经历形成、发展、成熟及衰退的逐步演化过程。考虑到电子商务生态系统的特点，我们在传统商业生态系统的生命周期分析的基础上，重新定义了电子商务生态系统的演化路径，将其分为开拓、扩展、协调、进化四个阶段，如表 2-2 和图 2-3 所示。

表 2-2　电子商务生态系统的演化阶段及特征

发展阶段	特 征	核心电子商务企业角色
开拓阶段	生态系统的创建	理解和把握关键种群的需求，探索有特殊生存力的新电子商务生态系统，促使它诞生并初具规模
扩展阶段	生态系统的膨胀	不断吸收可利用的资源，推出各种有价值的产品或服务，扩充其覆盖的范围，加快其他种群的成长；同时还要应对由于领土争夺，与其他系统发生的正面冲突
协调阶段	生态规则的完善	针对系统内种群利益的冲突越来越明显的问题，通过规则的完善，监管、协调系统内各成员的关系，使系统向健康、和谐的方向发展
进化阶段	生态系统的颠覆	应对由于新技术、新模式或者外界环境变化而导致的致命威胁，为系统寻求各种可能的出路，颠覆原来的网络技术、交易模式、盈利规则或消费方式，使生态系统进化成一个全新的系统

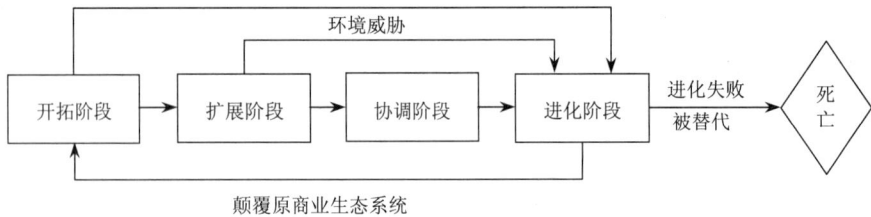

图 2-3　电子商务生态系统的演化路径

2.5.3　云计算

1．概念

狭义的云计算指的是厂商通过分布式计算和虚拟化技术搭建数据中心或超级计算机，以免费或按需租用方式，向技术开发者或者企业客户提供数据存储、分析以及科学计算等服务，比如亚马逊数据仓库出租生意。

广义的云计算指厂商通过建立网络服务器集群，向各种不同类型客户提供在线软件服务、硬件租借、数据存储、计算分析等不同类型的服务。广义的云计算包括了更多的厂商和服务类型，例如国内用友、金蝶等管理软件厂商推出的在线财务软件，谷歌发布的 Google 应用程序套装等。

通俗的理解是，云计算的"云"就是存在于互联网上的服务器集群上的资源，它包括硬件资源（服务器、存储器、CPU 等）和软件资源（如应用软件、集成开发环境等），本地计算机只需要通过互联网发送一个需求信息，远端就会有成千上万的计算机为你提供需要的资源并将结果返回到本地计算机，这样，本地计算机几乎不需要做什么，所有的处理都在云计算提供商所提供的计算机群来完成。

云计算的最终目标是将计算、服务和应用作为一种公共设施提供给公众，使人们能够像使用水、电、煤气和电话那样使用计算机资源。

2．云计算的主要服务形式

云计算还处于萌芽阶段，有庞杂的各类厂商在开发不同的云计算服务。云计算的表现形式多种多样，简单的云计算在人们日常网络应用中随处可见，比如腾讯 QQ 空间提供的在线制作 Flash 图片。目前，云计算的主要服务形式有：SaaS（Software as a Service），PaaS（Platform as a Service），IaaS（Infrastructure as a Service）。

3．典型云计算平台

由于云计算技术范围很广，目前各大 IT 企业提供的云计算服务主要是根据自身的特点和优势实现的。下面以 IBM、Amazon 为例说明。

1）IBM "蓝云" 计算平台

"蓝云" 解决方案是由 IBM 云计算中心开发的企业级云计算解决方案。该解决方案可以对企业现有的基础架构进行整合，通过虚拟化技术和自动化技术，构建企业自己的云计算中心，实现企业硬件资源和软件资源的统一管理、统一分配、统一部署、统一监控和统一备份，打破应用对资源的独占，从而帮助企业实现云计算理念。

IBM 的 "蓝云" 计算平台是一套软、硬件平台，将 Internet 上使用的技术扩展到企业平台上，使得数据中心使用类似于互联网的计算环境。"蓝云" 大量使用了 IBM 先进的大规模计算技术，结合了 IBM 自身的软、硬件系统以及服务技术，支持开放标准与开放源代码软件。

2）Amazon 的弹性计算云

Amazon 是互联网上最大的在线零售商，为了应付交易高峰，不得不购买了大量的服务器。而在大多数时间，大部分服务器闲置，造成了很大的浪费，为了合理利用空闲服务器，Amazon 建立了自己的云计算平台——弹性计算云 EC2（Elastic Compute Cloud），并且是第一家将基础设施作为服务出售的公司。

Amazon 将弹性计算云建立在公司内部的大规模集群计算的平台上，而用户可以通过弹性计算云的网络界面去操作在云计算平台上运行的各个实例（Instance）。用户使用实例的付费方式由用户的使用状况决定，即用户只需为自己所使用的计算平台实例付费，运行结束后计费也随之结束。这里所说的实例即由用户控制的完整的虚拟机运行实例。通过这种方式，用户不必自己去建立云计算平台，节省了设备与维护费用。

3）阿里巴巴的阿里云和云搜索

阿里巴巴发布云计算托管平台——阿里云，这一平台可以使开发者获得开放存储服务（OSS）、负载均衡服务（LBS），此外还提供 API 和开发者工具。

阿里云平台还推出了云搜索服务，为创业者整个互联网服务环境（包括论坛、CMS 和手机终端应用）提供搜索支持和优化服务，保证所有来访者都能根据自己的需要找到相应的信息，提高用户的满意度。

除了这些服务之外，阿里云平台还将推出阿里云地图开发平台，为广大开发者提供地图应用接口。用户通过简单的操作，即可实现在网页上显示和访问地图应用，并可以让自己的应用和地图无缝结合。

2.5.4　新零售概念

1．定义

新零售是指企业以互联网为依托，通过运用大数据、人工智能等先进技术手段并运用心理学知识，对商品的生产、流通与销售过程进行升级改造，进而重塑业态结构与生态圈，并对线上服务、线下体验以及现代物流进行深度融合的零售新模式。

2．新零售发展的动因

随着社会的进步，经济的发展，电子商务已经渗透到人们衣、食、住、行各个方面。

然而，由于电子商务在互联网的广泛普及，网购用户基本饱和，增速减缓，流量红利也逐渐减少，到达了电商的瓶颈期。

除此之外，要使新零售发展的最重要的原因是线上零售商相比实体店存在不可消除的劣势：线上零售商提供的服务始终不及线下实体店，消费者的购物体验以及满意度低于线下购物。随着人们生活水平的提高，网络购物中的主力人群变成了 80、90 后，以 80、90 后为代表的新中产阶级崛起了。新中产阶级是指的是受过高等教育的 80、90 后，主要追求自我提升，成为了社会的中流砥柱。这部分人群有购买欲望，有经济实力，他们追求的是质量，价格不再是他们选择商品的标准。因而低价网购对他们的吸引力变小了，他们中的大多数会选择在实体店挑选自己喜欢的商品，可以直观地触摸、选择，并享受服务。由于移动支付等新技术的广泛使用进一步开拓了线下场景以及消费社交，使得人们的消费不受时空约束，人们更加愿意去实体店享受服务。基于此，"新零售"的提出能够使得电商进行转型，依托大数据等先进技术将传统零售与纯电商完美对接。

小结

本章通过对阿里巴巴案例纵览、聚集热点、成功之处的分析和对其提出的点评与建议，使学生对案例有了全面、透彻的了解和掌握。同时对本案例中涉及的相关知识点进行了介绍。

通过学习可以清晰地看到，阿里巴巴在发展过程中是以 B2B 为切入点进军电子商务市场的，目前，阿里巴巴业务涵盖了 B2B、C2C、B2C、软件服务、在线支付、搜索引擎、网络广告、团购等各个领域。其业务群组虽然在形式上被分离，但各大业务群组之间是协调工作的，最大化的资源共享是阿里巴巴集团发展的战略终极目标。

阿里巴巴在商业上的成功源于不断创新、敢于实践，更源于其独特的经营理念，即始终以客户利益为第一，凡事站在客户的角度思考。所以从 1999 年创立至今，经过 20 年的历练，阿里巴巴在电子商务领域的领导地位已经确定无疑，未来企业间的竞争将不再是个体公司间的竞争，而是生态系统和生态系统之间的竞争。

习题

1. 阿里巴巴的成功发展有哪些有利的机遇？现在还有哪些机遇？
2. 什么是阿里巴巴的电子商务生态系统？它在发展过程中需要解决哪些问题？
3. 假如现在想创立一家公司，想模仿阿里巴巴的经营模式，哪些方面可以借鉴？
4. 阿里巴巴在发展过程中一直不断创新，试分析阿里持续创新的深层次原因。
5. 2016 年马云在阿里的云栖大会上首次提出"新零售"，试分析阿里巴巴是如何发展"新零售"的。
6. 试分析"新零售"模式和传统的零售模式有什么区别及产生的原因。
7. 实践操作：小王家乡自产红提子葡萄，想在阿里巴巴 B2B 网站上发布信息进行网络销售。记录操作步骤，并体会阿里巴巴网站为企业提供的相关服务，要求从企业所在行业的角度分析企业最需要哪些服务。

能力拓展

　　在国内，阿里巴巴和腾讯两大巨头并立，本来阿里专注电商，腾讯专注社交，两大巨头"井水不犯河水"。但是在 2014 年之后，腾讯开始打起做电商的念头，阿里有搞社交的念头。腾讯进军电商领域和阿里不同，腾讯没有亲自操刀而是选择了投资或者合作，从而间接地进入电商领域。腾讯的电商领域目前已经有五大王牌：京东、拼多多、唯品会、蘑菇街以及转转二手。从这些电商平台可以看出，除了阿里以外，腾讯将国内营业能力靠前的电商平台都收归旗下，在电商领域腾讯和阿里分庭抗礼。

　　试结合本章的学习，并结合以上资料，将腾讯电商领域与阿里巴巴案例对比学习。分析腾讯进军电商的背景、发展历程、现状、成功之处及目前面临的挑战，要求撰写腾讯电商领域案例报告，并在小组中交流讨论。

第3章 淘宝网——电子商务平台的典范

学习目标

通过本章内容的学习，学生应该能够做到：

（1）了解淘宝网的产生背景、现状、发展历程及主要业务，体会淘宝网为什么会成为电子商务的"代名词"。

（2）理解淘宝网"大淘宝"战略和"大阿里"战略提出的重要战略意义及长远目标。

（3）分析淘宝网在竞争对手的封锁下是如何取得成功并发展壮大起来，最终成为电商市场领先者；分析淘宝网在盈利模式上进行的各种探索；分析淘宝网发展过程中出现的一系列热点问题，体会淘宝与时俱进的创新精神。

（4）通过学习本案例内容，结合课后参考资料，搜集资料并整理天猫商城的介绍、发展、现状、业务、盈利模式、成功之处及存在的问题，进行课堂讨论与交流。

引言

2003 年 5 月，淘宝网正式上线。而在 2003 年 6 月，美国电商巨头 eBay 收购了 1999 年在中国创立的网站——易趣网，实现了进军中国市场的战略目标。对于淘宝网来说，面对一家创立了 4 年的中国公司易趣，再加上一家纵横全球 8 年的电子商务巨头 eBay，淘宝网如何立足，如何取胜？

因此，本章在对淘宝网进行分析时，简要地介绍淘宝网的产生、发展、现状，重点分析淘宝网如何在激烈的竞争中实现从"蚂蚁"到"大象"的转变，以及淘宝网在盈利模式上的探索，最后对淘宝网发展过程中出现的一系列热点问题进行分析讨论，分析总结淘宝成功的主要原因和存在的主要问题及解决建议。

3.1 案例纵览

淘宝网（www.taobao.com）是国内领先的网上交易平台，由全球最大 B2B 公司阿里巴巴公司投资 4.5 亿创办，致力于成就全球最大的网上交易网站。

淘宝网的使命是"没有淘不到的宝贝，没有卖不出去的宝贝"。自 2003 年 5 月 10 日成立以来，淘宝网基于诚信为本的准则，从零做起，在短短的半年时间，迅速占领了国内网上交易市场的领先位置，创造了互联网企业的一个发展奇迹，真正成为有志于网上交易的最佳网络创业平台。

事实上，淘宝网堪称"生于危难"之际。那段时间正好是非典时期，这让原本就没有距离感的电子商务一下子备受认可，也成为最重要的转折点，阿里巴巴成了最大的受益者，非典阶段冒出的淘宝网，凭借着"免费"与"支付宝"两颗利齿拉到了众多的用户，不断蚕食 eBay 易趣的市场份额，淘宝网在 eBay 易趣的封杀中茁壮成长并最终战胜了 eBay 易趣，成为中国 B2C 电子商务的霸主。

在之后的发展中，淘宝网迅猛发展。在淘宝最新公布的 2018 年终数据报告里显示，2018 年，连续 4 个季度用户增加超过 2 000 万，移动月用户达到 7 亿规模，较去年相比增长 1.2 亿。这意味着，全中国将近一半的人都已经成为淘宝的注册用户，成为全球最大的消费类社区。阿里巴巴集团 CEO 张勇曾在 2016 年明确了淘宝的未来战略：社区化、内容化和本地生活化。目前手机淘宝上已形成强大的内容生态系统，截至 2018 年 3 月，淘宝已拥有约 150 万活跃内容创作者。《2018 中国移动互联网春季报告》显示，截至 2018 年 3 月，淘宝的每月人均使用次数达到 93.4 次，使用时长更超过 290 分钟，较去年同期增长明显，用户黏性进一步增强。这正是淘宝内容化战略带来的显著效果。

3.1.1　背景

2003 年初，即 eBay 注资易趣之后不久，尽管当时易趣已经占尽先机，拥有 90% 的份额，但是马云认为，"市场是会发展的，当时中国的网民有 8 000 万，可是易趣的用户只有 500 万，剩下的 7 500 万潜在客户就是我的机会。"于是他抢先在对手强大的领域中埋下一颗"地雷"，这就是淘宝网的由来。

所以从某种程度上而言，淘宝最初的想法是为了应对 eBay 对阿里巴巴现有 B2B 市场可能的威胁而做出的防御性措施。但是，后来的发展超出了马云的预料，于是他应变而变，不断地调整战略目标和战略方向，相继解决信用问题、支付问题以及物流问题等。他几乎都是在问题可能会出现的前夜，预先做出了足够的战略准备。

3.1.2　现状

淘宝网是由阿里巴巴集团投资创办的个人交易 C2C 网站。淘宝网通过结合社区来增加网购人群的黏性，让网购人群乐而忘返。由于腾讯旗下的拍拍网（后来并入了京东）一直处于追赶状态、市场份额较小，所以实际上在 C2C 电子商务市场上淘宝是一家独大。可以说，淘宝的现状，就等同于中国 C2C 电商问题的现状。易观的数据显示，按 2017 年商品交易额（GMV）计算，淘宝网是中国最大的移动商业平台。根据阿里巴巴 2018 年财年的最新年报显示，阿里巴巴 2018 财年总成交额达 4.82 万亿元，其中淘宝占 2.689 万亿元，占比 55.79%。

淘宝的用户无论从消费能力、教育程度、文化程度，包括用户结构，都有很大的变化。在淘宝各年龄段用户交易情况上看，90 后的用户，已经成为无可争议也无可取代的消费主力。他们的平均成交金额比 80 后用户超出将近 1/4。这无疑与 90 后们在不断更迭的中国商业社会里日渐重要的话语权相匹配。目前我国三四线城市及村镇的"小镇居民"约占了我国人口的 80%，巨大的人口基数背后就是强大的消费潜力。在淘宝的新增用户中，三四五线用户增长明显，新增消费者中约 70% 来自这些城市。截至 2018 年上半年，在淘宝新增用户的结构里面，50 岁以上的偏高龄用户增长变得更高，占所有用户的 11%；而低于 18 岁的年轻用户也从 2016 年的占比 2% 发展到 2018 年上半年的 11%，实现了快速的发展。

2018 年 8 月，淘宝开拓新的疆土，与支付宝合作推出的"支付宝版拼购"，进一步打通支付与消费的场景，低价优质的商品获得了不少消费者的青睐。这个拼团功能，不仅商品来自淘宝，订单、会员系统与淘宝打通，而且推荐的拼团商品似乎也结合了用户此前在淘宝上的购物习惯。支付宝版拼购截图如图 3-1 所示。

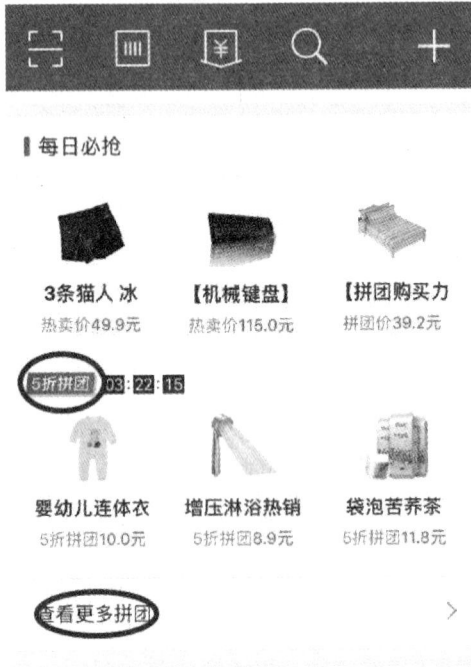

图 3-1　支付宝版拼购

3.1.3　发展历程

经过近 20 年的快速发展，淘宝网已经成为中国目前最大的 B2C、C2C 电商平台。纵观淘宝的发展历程，大致可以分为 3 个阶段：第一阶段，以 C2C 起步，将支付和即时通信将网购结合；第二阶段，启动"大淘宝"战略，构造综合网络零售商；第三阶段，不断更新业务，持续创新阶段，具体发展历程如下。

1．第一阶段发展历程

2003 年 5 月 10 日，淘宝网诞生，由阿里巴巴集团投资创建。

2003 年 10 月，淘宝网推出"支付宝"第三方支付工具，完善网上交易的支付平台。

2004 年 6 月，淘宝网推出"淘宝旺旺"即时通信工具，创造性地将即时聊天工具和网络购物结合起来。

2005 年 2 月，支付工具"支付宝"升级，推出"全额赔付"制度。

2005 年，淘宝网超越 eBay 易趣，并且开始把竞争对手们远远抛在身后。

2006 年，淘宝网成为亚洲最大的网络购物网站，同年，中国网民突破 1 亿。

2．第二阶段发展历程

2007 年 1 月，淘宝网升级成综合的网络零售商。

2008 年 4 月，淘宝网正式推出淘宝商城，开创全新的 B2C 业务。

2008 年 9 月，淘宝网启动"大淘宝战略"，开放平台，发挥产业链协同效应，致力于成为电子商务的基础服务提供商，为电子商务参与者提供水、电、煤式的基础设施，共同打造全球最大电子商务生态体系。

2010 年 3 月，聚划算上线，成为淘宝网旗下的团购平台，主推网络商品团购。

2010 年，阿里巴巴相继高调推出手机淘宝、手机支付宝，并宣布开放手机淘宝和手机支付宝平台。

2011 年 6 月，淘宝网一拆为三，即沿袭原业务的淘宝网、平台型 B2C 电子商务服务商淘宝商城（tmall.com）和一站式购物搜索引擎一淘网（etao.com），三家公司独立运营，分别由陆兆禧、曾鸣、彭蕾负责，共用技术和公共服务平台。

2011 年 10 月，聚划算从淘宝网剥离。分拆后，聚划算能做的不仅是淘宝网内部的团购服务（实物为主），一些外部的服务类团购产品也可以引入。

2012 年 1 月，淘宝商城宣布更改中文名为天猫，加强其平台的定位。

3．第三阶段发展历程

2014 年 2 月，作为天猫平台延伸方案的天猫国际正式推出，让国际品牌直接向中国消费者销售产品。

2014 年 11 月，淘宝+天猫成交额再次刷新记录，达到 571 亿元。

2015 年 3 月 31 日，淘宝宣布启动"实名认证"程序，要最大程度消除由于虚假注册信息带来的交易安全隐患。

2015 年 11 月 11 日，淘宝+天猫成交额再次刷新记录，达到 912 亿元。

2016 年 11 月 11 日，淘宝+天猫覆盖 235 个国家和地区，交易额再次刷新记录，超过 1 207 亿元。

2017 年 5 月 5 日，淘宝开出史上最严"商家恶意骚扰处罚名单"，直接关店清退 18 家店铺。

2017 年 11 月 11 日，淘宝+天猫成交额再次刷新记录，达到 1 682 亿元。

2018 年 1 月 19 日，淘宝与阿里巴巴云零售事业部、天猫全面合体，阿里新零售继续聚焦、聚力。

2018 年 2 月，淘宝宣布与 2018 年中央电视台《春节联欢晚会》达成独家互动合作，在春节期间，将发放总额超过 10 亿元的现金红包，计消费者边看节目边抢红包。

2018 年 11 月 11 日，淘宝+天猫成交额再次刷新记录，达到 2 153 亿元，世界上第一次单日商业成交额达到 2 000 亿元以上。

3.2　聚焦热点

在创业初期，淘宝经过与易趣两年的激烈竞争，最终超越了易趣，成为行业领先者。其所经历的热点事件如下所述。

3.2.1　创造"双十一"购物节，引全民狂欢

"双十一"（又称"双 11"）即指每年的 11 月 11 日，又被称为光棍节。从 2009 年开始，天猫（当时称淘宝商城）开始在 11 月 11 日"光棍节"举办促销活动，最早的出发

点只是想做一个属于淘宝商城的节日，让大家能够记住淘宝商城。结果一发不可收拾，"双十一"成为电商消费节的代名词，甚至对非网购人群、线下商城也产生了一定影响力。

阿里巴巴集团控股有限公司于 2011 年 11 月 1 日向国家商标局提出了"双十一"商标注册申请，2012 年 12 月 28 日取得该商标的专用权，2014 年 10 月末，阿里发出通告函，称阿里集团已经取得了"双十一"注册商标（注册号码：10136470，10136420），经阿里巴巴集团授权，天猫就"双十一"商标享有专用权、受法律保护，其他任何人的使用行为都是商标侵权行为。

2018 年 11 月 12 日，第 10 个天猫"双十一"落下帷幕，全天交易额达到 2 153 亿元，较 2017 年"双十一"增长 27%，这是世界上第一次单日商业成交额达到 2 000 亿元以上，如图 3-2 所示。

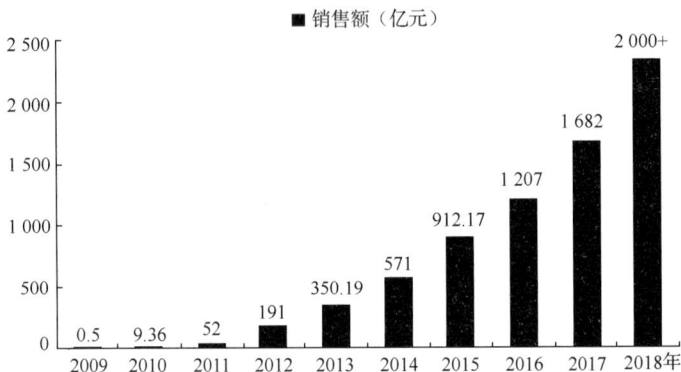

图 3-2　2009—2018 年淘宝+天猫"双十一"成交额统计

2018 年是"双十一"的第十个年头，以天猫、京东为代表的大型电子商务网站一般会利用这一天来进行一些大规模的打折促销活动，以提高销售额度。"双十一"已成为全民的购物狂欢节，从线上延伸到线下，在这一天会产生巨大的交易额。该活动已经成为中国互联网最大规模的商业活动。

"双十一"的消费盛况，反映出国内强大的内需潜力；庞大的消费规模支撑经济基本面，还有全新的消费升级推动供给侧改革，中国经济终将实现转型升级，步入高质量发展的轨道。

3.2.2　网络公决"招财进宝"的命运

在淘宝的发展史上，最大的一次危机莫过于 2006 年 5 月 10 日推出的竞价排名服务——"招财进宝"。卖家自愿就所售商品的关键词出价，当买家按关键词搜索商品时，使用"招财进宝"增值服务的卖家的商品在搜索结果中优先显示，以增加成交量。

但这项服务未得到所有淘友认可。部分卖家称，使用后交易量反而减少，认为"招财进宝"有变相收费的嫌疑。随后，一些卖家称将在 6 月 1 日以集体罢市抗议，还表示，如淘宝不取消"招财进宝"，将集体跳槽到其他个人电子商务网站。

此时，拍拍网突然发动进攻"大雨来袭，蚂蚁搬家"，正式将二者的暗斗变成明争，拍拍在其首页显著位置甚至设置了"淘宝店主搬家签到处"，打出"将免费进行到底"的旗号，做出"搬家就送推荐位，开张就送大红包"的承诺，甚至可以直接将淘宝的信用度导入拍拍网中。

淘宝马上做出反应，于 2006 年 5 月 26 日宣布修改"招财进宝"规则，限制商品竞价数量；2006 年 5 月 29 日，马云以"风清杨"的 ID 发表文章《谈谈拥抱变化》，对在推出"招财进宝"过程中未能与网民及时沟通表示歉意。2006 年 6 月 1 日 14 时，淘宝推出全民公投，表示将以网民意志决定"招财进宝"服务的去留。

在浙江东方公证处监督下，从 2006 年 6 月 1 日到 6 月 10 日，淘宝网为竞价排名服务"招财进宝"进行了为期 10 天的网民公投。结果，对这一自推出以来就备受争议的服务项目，有 127 872 票赞成取消，约占 61%；有 81 322 票赞成保留，约占 39%。

投票结果决定了"招财进宝"的命运。随后，淘宝网发布致网民的公开信，称将于 2006 年 6 月 12 日起取消诞生刚满 1 月的"招财进宝"；推出该服务后卖家支付给淘宝网的所有服务费，将在 2006 年 6 月 21 日 24 时前全额退至卖家的支付宝账户。

3.2.3　淘宝对决 eBay 易趣

淘宝创立于 2003 年，是易趣创立 4 年之后。一开始淘宝甚至没能列入 eBay 易趣广告投放的排斥性名单，后来才引起了 eBay 易趣的警觉。用马云的话来说，他们之间的差异就是蚂蚁和大象的差别。

对于淘宝网来说，面对的是一家创立了 4 年的中国公司易趣，再加上一家纵横全球 8 年的电子商务巨头 eBay，淘宝网如何立足，如何取胜？

淘宝打败 eBay 易趣的法宝，除了"免费策略"，还有支付宝与淘宝旺旺，其中，前者解决了买卖双方的诚信问题，这是互联网世界里最难建立的要素；后者允许买卖双方直接沟通和联系，符合中国人的购物习惯。收费的 eBay 易趣担心买卖双方甩开平台独立交易，而免费的淘宝却愿意鼓励双方沟通，这更符合中国人的消费心理和习惯。经过激战，不到两年，也就是 2005 年前，淘宝就超越了 eBay 易趣，成为行业领先者。

1. 广告大战

2003 年 7 月，当刚刚宣布成立的淘宝想找网站打广告的时候，却突然发现，所有的门户网站都挂着 eBay 易趣的广告，即使有钱也不能进去。的确，为扼杀淘宝这样的后入者，在付出了比正常广告高出一倍的金钱代价后，eBay 易趣成功地与新浪、搜狐、网易、TOM 等门户网站，达成了对包括新生对手淘宝在内的有雅宝、易必得、嘉德在线以及雅虎拍卖等后入者的封杀协议。eBay 易趣在与国内门户网站签署的新一年广告合同中要求，如果网站与上述厂商发生牵扯到互相宣传的任何合作时，eBay 易趣要对网站方进行高额罚款。

在门户网站投放广告不成，淘宝只好曲线突破，采取"从农村包围城市"的策略，通过各种广告联盟在数以千计的个人网站上投放广告。与此同时，淘宝的广告出现在线下的地铁、公共汽车上。

2. 收费之争

淘宝创建之初便宣布 3 年不收费（免会员注册费、免商品登录费、免交易手续费），淘宝认为 C2C 网站当前的重任是用免费来培育市场、壮大市场。而当初坚守收费阵地的 eBay 易趣认为，促进有效交易才是集聚人气最有益的方式，早在 2001 年第三季度 eBay 易趣便开始收费。所以，一个免费一个收费，eBay 易趣和淘宝网的"战争"，在淘宝还没有上线就注定了。

免费是淘宝的优势，不过有利必有弊。"eBay 易趣费钱，淘宝则费时间。"例如，卖家需要挂在淘宝旺旺上，因为中国人喜欢问清楚再购买，喜欢砍价，这样增加了成交量，却耗费了时间。有些卖家宁愿选择付费来经营网上小店。不过，毕竟买家欢迎"免费的"，淘宝的人气就是这样积累起来的。

2004 年 7 月，淘宝网宣布已打败 eBay 易趣，在个人交易的众多关键指标上跃居中国第一。

3. 支付问题的安全解决

在交易安全方面，通过广泛的调查，淘宝发现很多用户知道网上购物的优点，但让其不能完全认可的最主要因素就是网络支付的安全性。针对这个问题，淘宝网 2003 年推出了"支付宝"服务，并率先做出了"你敢用，我敢赔"的全额赔付承诺。不到一年时间，支付宝迅速成为淘宝会员网上交易不可缺少的支付方式，深受淘宝会员喜爱。

在"安全支付"这个问题上，eBay 易趣显然又迟了一步。面对淘宝"支付宝"在支付领域的春风得意，eBay 易趣坐不住了，2004 年 10 月 28 日，eBay 易趣"安付通"闪亮登场。2005 年 8 月，eBay 易趣与 eBay 旗下全球领先的在线支付工具"贝宝"实现全面对接，同时"安付通"也与"贝宝"进行对接。使用安付通有安付通保障基金保障货款安全，使用贝宝则享受全额赔付。

在服务创新上，淘宝率先针对国内信用环境不好、用户对网上支付不放心的问题于 2003 年 10 月中旬推出了"支付宝"，而 eBay 易趣 2004 年 10 月底才跟进了"安付通"，2005 年 8 月，也就是 eBay 全资收购 eBay 易趣两年以后，PayPal 中国版"贝宝"才完成与 eBay 易趣平台的对接。

> **作者点评**
>
> 可以说，支付宝的诞生不仅仅是淘宝的一个里程碑，也是中国电子商务的一个里程碑，它解决了困扰电子商务的一个最大的障碍——支付。时至今日，淘宝仍然认为其最终超越 eBay 易趣，坐上国内 C2C 头把交椅的最重要的武器正是支付宝。

4. 淘宝旺旺的推出

即时通是淘宝的另一个杀手锏。淘宝因为不收费，所以从开始就不限制双方互留联系方式。后来甚至还推出了自己的即时通信软件——淘宝旺旺，使客户端与用户个人信息紧密结合在一起，这样买卖双方在交易中就商品的细节和性能等可以进行沟通，极大地提高了交流效率，从而提高了交易率。这种支持自由交易的方式为淘宝网带来了居高不下的点击率，也成就了淘宝今日的辉煌。

> **作者点评**
>
> 为了保证收到服务费，防止买卖双方网下交易，eBay 易趣前期曾采取过严格禁止在商品介绍和留言处留联系方式的政策。再到后来，甚至连以 QQ 号为用户名的 ID 都被封掉了，彻底断绝了买家向卖家索取详细商品信息的可能。买卖双方虽然意见大，但也无可奈何，因为 eBay 易趣当时是垄断。于是，当淘宝的众多淘友用"淘宝旺旺"交流得热火朝天的时候，eBay 易趣显得很冷清。后来虽然推出了语音聊天系统，但已经于事无补。

3.2.4　手机移动端推出

2010 年，阿里巴巴相继高调推出手机淘宝、手机支付宝，并宣布开放手机淘宝和手机支付宝平台，是淘宝大举进军手机电子商务的关键步骤。

淘宝的精神是简单、简约，2018 年是淘宝成立的第 15 个年头，在电商成熟度足够高的今天，淘宝为了致敬初心，淘宝再一次主动变革。淘宝网将手淘首页改版为融合各种内容类型的信息流，在信息爆炸时代，简单精准呈现，让淘宝成为每个人定制的淘宝。尽管首页的信息量很大，但是给人的感觉却是整齐、有层次感、条理有序。

为了用户，手淘的改版将"猜你喜欢"板块跃至首页的第二屏，增加了"我的频道"，简化了导读栏形式。这种更简单的产品策略，既能让老用户发现新的需求和乐趣，又能让新用户门槛极低地参与网购。手机淘宝简单的背后蕴含着互联网消费的进阶，淘宝从注重运营价格、商品的电商 2.0 升级到注重运营内容、粉丝和品牌的电商 3.0。

3.2.5　为年轻人举办淘宝造物节

淘宝造物节是淘宝继"双十一"购物狂欢节之后为无数乐于创新、敢想敢造的年轻人所举办的节日。在淘宝造物节中，可以看到全球最顶尖的高科技、明星偶像网红"造音造艺"、精灵古怪的淘宝等众多潮玩、运动等，年轻人群体还将以"部落"的形式展示自我。

2016 年 7 月 22～24 日，首届淘宝造物节在上海世博展览馆举行。2016 "淘宝造物节"分为"T""A""O"三个板块，"T（科技，Technology）"区可以深度体验黑科技；"A（Art，艺术）"区舞台主打演绎，包含音乐、时尚、亚文化等潮流元素；"O（Originality，原创力）"具有原创精神。

2017 年 7 月 8 日～12 日，第二届淘宝造物节在杭州国际博览中心开启。近 30 000 平方米的超大型脑洞乐园汇集了各种潮人网红，108 家最有江湖味的淘宝顶级神店在四大特色街区——东市、西市、南街、北街与市民零距离接触。无人便利店、超级 IP、网红淘宝店等共同构成了 2017 淘宝造物节。在该届造物节中，"超级会员"成为了"特别"嘉宾，享受优先待遇。阿里通过"造物节"展示线上会员在线下的应用，也让外界看到自身"无人便利店"背后技术的成熟。

2018 年 9 月 13 日晚，第三届淘宝造物节在西湖边的森林舞台正式开幕，开启了为期 3 天的狂欢，数以万计的观众涌入这里，只为一睹中国青年创造力。淘宝造物节已经成功举办三届，成为了淘宝从电商平台走向技术平台、生态平台的舞台的第一站。随着淘宝用户越来越年轻化，淘宝将依靠新技术和新模式，引导挖掘年轻人，鼓励他们创造出更多的内容、社群和流行趋势，释放他们的创新和创造力。

3.2.6　推出"88 元 VIP"，覆盖阿里生态圈

2018 年 8 月 8 日，淘宝正式推出全新会员业务——88VIP。88VIP 是阿里推出的会员一卡通，涵盖阿里巴巴旗下的所有核心业务，正常购买价为 888 元，如果用户的淘气值满 1000 的话，购买价格仅 88 元/年。

成为"88VIP"之后，会员可以打通优酷、饿了么、淘票票、虾米等全年 VIP 会员

的权益，再也不用为这些 APP 单独开通会员。此外，88VIP 可享用 88 个一线品牌的全年 9.5 折权益，以及天猫超市和天猫国际直营的 9.5 折，还能获得年度数码家电 300 元购物券和专属会员日优惠。

从用户的角度出发，拥有一个可以在各个领域都享受服务的会员身份，该体验远远好于购买一堆想不起来的会员。

3.2.7　淘宝直播成为淘宝标配

淘宝直播是阿里巴巴于 2016 年推出的直播平台，定位于"消费类直播"，用户可边看边买，涵盖的范围包括母婴、美妆等。2019 年 3 月 3 日，淘宝直播盛典在杭州举行，过去 3 年技术的进步以及消费者的变化，让淘宝直播能够发展到如今的千亿规模。

在 2018 年中，淘宝直播引导的成交体量达到千亿规模，带动工厂、农场和市场里的优质线下资源进入电商循环体系，并产生带动就业、扶贫等广泛社会效应。在优质直播内容生产者的推动下，越来越多的消费者走进直播间，品牌和商家也将直播作为店铺运营的主要方式。数据显示，2018 年已有 81 名主播年引导成交过亿元，涵盖服饰、美妆、珠宝、母婴、箱包等多个类目。并且淘宝直播举行了超过 15 万场农产品直播，超过 4 亿人次在线收看，形成了"主播+县长+明星"的特色直播。2018 年淘宝"双 12"期间，28 个贫困县优质农产品成为"淘宝乡红"，淘宝专门为这些农产品设立扶贫会场、票选网红农产品，淘宝主播则在黄金时间免费带货，为贫困地区农产品打开了新的销路。

直播已经成为电商的标配，2019 年将打造 10 个销售过亿的线下市场和 200 个销售额过亿的直播间。致力于打造 1000 名跨平台、跨领域和跨身份的"启明星"计划以及"村播"计划也正式启动。

3.3　成功之处

淘宝的成功运作得益于其有效的战略和灵活多样的盈利模式，具体详述如下。

3.3.1　利用大数据分析，预测消费者购买行为

近年来，电子商务行业开始兴起，人们不用出门就能买到自己心仪的商品，淘宝交易额不断创出新高，突破了人们对于网上购物的想象，这种结果无疑与淘宝在大数据分析下所进行的独有的营销模式有着很大的关系。淘宝网通过科学、合理地运用的大数据思维，可以更好地为自身的数据搜集和分析提供渠道，做出更为合理的营销方式，给淘宝网带来更多的利润。正如淘宝的王国毅所言：利用大数据分析做到对用户需求的完全洞察，使得"人货场"三位一体、完美匹配。

大数据分析使淘宝网更加深入地了解营销对象，满足消费者的需求。通过大数据的运用，挖掘出社会环境形态，通过数据来对顾客对产品的态度进行洞察以及分析，将客户的需求与产品进行有机的结合，准确了解新的发展动向，这改变传统营销的策略，更好地了解消费者。大数据分析帮助淘宝网锁定资源，通过大数据分析可以将每一种资源的具体情况、发掘方式、分布情况等有一个具体的了解，帮淘宝网更直观地利用已有和潜在资源。大数据分析可以使淘宝网做好运营。过去品牌要做市场预测，基本靠自身的资源和以往的案例来做分析，得出的结论比较模糊。通过大数据分析，淘宝网在品牌的

战略规划上会更有把握。大数据分析也能够帮助淘宝网开展营销服务。通过借助海量数据，对社交信息数据、与顾客之间的互动数据分析，对面向社会化用户可以开展更为精细化的服务。

3.3.2　大阿里战略与大淘宝战略

2011 年 6 月 16 日，阿里巴巴集团宣布，正式把淘宝分拆为 3 家公司，即沿袭原 C2C 业务的淘宝网（taobao.com）、平台型 B2C 电子商务服务商淘宝商城（tmall.com）和一站式购物搜索引擎一淘网（etao.com）。阿里巴巴集团表示，为更精准和有效地服务客户，确保淘宝公司旗下业务的持续竞争力和创新能力，决定将淘宝网分拆为 3 个独立的公司。

这是一次主动性的战略调整，阿里巴巴集团董事局主席马云说："互联网在搜索、SNS（社区化）和电子商务领域里发生了格局性的变化，新公司层出不穷。'大淘宝'战略取得了阶段性进展，初步建立了一个强大的以消费者为中心的网购生态系统。为了更好地适应行业的快速发展，集团决定提升'大淘宝'战略为'大阿里'战略"。

"大阿里"战略的核心是和所有电子商务的参与者充分分享阿里集团的所有资源——包括其所服务的消费者群体、商户、制造产业链、整合信息流、物流、支付、无线以及提供数据分享为中心的云计算服务等，为中国电子商务的发展提供更好、更全面的基础服务，建设开放、协同、繁荣的电子商务生态系统，促进新商业文明。拆分后的淘宝将一改之前的集团式冲锋战略，化拳为掌，广泛渗透于电子商务产业的各个业务线，深拓精耕中国的电子商务市场。

2008 年 9 月 4 日，阿里巴巴集团宣布正式启动"大淘宝战略"。"大淘宝"通过开放平台，发挥产业链协同效应，整合集团优势资源，将其产业使命定义为做整个电子商务产业的水、电、煤式的基础设施提供商，为所有的电子商务公司提供支持和服务，打造全球最大的电子商务生态系统，努力把零售行业从工业时代推进到互联网时代，让网络零售成为主流的零售方式。这一战略将阿里巴巴从过去的"电子商务服务商"逐渐转变为"电子商务基础设施运营商"，建立一个以消费者为中心的网购生态系统。

3.3.3　灵活多样的盈利模式

淘宝网的免费取决于当时的环境。淘宝网成立于 2003 年 5 月，当时国内个人电子商务市场还不成熟，更重要的是个人电子商务市场的诚信体系和安全体系都还需要完善，人们对个人电子商务的认识也非常缺乏，尽管当时有易趣和当当网，但都没有打开市场，这种情况下淘宝网必须用免费打开这种局面。为了改善个人电子商务领域的诚信和安全体系，淘宝网推出了支付宝服务，完善了网络购物的安全体系，通过三年多的努力，国内用户才逐渐认可网络购物这个新鲜事物。

目前淘宝网尚未有明确的盈利模式，显然，买家和卖家都已经习惯了免费服务，实行收费要看有什么样的创新应用。实际上，按照效果付费的广告、店铺管理和装饰工具等产品无法成为淘宝稳定的收入来源，尽管按照效果付费等广告形式已经让淘宝实现单月持平。目前淘宝正在竭力推广"大淘宝"战略，将平台对外开放，吸引大量的合作伙伴集结为一个商业生态系统。而一旦系统里的成员结成利益联盟，并且形成各个具有活力的小型生态圈，那么作为组织者的淘宝将成为一个源源不断的"聚宝盆"。现在淘宝网的盈利模式主要有 3 部分，即广告费、支付宝、增值服务费。

1．网络广告盈利

淘宝网自 2007 年 7 月开始正式启动网络广告业务,将网站中重要的广告位和搜索结果的右侧广告位对外销售。网络广告是淘宝网正式宣布的首个盈利模式，主要包括淘宝开店商家竞价排名及淘宝各页面硬广广告位及链接两大部分。

据艾瑞咨询数据显示，互联网核心企业中，网络广告收入集中度提升，其中百度、阿里巴巴、腾讯及字节跳动四家企业的网络广告收入占总体 60%。2017 年，阿里巴巴广告收入超 1 000 亿元，位居第一。

2．支付宝盈利

在 C2C 交易中，买家往往担心付了钱最终又没能收到货；卖家同样担心发货之后收不到款。支付宝的建立是淘宝网成功的关键，起到了一个支付缓冲的作用，钱先打到第三方账户，第三方通知卖家发货，买家收到货品后，通知第三方已经收到货物，第三方再打款给卖家。可以说，支付宝的使用大大提高了买家购物的安全系数，买家可以很放心地购物付款。支付宝盈利主要有以下四个方面。

（1）支付缓冲意味着大量的钱沉淀了下来。同时有大量的资金流入和流出，总有一部分钱静止不动，对银行来说，这些资金是无息的，当然同样可以使用。

（2）支付宝的免收手续费每月是有额度的，超出额度的要按比例收费。

（3）支付宝提供的水、电、煤、通信费等的缴纳服务是要向企业收费的，还有支付宝在和阿里巴巴、淘宝之外的网站合作时也是收费的。

（4）新推出的信用卡模式允许投资，那么也就会像信用卡那样收取利息了。

3．增值服务

尽管在淘宝上开店是免费的，但是如果要想获得特殊的服务，要想使得自己的店铺有更好的宣传力度和营销效果，就需要购买淘宝网为店铺提供的增值服务。由于目前淘宝上的增值服务种类繁多，涵盖卖家店铺经营中的各个环节，服务按订购类型分为可在线订购类应用和非在线订购（即黄页展示类）的服务，服务种类包括装修展示、推广促销、后台管理、数据分析、整体托管、拍照摄影、直通车优化等。在卖家功能中选择“我要购买软件服务”即可看到淘宝网为卖家提供的增值服务。

下面选择排名前 9 的增值服务进行分析说明。截至 2019 年 3 月 31 日 13：50，淘宝热门的增值服务如图 3-3 所示。

1）淘宝旺铺

由淘宝（中国）软件有限公司提供，属于开店基础工具，加大了个性化装修的权限，提供精准的商品推荐，丰富的营销玩法，打造最优的用户体验，迅速拉近买卖关系。该服务 30 天内付费人数约 16.1 万人，约 41 万人正在使用，续费率高达 69.20%，50 元/月。

2）美折促销

由杭州美登科技股份有限公司提供，该服务近 30 天内付费人数约 14.9 万人，约 43.3 万人正在使用，续费率在 53.18%，高级版 15 元/月，尊享版 30 元/月。

3）超级店长

由杭州光云科技有限公司提供，包括自动橱窗推荐、经营分析、宝贝推荐、促销助手、统计、店铺装修、客服绩效、行情分析、店铺体检、快递打印、积分、日历、团购推荐、搭配套餐、评价推荐、站位营销、限时折扣等，是开店必备软件。该服务 30 天内付费人数约 11.8 万，约 47 万人正在使用，续费率为 46.4%，初级版 39 元/季度，中级版 69 元/季度，高级版 30 元/月，专业版 60 元/月。

图 3-3　淘宝的热门增值服务

4）优惠券

由淘宝（中国）软件有限公司提供，该服务 30 天内付费人数约 25.4 万人，约 87.2 万人正在使用，续费率为 36.51%，15 天内免费试用，45 元/季度。

5）爱用交易

由上海爱用宝电子商务有限公司提供，初级版免费，高级版收费，该服务 30 天内付费人数约 3.9 万，约 216.1 万人正在使用，续费率为 8.61%，52 元/季度。

6）欢乐逛打折

由厦门欢乐逛科技股份有限公司提供，该服务近 30 天内付费人数约 4.9 万，约 16.6 万人正在使用，续费率为 52.76%，保准版 15 元/月，尊享版 25 元/月。

7）爱用商品

由上海爱用宝电子商务有限公司提供，初级版免费，高级版收费，该服务近 30 天内付费人数约 2.3 万人，约 167.2 万人正在使用，续费率为 5.77%，高级版 52 元/季度。

8）快递助手

由北京其乐融融科技有限公司提供，该服务近 30 天内付费人数约 11.7 万人，约 35.6 万人正在使用，续费率为 63.84%，基础版和标准版可免费 7 天试用，基础版 15 元/月，标准版 20 元/月，专业版 58 元/月。

9）搭配宝

由淘宝（中国）软件有限公司提供，将几种商品组合设置成套餐来销售，通过促销套餐让买家一次性购买更多商品。该服务近 30 天内付费人数约 3.5 万人，约 13.7 万人正在使用，续费率为 21.91%，15 天内可免费试用，45 元/季度。

淘宝取得成功的重要原因是依靠免费策略吸取了众多的用户，依靠铺天盖地的广告迎来了点击率，依靠支付宝实现了安全支付，依靠阿里巴巴的资金支持及品牌效应，采用本土化的购物习惯先进行在线沟通再购买，以及已经形成的以消费者为中心的商业生态系统，这便是它的核心能力。

3.3.4　阿里巴巴的有力支撑下淘宝生态圈的形成

淘宝作为阿里巴巴的一个旗下公司，凭借着阿里巴巴的品牌，从一出生就有着与生俱来的优势。阿里巴巴在资金上一直支持淘宝，淘宝在初期要想人气大增，广告当然必不可少，淘宝在免费时期所需的运营资金都是来自阿里巴巴；同时依靠阿里巴巴的人气，淘宝积聚了大量的用户。淘宝为阿里巴巴用户在淘宝上开店提供了最大的便利，而阿里巴巴为淘宝卖家提供了丰富的物美价廉的商品。

淘宝开放平台的宗旨是高效、安全、稳定地提供淘宝网电子商务基础服务；目标是建立以淘宝开放平台为基础的大淘宝商业生态系统。目前，淘宝网搭建了一个庞大的商业生态系统，包括买家、卖家、支付、物流、金融、搜索等体系，这一开放以及完全自由竞争的生态圈已经改变了传统企业做生意的方式，也改变了消费者的消费行为模式。

大淘宝战略就是要以开放 API（应用程序接口）为契机，形成一个多接口的开放性平台，吸引大量的合作伙伴集结为一个商业生态系统，如图 3-4 所示。

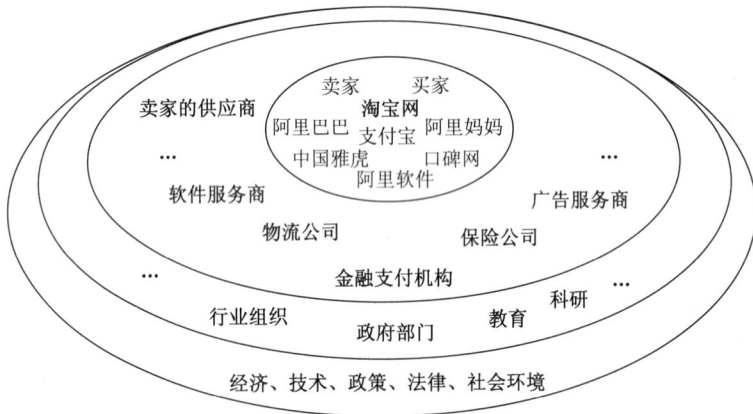

图 3-4　淘宝网商业生态系统

3.3.5　抢占先机与免费开店策略

在互联网上，有一个潜规则是"一样的东西，谁出现得早谁就最有可能成功"，淘宝网在 2003 年就开始成立，比拍拍网（2006 年）、百度有啊（2008 年）都要早，另外淘宝网还得到了阿里巴巴巨大的资金投入。这使得淘宝网有很好的发展先机。

另外，淘宝在推出时，"非典"给人们的生命财产带来了巨大的威胁和损失，让人们认识到了电子商务的优势以及广阔的发展前景。

淘宝的免费开店是人气增长的一个重要原因，2004 年上半年，eBay 注资 1.5亿美元打造易趣，并在新浪、搜狐、网易、TOM 等国内大型的门户网站做广告，而对于当时刚刚"出山"的淘宝来说，是一个致命的打击，然而淘宝网实行的"免费制"，承诺三年不收商品登录费、交易费，使得易趣的卖家在淘宝网上开始开分店，以易趣的信用招揽淘宝的买家，在易趣展示商品，在淘宝成交。

3.3.6　为消费者提供方便的购物工具

1．有保障的支付工具——支付宝

淘宝 C2C 平台创新性地推出安全支付工具——支付宝，在淘宝网上充当中间人，为买卖双方提供交易担保功能，解决了网上支付环节的信用问题，并在 2005 年，引入"全额赔付制度"，大大解除了买卖双方的顾虑。

淘宝不惜投入巨大资金来提高网上购物的安全性，淘宝应用的诸多安全方案都取得了一定的效果，比如实名认证、消费者保障服务等，另外，支付宝的发展使得网上支付非常方便，如今支付宝已几乎成为国内人人知晓的支付工具了。

2．沟通方便的即时通信工具——阿里旺旺

考虑到中国传统的交易习惯，淘宝推出便捷、亲和的即时通信工具"阿里旺旺"，使买卖双方可以在线直接交流，就商品的细节和性能等进行沟通，以适合中国人做生意的习惯，使得淘宝更加本土化。

这款即时工具除了最常用的功能：收发信息、自动回复、快捷短语、多方洽谈、免费商机等，还有网络推广功能：

（1）阿里旺旺签名助推广。即使不在线，添加的联系人或好友的列表中就有显示，例如"美国本土专业代购""专营母婴用品，澳新奶粉代购"；

（2）旺旺群发。当有最新活动消息，可以第一时间发给平日里建立起来的客户组。

（3）旺旺头像。一个好的旺旺头像会带来更多的客源。客户不一定记得网站名，但一定会记得商家的头像。有辨识度的头像可以让客户通过头像就知道经营项目。例如花店的头像最好是选择有代表性的花卉，不仅展示了店里的商品，也进行了推广。

3．方便的包裹查询工具——菜鸟裹裹

用户在网上购物之后，最关心的是包裹的实时动态，包裹在哪儿，什么时候能到。淘宝网最早采用物流外包的模式，与众多快递企业合作，在关键的物流节点为消费者提供实时动态的更新。经过几年的发展，阿里巴巴在以数据为纽带，以网点为基础，于 2013 扛造出社会电子商务化的大系统——菜鸟物流。

2016 年 9 月，菜鸟官方出品的快递服务 APP——菜鸟裹裹。菜鸟裹裹通过互联网创新，将多个电商平台上的快递信息整合在这一个平台上，在一个地方可以查全网包裹；设置自提柜驿站代收，或者预约快递小哥送件时间，使收包裹更加随心；有着丰富的寄件方式，使包裹寄得更加安心。淘宝的整个快递服务发展的越来越符合消费者的心意。

3.3.7　别出心裁的广告宣传

淘宝网的广告宣传在淘宝网建立初期是非常疯狂的，在 eBay 易趣的封锁下，淘宝一边向媒体诉苦，指责 eBay 易趣恃强凌弱，以博取舆论同情；一边绕开封锁的门户，直接将广告投放到人气比较旺的个人网站及共享软件上，同时在大街的路牌、灯箱、公交车、地铁、电视媒体上投放淘宝网的广告。可以说在广告战中，淘宝绝地突起，取得了

胜利的同时，让 eBay 易趣很被动地补缺，花费了很多广告费。

对于一个互联网公司来说，流量和新增用户是它安身立命的底牌。经过 20 年的发展，淘宝虽然已经发展成为千亿级体量的国民品牌，但仍需要做广告宣传，近几年春节广告营销成为了淘宝广告宣传的重心。

2018 年春节，淘宝赞助春晚，发布淘宝亲情号的广告宣传，主打 35 岁以上，三四线及以下城市的群体用户，拉新效果非常显著。根据阿里财报显示，2018 年春晚过后，年度活跃消费者新增 3 700 万，创 IPO 以来新高，共有超过 1 亿户家庭在观看春晚的同时参与了手机淘宝的互动。2019 年春节，为了向更多中、老用户解释"淘宝是什么，为什么要用淘宝"，淘宝在央视投放了两支由徐峥主演的 TVC。这次广告抓住的正是春节时的愉快气氛，与走温情路线的贺岁广告不同，徐峥做淘宝新春送喜官，并通过接地气的谐趣创意，戏剧性地展现了靠谱、价廉的购物平台形象。

3.4　点评与建议

淘宝绝地突起，取得了胜利的同时，也伴随着信用危机、搜索排名、信用评价体系进一步调整等问题，详述如下。

3.4.1　网络诚信

1．刷信用

淘宝创新性地建立了一个相对有效的"信用体系"，解决了电子商务在中国发展的一大难题——诚信。伴随着淘宝的壮大，淘宝信用的价值也不断地被提升。在淘宝上，淘宝评价体系对卖家的影响很大，但是对买家却无关紧要。信用越高，在淘宝同类商品中的排列位置就越靠前，在淘宝店铺排列的位置就越靠前，淘宝店铺会免费为其打广告。所以一些卖家就采用互刷和请专业机构来刷信用的方式，这对买家而言当然是一种欺诈。

2．恶意差评，蓄意买好评

因为竞争关系，淘宝上的同行之间进行恶意评分、恶意攻击；还有一些专业差评组织，以买家的身份先购买商品，然后给差评，最后再勒索钱财消除差评。

除了恶意差评之外，近几年不少淘宝店家，为了提高商品的好评和销量，店家会找兼职模特合作做充当买家秀，图片处理过后能够吸引不少客户购买商品，但是很多商品的质量是经不起考验的。

3．售假货

对"售假"问题，淘宝网也采取了一些措施，比如支付宝全额赔付制度、制定诚信公约、诚信自查系统、封店、违规店铺屏蔽、限制发布商品等措施，也设置了很多维权功能，比如举报管理、维权管理等。

诚信机制的建立是一个长期的过程。从这几年的发展来看，网络购物的诚信体系也正在逐渐完善。然而，对于买家来说，应该意识到虚拟购物也是建立在传统的消费模式之上的，没有完全满意的消费，有个别差评的商家不代表商品质量不好；对于卖家来说，真正的购买行为还是建立在良好的质量、服务形成的口碑之上，不必畸形地追求好评率。

目前网上购物诚信缺失严重，这是由多方因素造成的，所以构建一个诚信和谐的网络购物环境需要多方的配合。

3.4.2　搜索排名

买家在网站买产品，都使用搜索功能，那么谁排在前面，谁排后面直接影响销售效果。但淘宝出现的竞价排序有失公平，这不但没控制住假货滋生，还扼杀了很多新加入的商户，尤其那些小商户没办法做付费搜索，这严重影响平台的公平性，也制约了店铺的发展。另外，小商户新加盟，本来就交易少、本金小，需要扶持，结果上传的商品基本都石沉大海，小的店主为了店铺的浏览量苦苦研究。其实这都严重影响了公平，严重损害了中小企业的利益。

3.4.3　卖家进入成本不断上升

随着淘宝网的发展，卖家虽然开店是免费的，但想要成功开店必须加大投入，要付出的越来越多，这将成为淘宝网发展的障碍之一。

新卖家要进行虚假信用评价需要投入几百到几千元，当然这个不受淘宝网的保障，也是卖家不希望做的，但是对新卖家来说，不做就没有信用，没有信用就没有生意，由此看来，刷信用很多是被迫无奈之举。

还有很多正式的服务费，比如 500~2000 元的消保计划保证金、店铺装修、店铺推广、店铺管理、数据统计等构成了新卖家开店的基本费用。

3.4.4　信用评价体系有待完善

客户买到商品以后，基于产品本身、购物流程、购物感受等因素给予商家评价，这个评价体系一定程度上约束了卖家，使卖家诚信交易，减少欺诈。但现在出现的问题是，卖家为了少得中差评，不断骚扰消费者，而消费者收到的商品如果没到实在不能接受的程度，都得给予好评。这就造成了好评不是真的好，做出了中评、差评的买家被骚扰的现状。

另外，信用评价只有上升没有下降，很多商铺升到皇冠以后，也开始出售虚假商品，但由于信誉额度基数已经相当高，所以根本不在乎客户的差评。

所以应该建立一个完善的商户信誉评定体系，这个体系可以真实表现出客户的诚信程度，除了综合反映出商户长期的信誉评定外，还要能反映出短期的信誉表现，商户的信用评价是可以根据评价上升、下降的，而不是永远居于高位。

3.5　知识点学习

1. 网商

网商最初专指那些网络服务提供商（接入商、ISP、ICP、应用平台提供商等），比如电讯盈科、TOM、新浪、搜狐、阿里巴巴等。现在指运用电子商务工具在互联网上进行商业活动的个人，包括企业家、商人和个人店主。网商是 2004 年开始正式浮出水面的一个具有划时代特征的商人群体，网商在 3 年时间中充分地运用网络创造着一个个财富的神话。自网商群体正式浮出至今，"网商"已经作为一个新的商人群体的代名词。

2．网货

网货是以网络零售平台作为主营销渠道的时尚流行商品。由于网络零售渠道的先进性，一模一样的两件商品，"网货"往往比"线下货"要便宜很多；另外，由于网络营销渠道的低成本性，网货新兴品牌的商品性价比远远高于传统品牌。毫无疑问，网货帮助中国制造业降低了迎接品牌创新时代的门槛，也缩短了时间。

3．网规

网规是新商业文明治理规则体系的总称，与"网商""网货"共同构成新商业文明的三大支柱，以"开放、分享、透明、责任"为特质，以调整网商、网货、交易平台及外部环境之间的关系为主要内容，不断成形、进化、衍生、升级，目前还处于发展初级阶段。

4．网络零售

网络零售指通过互联网或其他电子渠道，针对个人或者家庭的需求销售商品或者提供服务，属于针对终端顾客（而非生产性顾客）的电子商务活动，因此属于B2C（企业对消费者）的电子商务范畴。其提供的产品包括有形商品和无形商品。

5．网络团购

网络团购指借助互联网，将具有相同购买意向的零散消费者集合起来，向商家大批量购买，求得最优惠的价格。网站向消费者提供同城商家的优惠商品和服务，并从中抽取佣金，消费者得到优惠的价格，而商家也从中赚取费用。

6．海外代购

海外代购指由个人或由代购商帮国内消费者买到海外商品。海外代购主要分两种：一种是个人代购，另一种就是专业的代购网站。前者一般在C2C网站上开个网店，为顾客提供代购服务；而后者则多为专业的大型代购网站，它们可以提供更完整的海外代购流程和服务。

7．秒杀

所谓"秒杀"，就是网络卖家发布一些超低价格的商品，所有买家在同一时间网上抢购的一种销售方式，网购"秒杀"从无到有、从有到强不过三个月时间。其实就是一个我们传统的抢购，只是把它搬到互联网上面以后，包装成为"秒杀"，够新鲜且抢眼球。

8．聚划算

聚划算是以一团三品的形式展现淘宝优质卖家的商品的团购平台，是由淘宝网官方开发平台，并由淘宝官方组织的一种线上团购的活动形式。

9．良无限

无名良品全面升级版——良无限，将为消费者提供更高的质量保障服务，确保所有推荐商品经过质量认证检测。

"良无限"实行三重认证，全力打造"放心购"产品。

（1）第一重：对入驻商家进行100%验厂，杜绝能力不足的供货商进入。

（2）第二重：对商品进行全方位质检，将问题商品拦截在售卖前。

（3）第三重：推行入仓质检，在流通环节实现优质商品第二道把关。

要想顺利进入良无限平台，供应商须通过苛刻的三重认证，只有所有环节都合格的商品才可上线。

良无限向消费者承诺："任何达不到质检 2.0 要求的商品和商家，良无限平台将不予以展现。"

10．3G 网店

3G 网店即第三代网店，是 B2C 与 C2C 网购平台的创造性升级，其优势是 3G 网店充分利用消费者的力量，向上整合消费品生产企业，将渠道扁平化，争取价格优势；向下聚集广大的消费者，集合消费者的消费和推广力量，将消费者转化为渠道商、广告商。该模式是由菲玛特提出的创新性理念，菲玛特商城是 3G 网店的实践平台。

11．网络贷款

网络贷款最早发源于欧美，近年来开始传入我国，是指贷款人在网上填写贷款需求申请与企业信息等资料，通过第三方网络平台或直接向银行提出贷款申请而获得的一种新型贷款方式。

12．第三方支付

第三方支付是指一些和产品所在国家以及国外各大银行签约，并具备一定实力和信誉保障的第三方独立机构提供的交易支付平台。在通过第三方支付平台的交易中，买方选购商品后，使用第三方平台提供的账户进行货款支付，由第三方通知卖家货款到达、进行发货；买方检验物品后，就可以通知付款给卖家，第三方再将款项转至卖家账户。

13．SaaS

SaaS（软件即服务）的中文名称为软营或软件运营。SaaS 是基于互联网的提供软件服务的软件应用模式。作为一种在 21 世纪开始兴起的创新的软件应用模式，SaaS 是软件科技发展的最新趋势。

14．3D 互动虚拟试衣间

3D 互动虚拟试衣间是针对服装市场量身定制的体验式虚拟试衣系统。该试衣间结合了最新 3D 技术、增强现实及体感技术。当用户站在特殊设计的大屏幕前或在安装相关软件的网店网购时，系统便会自动出现提示动画，分析用户身材，引导用户正确选购，大大提升了购物的真实性和用户体验度。

15．直通车

2005 年淘宝网进行资源整合，推出的一种全新的搜索竞价模式。直通车成为广告推广，打造爆款、从而做关联销售、最终提升销量、调动自然流量不可或缺的利器。但是淘宝直通车是一种点击广告竞价系统，采用 CPC（按点击付费）计费，也容易造成白白烧掉点击广告费而没有转化率的情况。

16．VR

Virtual Reality，虚拟现实，或称灵境技术，实际上是一种可创建和体验虚拟世界（Virtual World）的计算机系统。其具体内涵是：综合利用计算机图形系统和各种现实及控制等接口设备，在计算机上生成的、可交互的三维环境中提供沉浸感觉的技术，其中，由计算机生成的、可交互的三维环境称为虚拟环境。2016 年被业界称之为 VR 元年。

小结

本章通过对淘宝网案例纵览、聚集热点、成功之处的分析和对其的点评与建议，使学生对案例有了全面、透彻的了解和掌握。同时对本案例中涉及的相关知识点进行了介绍。

通过学习可以清晰地看到，淘宝网已经进入快速发展阶段，将"大淘宝"战略升级为"大阿里"战略，预示着阿里巴巴将和所有电子商务的参与者充分分享阿里集团的所有资源——包括其所服务的消费者群体、商户、制造产业链、整合信息流、物流、支付、无线以及提供数据分享为中心的云计算服务等，为中国电子商务的发展提供更好、更全面的基础服务。

习题

1. 阐述对淘宝的盈利模式及盈利前景的看法。
2. 通过对影响淘宝排名靠前的几点原因的解读，给淘宝商家提出应对的优化策略。
3. 2018 年"双十一"淘宝、天猫成交额再创新纪录，达 2 153 亿元，请从经济学视角分析讨论其深层次的原因。
4. 淘宝成为中国目前最大的电商零售平台，试总结其取得成功的内在原因。
5. 近几年，各电商平台都实行了会员制，淘宝于 2018 年实行"88VIP"，试分析这一举动会带来什么的效果。
6. 淘宝如何运用大数据分析，预测消费者购买决策。

能力拓展

天猫原名淘宝商城，是阿里巴巴集团旗下业务，是中国最大的第三方品牌及零售平台。2012 年 1 月 11 日上午，淘宝商城正式宣布更名为"天猫"。2018 年阿里巴巴年度财年显示，天猫 GMV 年度增长 45%，现已有 150 000 个品牌入驻天猫平台。

2018 年 11 月 26 日，阿里巴巴集团公布了最新的组织升级方案。其中天猫事业群升级为"大天猫"，形成天猫事业群、天猫超市事业群与天猫进出口事业部三大板块。此次"大天猫"的升级，将在商业领域给全球品牌带来更强的助力，帮助品牌实现线上线下深度融合的数字化升级，帮助来自全球的商家走向全球市场，在商超业态上加深新零售的探索，提升经营效率，给消费者带来更好的服务体验。

天猫不断提升平台和商家拥抱数字化运营的能力，给消费者提供最好的商品与服务，商品更丰富、支付更方便、物流更高效，消费者的生活发生了革命性的变化。天猫不仅在线上保持了高速增长，天猫也在帮助品牌不断探索线下的数字化转型，形成线上线下融合的新零售模式。目前，天猫与各大品牌在线下打造了 20 万家新零售智慧门店和超过 100 个智慧商圈。

由于网购产品存在这样或那样的问题，选择一个更"靠谱"的电商购物平台会大大减少买到问题产品的可能，但很多用户在选择天猫和淘宝之间产生了疑惑，现将淘宝和天猫的区别与联系总结如下：

（1）淘宝和天猫是阿里巴巴集团下的电商购物平台，两者之间也算是互通的，用户在淘宝购物时，也可以买天猫商家的产品。

（2）从性质上说，天猫是 B2C 的综合性购物网站，属于企业商城对个人买家。而淘宝是 C2C，属于个人店铺对个人买家，简单地说，只要是合法的公民提供有关的资料就可以在淘宝上开店。通俗地讲，天猫类似一个品牌的集合商城，而淘宝则像集市，汇聚各种商品。

（3）从入驻的要求上说，天猫的入驻资格比较严，入驻类型只能是注册过的企业，而非个人，保障金要求比较高，则比较正规。淘宝对入驻的要求很低，没有很多门槛，只要是合法公民即可。

（4）从保障上说，淘宝网上的所有保障，天猫上必须有，但淘宝网上的保障是开店者自愿加入的。

（5）从商家评分来说，天猫采用的是店铺动态评分系统，而淘宝采用的除了店铺动态评分系统，还要评估商家的信用，分为四个等级，即心、蓝钻、蓝冠、金冠。等级越高，消费者越信赖，因此很多淘宝商家会想尽一切办法，希望买家对商品给予好评。

试结合本章的学习，与淘宝案例进行对比，分析天猫的核心业务、发展历程及近几年发生的热点事件，分析天猫取得成功的原因以及当前面临的问题或挑战，要求撰写天猫案例报告，并进行小组讨论交流。

第4章 蚂蚁金服——互联网金融代表

学习目标

通过本章的学习，学生应该能够做到：

（1）了解蚂蚁金服的产生、发展、现状和主要业务，体会蚂蚁金服在中国互联网金融领域的影响力。

（2）结合社会经济背景，分析蚂蚁森林受到亿万网友的青睐与国际组织认可的社会原因。

（3）分析芝麻信用业务模式，了解芝麻信用是如何对各维度数据进行综合处理和评估的。

（4）通过学习案例的内容，结合课后能力拓展搜集资料，整理微信支付的发展、现状、交易流程、盈利模式、成功之处以及对其的点评与建议，进行课堂讨论。

引言

2004年成立的支付宝现已是家喻户晓的第三方支付平台，渐渐融入我们生活的方方面面。而成立于2014年的蚂蚁金融服务集团（"蚂蚁金服"），对其了解的人却不多。蚂蚁金服是一个综合性的集团公司，旗下有支付宝、余额宝、招财宝、蚂蚁聚宝、网商银行、蚂蚁花呗、芝麻信用等子业务板块。蚂蚁金服有着与社会责任相关的企业使命，依靠互联网技术的快速发展，自主研发技术，凭借大数据、云计算，已经发展成为全球最大的金融科技独角兽企业。

本章的主要内容包括蚂蚁金服的起源、发展和现状，介绍蚂蚁金服的业务板块，分析蚂蚁金服如何成为中国惠普金融实践道路上的领导者，对蚂蚁金服的热点问题进行讨论，分析蚂蚁金服成功的主要原因和存在的挑战或问题以及解决建议。

4.1 案例纵览

蚂蚁金服是一家旨在为世界带来普惠金融服务的科技企业。蚂蚁金服起步于2004年成立的支付宝。2014年10月，蚂蚁金服正式成立。蚂蚁金服以"为世界带来更多平等的机会"为使命，致力于通过科技创新能力，搭建一个开放、共享的信用体系和金融服务平台，为全球消费者和小微企业提供安全、便捷的普惠金融服务。成立至今，蚂蚁金服旗下的产品和服务已成为中国普惠金融实践道路上的领头羊。

如今蚂蚁金服已成长为全球估值较高的科技金融独角兽。但蚂蚁金服的雏形只是淘宝的一个结算部门，十几年时间，它发端于支付领域，进军金融行业，迅速腾飞，并用数据和技术改变了中国金融业的面貌。

4.1.1　背景

为解决电子商务买卖双方之间的信任难题，淘宝首创推出"担保交易"，后来取名为"支付宝"，并于 2004 年成立支付宝公司。

为了改善用户体验，将支付宝渗透进人们的生活中，通过缴电话费、水电煤气费、用支付宝给信用卡还款等鸡毛蒜皮的"小钱"，重新吸引用户，将所有城市基础设施的支付系统全部打通：供水、供电、供气、通信、网络等，为用户提供水电气和通信、网络的网上缴费，支付宝开始得到越来越多的用户认可。

2013 年是支付宝战略转型至关重要的一年，立足于从一个支付工具转型为金融服务平台。2014 年 5 月，根据业务发展需要，明确了蚂蚁金服的平台化发展战略为"稳妥创新、欢迎监管、刺激金融、服务实体"的十六字方针，为业内金融机构搭建一个开放平台。到 2014 年 10 月，支付宝初战告捷，蚂蚁金融服务集团正式宣告成立。

4.1.2　现状

蚂蚁金服集团已经成为一个横跨支付、基金、保险、银行、征信、互联网理财、股权众筹、金融 IT 系统的互联网金融集团。蚂蚁金服旗下有支付宝、余额宝、招财宝、蚂蚁聚宝、网商银行、蚂蚁花呗、芝麻信用、蚂蚁金融云、蚂蚁达客等子业务板块。蚂蚁金服的主要业务板块现如图 4-1 所示。

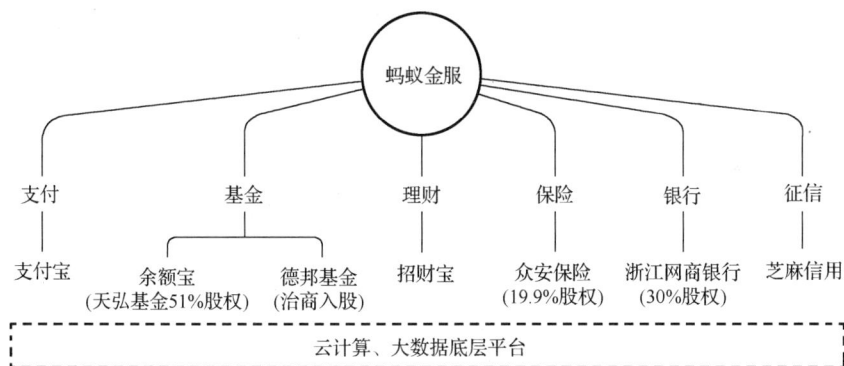

图 4-1　蚂蚁金服集团构成图

1. 支付宝

为解决电子商务买卖双方之间的信任难题，淘宝首创推出"担保交易"，后来取名为"支付宝"。支付宝，是以每个人为中心，以实名和信任为基础的生活平台，图 4-2 所示为支付宝的业务模式和盈利点。根据阿里巴巴 2019 财年 Q2 季报显示，截至 2018 年 9 月 30 日，支付宝的国内活跃用户超过 7 亿，支持 27 种货币。

2. 余额宝

2013 年 6 月，余额宝正式上线发布。其产品优势在于购买门槛低（1 元起购）、随时赎回，且收益远高于银行活期储蓄，图 4-3 所示为余额宝的业务模式和盈利点。截至 2018 年底，余额宝为用户累计赚取到了 1 700 亿元，而且均分下来每天平均都有 1 亿元的收益。余额宝现成为中国规模最大的货币基金。

支付宝业务模式

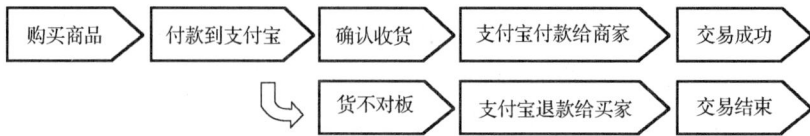

购买商品 → 付款到支付宝 → 确认收货 → 支付宝付款给商家 → 交易成功

↳ 货不对板 → 支付宝退款给买家 → 交易结束

支付宝盈利点

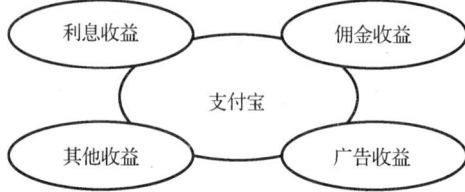

利息收益　佣金收益
支付宝
其他收益　广告收益

图 4-2 支付宝业务模式和盈利点

余额宝业务模式

客户资金 → 支付宝 → 余额宝 → 天弘基金(增利宝) → 投资获利

余额宝盈利点

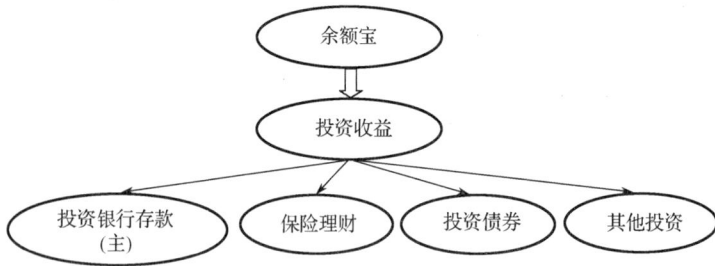

余额宝
↓
投资收益
投资银行存款(主)　保险理财　投资债券　其他投资

图 4-3　余额宝业务模式和盈利点

3．网商银行

2014 年 9 月，银监会正式批准筹建浙江网商银行，蚂蚁金服作为发起人，认购总股本的 30%。网商银行推出的主要产品有：旺农贷、网商贷、信任付、融易收、余利宝等。在线上，网商银行可以调用淘宝、天猫、支付宝等平台留下的大数据进行分析；在线下，网商银行和口碑、美团等平台合作，输出自己的风控技术，服务更多的小微企业。图 4-4 所示为其业务模式和盈利点。

4．芝麻信用

芝麻信用是蚂蚁金服旗下独立的第三方征信机构，通过云计算、机器学习等技术客观呈现个人信用状况。芝麻信用分是芝麻信用对海量信息数据的综合处理和评估，主要包括了用户信用历史、行为偏好、履约能力、身份特质、人脉关系五个维度。芝麻信用基于阿里的电商交易数据和蚂蚁金服的互联网金融数据，并与公安网等公共机构以及合作伙伴建立数据合作。芝麻信用希望通过输出其技术能力，一方面为合作机构提供征信服务；另一方面，可以借助阿里在大数据和云计算方面的优势，与更多的合作伙伴在数据共创的基础上挖掘数据中所包含的信息，并针对每个行业提供具体的解决方案。目前，芝麻信用已经在消费金融、融资租赁、信用卡、P2P、酒店、租房、出行、婚恋、分类信息、学生服务、公用事业等近百个场景为用户和商户提供信用服务。图 4-5 所示为芝麻信用的业务模式。

网商银行业务模式

网商银行盈利点

图 4-4　网商银行的业务模式和盈利点

芝麻信用业务模式

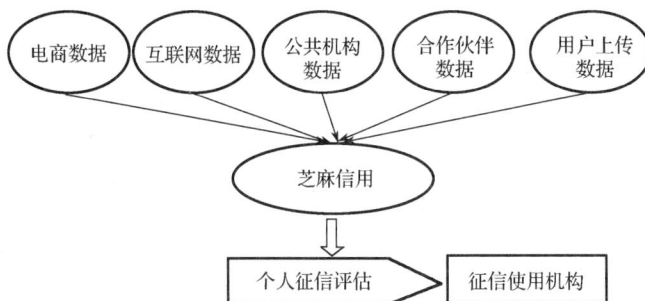

图 4-5　芝麻信用的业务模式

5. 消费金融

用户可以通过支付宝钱包进行消费信贷，使用"蚂蚁借呗""蚂蚁花呗"等信贷产品。蚂蚁借呗由重庆市蚂蚁商城小额贷款有限公司运营，蚂蚁借呗的资金除了自有资金外，主要依靠资产证券化获得。蚂蚁花呗，由重庆市蚂蚁小微小贷有限公司运营。蚂蚁金服还通过支付宝平台为消费金融平台（如趣店、招联消费金融）倒流客户，其业务模式和盈利点如图 4-6 所示。2018 年 5 月，花呗向银行等金融机构开放消费信贷业务。目前，蚂蚁花呗已接入唯品会、当当网等近 40 个平台，为平台消费者提供金融服务。

6. 农村金融

2016 年，蚂蚁金服将"农村金融"列为集团三大发展战略之一。蚂蚁金服服务农村采用三种模式：一是蚂蚁金服的数据化金融平台模式；二是依靠"村淘"、中和农信等的"线上+线下"熟人模式；三是供应链金融模式。阿里系对于农村和农业的服务是全方位的，阿里系的电商、金融和物流平台分别从信息流、资金流和物流三个方面切入。农村电商由阿里电商集团负责；农资、农产品的销售通过天猫进行；而蚂蚁金服的作用是整合金融资源，提供一整套金融服务；菜鸟物流则提供物流服务。

蚂蚁花呗业务模式

蚂蚁花呗盈利点

图 4-6　蚂蚁花呗的业务模式和盈利点

7. 全球化

蚂蚁金服海外扩张之路是构建国际化支付系统。目前，支付宝已经接入了欧美、日韩、东南亚等 30 多个国家和地区的海外线下商户。海外投资的成功案例有：2015 年蚂蚁金服两次增资 Paytm，占股达 40%。截至目前，印度 Paytm 的用户数已增长至 2.2 亿，这意味着 Paytm 超越 PayPal，成为全球第三大电子钱包。除了印度，蚂蚁金服还积极布局东南亚市场。蚂蚁金服于 2016 年 11 月战略投资泰国支付企业 AscendMoney；2017 年 2 月注资菲律宾数字金融公司 Mynt。两个月后，与印尼 Emtek 集团成立一家合资移动支付公司。在东亚市场上，蚂蚁金服向韩国互联网公司 Kakao 旗下的移动金融公司 KakaoPay 注资 2 亿美元；支付宝还与日本第二大便利连锁店罗森合作，以便让日本的 1.3 万家罗森商店支持支付宝。支付宝现在也可以在日本的国际机场以及大型零售商场中使用，如 Takashimaya 百货商店和 BicCamera 购物中心。蚂蚁金服正在将"无现金"城市经验推向全球。

4.1.3　发展历程

经过 15 年的发展，蚂蚁金服旗下的产品和服务已成为中国普惠金融实践道路上的领头羊。回顾支付宝和蚂蚁金服的发展，大概划分为四个阶段：

（1）成立支付宝，以服务淘宝等阿里系公司为主，初步建立了网上的信任体系；

（2）支付宝开始服务更多的商家，提供更多不同场景的支付服务；

（3）实现全面移动化，建立了全球服务人数最多的移动支付体系；

（4）以支付宝为基础升级到蚂蚁金服集团，坚持以用户为中心，坚持开放，提供金融生态平台的服务。

1. 第一阶段，成立支付宝，初步建立网上信任体系（2004—2007 年）

2004 年 12 月，支付宝正式注册成立。当时的支付宝是为了解决阿里巴巴旗下的淘宝平台交易当中的信任问题而生。

2005 年 2 月，支付宝推出"你敢用，我敢赔"的口号，推出"全额赔付"制度。

2005 年 3 月，支付宝与工商银行达成战略伙伴协议。

2005 年 4 月，支付宝与 VISA 组织全面合作。

2005 年 6 月，支付宝与招商银行达成战略合作。

2005 年 8 月，支付宝启动 24 小时客服热线。

2005 年 10 月，支付宝认证升级成功，所有淘宝会员和支付宝都可以申请支付宝认证。

2005 年 12 月，支付宝"在线提问系统"上线，用户可通过网上客服及搜索技术解决问题。

2006 年 3 月，阿里巴巴与农业银行达成战略合作。

2006 年 6 月，工商银行出具资金托管报告，支付宝客户交易资金的管理让人放心。

2. 第二阶段，支付宝开启不同场景支付服务（2008—2011 年）

2008 年 8 月，支付宝正式宣布将联合建设银行、中国银行全面拓展海外业务。

2008 年 8 月，支付宝注册用户数已突破 1 亿，日交易笔数达到 200 万笔。

2008 年 8 月，支付宝手机 WAP 平台正式发布。

2008 年 10 月，支付宝公共事业缴费服务正式上线。首先全面支持上海地区的水、电、煤、通信等缴费。

2009 年 2 月，杭州地区开通支付宝公共事业缴费，即日起杭州市民可使用支付宝缴纳水费。

2009 年 4 月，支付宝和中国银行新版网上银行正式开展合作。至此，包括五大国有银行，以及 15 家全国性银行全部与支付宝达成了网上支付产品的合作。

2009 年 11 月，支付宝宣布正式推出手机支付服务。

2010 年 2 月，支付宝携手国家开发银行，为国家开发银行的助学贷款项目提供新通道。

2010 年 3 月，支付宝用户数已经突破 3 亿。

2010 年 4 月，支付宝手机客户端下载量已经接近 1 000 万次。

2011 年 4 月，支付宝快捷支付服务已经与 10 家银行的信用卡展开合作，支付成功率从原先的 60% 左右提升到 95%。

2011 年 5 月，支付宝获得央行颁发的国内第一张《支付业务许可证》。

2011 年 7 月，支付宝宣布推出全新的手机支付产品——条码支付，首次通过在线支付技术进入线下市场。

3. 第三阶段，实现全面移动化，建立服务人数最多的移动支付体系（2012—2014 年）

2012 年 10 月，支付宝快捷支付用户数突破 1 亿。

2013 年 6 月，支付宝与天弘基金合作的货币基金产品余额宝上线。用户可以通过支付宝 APP 直接购买或赎回，1 元起购的低门槛、便利的操作方式让余额宝迅速得到用户认可。

2013 年 11 月，12306 网站正式支持支付宝购票。

2014 年 4 月，蚂蚁金服旗下的开放金融信息服务平台——招财宝上线。

2014 年 7 月，支付宝钱包国内率先试水指纹支付，移动支付跨入生物识别时代。

2014 年 10 月，起步于支付宝的蚂蚁金融服务集团（蚂蚁金服）正式宣告成立。

4．第四阶段，升级为蚂蚁金服集团，提供互联网生态金融服务（2015年—今）

2015年8月，蚂蚁金服旗下智慧理财平台——蚂蚁聚宝正式上线。

2015年12月，蚂蚁金服推出"双12"线下购物狂欢节。

2016年1月，央视与蚂蚁金服旗下的支付宝在北京联合发布了猴年春晚的互动新玩法——咻红包、传福气。

2016年3月，蚂蚁金服发起成立的网商银行，推出了其APP，为小微企业及部分个人用户提供贷款、理财、转账等金融服务。

2016年4月，蚂蚁金服宣布完成45亿美元的B轮融资。蚂蚁金服同时宣布将国际、农村、绿色金融作为三大战略方向。

2016年6月，蚂蚁金服宣布携手中国扶贫基金会旗下的小贷机构中和农信推进"精准扶贫"，计划3年覆盖300个国家级或省级贫困县。

2016年8月，支付宝9.9版本发布，旨在"以用户为中心，让服务找用户"，并首推智能语音机器人服务。

2017年1月，联合国环境规划署和蚂蚁金服在达沃斯世界经济论坛上正式启动全球首个绿色数字金融联盟。这是联合国环境署成立45年来，第一次携手中国企业发起的国际性联盟。

2018年6月，基于蚂蚁金服的区块链技术，AlipayHK联合菲律宾电子钱包GCash上线全球首个区块链跨境汇款服务，为我国香港和菲律宾居民提供便捷、安全、透明、低成本的汇款服务。

2018年12月，蚂蚁金服全资子公司杭州蚂蚁未来科技有限公司新设区块链创新业务主体公司——蚂蚁双链科技（上海）有限公司、蚂蚁区块链科技（上海）有限公司落地黄浦。

2019年2月，蚂蚁金服宣布已完成英国跨境支付公司万里汇所有权变更，正式携手支付宝，成为蚂蚁金服集团全资子公司。

2019年2月，蚂蚁区块链科技（上海）有限公司在黄浦区揭牌成立。

4.2 聚焦热点

蚂蚁金服经过5年多时间的发展，已经发展成为中国互联网金融的独角兽企业，在发展的过程中有很多热点事件，比如推出蚂蚁花呗、带动全民绿色生活、打造蚂蚁森林，融资问题，发展新品牌"蚂蚁双链通"等。

4.2.1 推出蚂蚁花呗

蚂蚁花呗是蚂蚁金服推出的一款消费信贷产品，申请开通后，将获得500~50 000元不等的消费额度。用户在消费时，可以预支蚂蚁花呗的额度，享受"先消费、后付款"的购物体验。蚂蚁花呗上线仅半个月，天猫和淘宝已有超过150万户商户开通花呗。不少反应更快的商户，已经开始修改宝贝描述，直接加入"支持花呗"的字样，以期能更加精准地吸引消费者。

商户接入蚂蚁花呗分期后，成交转化提升了40%。蚂蚁花呗自2015年4月正式上线，主要用于在天猫、淘宝上购物，受到了广大消费者，尤其是80、90后消费者的喜爱。

为了更好地服务消费者，蚂蚁花呗开始打破了购物平台的限制，将服务扩展至更多的线上线下消费领域。

用户使用蚂蚁花呗更多通过手机完成，其移动交易占比达到六成。目前，包括功能开通、账单查询、还款等，蚂蚁花呗已全部实现移动应用操作。对年轻用户而言，蚂蚁花呗的吸引力在于可凭信用额度购物，而且免息期最高可达 41 天。蚂蚁花呗用户中，"潮女""吃货"成为主力军。使用蚂蚁花呗购买的商品中，女装、饰品、美妆护肤、女包、女鞋等潮流女性商品占比超过 20%；零食、特产、饮料等食品类商品以 10%的占比排第二；其后是数码、母婴用品等。

4.2.2　带动全民绿色生活，打造蚂蚁森林

2016 年，蚂蚁金服尝试在支付宝内上线"蚂蚁森林"项目，初衷是将人们对环境、对自然的关注，变成每日践行的绿色低碳生活。通过"蚂蚁森林"，支付宝用户可以通过步行、地铁出行、在线缴纳水电燃气费等低碳行为获得"绿色能量球"，还可以每天早起"偷"好友的"绿色能量"，在手机里养大一棵棵虚拟树。虚拟树长成后，蚂蚁金服和公益合作伙伴就会在地球上种下一棵真树。这个创意受到了广大用户的喜爱和欢迎。如今，"蚂蚁森林"已经成为全球最大的个人参与环境治理平台，亿万网友可以通过支付宝实时查看自己的树。

这个将游戏与公益结合的项目，自 2016 年 8 月推出以来，已经吸引了 4 亿多人参与，累计碳减排量超过 308 万吨，累计种植和养护真树 5 552 万棵，守护保护地 6.9 万亩（1 亩=666.67 m²）。不久前，美国国家航空航天局（NASA）公布了一组研究结果，证实地球与 20 年前相比更绿了，其中中国植树造林贡献最大。研究结果经媒体报道后引发网友热议，纷纷表示"这里面有我的一份功劳，有我在蚂蚁森林里种下的树"。

蚂蚁森林已经开展 3 年多，取得了很多的成绩和组织经验，社会反响非常好。蚂蚁森林在数字技术领域的探索，获得了国家林业有关部门的认可，跨机构合作已经成为常态，"蚂蚁森林"正成为全国绿色可持续发展的新协作平台。同时，蚂蚁森林还受到了联合国和国际组织的关注。2017 年 1 月，蚂蚁金服和联合国环境规划署启动了绿色数字金融联盟，共同寻求推动全球可持续发展的新路径。这是联合国环境规划署成立 45 年来，第一次携手中国企业发起的国际性联盟，也是全球范围内首个绿色数字金融联盟。同年，蚂蚁森林还出现在联合国开发计划署发布的碳市场报告中。报告提到，"蚂蚁森林"以数字金融为主的技术创新，在世界范围内有独一无二的实践意义。

4.2.3　打造新品牌——"蚂蚁双链通"

近年来多方入局区块链领域，供应链金融、跨境汇款、电子票据成为蚂蚁金服更关注的应用场景之一。这种用区块链防伪溯源的做法其实在 2017 年 11 月就开始投入应用，当时已涵盖了海外品牌奶粉和名酒等品类。

2018 年 9 月，这一技术被应用到大米溯源。菜鸟与天猫国际也在 2018 年 2 月宣布启用区块链技术跟踪、上传、查证跨境进口商品的物流全链路信息，涵盖了生产、运输、通关、报检、第三方检验等商品进口全流程，供消费者查询验证。2019 年初，蚂蚁金服在 ATEC 城市峰会上提到了自己的新品牌"蚂蚁双链通"，双链即是区块链和供应链。

2019 年 2 月 25 日，蚂蚁区块链科技（上海）有限公司揭牌仪式在黄浦区举行。蚂蚁金服相关人员表示：蚂蚁区块链科技（上海）有限公司和蚂蚁双链科技（上海）有限公司于 2019 年 2 月 25 日在上海黄浦区揭牌成立，此为蚂蚁金服的创新科技业务板块，涉及方向集中在金融科技等领域。

4.2.4　推出芝麻信用，为用户搭建可量化的信用平台

2015 年 1 月 5 日，央行发布《关于做好个人征信业务准备工作的通知》，芝麻信用正式开展个人征信准备工作。2015 年 1 月 28 日，芝麻信用评分正式上线，为用户开启全新的信用生活。芝麻信用是一家旨在构建简单、平等、普惠商业环境的信用科技企业，是蚂蚁金服生态体系的重要组成部分。芝麻信用利用云计算、机器学习等领先科技，客观呈现个人和企业的商业信用状况，目前已在租赁、购物、商旅出行、本地生活等众多商业场景中通过信用科技赋能，让商户为更多用户提供更好、更便利的服务。人与人、人与商业之间的关系正因为信用而变得简单。

芝麻信用评分（简称芝麻分），是在用户授权的情况下，依据用户各维度数据（涵盖金融借贷、转账支付、投资、购物、出行、住宿、生活、公益等场景），运用云计算及机器学习等技术，通过逻辑回归、决策树、随机森林等模型算法，对各维度数据进行综合处理和评估，在用户信用历史、行为偏好、履约能力、身份特质、人脉关系 5 个维度客观呈现个人信用状况的综合评分。分值范围为 350～950。持续的数据跟踪表明，芝麻分越高代表信用水平越好，在金融借贷、生活服务等场景中都表现出了越低的违约概率，较高的芝麻分可以帮助个人获得更高效、更优质的服务，支付宝的许多消费信贷产品都可以凭借芝麻信用发挥作用。

4.2.5　"国民小钱袋"——余额宝，用户收益突破 1 700 亿元

余额宝是蚂蚁金服旗下的余额增值服务和活期资金管理服务产品，于 2013 年 6 月推出。天弘基金是余额宝的基金管理人。余额宝对接的是天弘基金旗下的余额宝货币基金，特点是操作简便、低门槛、零手续费、可随取随用。除理财功能外，余额宝还可直接用于购物、转账、缴费还款等消费支付，是移动互联网时代的现金管理工具。目前，余额宝依然是中国规模最大的货币基金。2013 年 6 月携手阿里巴巴支付宝推出余额宝货币基金形式，天弘基金 2014 年上半年收入为 15.98 亿元，近利润为 2.79 亿元。单是余额宝就为投资者贡献了 154.52 亿元的利润。

余额宝推出之初收益非常高，甚至被很多网友亲切地称为"早餐钱"，就是因为它的收益非常高，很多人靠余额宝里的钱吃早餐。不过随着支付宝的用户越来越多，余额宝的收益越来越低，因为参与的人多了，所以获得的收益也会变低，直到现在，每天的收益已经低到了一个七天年化 2.53%，未来还有可能会更低。

4.3　成功之处

2004 年成立的支付宝现已是家喻户晓的第三方支付平台，渐渐融入我们生活的方方面面。基于支付宝的发展，2014 年成立的蚂蚁集团，经过 5 年多的迅猛发展，已经成为全球最大的金融科技独角兽企业。蚂蚁金服的成功之处主要有以下几点。

4.3.1　以创造共享、社会责任为核心的价值观

蚂蚁金服将自己定义于"一家旨在为世界带来普惠金融服务的科技企业"，使命是"为世界带来更多平等的机会"。数字经济是代表未来的经济，已成为全球经济新引擎，并且以不可阻挡之势走进了人们的生活。人们的衣食住行，以及合作与竞争的方式都发生了翻天覆地的变化。而在数字金融领域，蚂蚁金服以创造共享为核心价值观，以科技为驱动力，努力让数字经济更安全、更诚信、更便捷、更平等。

科学技术的不断创新为普惠金融的发展打开了一扇门。蚂蚁金服已经搭建起了覆盖 Blockchain（区块链）、Aritificia lintelligence（人工智能）、Security（安全）、IoT（物联网）和 Cloudcomputing（云计算）五大领域的全方位技术图景，在平台、信息、科技三个维度的渐次开放，与传统金融机构乃至更多的传统业态联手，催生出新的金融生态。蚂蚁金服正在用自己的实际行动去消除不同地域、阶层以及文化的差异，尽可能帮助中国乃至全世界的用户在支付、理财、信贷、保险、信用等领域享受到更为平等的金融服务。区块链技术使交易链条更透明、更公平、更有可溯性，数字技术让身份更可信，"技术赋能金融，金融赋能增长"，科技可以为世界带来平等和可持续的机会，为金融业带来巨大红利，帮助更多小微企业。

4.3.2　雄厚技术实力支撑

蚂蚁金服的技术发展，源于支付宝的"业务倒逼"。与所有传统银行一样，起初，支付宝基于 IOE 架构而运作。IOE 包括 IBM 服务器、甲骨文 Oracle 数据库和 EMC 高端存储组成的 IT 技术架构。长久以来，IOE 成为银行业的标准配置和唯一选择。科技行业的优势不会持久不变。针对传统企业的计算需求构建的 IOE 架构，面临着新环境的挑战，比如，Oracle 的运作依赖 IBM 小型机等高度稳定硬件环境，当计算量上升时，企业的硬件成本会随之增加。面向未来，蚂蚁金服有两种选择：一是继续使用 IOE 系统，增加预算、添加服务器，但仍有无法承载极端交易峰值的可能；二是尝试自主研发 IT 系统。

2015 年蚂蚁金服将技术整合为金融云，正式发布。2018 年 11 月 11 日，天猫启动了"双十一"全球购物狂欢节，再次拉动支付宝交易创新高。2018 年天猫"双十一"的交易额快速攀升，2 分 05 秒成交额突破 100 亿元，26 分 03 秒成交额超 500 亿元。1 小时 16 分 37 秒，成交额超 912 亿元，已超过 2015 年天猫"双十一"全天成交额。平均 25.6 万笔/秒，秒成交笔数是 2016 年的 2.1 倍。同时诞生的还有数据库处理峰值：4200 万次/秒。这个数字意味着，在支付峰值产生的那一秒里，支付宝母公司蚂蚁金服自主研发的数据库 OceanBase 平稳处理了 4 200 万次请求数。

2018 年 11 月 12 日消息，继宣布"双十一"的成交额为 2 135 亿元，12 日支付宝也发布数据称，11 日当天，消费者通过指纹、刷脸完成支付的比例达到 60.3%。相当于每 10 笔支付就有 6 笔是通过指纹、人脸等生物识别的方式完成。支付宝在处理支付过程中没有出现任何问题，说明蚂蚁金服集团的技术实力雄厚。

4.3.3　数据驱动，评价精准

蚂蚁金融开展业务的基础是数据，动力也是数据，而且是强弱关联都包含在内的大

数据。除了蚂蚁金融自己生产的数据之外，阿里系的淘宝、天猫、支付宝、花呗、飞猪旅行都在为它提供数据，数百个外围合作伙伴也在帮助它拓展数据。据统计，蚂蚁金服超过 90% 的数据来源都在阿里巴巴体系之外，其中正面数据包括学历学籍资质资产、水电气缴纳、社保公积金缴纳、税务缴纳等；负面数据包括最高法院认定的"老赖"、法院涉及经济纠纷的判案裁决、合作伙伴反馈的违约信息、政府作出的处罚信息等；其他数据包括信用卡还款、网购、转账、理财、租房、旅行、住址、社交关系等多个方面。毕竟，为个人打分的难度是超乎想象的，在不断的迭代升级过程中，实时和多维的数据才是最佳养料。

通过大数据计算，不仅可以更准确地识别和管理每个个体的风险，还能极大地提高服务效率、降低服务成本。通过科学、动态的信用评价体系，蚂蚁金服可以事先对借款人进行风险评估和授信，借款人在线提出申请后，只要大概 1 秒时间，蚂蚁金服就可以完成放贷，完全不需要人工干预，这与传统银行动辄数周的审批和放贷周期相比，优势是革命性的。另外，蚂蚁金服凭借可靠的信用体系背书，在经用户授权后还可以拿到来自政府部门、金融机构和其他商业机构的更多数据，如税务数据、银行信贷数据、进出口退税报关数据等更具商业价值的高质量数据，继续强化数据的驱动力。

4.3.4　推行绿色战略

蚂蚁金服 CEO 井贤栋提出"科技是这个时代最大的公益"，在这些价值观的推动下，蚂蚁金服以"绿色金融"为支点，致力环境保护，用科技改变生活方式，推动绿色意识普及，运用自身互联网科技优势为社会创造福祉，并取得自身商业成功。

2016 年 5 月，蚂蚁金服制定了绿色金融发展战略。一是用绿色方式发展新金融。蚂蚁金服所有金融服务都在线上完成，没有线下网点，初步测算一年至少减少 35.4 万吨碳排放。充分利用计算力资源，极大地降低业务运营过程中的能耗，降低企业可变成本的同时助力建设资源节约型社会。二是用金融工具推动绿色经济发展。对绿色企业提供低利率的信贷支持，支持绿色企业的生产经营活动。三是推动民众绿色意识的普及和参与绿色生活。2016 年 8 月，蚂蚁金服为旗下支付宝用户全面上线"碳账户"，该账户不仅可记录人们的低碳绿色足迹，未来还可能实现碳资产买卖、投资。这是迄今全球最大的个人碳账户平台。与"蚂蚁森林"公益行动相结合，通过与阿拉善 SEE 基金会、中国绿化基金会等合作伙伴联合，可以将线上虚拟数变成一棵实体树。截至 2018 年 3 月，蚂蚁森林用户超过 2.8 亿，累计种植真树 1 314 万棵，守护 12 111 亩保护地。

4.4　点评与建议

蚂蚁金服发展迅猛，取得胜利的同时，也面临这一些挑战和问题，如移动支付领域面临微信支付的挑战、公司基因内部存在冲突等，详述如下。

4.4.1　移动支付领域面临挑战

2016 年，支付宝的外部竞争对手微信在移动支付领域继续发力，微信通过社交的场景一点点渗透到金融的领域，这对于从电商支付领域渗透到银行领域的支付宝也面临巨大压力。

　　社交的场景非常丰富，连接和场景是海量的，微信支付异军突起，虽然腾讯旗下的财付通名不见经传，但财付通是微信支付的后台，对于在大额理财、转账方面是比较有优势的支付宝来说，在移动支付领域，迎来一个前所未见的强大对手。

　　支付宝从支付宝无线 APP 端 9.0 版本，加入了"朋友"的社交属性，而现在支付宝也加入了社群运营的生活圈功能。

4.4.2　公司内在冲突

　　金融活动是一种跨期交易安排，是一个配置社会资金资源的行业，对社会经济生活的影响（外部性）巨大，而这种影响作用短期又难以看清。风险有隐蔽性、滞后性。互联网讲究唯快不破，快鱼吃慢鱼，赢者通吃，这些好像都跟金融的稳健会有冲突，当经济周期比较好的时候，所有人都会对风险有所忽视，特别是当余额宝这款产品取得重大成功之时，公司难免会急于出成绩。

4.4.3　花呗、借呗引起用户普遍提前消费

　　花呗和借呗已经成为了支付宝用户最喜爱的工具之一，大部分支付宝用户都已开通了自己的花呗服务，并且很多人把它设置成了优先支付方式。借呗也成为了很多年轻人解决应急难题的一个工具。这两个业务虽然给人们的生活带来了便利，但也引起了一定的社会问题。很多刚上班人士，依靠花呗"过日子"，提前消费，工资发下来立刻还花呗，几乎成了"月光族"。部分青少年、在校大学生，由于从众或是攀比的消费心理，喜欢穿名牌用名牌，就会利用花呗、借呗提前消费，也不考虑自己是否有还款的能力。少数人甚至为了还花呗、借呗，向其他互联网网贷贷款，造成负债累累，最终因为没有能力还钱采取一些极端的做法。

4.5　知识点学习

4.5.1　互联网金融

1. 互联网金融的概念

　　互联网金融（ITFIN）是指传统金融机构与互联网企业利用互联网技术和信息通信技术实现资金融通、支付、投资和信息中介服务的新型金融业务模式。

　　互联网金融不是互联网和金融业的简单结合，而是在实现安全、移动等网络技术水平上，被用户熟悉接受后（尤其是对电子商务的接受），自然而然为适应新的需求而产生的新模式及新业务，是传统金融行业与互联网技术相结合的新兴领域。

2. 互联网金融的特点

　　互联网金融模式具有以下特点：支付便捷、交易成本低、降低市场信息不对称、金融逐渐"脱媒"。此外，互联网金融促进金融市场效率不断提高，金融普惠性不断增强，使得"长尾"市场得到重视。

1）增强金融发展普惠性

在传统的金融业发展过程中，由于银行等金融机构难以获取中小微企业的信息数据，从而无法对信用做出有效评定，从而导致交易边际成本过高，这也使得金融机构的预期收益和运作成本不能实现有效匹配。因此，传统的如银行等金融机构在进行金融资源配置的过程中更倾向于聚焦大型国有企业，这使得我国中小微企业难获取足够的金融服务。而随着互联网技术在金融领域的不断应用，金融服务的可获得性不断增强，金融呈现普惠发展趋势。一方面，互联网技术的发展弱化了金融的中介作用，金融"脱媒"趋势日益显著。以往银行依靠线下网点提供金融服务，但如今其很多业务都可在线上直接办理，这降低了人力投入与交易成本。另一方面，互联网金融降低了用户获取金融服务的门槛，借助于各类网络手段与技术，互联网金融在提高金融业务处理效率的同时，弱化了金融产品的专业程度，拉近了普通民众与金融服务之间的距离。

2）扩大金融服务覆盖面

从覆盖区域来看，传统的金融受地理空间和物理建设成本限制，一般将服务网点铺设在经济发达和人口集中地区，以致金融服务难以覆盖经济不发达或偏远地区。而金融服务与互联网技术相结合，拓展了金融服务的触角，使金融服务在一定程度上不受时间和空间的限制，用户只需具备上网条件便可以随时随地享受各类金融服务。这也使得金融服务覆盖区域不断拓展，覆盖服务人群不断扩大。

3）提升金融风控能力

传统的征信模式因各方面的原因无法为低收入者和缺少信用信息者提供征信报告，金融机构无法准确对其进行信用评估，这使得其获得信贷的可能性降低。信息技术的发展极大地改变了社会征信模式，一方面，信息技术的普遍应用突破了征信时间和空间的限制，用户只要产生信息数据，其信用情况就能被随时记录，并且随着移动终端的使用和普及，征信覆盖的群体将越来越大；另一方面，大数据等技术收集客户的数据信息，通过大数定理计算和用户的行为，可确定其风险偏好与信用等级。信息技术的发展为金融风险管控提供了新方案，通过互联网技术的应用，可实现对金融运行的各环节进行科学鉴定。如在金融产品销售前期对不同风险等级的金融产品进行分析和界定，之后再通过用户数据分析将其匹配给不同风险承受度的客户，这在降低金融机构风险的同时提高了机构效益。此外，大数据、云计算等技术也可以增强金融行业对系统性风险的预测与把控，从而降低金融行业的系统性风险。

3. 互联网金融的发展模式

1）众筹

众筹即大众筹资或群众筹资，是指用团购预购的形式，向网友募集项目资金的模式。众筹的本意是利用互联网和 SNS 传播的特性，让创业企业、艺术家或个人对公众展示他们的创意及项目，争取大家的关注和支持，进而获得所需要的资金援助。众筹平台的运作模式大同小异——需要资金的个人或团队将项目策划交给众筹平台，经过相关审核后，便可以在平台的网站上建立属于自己的页面，用来向公众介绍项目情况。

2）P2P 网贷

P2P（Peer-to-Peerlending），即点对点信贷。P2P 网贷是指通过第三方互联网平台进行资金借、贷双方的匹配，需要借贷的人群可以通过网站平台寻找到有出借能力并且愿意基于一定条件出借的人群，帮助贷款人通过和其他贷款人一起分担一笔借款额度来分散风险，也帮助借款人在充分比较的信息中选择有吸引力的利率条件。

它有两种运营模式：第一是纯线上模式，其特点是资金借贷活动都通过线上进行，不结合线下的审核。通常这些企业采取的审核借款人资质的措施有通过视频认证、查看银行流水账单、身份认证等；第二种是线上线下结合的模式，借款人在线上提交借款申请后，平台通过所在城市的代理商入户调查审核借款人的资信、还款能力等情况。

3）第三方支付

第三方支付（Third-Party Payment）狭义上是指具备一定实力和信誉保障的非银行机构，借助通信、计算机和信息安全技术，采用与各大银行签约的方式，在用户与银行支付结算系统间建立连接的电子支付模式。

根据央行 2010 年在《非金融机构支付服务管理办法》中给出的非金融机构支付服务的定义，从广义上讲第三方支付是指非金融机构作为收、付款人的支付中介所提供的网络支付、预付卡、银行卡收单以及中国人民银行确定的其他支付服务。第三方支付已不仅仅局限于最初的互联网支付，而是成为线上线下全面覆盖，应用场景更为丰富的综合支付工具。

4）数字货币

以比特币等数字货币为代表的互联网货币爆发，从某种意义上来说，比其他任何互联网金融形式都更具颠覆性。在 2013 年 8 月 19 日，德国政府正式承认比特币的合法"货币"地位，比特币可用于缴税和其他合法用途，德国也成为全球首个认可比特币的国家。

5）大数据金融

大数据金融是指集合海量非结构化数据，通过对其进行实时分析，可以为互联网金融机构提供客户的全方位信息，通过分析和挖掘客户的交易和消费信息掌握客户的消费习惯，并准确预测客户行为，使金融机构和金融服务平台在营销和风险控制方面有的放矢。

6）信息化金融机构

信息化金融机构，是指通过采用信息技术，对传统运营流程进行改造或重构，实现经营、管理全面电子化的银行、证券和保险等金融机构。金融信息化是金融业发展趋势之一，而信息化金融机构则是金融创新的产物。

7）金融门户

互联网金融门户是指利用互联网进行金融产品的销售以及为金融产品销售提供第三方服务的平台。它的核心就是"搜索比价"的模式，采用金融产品垂直比价的方式，将各家金融机构的产品放在平台上，用户通过对比挑选合适的金融产品。

4．我国互联网金融发展现状

1）互联网金融发展越来越规范

近年来，各类新兴金融产品不断涌现，如第三方支付、P2P 网络贷款、众筹融资、数字货币等一经出现就成为市场热点。但与此同时，互联网金融"野蛮式"的发展产生了诸多问题。党中央与国务院高度重视互联网金融的健康与可持续发展，提出"规范发展互联网金融的任务"。从 2016 年 4 月开始，国务院部署开展互联网金融风险转向整治工作，引导互联网金融朝着健康、可持续的方向发展，有效化解互联网金融运行的风险。再如，2018 年 P2P 行业的频繁暴雷现象使得行业景气度大大下降，此时监管层出台相应政策打击欺诈行为，各家各平台为实现成功备案也不断加强自身合规检查，这使得行业合规程度大幅度提高。截至 2018 年 12 月，我国 P2P 网贷行业正常运行平台数量仅有 1 021

家，同期减少 1 219 家，且呈现继续下降趋势。诸多 P2P 平台倒闭后，在短时间内会对行业发展造成一定程度的冲击，但从长期来看对整个行业的健康与可持续发展起到促进作用。

2）互联网金融业务模式呈现多样性

传统金融行业再互联网技术的支持下得到快速发展，且不同业态的发展逐步分化，互联网支付业务得到快速发展，银行支付和非银行支付在发展中得到分化。移动支付成为商业银行电子支付的主要增长力，相比于银行支付，非银行支付数额相对较小，但发展迅速，并呈现出单笔金额小且笔数多的特征。如互联网保险、互联网基金的创造能力不断增强，两个行业的业务规模不断增大，行业的竞争性日趋激烈，业务的渗透率不断提高。

3）互联网金融使金融服务呈现差异化、个性化发展趋势

在去中心化、去平台化的产业互联网时代，用户的需求不断多元，因此产品供给方只有提供个性化、差异化的服务才能在互联网时代赢得发展机遇，当前我国消费市场已从卖方市场转向买方市场，这预示着其进行标准化产品生产的时代日趋式微。同样的，随着金融市场的不断壮大以及金融服务种类的不断增多，用户需求的多元化、个性化将促使金融服务朝差异化方向发展。金融机构需要根据不同的用户需求及风险偏好为其提供与之相匹配的金融服务。与此同时，互联网技术的不断深化也为金融机构提供差异化、个性化的金融服务提供了技术支撑。而差异化、个性化的金融服务将会充分发挥"长尾效应"，提高金融服务的可获得性和资金的使用效率。

4）完善互联网金融发展的各种技术

信息技术的发展推动了互联网金融的发展。作为经营风险为主的行业，金融业在不同市场主体间存在着较为严重的信息不对称，而信息不对称的存在为各类金融风险的爆发埋下隐患。互联网技术具有公开、透明、分享的特征，可在一定程度上弱化金融业由于信息不对称造成的风险。互联网金融可通过大数据、云计算、人工智能等技术的应用，提高行业控制风险的能力，降低由于信息不对称造成各项交易成本的提升。此外，互联网技术的不断成熟也促进了金融业务流程的优化与再造。

4.5.2　区块链

1. 区块链的概念

区块链这一概念最早在 2008 年中本聪的比特币白皮书中提出，起源于数字货币——比特币。比特币作为一种加密货币，只是建立在区块链技术上的一种应用，区块链是其底层技术，是利用块链式数据结构来验证与存储数据、利用节点共识算法来生成和更新数据、利用密码学原理保证数据传输和访问的安全、利用智能合约来编程和操作数据的一种基础架构与计算范式。简单地说，区块链就是一种去中心化的分布式账本数据库，具有去中心化、不可篡改、共识算法、智能合约 4 大特点。

2. 区块链的构成

区块链在短短 11 年的快速发展过程中，其功能已不仅局限于发展初始阶段的可编程货币，而是逐渐丰富，囊括了可编程的智能合约和基础设施。中国信息通信研究院、中国电信、电子科技大学联合提出的区块链标准 1.0 版中，将区块链定义为"一种由多方共同维护，使用密码学保证传输和访问安全，能够实现数据一致存储、无法篡改、无法抵赖的技术体系"。

区块链系统的通用模型由区块、账户、共识、智能合约 4 个主要部分构成。每隔一段时间，区块链将链上各参与主体产生的数据打包为一个数据 "区块"，数据区块按照时间顺序依次排列，形成数据区块的链条。通过非对称密钥将参与者身份生成 "账户"，用于记录当前的信息，各参与主体拥有同样的数据链条，且无法单方面篡改。任何信息的修改只有经过约定比例的主体同意方可进行，并且只能添加新的信息，无法删除或修改旧的信息，这些规则通过算法在多节点之间达成一致，形成"共识"。区块链上的编码定义参与者之间的承诺，并自动执行，这部分被称为 "智能合约"。

3. 区块链的分类

随着对区块链的深入研究，区块链可运用到多个行业中，如金融、物流供应链、房地产行业、物联网、公共网络服务等，目前区块链主要有 3 种类型。

1）共有区块链

公有区块链（Public Block Chains）：世界上任何个体或者团体都可以发送交易，且交易能够获得该区块链的有效确认，任何人都可以参与其共识过程。公有区块链是最早的区块链，也是应用最广泛的区块链，各大 bitcoins 系列的虚拟数字货币均基于公有区块链，世界上有且仅有一条该币种对应的区块链。

2）联合（行业）区块链

行业区块链（Consortium Block Chains）：由某个群体内部指定多个预选的节点为记账人，每个块的生成由所有的预选节点共同决定（预选节点参与共识过程），其他接入节点可以参与交易，但不过问记账过程（本质上还是托管记账，只是变成分布式记账，预选节点的多少、如何决定每个块的记账者成为该区块链的主要风险点），其他任何人可以通过该区块链开放的 API 进行限定查询。

3）私有区块链

私有区块链（Private Block Chains）：仅仅使用区块链的总账技术进行记账，可以是一个公司，也可以是个人，独享该区块链的写入权限，本链与其他的分布式存储方案没有太大区别。

4. 区块链的功能

区块链具有去中介化、不可篡改、共识机制、开放性、匿名性、跨平台等特点，能够在不同的场景中发挥多层次功能。总体而言，区块链主要能够实现信任模式构建、信息基础设施和经济治理机制 3 个维度的功能：

1）区块链技术构建新型系统信任模式

区块链采用信息技术，构建了参与者之间相互信任的新规则，提供了基于信息技术的系统信任。信任已成为经济社会发展的重要基石，而信任模式多种多样。卢曼（N.Luhmann）的社会系统理论将信任区别为人际信任与系统信任两大模式：人际信任表达人与人之间的信任关系；系统信任则体现人对群体、对机构组织或对制度的信任。区块链提供的基于信息技术的系统信任不必依赖机构或中介，这种信任既不同于熟人社会的人际信任，又不同于任何一种原有的系统信任。区块链提供的交易信任由机器和算法确定，通过构建一个依赖于机器和算法信任的交易体系，解决在匿名交易过程中的相互信任问题，所有参与者通过密码学原理确定身份，采用自组织的方式，依靠共识机制实现相互间的信任。正如《区块链，信任的机器》一文指出的，区块链让人们在本互不信任且没有中立中央机构的情况下，能够做到互相协作。可以说，区块链能够以新的方式创造信任，夯实了的信任基石，补足了依赖于信任的经济发展缺环。

2）区块链技术构筑新型信息基础设施

信用信息在经济社会系统中具有重要的基础性作用，而区块链为信用信息的存储提供了新结构的数据库。区块链提供了不可篡改和去中心化的数据储存方式，成为数据和信息记录的最佳载体。区块链用密码学原理存储和关联信息，并以链式结构关联各区块，使得存储的信息之间能够相互验证，保证了信息上链之后的不可篡改性。区块链将信息进行多点存储，以分布式账本的形式保证了信息的透明性和可用性。当交易发生时，链上的所有参与方都会在自己的账本上收到交易的信息。区块链采用双向加密技术，用户存储在区块链上的交易信息是公开的，数据拥有者可对"私钥"进行授权，允许其他用户采用"公钥"访问。区块链技术的交易记账分布在不同地方的多个节点，共同完成，每一个节点都记录完整账目，且参与交易合法性的监督，避免单一记账人被控制带来的安全性问题。区块链能够使其存储的数字信息成为可信信息，为经济社会发展提供了可信的信息基础设施。

3）区块链技术提供新型经济治理机制

区块链为各种情境下多种形式的应用提供了灵活多变的治理机制。区块链提供了基于密码学的权限控制机制，运用密码学技术，在多点存储所有信息的同时，只有得到授权的主体能够解密和知晓信息的具体内容，未授权的用户即使获得了已加密的信息，但因不知解密的方法，仍然无法了解信息的具体内容。区块链提供了可编程的经济治理机制，其可编程的特质使价值能够在互联网中获得标示并且流动，在使信息可信并资产化的基础上，实现了信息的可信传播和资产的价值传递。区块链提供了利益分配激励机制，通过激励发行机制和分配机制，规定了相关主体的权利和义务，激励节点参与到区块链系统运作中来，并根据任务进行利益分配，这种激励机制能够实现区块链上的任务众包。区块链技术提供了各项约定和交易的执行机制，可以自动执行预先定义好的规则和条款，实现智能合约的构建和标准化输出，使交易过程由程序自动执行。

小结

本章通过对蚂蚁金服案例纵览、聚焦热点、成功之处以及面临的挑战和问题分析，使学生对案例有了全面、透彻的了解和掌握，同时对本案例涉及的相关知识点进行了介绍。

通过学习可以清楚地看到，蚂蚁金服在基于支付宝的发展上，经过5年多的迅猛发展，集团下已经有支付宝、余额宝、芝麻信用、网商银行、蚂蚁花呗、蚂蚁借呗等多个业务板块。蚂蚁金服有着与社会责任相关的企业使命，依靠互联网技术的快速发展，自主研发技术，凭借大数据、云计算，已经发展成为全球最大的金融科技独角兽企业。

蚂蚁金服虽然取得了飞速的发展，但是在发展过程中依然存在着一些问题，比如面临着移动支付领域的挑战、互联网和金融发展的侧重点难以平衡等。但是从整体和长远来看，蚂蚁金服的发展会更加深入，会打造更强大、体系更健全的互联网金融生态体系。

习题

1. 蚂蚁金服有哪些主要的业务板块？总结其业务模式和盈利点。

2. 简单概括蚂蚁金服的发展历程，分析其发展过程中的热点事件产生的原因。

3. 蚂蚁金服曾尝试在社交领域发展，但又放弃社交，这是什么原因造成的？

4. 蚂蚁金服频频传出上市的信息，但却迟迟未明确上市计划，其中有什么原因？

5. 总结蚂蚁金服的成功之处，并根据其当前发展面临的挑战或问题给出发展建议。

6. 简述蚂蚁金服是如何成为全球最大的金融科技独角兽的。

7. 与微信支付进行对比，蚂蚁金服有哪些优势和不足？

能力拓展

微信支付（https：//pay.weixin.qq.com）是腾讯集团旗下中国领先的第三方支付平台，一直致力于为用户和企业提供安全、便捷、专业的在线支付服务。以"微信支付，不止支付"为核心理念，为个人用户创造了多种便民服务和应用场景，为各类企业以及小微商户提供专业的收款能力、运营能力、资金结算解决方案及安全保障。企业、商品、门店、用户已经通过微信连在了一起，让智慧生活变成了现实。

2018 年 8 月 15 日，腾讯发布的第二季度及中期综合业绩报告显示，微信和 WeChat 的合并月活跃账户数达 10.58 亿。以微信支付为核心的"智慧生活解决方案"至今已覆盖数百万门店、30 多个行业，用户可以使用微信支付来看病、购物、吃饭、旅游、缴水电费等，微信支付已深入生活的方方面面。

微信支付和蚂蚁金服一直处于竞争状态，结合本章的学习，与蚂蚁金服案例做对比学习，分析微信支付的发展历程、现状、交易流程、盈利模式、成功之处及存在的问题。要求完成微信支付案例报告，并分组进行交流讨论。

第5章 网易考拉——跨境电商中的一匹黑马

学习目标

通过本章内容的学习，学生应该做到：

（1）了解网易考拉的产生背景、现状及发展历程，体会为什么网易考拉海购会成为跨境电商中的一匹黑马。

（2）学习理解网易考拉的运营模式及成功之处。

（3）通过学习本案例内容，结合课后能力拓展内容，搜集资料并整理出一个跨境电商案例，进行课堂讨论与交流。

引言

网易考拉是网易旗下以跨境业务为主的综合型电商平台，主打母婴用品、美妆个护、食品保健、家居数码和服饰鞋包等类目。网易考拉（原为"网易考拉海购"）2015 年初上线，是网易集优势资源打造的战略级产品，目前已成长为中国领先的跨境电商平台。网易考拉致力于为中国消费者提供值得信赖的高品质商品、惊喜的价格及优质的售后服务。依托网易在资金、互联网运营经验及媒体影响力等方面的优势，网易考拉为海外品牌提供保姆式服务，被誉为"全球品牌的优秀合伙人"。

5.1 案例纵览

网易考拉（原为"网易考拉海购"）是网易旗下以跨境业务为主的综合型电商，于 2015 年 1 月 9 日公测。网易考拉以 100%正品、天天低价、7 天无忧退货、快捷配送服务，提供消费者海外商品购买渠道，帮助用户"用更少的钱过更好的生活"，助推消费和生活的双重升级。

网易考拉主打自营直采的理念，在美国、德国、意大利、日本、韩国、澳大利亚等国家和地区、设有分公司或办事处，深入产品原产地直采高品质、适合中国市场的商品，从源头杜绝假货，保障商品品质的同时省去诸多中间环节，直接从原产地运抵国内，在海关和国检的监控下，储存在保税区仓库。除此之外，网易考拉还与海关联合开发二维码溯源系统，严格把控产品质量。

网易考拉获得由中国质量认证中心认证的"B2C 商品类电子商务交易服务认证证书"，认证级别四颗星，是国内首家获此认证的跨境电商，也是目前国内首家获得最高级别认证的跨境电商平台之一。2018 年 6 月，网易考拉海购宣布更名为"网易考拉"，宣告进军综合电商市场。依托网易集团丰富的用户、媒体、产品资源以及雄厚的资金实力，网易考拉发展迅猛，已经成为增长速度最快的电商企业之一，被行业公认为电商行业最大的"黑马"。

5.1.1 背景

近年来，我国的海淘势力发展迅猛，带动了我国跨境电商市场的高速发展。许多跨境电商平台相继出现，我国消费者通过这些平台海淘国外的商品。网易考拉海购随着跨境电商市场高速发展而发展，成为网易旗下以跨境业务为主的综合型电商。

阿里巴巴和京东两大电商巨头把握着综合电商的命脉，并且分别开始做起了天猫国际和京东全球购，洋码头、小红书等跨境垂直网站也一一诞生。2015 年年初，网易考拉海购正式上线。此后的 1 000 多个日日夜夜，从零起步的网易考拉犹如一匹黑马般杀入电商，在跨境电商领域名列前茅。

5.1.2 现状

2015 年的跨境电商还处于野蛮生长期，大多数消费者还存在着"是不是正品"的怀疑。网易于 2015 年推出以跨境进口为主的综合性电商平台网易考拉，从 2015 年初上线以来，网易考拉在四年不到的时间里，战功赫赫。据报告显示，2017 年，网易考拉占跨境电商市场份额第一，艾媒咨询权威发布了《2018 Q1 中国跨境电商季度监测报告》。报告显示，网易考拉以 26% 的占比占据 2018 Q1 跨境电商平台市场份额分布的首位（见图 5-1）。这是网易考拉连续第五次蝉联艾媒相关跨境电商市场份额调研第一，且其市场份额占比从 2016 年的 21.6% 提升至 2018 Q1 的 26%，超越了天猫国际和唯品国际。网易考拉的成功，离不开以"精选+品质+紧密用户关系"的考拉模式。

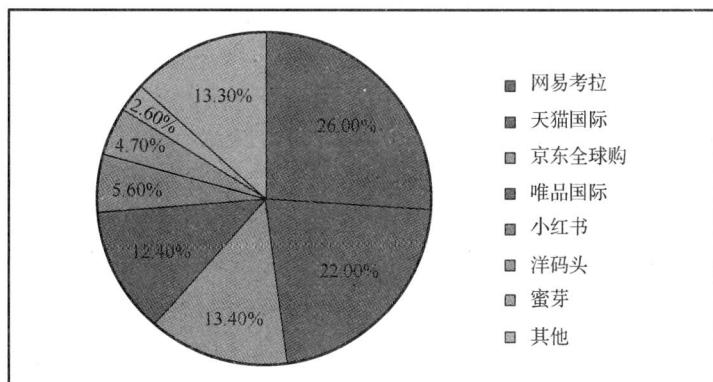

图 5-1　2018 年 Q1 中国跨境电商平台市场份额分布

网易考拉跨境电商平台在 2016 年 3 月 29 日成功上线。为了向消费者提供低价保真的产品，网易考拉采用产地批量直采和海外直邮的两种方式。销售品类多样，均以贴近人们日常生活用品以及保健品为主。网易考拉主打 B2C 自营+保税区的模式，在全球分别设有分支机构，成立了专业的采购团队到原产地采购，提高审核难度，挑选高品质的供应商，并将经过海关审核的合格产品储存在保税区仓库。这不仅能在保障商品质量的情况下，还能杜绝假货，省去了许多中间环节，使消费者购买到低价正品，能够在最短的时间内收到有保障的高质量产品。

图 5-2 所示为网易考拉产品核心业务流程。

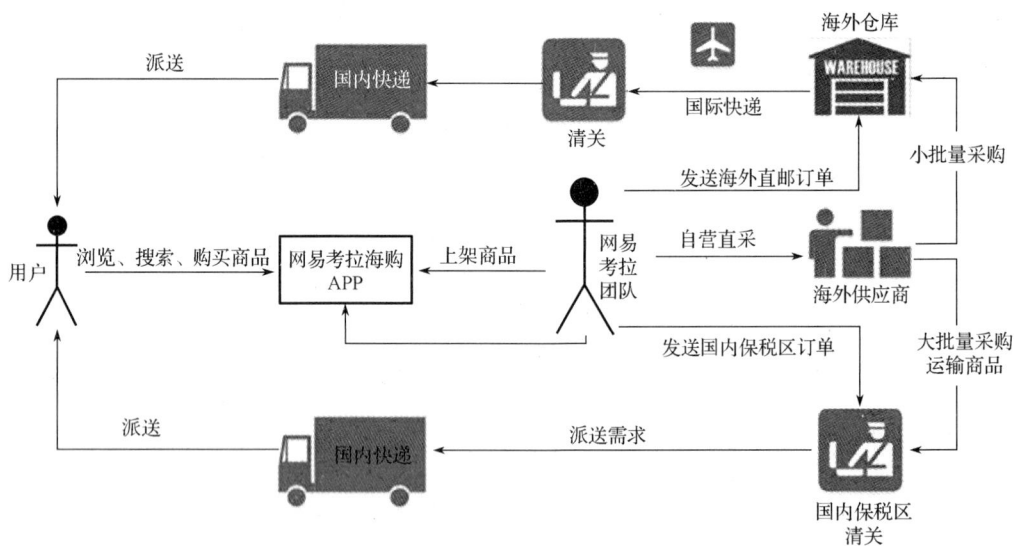

图 5-2　网易考拉产品核心业务流程

网易考拉在许多领域方面取得了不错的成就，这其中包括了"B2C 商品类电子商务交易服务认证证书"的四星评级，在我国，网易考拉是第一家得到这一认证的跨境电商平台。网易集团花费了大量的人力、物力以及资金资源来支撑研发网易考拉这一主要依靠媒体驱动来运营的平台，在很短的时间内让自己成为跨境电商的龙头企业，其增长速度更是在众多电商企业位列前茅。

5.1.3　发展历程

网易考拉的发展历程可以分为 3 个阶段：第一个阶段：产品上线前。此时网易考拉主要依靠网站作为主要入口，依托网易的品牌优势，网易考拉上线之时，便获得众多用户，收获了一批种子用户；第二阶段：产品增长期。此时网易考拉进行了一系列的改版和运营活动，让考拉的品牌和用户量大增；第三阶段：产品的成熟期，二次增长。此阶段，网易考拉已经在海淘类市场占据一席地位，此时考拉海购开始升级为网易考拉，从一个海淘平台，全面升级为电商平台。

1. 第一个阶段：产品上线前

2015 年 1 月，网易自营跨境电子商务平台"网易考拉海购"上线公测。

2015 年 1 月，网易考拉海购开卖智利车厘子，实现跨境电商生鲜第一单。

2. 第二阶段：产品增长期

2015 年 3 月，网易考拉海购推首个促销活动，为期一周的"纸尿裤狂欢节"，并刷新海淘纸尿裤配送记录，仅用时 24 小时左右。

2015 年 5 月，网易考拉海购上线"爱购狂欢节"，海外商品从母婴用品扩展到美妆个护、美食保健、家居日用等全品类。

2015 年 6 月，网易考拉海购推出年中大促活动，杭州保税区出单量跃居第一。

2015 年 6 月，网易考拉宣布成立日本分公司。

2015 年 7 月，网易考拉成高丽雅娜国内首家电商合作平台，网易考拉海购供应链升级，联手韩国最大商超 EMART。

2015 年 9 月，网易考拉海购 2.0 版 APP 登录苹果商店，以场景化的创新体验开辟行业先河。

2015 年 10 月，网易考拉海购宣布上线九大国家馆。

2015 年 11 月，网易考拉海购首次参与"双 11"大促。

2015 年 12 月，网易考拉海购宣布推出生鲜业务，乌拉圭进口牛肉，实现经由保税仓储发货的跨境电商进口牛肉商业第一单。

2015 年 12 月，网易考拉海购上线海外鲜果，24 小时送达江浙沪，继续发力生鲜品类。

2016 年 1 月，网易考拉海购开启正品直采，完整公开采购流程。

2016 年 2 月，网易考拉海购支持用户使用 Apple Pay，成为首批支持 Apple Pay 服务的自营为主跨境电商平台。

2016 年 3 月，网易考拉海购宣布正式上线，2016 年销售目标冲击 100 亿元人民币。

2016 年 11 月，网易猪肉在考拉平台 1 元开卖。

2017 年 3 月，网易考拉上线全民养猪众筹。

2017 年 3 月，丁磊直播采茶，网易考拉春茶节上线。

2017 年 4 月，跨境电商洗牌，网易考拉海购在跨境电商销售份额中占比最高，已经成为行业的风向标。

3．第三阶段：产品的成熟增长期

2017 年 5 月，网易考拉加速布局，全面扩大领先优势。

2017 年 6 月，"618"跨境消费升级需求迸发，网易考拉海淘盛典创历史新高。

2017 年 6 月，网易考拉战略合作澳洲婴幼儿食品企业 Bubs，促其股价飙升。

2017 年 7 月，网易考拉上线黑卡会员，也成为唯一可以享受会员折扣的自营商品电商平台。

2017 年 8 月，供应链优势持续扩大，网易考拉拉动网易电商井喷。

2017 年 11 月，网易考拉拟投 110 亿美元布局跨境电商。

2017 年 11 月，网易考拉黑五当天销售额达到 2016 年的 5.5 倍。

2018 年 2 月，网易考拉首家线下店在杭州正式开业。

2018 年 6 月，网易考拉海购宣布更名为"网易考拉"，正式宣告进军综合电商市场。

2019 年 3 月，网易考拉于杭州西溪天堂·栖悦城文旅奥莱落地了一家实体门店。在总面积 360 多平方米的空间内，涵盖了包括美妆、个护、母婴、轻奢、数码家电、运动服饰等各个热门消费类目共 2000 余货品。

5.2　聚焦热点

5.2.1　"一带一路"沿线合作，品牌授权

2015 年底，网易考拉与中国中央电视台合作拍摄了"一带一路"系列纪录片《一带

一路命运共同体》。2015 年 10 月 3 日，"一带一路"大型特别报道"数说命运共同体"在央视早间新闻栏目《朝闻天下》首播，网易考拉通过央视的镜头，向外界展示了网易考拉选购全球优质商品的基本流程。第一次还原了一个乳胶枕从原材料到制成品，再到中国消费者手中的全部过程。

央视见证网易考拉采购的乳胶枕生产发货全流程：从橡胶林中割胶收集新鲜乳汁，到加工厂中凝固压制成片，再到缝纫包装厂中缝制检验，最终合格的乳胶枕装箱完毕，等待网易考拉的采购人员验货后，第一时间运往码头并发至网易考拉保税仓。

随着节目在《整点新闻》《午间新闻》《新闻联播》等重要播出节点的连续轰炸，泰国乳胶枕也迅速蹿红。每逢节目播出后，三款乳胶枕，都会迎来一波销售高峰，晚 7 点时段更是销售过千只，当日累计销售额直接超过 160 万元。节目播出之后仅仅五个月，泰国的乳胶枕在网易考拉上的销售增长 466%。网易考拉与中央电视台的合作，不仅实现了网易考拉销售额的增长，也进一步促进了其与泰国品牌的合作。

2017 年 10 月，网易考拉与泰国乳胶寝具品牌 TAIPA-TEX 进行了品牌战略合作签约。截至 2017 年 10 月，网易考拉与"一带一路"沿线国家的合作品牌数达到了 279 个，其中合作品牌数最多的国家就是泰国，累计达 86 个。

网易考拉坚持自营模式和精品战略，努力拓展品牌合作。目前已在十几个主要国家地区设置办事处，组建专业采购团队深入商品原产地，依据当地品牌、资源、文化、科技及网易积累的大数据作为选品标准。由"精选商品平台"升级为"质量品牌合伙人"。优质供应商和稳定的货源，为网易考拉的商品质量提供了重要保障。

5.2.2　倡导"只过 1% 生活"，创新消费理念

2016 年，网易考拉围绕用户消费和生活品质的双重升级，号召大家扔掉 99% 的多余，提升生活品质，并重磅推出了"只过 1% 的生活"营销战役。

以往消费者的购物大多被消费主义驱动，崇尚购买更多的商品和服务。各大平台推出的买二付一、低至五折、满百减十的活动，往往能吸引大批消费者。但消费时代的升级和中产阶层的崛起，消费者的购物心理和生活方式都发生了极大的改变，这类人群更加青睐高品质、时尚化的商品和生活，传统意义上的降价促销已不能完全满足他们的需求。

用户消费习惯的改变必然带来营销方式的变革。在各家都在宣称"买买买"的时候，网易考拉率先提倡"丢丢丢"的理念，借此帮助消费者做减法，引导他们理性消费，只买最值得购买的商品，"只过 1% 的生活"。

2016 年 4 月 18 日—4 月 25 日，网易考拉联合 58 到家在社交媒体上发起"生活清理师"活动，活动期间，北京、上海、广州、深圳、杭州、成都、哈尔滨七座城市的网友可以通过参与，免费召唤一名"生活清理师"。网易考拉"生活清理师"的职责是帮用户"断舍离"，帮用户扔掉不好用的、品质差的物件，仅保留自己真正喜爱的、适合的东西。

"生活清理师"活动只是网易考拉发起的"只过 1% 生活"品牌营销战役的一部分，网易考拉 APP 同步上线"1% 好物榜"运营活动，"夏雪飞扬""卢大胆""张小贼""东小诗"等网络达人在活动中分享各自的生活"阅读笔记"，并向用户推荐发现的好商品、好物件。

回归理性消费是电商未来不可避免的方向。"只过 1%生活"活动提倡的减法生活、网易考拉提倡的减法消费，目的正是让用户把精力、时间、金钱投入到对自己最重要的人和事上去，过更舒适的生活。

5.2.3　"亚马逊物流+"助力仓储运营

2016 年 3 月 29 日，亚马逊全球物流中国与网易考拉正式签署合作协议，通过"亚马逊物流+"为网易考拉提供仓储运营服务，助力其高效管理仓储运营。2015 年 10 月，亚马逊在中国推出了"亚马逊物流+"服务，基于亚马逊 20 年的电商物流经验，为中国企业提供全方位的仓储物流解决方案，让所有希望提升物流效率的中国企业可以借助亚马逊在仓储物流方面的专长帮助其管理仓储物流或进行产品配送。

根据双方协议，网易考拉宁波保税仓将引入亚马逊领先的仓储管理系统和严格的仓储安全防护标准，大大提升其仓储运营全流程的可视性和质量保障。"亚马逊物流+"将基于网易考拉跨境电商业务的需求，并从宁波保税仓的实际情况出发，为其搭建、设计全流程的运营体系，包括定制化开发系统，科学规划存储区域，设计运营流程，并为其提供日常运营及管理服务，以更高效的仓储运营快速响应其业务需求。

"亚马逊物流+"基于大数据的强大仓储管理能力，可以帮助网易考拉最大化地利用仓储空间，确保理货上架及时率高、订单处理快、库存准确率高且可实现全程可视化管理和实时的质量监控，提高了物流速度和运营质量。目前，亚马逊通过其遍布全球的 123 个运营中心，可实现跨国配送至 185 个国家和地区。在中国，亚马逊拥有 13 个运营中心，500 多条干线运输网络，可向全国 1 400 多个城市区县的消费者提供当日或次日送达服务。

5.2.4　上线网易考拉全球工厂店

网易考拉全球工厂店，是由网易考拉于 2017 年 9 月上线的优质工厂制造项目，官方定位于全球优质工厂的品牌孵化器，作为由网易考拉首创的商业模式，通过解决优质制造工厂在品牌孵化时的决策风险和市场推广痛点，网易考拉全球工厂店同时为消费者提供了高质价比的商品选择。

伴随着"互联网+工厂"模式的兴起，电商多款式、多品种、小单量快速反应的生产需求对传统工厂带来了挑战。怎样把碎片化的订单形成规模化的效益，去库存的同时降低成本，是电商与工厂共同面临的问题。网易考拉全球工厂店与工厂强强联手，建立"柔性供应链"，其生产全过程，包括原料、制造、物流以及相应的信息系统等方面都具备一定柔性——智能化、小批量、多批次、灵活性高，能够及时调整各环节，满足消费需求变化。

网易考拉与工厂合作打造了自有柔性供应链。根据考拉平台的实时数据，把不同订单需求快速接入到供应链中，快速生产、快速上新。这样，消费者在考拉上下单，最快5～7 天，商品就能从工厂出库。

目前，全球工厂店已覆盖了服装、母婴、家居、个护、运动、食品等 6 个大的品类。全球工厂店的来源也越来越多样化，如今，除中国外，网易考拉全球工厂店已与来自澳大利亚、意大利、新西兰、日本、韩国、美国、西班牙、法国等十数个国家、400 多个行业顶级工厂达成合作，联手打造了数十款深受消费者喜爱的爆款商品和品牌。

5.2.5　与 baby-walz 独家合作

2017 年，网易考拉与欧洲最大母婴产品供应商 baby-walz 完成了独家战略合作的签署仪式。双方宣布，将在市场推广、自营直采等多方面展开深入合作。此次网易考拉与 baby-walz 的合作，将以 baby-walz 开设海外旗舰店的形式展开。网易考拉作为 baby-walz 的在华独家线上合作伙伴，除直采商品外，将重点向中国市场推出 baby-walz 的自有品牌，尤其是在童装和玩具等产品上着力。

baby-walz 是欧洲最大的专业母婴产品零售商之一，拥有邮购、大型专卖店、网络销售三大渠道，在德国、瑞士及奥地利拥有 43 家零售商店，线上电商渠道覆盖德国、瑞士、奥地利、荷兰、法国、比利时等多个国家，每年寄送 650 万个包裹，年销售额约 1.5 亿欧元。baby-walz 负责人表示，对任何一家外资品牌而言，进入中国市场最重要的是选对当地的合作伙伴，而网易考拉是 baby-walz 认可的最适合的中国合伙人。通过网易考拉完备的物流优势、严谨的商业运营和优质的平台口碑，baby-walz 相信中国消费者会收获与欧洲一致的品质保障和品牌体验。

网易作为中国领先的跨境电商平台，引入 baby-walz 的产品将进一步丰富平台在母婴品类商品的专业度和丰富度。

5.3　成功之处

网易考拉之所以能成为跨境电商中的一匹黑马，取得巨大的成功，离不开以下几个方面的努力。

5.3.1　考拉模式，立足消费者

网易考拉的"考拉模式"的核心是精选、高品质、会员。网易考拉平台上每个商品都是经过严格的标准挑选出来的，消费者不用怀疑品质问题。商品的数量保证控制在有限的数量，比如说在考拉搜索枕头，不会出现上千个选择，让消费者不知道怎么选，商品经过挑选都是精选，让消费者不需要选择；从源头控制供应商的水平、产品的质量，网易考拉在前期投入足够多的时间精挑细选，让消费者在消费环节里节省时间；会员制上线时间不长，但是考拉长期坚定推进的制度。会员制度可以帮助消费者和平台建立长期稳固的关系。

1）"考拉模式"压缩中间费用

网易考拉直接对接海外品牌和经销商，采购的商品直接进入国内保税区或网易海外仓库，可以节省 20%～44% 的成本，如图 5-3 所示，网易考拉只需承担额外的运营成本，以实现网易考拉"用更少的钱过更好的生活"的口号，促进消费和生活的双重升级目标。

2）批量采购，种类丰富

大批量直接采购，形成"海外批发价"。在网易公司雄厚财力的支持下，网易考拉通过大量采购商品，催生规模效应，获得批发价格，进而掌握商品的定价权，保证国内消费者以接近批发的价格购买到优质的商品。

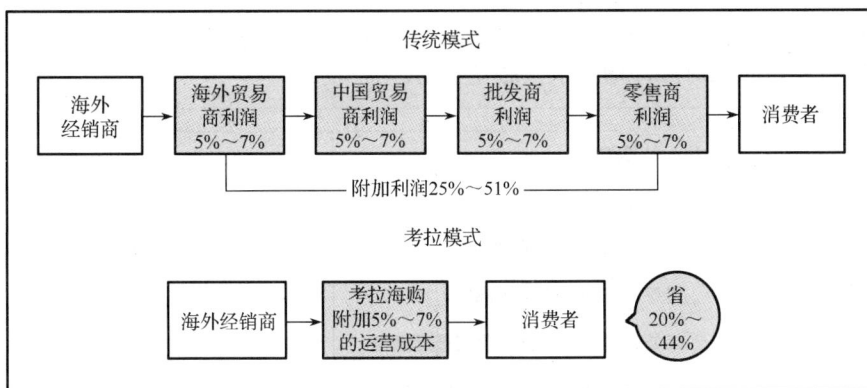

图 5-3　考拉模式与传统模式比较

3）充分利用税收优势

一般的进口贸易模式下，商品需要缴纳的税种包含关税、增值税、消费税等，而跨境电子商务可以享受国家税收优惠，进口商品只需缴纳邮政税，从而形成价格优势。而作为跨境电子商务的网易考拉可享受零关税、增值税和消费税，与传统进口商品相比仍有 70%的折扣。

5.3.2　自营直采+供应链全程可追溯品质保障

《2017 跨境电商消费者研究报告》调查结果显示（见图 5-4），商品质量是跨境电商用户最为关注的维度之一，有 61%的用户选择跨境网购的原因是因为国外产品"品质有保证"。因此，跨境电商要获得消费者的青睐就必须确保正品，保证产品的品质。据艾媒咨询的统计显示（见图 5-5），38.2%的手机海淘用户认为网易考拉是商品正品保障最值得信赖的跨境电商自营平台。网易考拉也一直致力于通过各种形式把控品质，力争给消费者带来最高品质的商品，让消费者买得放心。

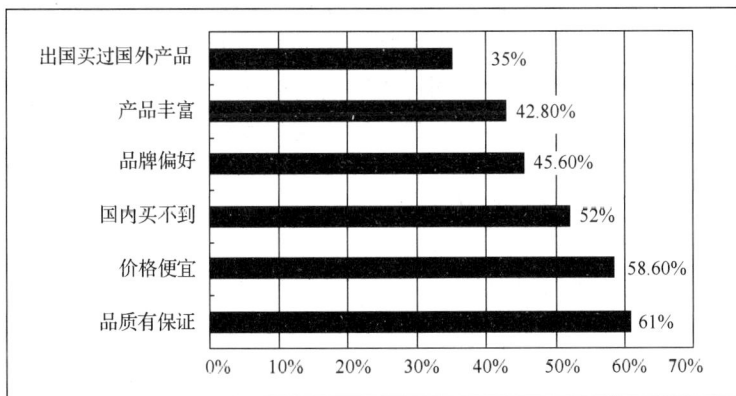

图 5-4　选择跨境网购的原因

网易考拉所采用的自营模式具有较强的质量控制能力，用户能直接与平台进行沟通，更具有交互性。网易考拉以自营的模式为主，并在美国、意大利、澳大利亚、日本、韩国等地设置了分公司和办事处，通过深入产品的原产地，对产品品质进行检验。从源头上杜绝假冒伪劣商品流入，以确保采购商品的安全性，此举无疑增加了消费者对网易考拉货品安全性的信赖度。同时，自营直采的经营模式有效消除了中间环节，平台直接和优质品牌商和供应商对接，增强了核心竞争力。

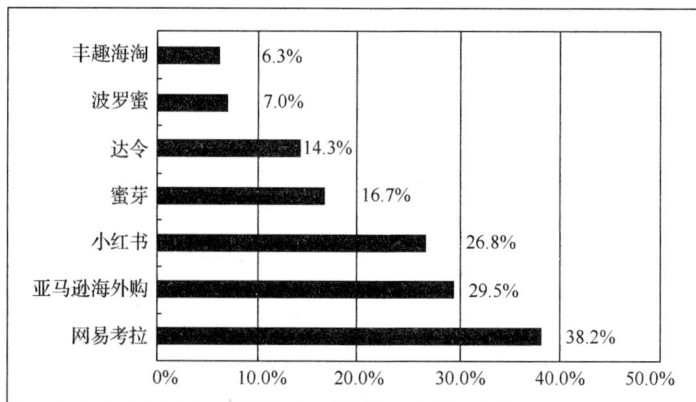

图5-5　2017 H1中国跨境电商自营平台正品信任度排名

作为自营电商的网易考拉，能够精准把控货品来源和物流过程，为商品质量提供保证，在一定程度上弥补了平台电商模式的缺陷。为了保证货品质量，网易考拉组建专业的采购团队，对供货商的资质进行严格审查，并制定了复核机制，使货品供应程序可全程监管。在对货品供应方面，网易考拉和相关部门联合推出一套二维码溯源系统，消费者可以扫描商品二维码，对所购买商品的来源、质量等进行查询。

5.3.3　制定三大战略　多渠道开发新用户

网易考拉三大战略，即借助引导消费趋势的"榜单经济"、增强用户参与感的"直播化运营"、打造融入用户全方位生活场景的新型电商生态。

榜单经济指的是网易将与有影响力的商品榜单机构合作，为用户提供购买决策；直播化运营是近年来比较热门的电商手法，考拉做得比较深，用户能参与到从选品、采购、物流到仓储的完整链条中去，甚至远程视频和VR未来也会被纳入其中；打通生活场景和购物行为是考拉的独家优势，背靠网易集团的游戏、音乐、阅读、教育和社交等兄弟业务部门，能够覆盖用户沟通的多个场景，实现购买转化。网易考拉具有非常强的媒体驱动力，实现零售与消费者间的完美链接。对于用户而言，网易考拉不仅销售商品，还像媒体一样输出更多与商品相关的内容。

1）自有流量的内部挖掘

网易考拉媒体型电商的媒体基因，与网易大平台共通着海量的用户。网易旗下的产品涉猎游戏、教育、音乐、阅读、社交等多个领域，这些产品几乎覆盖了中国的所有网民用户。据统计显示，网易集团背后坐拥着7亿的用户，而这些忠实用户都是网易考拉可转化的高质量目标用户。网易也对庞大的用户群进行数据分析，并根据不同渠道的特点，精准推送相匹配的商品内容，通过精细化的流量运营来提升每一个环节的购买转化率，把流量用到极致。比如在网易云音乐中，会推送爆款的美妆用品，而在男性用户集中的网易游戏中，则会出现人气高涨的游戏耳机。自有流量的超高转化，为网易考拉带来可观的新用户增长。

2）不断升级的社交拉新的裂变机制

从最初的"邀请好友，立刻赚钱"，到"拼团功能"，再到"分享赚钱"，网易考拉的社交拉新机制在不断升级。此外，网易考拉还专门设计了针对一些特殊节日的社交拉新活动，如在 2017 年的春节就推出了"新年心愿节"。目前，网易考拉社交拉新的用户已经达到新增用户总量的一成左右，且开发这些新增用户的投入费用基本为零。

3）利用媒体资源拓展新用户

湖南卫视 2017 年的跨年晚会，江苏卫视、湖南卫视、安徽卫视和 CCTV 网络电视 2017 年的春晚，以及江苏卫视 2017 年的元宵晚会中均有网易考拉的身影，其通过口令红包的形式与全国超 10 亿观众进行了互动，直接带来了百余万新用户下单消费。

4）通过异业合作开发新客户

网易考拉已经与招商银行、万达院线、滴滴出行、凤凰知音等众多重量级异业巨头达成战略合作，实现资源的跨界置换。如网易考拉为开拓男性客户群，在魔兽大电影上映期间，用户至万达电影院现场购票观影，就可获得网易考拉魔兽宝箱抽奖券一张。全国超过 300 家万达院线的数千万用户有不少成为了网易考拉的优质客户。

5.3.4　优质的综合服务

网易考拉是第一家承诺"次日送达"的跨境电商平台。在该服务覆盖的地区，只要每天在 14:00 之前下订单，就可以在第二天 24:00 之前完成货品交付。该服务覆盖杭州和宁波仓库的绝大部分货品，包含浙江和上海近 50 个区县。通过连接海关、仓储和物流，以高效的配送服务满足了用户期望。网易考拉还在保税仓储方面投入了大量资金，在全国各地共有仓储面积 152 000 m^2，居行业第一位。

1）发货及时率

在跨境电商行业，一个包裹的出库涉及的环节特别多，需要推单、申报、海关审核、打单、拣选、复核、称重、交接等环节，信息交汇涉及电子口岸、快递、仓库、电商。任何一个环节的卡壳，都可能导致订单生产延误。目前，在跨境电商行业内，当天发货及时率的平均水平是 99.95%，超过 99.97% 的已经屈指可数，而网易考拉当日订单发货及时率高达 99.98%。

2）送货极速

网易考拉采用的是保税进口模式，商品被提前备货至国内保税仓，用户购买时直接从中国的保税仓发货，大幅减少了国际物流时间成本，因此，配送速度快。网易考拉在 2015 年"双 11"实现了跨境商品 8 小时内到货。2016 年"618"网易考拉再次刷新行业纪录，用户从下单到收货全程耗时仅 1 小时 16 分钟。从 2016 年 5 月开始，网易考拉还率先推出了次日达业务，成为国内首家实现此业务的跨境电商平台，打破了用户对跨境电商物流慢于国内电商的传统认知。

3）错发率低

对于电商而言，仓库的多发、少发、漏发会对用户和自身造成或大或小的损失。网易考拉正逐渐放弃人工作业，采用智能化作业。由机器人自动排序到作业岗位，颠覆了传统电商物流中心"人找货"的模式，以此减少仓库多发、少发、漏发等发货错误率。同时，增加复核环节，复核货品时采用条形码、二维码扫描，在此环节基本杜绝错货率。因此，相对于我国主流跨境电商万分之五的商品错发率，网易考拉仅为万分之三。

4）用户破损投诉率低

一件商品从入库到出库，最后到达用户手中的完整度，是考量电商服务水平的重要标准。网易考拉的用户破损投诉率低至万分之八，远低于行业的千分之三。原因是：第一，网易考拉根据商品的类别和特性制定了严格的质检及收货标准。例如，奶粉罐体的凹陷不得超过褶皱，凹陷的直径不能超过 2 cm，宽度不能超过 2 cm；第二，网易考拉为了保证商品破损率趋于最低，对海外商品进行全检而非业界跨境电商普遍采用的抽检，成为中国首家推出此措施的跨境电商。商品到达保税仓时，工作人员会对每一件商品的有效期、包装完整性等维度逐一进行检查，规避瑕疵品和过期产品，降低因瑕疵品和包装变形等原因引起的用户体验下降的情况；第三，网易考拉是首家支持"全品类恒温储存"的跨境电商。网易考拉为了避免夏季高温对商品造成的不利影响，斥巨资建造了超 5 000 m^2 的恒温仓库，2016 年 6 月底已率先启用。如软糖、果泥、胶囊等对温湿度较为敏感的商品被分门别类地存储于恒温仓中，全天无休的恒温装置将商品控制在最适宜的状态，最大程度减少质变的发生。

5）高效的物流配送体系

网易考拉在 2016 年与亚马逊全球物流合作，凭借着亚马逊遍及全球的物流运营点，大大提高了物流的效率，使得消费用户可以在更短的时间内收到自己的商品，这一合作使网易考拉在激烈的市场竞争中获得先机。这种仓储运营模式，使网易考拉可以实现商品的退换服务，支持 7 天无忧退货，用户会更放心在网易考拉购买海外商品。

5.3.5 有效的产品运营

网易考拉在推广方面，利用了多种推广渠道，将网易集团自身的媒体优势和产品资源和线上线下的渠道相结合，使网易考拉在推广方面取得了很好的成绩，吸引了更多用户在网易考拉进行购买。

与其他电商平台不同的是，它有强大的网易集团的支撑，网易集团旗下在很多领域都有自家的产品，大多都是用户们所熟悉的，如网易邮箱大师、网易游戏、网易云音乐、网易云阅读、网易浏览器等，这些产品拥有着大量的有效用户，网易考拉在这些产品里做宣传广告，便轻而易举地获得大量优质用户的关注，提高了知名度。

网易考拉还在互联网广告上下了一定的工夫，在各大搜索引擎高价出售自己的关键词，并在视频以及游戏中的场景中宣传。

利用了微信公众号平台、微博等平台与考拉用户进行互动交流和运营，还与各大直播平台（虎牙、斗鱼、花椒）签订战略合作，形成了"电商+直播"的模式，让用户看见网易考拉的商品采购过程或生产流程，帮助用户了解商品。

网易考拉还开发了"好物频道""国家馆""种草社区""精选专辑"等内容，这不仅能增强用户的黏性，还提高用户的消费。为了激励用户，网易还推出考拉豆积分制，用户通过每天登录签到、发表评论、参加活动、发布官方活动这 4 种方式来获得考拉豆。考拉豆可以用来兑换有限制日期的优惠券，这可以促使用户在限制日期前使用它，考拉豆还可以用来抵扣一些商品的部分金额。这种用户激励手段激励了用户使用考拉的兴趣，加深了互动，增强了用户黏性。

5.3.6　多样化、有创意的营销手段

在传统营销时代，品牌凭借大流量曝光便能引起关注。然而，现代人生活在一个物质大爆发，且同质化严重的时代，媒介渠道分散，用户注意力下降，广告效果被大幅稀释，单纯的"广告＋流量"已然不能让消费者全盘接受，常规营销手段越来越难以取悦消费者。网易考拉的营销团队凭借对用户的精准洞察、精细化的市场推广策略构建了一个庞大而有效的营销生态圈。

1）内容营销，引发消费者共鸣

在综艺节目《爸爸去哪儿5》中，网易考拉从对受众生活深刻的洞察，了解到中国大部分家庭的生活状态，直言不讳地揭露出"不担当"的隐形爸爸群体。通过吐槽式采访，引出"丧偶式育儿"的话题，一时间引发话题舆论，最终引导到自身品牌、产品之上，与受众达成情感共识。让网易考拉的形象变得更加生活化，彻底打破了品牌与消费者之间的隔阂，从一个只存在金钱的"买卖关系"，升华为一个我更懂你的"好朋友关系"。凭借着优秀的创意，网易考拉还成功获得芒果 TV"最强原创"的奖项，并在艾瑞 2017 年 9 月中国网络综艺品牌赞助效果排行中，获得第二的好成绩。

2）"组合拳"营销

2017 年网易考拉"618"当天平台销售额比 2016 年"618"首日涨幅超过 50%，也一举超越 2016 年"双 11"当天业绩（销售额增长 30%），创造了网易考拉平台上线后的历史最好成绩，这与网易考拉的市场推广是密不可分的。除了大面积的户外、电视、在线视频广告外，网易考拉集中火力通过娱乐营销、品牌联合营销、线下事件营销的三套组合拳，收获了巨大的传播声量。

3）"直播直采"，树立正品直采的品牌形象

网易考拉不仅邀请核心用户直接去品牌方总部、海外工厂参观体验，而且和第三方权威平台合作，用"直播"的形式让用户真实地看到、感受到。如 2016 年"双 11"大促前，网易考拉联合国内知名消费决策平台"什么值得买"举办了"走进网易考拉——直播见证全球正品"活动，"什么值得买"团队和用户代表共同见证了网易考拉运营、仓配等多个环节，他们还被邀请前往花王、UCC 咖啡等日本顶级品牌总部。很多用户去后都会自发地为网易考拉宣传，成为平台的种子用户。

5.3.7　宽松的政策、市场环境

为鼓励中国的跨境电商市场的发展，国务院决定延长跨境电商零售进口监管过渡期，这一做法，使跨境电商行业能在国家政策的支持下稳定发展，促进了跨境进口电商发展，也得到了相关企业的支持。不仅仅如此，政府还支持企业建设海外仓。

近几年来消费者不再满足于国内产品，而是更注重商品品质和品牌，恰好跨境电商市场能够满足消费者的需求。网易考拉受益于政府新政策的支持，以及网易集团的大力培植，联合网易集团多年来积累的客户资源、媒体资源以及网易考拉自身对于市场的发掘，全球各大品牌纷纷与网易考拉签约，成为稳定的合作伙伴。

网易考拉将自我审查制度与不断完善的国家合作机制相结合，并在 2017 年和国家监测中心签署了关于跨境电子商务产品质量共同管理的合作备忘录。为了保证货品质量，网易考拉率先实施"入仓全检"，制定了严格的质量检验和验收标准。

5.4　点评与建议

5.4.1　退货门槛高，退货难

网易考拉出售的跨境商品支持 7 天退货，但暂时不支持换货服务，且有一些特殊商品不支持退货。由于质量问题进行退货则要出具检验报告或证书。如果退货不是由客户原因造成的，运费由平台承担；如果由于客户原因，则由客户自己承担。在物流成本方面，网易考拉承担国际部分自营商品的物流成本，单笔订单金额满 88 元可免邮费，单笔订单不足 88 元收取 10 元运费。在电子商务"315"曝光中，许多用户对网易考拉拖延退款，退货速度慢等问题进行了投诉。

在面对消费者退货难的问题上，网易考拉应通过制定贴合消费者需求的退换货条款，降低退换货门槛。如取消消费者因为产品质量问题进行的退货时，需出具的检测报告的规定。减少退货要求，对消费者退货流程进行缩减，使消费者无忧退货。针对电商 315 曝光的网易考拉延迟退款、退货慢等问题，网易考拉可以出台明确的规章制度，对退款时间、退货处理速度等方面提出具体的要求，给消费者明确的解释，让消费者了解网易考拉对退换货品问题的重视，使得平台退换货流程更人性化。

5.4.2　运营成本高

自营电商平台想要盈利很困难，价格战就不可避免地出现了。而网易考拉商品的销售价格普遍低于大多数跨境电子商务平台，因此运营成本投入更大。网易考拉自建立起就坚持纯自营，没有第三方卖家，货源被更加严格地控制，并且会失去平台模式的佣金收入。

为了参与和控制跨境交易的全过程，在供应链的建设、物流清关的规定、保税仓库和补贴用户等方面都需要大量资金投入。特别是在物流方面，包括运输、管理、仓库租金、劳动力等成本，尤其是仓库租金上涨造成的压力，如 2016 年保税仓库的租金是 2014 年前的两倍。因此，网易考拉保税仓库的大规模布局也面临着较高的物流成本。

5.4.3　售后能力差，消费者投诉多

与国内电子商务平台相比，跨境电商进口商在服务方面面临的最大问题是售后服务，而网易考拉自营的模式决定了其客户服务问题要自行解决。但目前，网易考拉在多个社交平台被用户投诉，客服态度敷衍、解决问题不及时，网易考拉在客户服务方面存在问题。

网易考拉需要直面售后服务存在的问题，采取切实有效的措施解决消费者遇到的问题。只有留住消费者，才能抓住利润。可以用问卷调查的方式对老客户进行回访，有针对性地进行服务机制的完善，提升用户体验。也可进行客服培训，提升客服整体水平，以优质服务增加客户黏性，获得更加稳定的客户来源。

5.5　知识点学习

5.5.1　跨境电商的概念

跨境电子商务（以下简称跨境电商）指的是，分属不同关境的买卖双方通过电子商务手段达成约定，进行结算，最终通过跨境物流送达商品、完成交易的一种进出口贸易活动。与传统贸易不同，跨境电商是依托互联网技术充分发展所产生的，跨境电商的交易不仅是商品的转移，也包括了中间数据信息传递和资金往来，以及电子凭证的留存。这种点对点的交易，可以减少中间环节以简化交易流程，不仅缩短了时间，还大大降低了交易成本，提高了交易效率。此外，跨境电商能够即时传递信息、快速应对消费者的反馈，实现与消费者、市场的实时互动。在经济全球化的背景下，随着互联网技术的飞速发展，跨境电商平台作为外贸企业展示商品和进行交易的媒介，有着其特有的市场活力和优势，已逐渐成为对外贸易增长的新引擎。

5.5.2　跨境电商的分类

从进出口方向上，可以将跨境电商划分为进口跨境电商和出口跨境电商；从交易模式上，跨境电商分为 B2B（Business-to-Business）跨境电商和 B2C（Business-to-Customer）跨境电商。

B2B 跨境电商指的是企业与企业之间通过互联网进行的贸易往来与交易，以大宗贸易为主。从本质上来讲，B2B 模式仍归属于传统贸易形式，企业通过互联网发布买卖信息，而交易和货物通关流程均是通过海关在线下实现，当前海关也仍将跨境电商 B2B 模式进口归属于一般贸易范围，其相关税收征缴机制完善稳定，因此本书不再对 B2B 跨境电商的税收监管进行深入探讨。

B2C 跨境电商是此次的主要改革对象，它是指分属于不同国家或地区的企业和消费者，利用互联网技术，为企业与消费者搭建一个交易的平台，实现商品的查找、选择、购买、支付、配送的全过程。在 B2C 跨境电商平台上通过提供营销展示、在线支付和物流配送等服务获得利润。与传统贸易不同，B2C 跨境电商是通过网上零售的方式，将商品销售给个人消费者，具体而言，是跨境电商企业将商品信息发布到互联网平台上，消费者可以通过互联网平台选择来自世界各地的商品。此种方式减少了传统贸易中的一些中间环节，如批发商、零售商等，使得跨境交易更为便捷，也使消费者获得更多优惠。

跨境电商除了这几种传统模式，还有下面几种新型网购模式：

（1）B2B2C：消费者与海外商家通过跨境电子商务平台进行交易，如图 5-6 所示。

图 5-6　B2B2C 网购模式

（2）B2B2B2C：简称 3BC 模式，2009 年由大龙网首创，是由双招商平台构成的一种新型电子商务模式，如图 5-7 所示。

```
┌──────────┐     ┌──────────┐     ┌──────────┐     ┌──────────┐
│ 海外供应商 │◄──►│ 电子商务平台 │◄──►│  分销商   │◄──►│  消费者   │
└──────────┘     └──────────┘     └──────────┘     └──────────┘
```

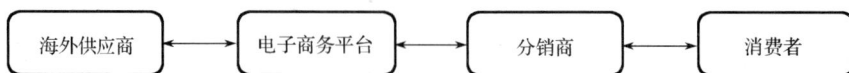

图 5-7　B2B2B2C 网购模式

（3）C2B：前期收集客户需求，邀请客户参与产品开发，是一种根据需求定生产的新型电子商务模式，如图 5-8 所示。

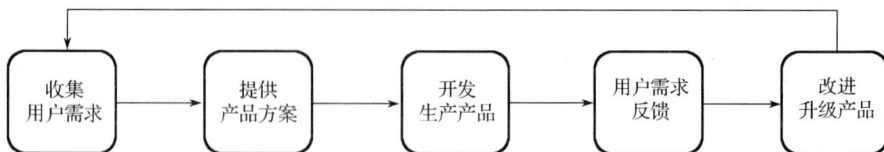

```
    ┌────────┐   ┌────────┐   ┌────────┐   ┌────────┐   ┌────────┐
    │  收集   │──►│  提供   │──►│  开发   │──►│ 用户需求 │──►│  改进   │
    │ 用户需求 │   │ 产品方案 │   │ 生产产品 │   │  反馈   │   │ 升级产品 │
    └────────┘   └────────┘   └────────┘   └────────┘   └────────┘
```

图 5-8　C2B 网购模式

5.5.3　跨境电商物流模式及流程

1. 跨境电商物流模式

跨境电子商务的高速发展，适应跨境电子商务需求的物流模式也得到了发展，为跨境电商企业提供了多样的选择。目前，主要的物流形式有下几种：

（1）直邮方式：这种物流模式是在客户下单成功支付后，由卖家直接邮政小包或者国际快递形式运到国外消费者手中。在万国邮盟的合作模式下，邮政小包具有成本低、清关速度快等优势。我国跨境电商近 70% 的包裹都是通过邮政投递。国际快递利用强大的打系统和全球化的方便性服务，为跨境消费者带来了极好的物流体验。

（2）海外仓模式：海外仓基于便利、统一管理等特点，是目前跨境电商企业的主要选择模式，可分类如下：卖家自建、与第三方合作和一站式配套服务。第三方物流模式是指仓配一体化的物流服务，在电商企业将客户订单信息推送到物流服务商系统时，由仓库安排发货并组织派送。目前，网易考拉就主要采用这种模式，其主要运作流程如图 5-9 所示。

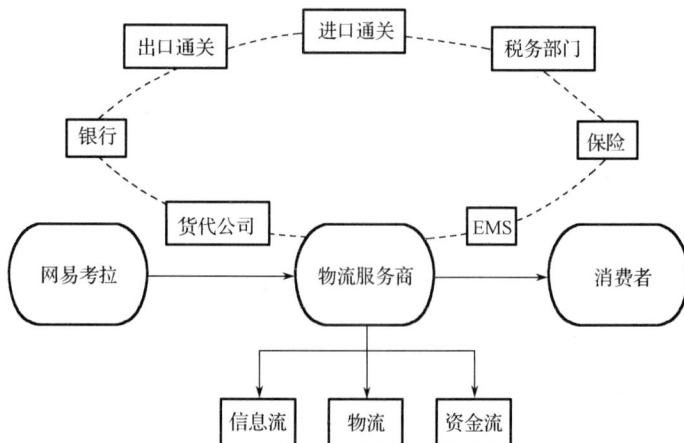

图 5-9　海外仓物流模式

（3）保税区模式：是目前跨境电商企业普遍采用的物流模式，企业提前将部分可保税的产品进货到国内保税区，由海关监管，待国内消费者下单后，由保税区直接发货，这种模式由于在国内直接发货，所以时效性很强。杭州、郑州、上海等试点城市都建立了保税区，亚马逊、天猫国际、网易考拉等知名企业都采用了这种模式。但由于不是所有的商品都能放在保税区，白名单类商品才是有效的，所这种模式也有一定的局限性，不能满足所有商品的需求。

2. 跨境电商物流具体流程

在一个完整的跨境电商交易环节当中，跨境物流发挥着重要的作用，是跨境电商发展的核心环节之一。由于电商平台在集货、仓储、运输、通关、配送等方面与物流企业有合作，因此物流企业的运作情况在很大程度上影响着跨境电商的运作效率。在我国跨境电商发展历程上，有三个因素影响着跨境电商的发展，分别是信用、支付以及物流。在过去的数十年发展中，信用以及支付问题已经得到了很大的发展，体系逐渐成熟，而物流则成为了这三大因素里急需进行升级的。跨境电商的物流运作涉及多个环节，主要是从消费者或企业处向电商平台发出订购信息，平台得到信息后将客户的物流信息发送到物流企业处，物流企业再将货物送到消费者手中，跨境电商物流运作具体流程如图 5-10 所示。

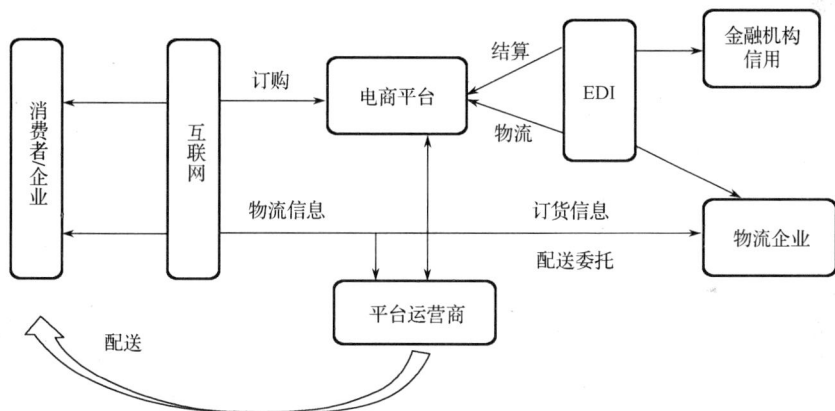

图 5-10　跨境电商物流运作具体流程

5.5.4　区块链技术

区块链（Block Chain）的本质是由所有参与者共同记录交易信息的对账系统。它是通过分布式存储技术，以时间为顺序，按照首尾相接原则所组成的新的链式结构数据。同时，区块链系统运用密码学技术，保证其不可被篡改和伪造，并使用点对点的传输方式来共享区块链内部信息数据。每一个“区块”就是一个信息块，代表了交易活动，“链”则是众多信息块相连接的规则，区块链就是由众多信息块通过链条所组成的信息数据库。利用区块链技术解决商业信任问题、降低交易成本、扩充交易机会，是商业科技领域在未来十年的一大命题。

1. 区块链的核心技术

（1）点对点组网方式。点对点组网方式是指区块链系统内部的数据并非存储在一个或者几个数据库中，而是分散地存储在区块链系统内部参与主体的计算机中。同时，点对点组网方式也是区块链技术具有去中心化特征的主要原因。此外，由于每一个区块链节点都平等地分布在区块链系统中，且每个节点都可以独立参与系统运作，因此，即使某个节点出现问题导致数据损坏，也不会影响整个区块链系统的正常运行，可以保证区块链系统内部交易的安全性，从而达到提升系统运行效率的目的。此外，所有记录都是按照交易的时间顺序进行的，记录的内容在所有交易者之间共享，参与者可以通过公钥和私钥查看账本上完整的交易记录。

（2）时间戳技术。区块链系统中的时间戳技术作为一项技术创新，对系统内的交易数据赋予时间维度。区块链系统使用时间戳技术，将区块链内的交易信息按照时间顺序连接成链，并将每笔交易数据加盖时间戳，永久保存在区块链系统中。时间戳是直接写在区块链中的，一旦交易数据发生篡改，生成的哈希值就会发生变化，变成一个无效的数据，所以时间戳技术可确保区块链是一个不可篡改和可追溯的数据库系统。所有的交易者都是平等的记账者，没有中心机构控制交易数据，所有交易合约都会在满足事先规定的条件后自动触发。

（3）非对称加密技术。非对称加密技术采用公钥和私钥对数据进行加密或解密，这两个密钥是自动生成的一对。区块链系统内的信息是以广播形式发出的，公钥对所有节点公开，私钥严格保密，发出的信息都用公钥加密，接收方若想获得数据信息，需要使用对应的私钥解密。因此，非对称加密技术可以提升区块链系统内数据的安全性、真实性以及可靠性。

（4）分布式共识算法。分布式共识算法是指在点对点分布网络节点间达成一致性的算法。区块链并非一成不变，而是按照时间顺序增加的。共识算法就是让所有人认可新增加的区块，即在完全去信任的环境中重新建立信任机制，以保证区块链系统正常运行。常见的共识算法包括授权股份证明机制、权益证明、工作量证明等。所有的区块记录都不能被篡改，参与者可以回溯任何一个区块之前的交易记录。假设 C 想和 A 进行交易，通过回溯 A 的所有区块记录，查看其是否有不良交易记录，由此判断是否与其合作。

（5）智能合约。智能合约是通过编程手段将节点上交易双方的承诺进行电子化设定，同时设置触发条件。当预先设置的条件满足后，合约将自动触发，从而完成一个交易。智能合约的执行方式更加简便，它是通过程序语言来强制执行合约。因此，只要节点双方约定了一个智能合约，即使是系统的运营方也不能轻易改变它。此外，智能合约在制定合约条件、执行合约内容以及验证合约合规性等方面的成本更加低廉，并且可以同时在多个节点之间执行，极大地提升了区块链系统的运行效率。

2. 跨境电商面临的物流困境

跨境物流制约跨境电商发展的主要体现为：物流成本高、运输时间长、货物损毁和逆向物流难度大。例如，商品从国内运往国外需要经过境内物流、出境清关、国际物流、入境清关、商检报税、目的国物流等环节。这些环节在运行过程中还涉及供应、包装、头程派送、仓储、配货、尾程派送、商检、报关和清关等活动。每一个环节的延误都包含着成本和时间的隐患，尤其是报关和清关环节，具有很强的不可控性。因此，一旦某一环节出现时间延误或者环节与环节之间的衔接出现问题，势必增加跨境物流的时间及成本。此外，跨境货物在运输的过程中基本没有被实时监控，因此无法获知货物的实时状态。环节与环节之间的衔接、协调和转换决定了跨境物流总成本的高低和时间的长短。据统计，物流成本占跨境电商总交易成本的 30%~40%，跨境物流运输时间平均在 5~

10 天，多数在一周左右。另外，跨境电商运作环节较多，而每个环节的失误都可能增加货物退换的概率，如商品质量问题、货物损毁、货物丢失、运输时间长、海关查验等，导致其退货率远高于普通贸易。统计数据显示，跨境电商退货率一般在 3%～10%，玩具、鞋子、服装等产品的退换货比例高达 20%。而跨境电商企业普遍没有健全的退换货物流机制，退换货过程具有诸多不可控因素，而且要经历漫长的物流时间，退换货还涉及关税等问题，这些都不利于我国跨境电子商务的发展。

3. 利用区块链解决跨境物流问题的对策

目前，区块链技术大多应用于金融领域，但区块链的分布式记账和可追溯的特性完全可以应用到物流领域。实际上，跨境物流系统是由多个参与方组成的利益共同体，也非常符合区块链技术多节点参与的特征。因为，当交易主体的交易信息被全程记录时，将有助于优化物流运输路径、仓储作业以及商品追踪和溯源，从而解决物流成本高、运输时间长以及货物损坏责任认定难等问题。基于区块链技术解决跨境物流问题的思路如图 5-11 所示。

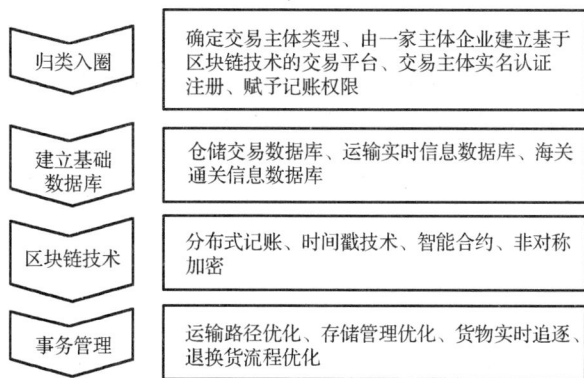

图 5-11　基于区块链技术解决跨境物流问题步骤

（1）归类入圈。首先，界定跨境物流涉及的交易主体类型。跨境物流的交易主体包括：交易双方、互联网商家、国际物流企业（海外仓和航运公司）、政府监管部门。然后，由一家主体企业牵头建圈。建议由政府牵头或者大型互联网企业牵头，以提升所建立平台的公信力和说服力。最后，交易主体注册并实名认证入圈，同时获得交易权限（公钥和私钥）。海关等政府部门和大型互联网平台采用合作的形式入圈，同时建立交易权限（记账范围仅限于互联网平台注册的交易主体之间）。

（2）建立区块链基础数据库。大型互联网平台将收集和验证的客户信息数字化后，上传至区块链系统，在区块链上实现交易信息的共享。同时，赋予交易主体记账权限，完全按照区块链技术规则展开交易。对跨境物流而言，仓储交易数据库、货物运输或者配送实时信息数据库和海关通关信息数据库尤为重要。例如，客户通过配送实时信息发现货物不符合订单要求时，可以直接和国际物流公司沟通，要求整改或者停运，达到事先控制问题的目的，从而避免或者减少逆向物流和假货。海关也可以通过货物来源的真实性控制虚假跨境。

（3）区块链逻辑规则下的交易事务管理。按照时间戳技术有序地记录所有交易信息，利用智能合约算法主动地优化货物运输路线。交易信息不可篡改、真实可靠，保证了跨境物流过程的可视化管理，为管理机构提供了可用于企业决策的有用数据。

小结

　　本文通过对网易考拉的背景、现状、发展历程、聚焦热点及成功之处进行分析，并对其进行点评与建议，使同学们对该案例有了详细的了解，同时对本案例涉及的知识点进行了介绍。

　　通过本章的分析我们可以了解到：虽然网易考拉的成立时间较短，但能在短时间内快速发展超越众多跨境电商企业并成为跨境电商的一匹黑马，跻身于跨境电商平台第一阵营，可见其在战略规划、产品定位、产品体验以及运营策略等方面都有其独有的优势。但要若想在综合电商领域脱颖而出，仍然有很长的路要走。未来跨境电商的竞争除了价格，将逐渐转向品质、服务、物流等综合比拼。

习题

1. 结合本章案例，试分析跨境电子商务现状及存在那些问题？如何解决？
2. 查阅资料分析跨境电商 B2B 和跨境电商 B2C 两种模式的区别。
3. 试分析为何网易考拉能成为天猫与京东的对手？
4. 网易考拉的考拉模式有哪些特点与优势？
5. 网易考拉全球工厂店项目的供应链有何影响？
6. 网易考拉的盈利模式是什么？
7. 在互联网技术飞速发展的今天，网易考拉有哪些与互联网技术结合的项目？效果如何？

能力拓展

　　洋码头是一家 C2C 兼 B2C 平台型综合性跨境电商平台，其最大的特点是实行买手商家制，因此强大的买手团队成了洋码头在市场竞争中获得立足之地的基础。平台对买手入驻设立严格的标准，而且会动态地不定期查验海外买手的信用情况，遍布海外各地的买手还将接受当地国家法律的监管，以此保证商家和商品的质量，目前平台已拥有 6 万多的认证买手，其中超过七成比例的都是综合评价超过 4.5 分的优质型买手，购买范围覆盖 80 多个国家。在这种经营模式下，由于所有的货品都是由成千上万的买手自己发掘并购买的，因此平台不仅单品数量异常丰富，可以为消费者营造一站式、逛街式的购物体验，还拥有海量新奇少见的商品，可以更好地契合消费者多元化、个性化的需求，从长尾市场中盈利。

　　试根据以上资料，搜集整理洋码头案例，并结合本章内容从经营模式、产品选择、供应链和物流、营销方式、经营绩效等方面对网易考拉和洋码头两家跨境进口电商平台进行比较，并分析总结我国跨境电商发展特点及现状，面临的困境及对策。要求完成洋码头案例报告，分成小组交流讨论。

第6章　哈啰出行——共享经济时代的出行

学习目标

通过对本章内容的学习，学生应该能做到：

（1）了解哈啰出行的背景、现状及发展历程。

（2）了解O2O商业模式及B2C商业模式并理解其应用。

（3）分析在共享经济浪潮下企业应如何更好地掌握先机。

（4）分析哈啰出行在市场中取得主动权的原因。

（5）掌握共享单车运营中的主要物流环节。

（6）能够对共享单车产生的优劣性进行分析。

（7）对于共享经济这个平台未来应如何发展提出建议。

引言

哈啰出行是一家致力于为用户提供轻活、自由出行工具的共享单车公司，先后在杭州、宁波、福州、厦门、天津等城市进行投放，未来将投放全球市场，让每个人都能便捷出行。哈啰出行秉持"科技推动出行进化"的使命，愿景是成为一家世界级的科技公司，企业以创新文化、心有用户、团队精神、诚信做人、专业做事和保持饥饿为价值观。致力于为用户提供覆盖短、中、长距离共享出行服务，缓解城市交通压力，减少车辆尾气排放，为智慧城市提供可持续发展的立体化共享出行解决方案。

6.1　案例纵览

自成立以来，哈啰出行（原为"哈罗单车"）凭借快速复制拓展的市场执行能力、产品技术驱动的车辆运维效率及整体运营成本的优秀控制能力，从激烈的共享单车市场竞争中脱颖而出。

哈啰出行先后获得蚂蚁金服、复星、GGV、成为资本等知名投资机构的投资，2017年10月与江苏永安行低碳科技有限公司合并，与蚂蚁金服、深创投、水安行等成为重要的战略合作伙伴。

6.1.1　背景

近年来，众多互联网细分领域相继遭遇被市场看冷的窘况，但在世界级巨头的示范效应和国家级利好政策鼓励下，共享经济却成为国内少有的大热领域之一。

2000年之后，随着互联网Web 2.0时代的到来，各种网络虚拟社区、BBS、论坛开始出现，用户在网络空间上开始向陌生人表达观点、分享信息。但网络社区以匿名为主，社区上的分享形式主要局限在信息分享或者用户提供内容（UGC），而并不涉及任何实物的交割，大多数时候也并不带来任何金钱的报酬。

2010 年前后，随着 Uber、Airbnb 等一系列实物共享平台的出现，共享开始从纯粹的无偿分享、信息分享，走向以获得一定报酬为主要目的，基于陌生人且存在物品使用权暂时转移的"共享经济"。

2016 是共享经济优势凸显的一年，房屋共享（途家网）、知识共享（在行与分答）、单车共享（摩拜）、云计算资源共享（星域 CDN）等共享方式风起云涌般出现在我们的日常生活中。

预计 2025 年全球共享经济市场规模将达到 3 350 亿美元，年均复合增长率达到 36%，其中，中国的共享经济将预计达到全球第一。2016 年国内这些共享经济的成功者们，更增加了这一数据的信服力。

共享单车成为共享经济中的热点，共享单车是指企业在校园、地铁站点、公交站点、居民区、商业区、公共服务区等提供单车共享服务，是一种分时租赁模式。共享单车是一种新型环保共享经济。

共享单车实质是一种新型的交通工具租赁业务——自行车租赁业务，其主要依靠载体为自行车，城市因快速的经济发展而带来自行车出行萎靡的情况，最大化地提升了公共道路通过率。

共享单车已经越来越多地引起人们的注意，由于其符合低碳出行理念，政府对这一新鲜事物也处于善意的观察期。

6.1.2 现状

目前，哈啰出行旗下的哈罗单车注册用户超过 2 亿，已进入宁波、杭州、厦门、武汉、南京、长沙、青岛等 300 个城市，同时还进入 260 个景区为用户提供智能化共享单车服务。

2018 年 9 月 17 日，哈罗单车宣布企业正式更名为"哈啰出行"，并启用全新的品牌标识系统。自成立以来，哈啰出行已从单一的共享单车企业成长为囊括哈罗单车、哈啰助力车和汽车等综合业务的移动出行平台，呈现多元化业务特征，因此公司也从"哈罗单车"更名为"哈啰出行"。

"啰"字多了一个"口"，寓意着哈啰后期将与公众沟通交流，新 Logo 取自公司名称首字母 H，线条图形代表智慧科技、出行道路、人车路的连接，新 Logo 采用的设计倾斜 6°，体现了哈啰出行进取、创新的精神。

6.1.3 发展历程

目前我国共享单车总需求量约为 1 000 万辆，蕴藏 281 亿市场价值。从整个行业来看，算上上游的自行车和车锁制造和下游的大数据、导流等增值服务，共享单车产业链的价值近千亿。在政府鼓励的同时，共享单车领域的一级市场投资也是竞争激烈，颇为火热。

中国共享单车市场已经历了三个发展阶段：2007—2010 年为第一阶段，由国外兴起的公共单车模式引进国内，由政府主导分城市管理，多为有桩单车；2010—2014 年为第二阶段，专门经营单车市场的企业开始出现，但公共单车仍以有桩单车为主；2014—2018年为第三阶段，随着移动互联网的快速发展，以 ofo、摩拜、哈啰为首的互联网共享单车应运而生，更加便捷的无桩单车开始取代有桩单车。

2016 年 11 月，哈罗单车宣布完成 A 轮融资，金额暂未披露，投资机构包括 GGV，另据哈罗单车创始人杨磊透露，后期会引入其他投资机构。此轮融资将主要用于投入研发和造车。

2016 年 12 月，无桩智能共享单车品牌哈罗单车在厦门集美进行试运营，12 月 12日，哈罗单车正式宣布进驻厦门，已经投放超过 40 个停靠点，计划在整个厦门投放五万辆"小白车"，让厦门的"旅行+单车"成为一道新的风景。

2016 年 12 月，哈罗单车运营方上海钧正网络科技有限公司与中国平安达成战略合作，创新理赔保障计划，恶劣天气骑行发生意外事故，用户将会得到双倍赔偿，保险额度为共享单车行业内最高。

2017 年 1 月，哈罗单车宣布完成 A+轮融资。本轮融资由 GGV 纪源资本领投，磐谷创投跟投，投资金额暂未披露。

2017 年 3 月，武汉首批 5 万辆哈罗单车"小白"亮相街头，武汉街头又新添一抹色彩。11 日凌晨，武汉广场、洪山广场、积玉桥等地，都出现了"小白"的身影。其车身主色为白色，印着 Hellobike 字样。与"小橙""小黄"一样，"小白"也是无桩智能共享单车，但前面多了车篮。

2017 年 3 月，南昌首批哈罗单车"小白"亮相街头，南昌街头又新添一抹色彩。13日凌晨，八一广场、秋水广场、红谷滩等地，都出现了"小白"的身影。

2017 年 4 月，宣布正式进入天津。白色流线简洁的车身、红黑相间的车轮，作为行业内少有的能自主研发并大规模生产 GPS 智能锁的共享单车企业，哈罗单车拥有多项先进的科技水平。天津市民不仅可以使用哈罗单车"小白"车解决"最后三公里"，还可以骑单车感受渤海明珠的魅力，欣赏古文化街、滨江道等著名景点，解锁中西交融的津城。

2017 年 10 月，哈罗单车 CEO 杨磊确认"哈罗单车与永安行低碳科技有限公司合并"（该公司系永安行子公司），其本人将出任新公司 CEO。

2017 年 12 月，哈罗单车宣布完成 10 亿元人民币 D2 轮融资，本轮融资由复星领投，GGV（美国纪源资本）跟投。

2018 年 2 月，哈罗单车方面公开回应称，由于永安行此前在北京进行了投放，单车折旧、损害严重，影响用户骑行体验，哈罗单车和永安行合并之后，由哈罗单车将部分损坏和无法骑行的车辆回收并更新。

2018 年 3 月，哈罗单车宣布"全国免押战略"，芝麻分 650 分以上者，可通过支付宝 APP"扫一扫"车身二维码，在全国免押金骑行哈罗单车。

2018 年 4 月，哈罗单车完成 F1 轮融资，主要投资方包括蚂蚁金服和复星，另有若干家机构参与，融资的金额接近 7 亿美金。

2018 年 9 月，哈罗单车在上海宣布企业正式更名为"哈啰出行"，并启用全新的品牌标识系统。

2018 年 10 月，哈啰出行上线了打车入口，正式推出网约车业务，业务覆盖上海、成都、南京 3 地。在哈啰出行 APP 首页，已有单车、助力车和打车 3 个入口，但其打车业务目前只提供网约出租车的服务。这也是继美团、高德之后，又一个开通网约车业务的出行企业。

2018 年 11 月，哈啰出行宣布正式携手首汽约车，在北京、上海、杭州、南京、合肥等全国 60 多个城市同步接入首汽约车网约车业务。

2018 年 12 月，哈啰出行已完成新一轮融资，由春华资本和蚂蚁金服领投，哈啰出行新一轮融资金额为 40 亿元。春华资本、蚂蚁金服这一轮投后，哈啰出行估值不低于 25 亿美元。

2019 年 2 月，哈啰顺风车在全国 300 多个城市上线运营。通过更新后的哈啰出行 APP 或哈啰出行支付宝小程序上的"顺风车"入口，全国 300 多个城市用户都可便捷使用顺风车服务。

6.2　聚焦热点

6.2.1　首创夜间免费骑行

哈罗单车也是一家共享单车平台，其模式与摩拜单车类似，采用了无桩停车解决方案（乘客可以把车停在白线内），同时为了精确定位，哈罗单车采用了 GPS 智能锁，锁内嵌入了 GPS 模块、SIM 卡以及六轴陀螺仪等硬件，能够实时传输车辆位置与车辆状态等。值得注意的是，哈罗单车团队自 2016 年 9 月份开始做共享单车的项目，到 11 月 3 号正式在苏州上线，整个项目从研发最为关键的智能锁，到解决运维、对外关系乃至运营工作，只用了两个月的时间。

在运营策略上，哈罗单车采用的是半小时一元的定价，不过在宁波发布单车时，哈罗单车同时宣布，从 12 月 1 日起推出夜间（晚上 11 点—凌晨 6:00）骑行免费，这主要是因为当地铁、公交停运后，夜间的出行需求依然很大，杨磊强调夜间骑行免费主要诉求甚至并不是为了获客，而是在这个时段让利消费者，提高用户使用体验，使得骑行与宁波的城市地铁、公交等错峰配合起来，成为出行系统补充。同时，哈罗单车考虑到换乘的需求，提出每天首次换骑在 15 分钟内是免费的。

6.2.2　在厦门首推"虚拟停车点"APP 规范停车

2017 年 3 月 1 日，哈罗单车在共享单车品牌中首家推出"虚拟停车点"，并正式在厦门上线。在 APP 中加入政府已规范的停放区，市民点开 APP，蓝色的停车点 P 可以显示附近一公里的停车点。哈罗单车积极响应厦门政府自行车停放区设置指引，引导用户更有序地停放单车，未来或将在其他运营城市推广。

厦门岛内将设约 4 000 个自行车停放区，思明、湖里各半。网上曝光的多起共享单车无序停放让众多共享单车公司陷入尴尬。哈罗单车工作人员称，利用电子围栏和 GPS 技术，引导自行车停入停车区，引导用户行为规范。去年公司已经开始研发电子围栏技术，凭借技术优势率先获得集美区政府认可，首先进入集美区规范运营，配合政府管理。

哈罗单车厦门团队介绍，哈罗单车进入厦门以来，与各级政府紧密协作，共同规范共享单车停车秩序，做好共享单车的停放秩序管理。提倡用户停在路边白线非机动车停车区域或者停车架上，严禁用户停在小区内、地下或室内车库、付费区域。

此外，哈罗单车通过技术能对违章停车进行快速干预和精确处理，建立信用分制度和违停举报制度，实施信用"黑名单"制度。如果用户违停，通过 GPS 定位追溯，锁定使用者，就会扣减信用分 20 分。当用户的信用分低于 80 分时，每半小时的使用费是 100 元。当用户信用分低到一定程度，会取消该用户的使用权。

同时，鼓励用户对违规停进小区和车库的行为进行监督，拍照举报，上传到手机 APP，平台核实后奖励信用积分。引导使用者文明骑行，鼓励用户正面行为、制止负面行为。

6.2.3　全国首家政府指定公务用单车

2017 年 4 月 20 日，哈罗单车又与江西省南昌市青山湖区达成战略合作，成为当地政府公务用单车唯一提供服务商。据了解，这也是全国首个由政府指定使用的品牌公务单车，此举标志着哈罗单车和政府合作又上了一个崭新的台阶。

南昌市湖坊镇人民政府发布了《"低碳公务·绿色出行"倡议书》，号召大家做"低碳环保、绿色出行"的宣传者、倡导者和践行者，包括机关干部、社区志愿者等 130 余人共同参与了倡议活动。湖坊提出了"3510"出行模式，即 3 km 内步行、5 km 内骑自行车、10 km 内乘公交，号召公务员外出执行公务采用绿色出行方式。

湖坊镇政府办外出一线执勤多，公车满足不了外出执勤任务需要，希望用公务单车来解决公车调配使用难题，还能带动全民绿色出行。经过长期考察，他们认为哈罗单车的车是在耐用性、安全性、科技技术含量方面均达到要求。湖坊镇文明办与哈罗单车的合作，完善了投放网点布局，加强车辆调配和管理，开展文明用车系列倡导活动，展现城市文明新风貌。

哈罗单车在固定执勤点、人流密集区设置单车固定投放区，并设置专门的公务使用账号，保证专号专用，让哈罗单车成为政府政务的好帮手，为当地的智慧交通建设、出行合理化和市民幸福指数的提升做出应有的贡献。

哈罗单车在全国推广了警务用车的政企合作模式。"用科技推动出行进化"的理念，不仅渗透到了哈罗单车提供的产品和服务中，还能够衍生出更多的"玩法"。哈罗单车与驻军部队后续还将开展更加多元化的共建活动。在更宽泛的层面上与驻军部队深化共建，为官兵们提供更加便利快捷的出行服务，提升共享单车这一低碳绿色的出行理念。

6.2.4　全国大学生可免押金免费骑 365 天

2017 年，哈罗单车宣布，启动全国大学生免押金免费骑 365 天的"双免"活动。全国在校的大学生均可获得这项免押金、免费骑的福利，包括在校专科生、本科生、硕士生、博士生群体。据悉，此次"大学生双免"活动已在 2017 年 9 月 28 日凌晨正式上线。

根据哈罗单车使用的人工智能大数据平台"哈勃系统"显示，哈罗单车的用户年龄层次在 18～35 岁，相当一部分群体为在校大学生。对于大学生而言，哈罗单车 199 元的押金与 1 元 / 半小时的收费并不是一个小数目。

此次"双免"活动，哈罗单车携手支付宝，不仅免去押金，还将提供免费骑行一年的优惠。哈罗单车负责人称，大学生短途出行需求旺盛、出行时间灵活，是比较优质的品牌长期用户群体，推出此次活动既是充分考虑到大学生较频繁的短途出行诉求，丰富大学生的骑行场景，促进单车资源的优化配置，也希望能够吸引更多的大学生尝试"共享出行"的新体验，倡导绿色出行的理念。

此外，为方便全国大学生享受"双免"福利，提高大学生使用哈罗单车的出行体验，此次活动只需要使用支付宝扫码即可使用。

此次支付宝选择再度与哈罗单车联手也不是偶然。作为共享单车行业的领军企业，哈罗单车在短短一年时间内已入驻国内包括杭州、武汉、厦门、南昌等在内的 100 多座城市，投放约 300 万辆单车，注册用户达 3 000 多万。2017 年哈罗单车进入 300 多个城市，发展态势迅猛，愈发庞大的粉丝体量意味着其未来的商业变现模式还有无限可能。

值得一提的是，此次活动是哈罗单车首次在支付宝上推出免押金服务，也是国内首个针对全国大学生群体推出的免押金免费骑活动。

6.2.5 哈罗单车开启 10 城信用免押

基于移动互联网的共享单车作为新兴事物，国家一直持开放宽容的态度，但政府各部门监管的步伐也从未放松，"免押金骑行"正在成为各项政策中重要的导向。

哈罗单车和芝麻信用达成战略合作，开启十城同启芝麻信用免押金骑行。免押金正在成为共享经济行业的大趋势。芝麻信用公布未来最重要战略：将投入 10 亿元，与合作伙伴一起消灭押金。

2017 年 11 月 28 日，哈罗单车宣布，在长沙、郑州、南京、扬州、珠海、汕头、中山、东莞、芜湖、宁德十个城市推行"芝麻信用评分 650 分及以上即可享受免押金骑行"的服务模式，用户只需使用支付宝 APP"扫一扫"车身二维码，选择授权芝麻信用，就可随时随地骑行哈罗单车。这也是哈罗单车又一种大范围提供免押金骑行服务的模式。

从共享单车整个行业来看，如果有行之有效的信用体系，可以化解交易过程中的诚信问题，押金并非不可或缺，以哈罗单车之前启动的"大学生 365 天免押金免费骑行"、"手机尾号为 0 的新用户免押金活动"的数据来看，免押之后，用户的骑行意愿反而大幅上升。目前已经有超过 300 万哈罗用户享受到了免押金骑行优惠。

而从与芝麻信用合作的十多家共享单车行业平均水平来看，接入信用免押机制后，提升了服务效率，新用户通过支付宝 APP"扫一扫"后，开通时间由 10 分钟下降到 1 分钟，注册转化率提升 20 个百分点以上，骑行人次提升 50 个百分点以上。

守住用户资金安全更是一道不可逾越的底线，信用免押打破了共享单车商业模式里用押金解决信任问题的思路，为整个行业的发展打开了新的想象力，而且信用免押，在保障用户权益方面的作用越来越得到市场的认可，哈罗单车此次"芝麻信用评分 650 分以上者即可享受免押骑行"的活动，源于其自身始终将用户的权益置于首位的企业理念；而走在行业前端，创新经营模式，是哈罗单车一直在努力践行的使命。

6.2.6 创新"地铁+单车"一体化接驳，打造融合智慧出行生态

另一焦点是哈啰出行与上海申通地铁集团正式开启合作。双方共同探索"地铁+单车一体化智慧接驳"的合作新模式，携手致力于推动地铁站周边单车版的 P+R 模式（Park+Ride，即停车换乘）落地执行，实现快慢交通的协同互驳，进一步提升用户出行的便捷度。

哈啰出行将会运用自身首创的"大数据调度机制"，在接驳与定向引流方面，结合人流潮汐的实时大数据，采取相应的调度策略，确保人流不淤积、车辆不闲置，提高车辆循环利用率和城市出行效率。此外，采用"智能运维系统"，哈啰出行会在特定合作站点内根据实际情况设置自适应蓝牙电子围栏，以科技提升服务效能。

伴随产品、技术与服务升级的是哈啰出行的责任升级。哈啰出行借助大数据及人工智能，切实助力城市规划管理及智慧交通建设。

6.2.7　"哈勃系统"助力城市智慧交通

作为哈啰出行自主研发大数据平台,"哈勃系统"可远程管理维护调度控制中枢,运用大数据管理数百万车辆的骑行轨迹、城市热力图、车辆生命体征等;系统通过数据交换连接人与车的不同场景,扩大出行领域边界,更好地服务用户,"反哺"城市规划建设。

2018 年国庆期间,哈啰出行依托哈勃大数据平台、BOS 运维端在内的智慧系统,实时交换数据,指导线下运维管理单车,同时也在各城市配备了充足的运维人员,保障一贯的精细化运营水准和线下值守的正常秩序。运维人员通过 BOS 系统可实时监测车辆状况,做到迅速处理单车违停、超区、损坏的情况。

哈啰出行还通过 AI 算法创新赋能智慧终端、推动运维高效执行,实现用户报障的精准识别,准确率超过 90%,将人从冗杂低效的工作中解放出来,提高资源优化配置,提升分工效率。

6.2.8　在全国上线顺风车业务

哈啰出行 2019 年 2 月 22 日宣布,即日起哈啰顺风车在全国 300 多个城市上线运营。通过更新后的哈啰出行 APP 或哈啰出行支付宝小程序上的"顺风车"入口,全国 300 多个城市用户都可便捷使用顺风车服务。

哈啰顺风车车主招募计划于 2018 年 12 月 26 日和 27 日在上海、成都两地启动,随后扩大至全国 120 城,仅 20 天车主注册量便已突破百万。为缓解春运压力,2019 年 1 月 25 日起,哈啰出行陆续在杭州、广州、成都等 22 城上线顺风车业务,帮助更多用户便捷回家过年。哈啰顺风车车主注册量已突破 200 万,累计发布订单量超 700 万,并且仍在保持快速增长。

在安全保障方面,哈啰出行制定了一套五重安全网,为用户提供安全、便捷的出行服务。首先哈啰顺风车在产品定位设计上拒绝社交相关功能,司乘沟通采用虚拟号码,从源头上杜绝可能存在的风险。针对车主审核,哈啰顺风车建立了一套包含事前、事中、事后各环节的多重审核制度,并与阿里云达成合作,通过实名认证、司机三证验真、人脸活体验真、犯罪记录筛查及失信行为筛查等多重流程,对车主资质进行全方位审核。哈啰出行积极和全国各地公安部门合作,对接入平台的司机进行背景审查,杜绝问题司机进入平台,进一步提高乘客的安全保障。

哈啰顺风车设有安全中心,未来还会不断运用技术手段预警可能发生的情况。同时哈啰顺风车也设立了 7×24 小时专职客服,全面高效解决司乘问题。此外,哈啰顺风车已和知名保险达成合作,为司乘双方免费提供人身意外险、意外医疗险等,多重机制保障人身安全。

6.2.10　开启景区智能共享出行

2018 年 1 月 24 日,哈罗单车与复星爱必侬旅游发展有限公司签署战略合作协议,双方约定在景区联动骑行、旅游骑行体验等方面展开合作,共同推进 C2M 旅游生态圈与智能单车深度融合。这是复星领投哈罗单车 D2 轮融资之后,双方正式开启在产业领域的协同效应。

一方面,哈罗单车将复制其在城市共享出行领域的优势和已进驻 150 家景区成功合作经验，为复星爱必侬旗下旅游小镇、酒店、景区等项目提供景区共享出行解决方案，并配合复星爱必侬"以最自然的方式去旅行"的主题，为景区内游客增添"单车骑游"的景区新玩法。另一方面，通过此次战略合作，哈罗单车能够更好地针对景区场景提升产品服务质量，未来力争将"3510"立体化共享出行战略落实到更多的景区、旅游项目，为景区共享出行场景提供综合方案：以共享单车接驳 3 km 以内的短途出行；以共享电单车覆盖 3 km 至 10 km 的中长距离出行；以共享汽车解决 10 km 以上的出行问题。

根据签订的协议，双方将在整合各自优势资源的前提下，在产业链规划、智慧旅游出行综合平台打造等方面开展全方位多层次的战略合作。具体表现为：建设"以游客服务为核心的智慧旅游，全方位打造共享服务体系，包括旅游共享数据服务体系、单车共享租赁服务体系、用户安全保障体系、专属慢骑行绿道、在线计划游客的单车之旅等。

哈罗单车与复星爱必侬结合，其作用不仅在于改善景区内旅游交通体验，也为游客提供全新定制化的智能骑行体验。期待双方携起手来，充分挖掘各自优势资源，以智能单车为入口，满足游客多元化、个性化的需求，进一步推动爱必侬 C2M 旅游生态圈，实现双方共赢。

6.3　成功之处

6.3.1　科技出行、智能共享，驱动产业链升级、聚合

过去几年以共享单车为代表的科技出行推动了整个供应生态链的转型、升级，也促进了整个共享出行产业向数据化、智能化的方向进化，如何通过技术创新融合精益生产以达到 1+1＞2 的产业聚合优势，是整个产业企业所面临的机遇和挑战。

作为智能物联网第一次大规模化的线下应用场景，共享单车改变了传统两轮产品全产业链的结构，在车辆制造之外，还增加了智能锁制造、移动通信、云计算等领域企业。而共享单车生产的规模化、技术化、迅速迭代等特点对供应生态企业在生产、制造和服务等方面都提出了全新的要求和标准，加速了传统自行车生产及服务企业的创新性变革。

以智能锁为例，哈啰出行自主研发的第五代智能锁，加入了神经网络的算法，可以定时检查工作状态，在发生故障之前发出预警，这样线下工作人员就可以有针对性地进行干预，降低企业的运维成本、提升运力。智能单车不断迭代的需求无疑也要求产业供应生态伙伴不断自我升级。

以哈啰出行旗下的哈罗单车为例，其在设计环节从系统而非孤立产品的维度思考单车在城市中的复杂使用场景，确定了"智能、好骑、少坏"的设计思路，与供应合作伙伴不断进行技术创新，研发生产出更符合用户使用体验的智能单车产品。

智能共享出行服务需要更稳定的网络以及快速、准确的定位性能，并且还面临线下产品终端同时传输运营信息对网络造成的巨大负载，智能出行服务的全面升级在不断倒逼供应企业提高技术应对能力，从制造服务向智造服务升级。

哈啰出行追求产品及供应服务体系的精益求精，从生产要求的精准化沟通到生产管理的精细化分工再到物料仓储信息的数据化整合，哈啰出行始终致力于与供应伙伴一起向"精耕细作"的供应生产标准推进。

随着产品设计和运营模式的逐渐趋同，企业的产业突围很难通过"单打独斗"来实

现，这意味着企业需要建立良好的生态关系以获得发展所必需的能力。

哈啰出行在提供更专业的移动出行服务的基础上，以实现生态伙伴的多方共赢为前提，依托供应体系合力的规模优势，推动产业生态伙伴在"成本领先、技术创新、产品体验、四通效益"等方面实现战略协同；通过前瞻性探索布局、发挥产业核心中枢的聚合优势，从产品、技术、渠道、服务等多个方面赋能合作伙伴，最终为用户打造出更好的出行产品和服务。

6.3.2　坚持共享单车绿色可持续发展理念

作为共享单车行业领军企业，哈罗单车在成立之初就高度关注城市环境的可持续发展，通过技术研发优势和高标准的单车制造，从产品设计开始，再到生产环节、物流仓储、骑行服务、回收利用、废物处置等方面，始终积极践行企业的社会责任，实现共享单车的绿色可持续发展。

哈罗方面提供单车使用寿命结束后的回收拆解及无害化处理等专业化处理，报废车辆会由山东中再生统一派车运输到就近的处理工厂，根据单车部件的材质差异进行归纳分类，主体车架等金属材料会统一回炉做成金属锭循环利用；车体塑料也会被打成塑料颗粒用于二次加工（如塑料脸盆、汽车内饰等），轮胎、坐垫等无法彻底分解的部分也会进行科学无害化处理。目前，哈罗单车在杭州、武汉、厦门等 5 座城市的第一批报废车辆已被运输到就近的中再生工厂进行分解回收处理。

哈罗单车携手山东中再生为行业提供了一套比较完整的共享单车生命全周期管理，也提供了报废单车批量化、无害化和资源再生化处理的样板，为共享单车行业的绿色可持续发展做出了示范。

6.3.3　秉承"科技推动出行进化"使命

哈啰出行将始终秉承"科技推动出行进化"使命，围绕用户需求，为广大用户提供覆盖短、中、长距离的安全、便捷、经济又环保的出行服务。

智能运维 BOS 系统与哈勃大数据平台有效连接，运维专员可通过 BOS 系统有效监控单车的使用信息及停放、维修等状态，亦可对故障车辆进行寻回、修理，通过智能化技术手段实现车辆的科学投放与智能化高效管理。

哈罗单车以智能车路线为依托配备智能锁，拥有 GPS、北斗、基站、蓝牙四重定位，双向通信，实现精准定位。开锁速度达到 0.99 秒，3.0 版本哈罗单车配备了企业自主研发的行业首个智能语音锁，可提供智能语音播报支持，实现人-车-场景智慧连接。

6.3.4　高效、快速运营原则

哈啰出行一直秉持高效、快速原则，"开城作战部的速度，就是哈啰的速度"。截至 2018 年 8 月，哈罗单车开城作战部在一年内完成超过 280 座城市的投放，服务用户约 1.9 亿人次。

哈啰出行在每个城市推行网格化管理，在网格化运营区域，运维人员对故障、违停的单车做到"15 分钟内响应并处理"。除了对运营区内的车辆进行维护，运营人员还会对故障车辆进行寻回、修理。

6.3.5　践行社会责任

哈啰出行践行社会责任，坚持"绿色低碳，共享出行"的服务理念，努力缓解城市交通压力，减少车辆尾气排放。截至 2018 年 9 月 17 日，哈罗骑行总次数近 68 亿次，累计骑行距离近 110 亿千米，累计减少了碳排放量近 75 万吨。实现"共建绿色城市，共享美好生活"愿景。

哈啰出行于 2018 年 3 月 13 日正式推行全国范围内信用免押金骑行，开启全国信用免押新时代，打破行业桎梏，引领行业健康发展。免押双满月后，哈啰出行累计已为 6 000 万用户免除押金 120 亿元。

2017 年 12 月 20 日，哈啰出行与山东中再生签署战略协议，达成废旧单车回收再生处理合作，以实现对共享单车从生产到报废再到回收的全生命周期管理，为共享单车行业的绿色可持续发展做出了示范。

6.3.6　80、90 后成为庞大的客户群体

根据哈啰自主研发的人工智能大数据平台——"哈勃系统"数据显示，2018 年 10 月 1 日—7 日，用户使用哈罗单车的骑行总距离长达 2.16 亿千米，比平日单周数据大幅增长，相当于绕行地球 5 400 圈，成为长假期间不可或缺的"出行新势力"。

创立两年来，哈啰出行旗下的哈罗单车已覆盖国内 300 多个城市，成为环保出行新风尚。长假期间，哈罗单车用户骑行累计减少碳排放量约 1.5 万吨，相当于种植 83 万棵树。90 后则超越 70、80 及 00 后等年龄段用户，成为使用哈罗单车的主力军。

"哈勃系统"数据分析显示，2018 年国庆期间，成都、合肥、武汉成为国内订单量最高的热骑城市前三甲；平均骑行时长最长的城市花落呼和浩特。尽管身处长假期间，用户依然延续早出晚归的作息习惯，每天的 7：00—9：00 和 17：00—19：00 分别是当天骑行的最高峰。有趣的是，临近收假，更多用户决定抓住长假尾巴出门去"浪"，10 月 7 日成为七天长假骑车出行的最高峰。

国庆期间，在哈啰出行目前入驻的全国超 260 家景区中，哈啰共享景区车的平均单次骑行时间长达 40.2 分钟，用户不仅有效提升景区游览效率，还比乘坐景区摆渡车或电瓶车单次多消耗热量 400 卡路里，可谓一举两得。

其中，江苏、河南和山东成为全国热度最高的景区骑行省份，最热门的景区是湖北省宜昌神农架风景区、上海浦江郊野公园、南通恒大海上威尼斯。

6.4　点评与建议

6.4.1　供需不匹配和共享程度不高

在上下班高峰期，共享单车用户数量急剧增加，并且受人们出行规律的影响，部分地区聚集了大量单车，部分地区却无车可骑，出现严重的供需不匹配情况。

虽然目前共享单车具有 GPS 等定位系统，可以借助大数据分析平台获取单车位置等数据，并组织调度，但是由于共享单车无桩约束、单车分散、调运司机不足等，实际运行中调度措施效果并不理想。相当一部分司机凭借经验和当天情况随机调度，共享单车

分配不能同时兼顾各个区域的需求。另外，缺乏专业技术人员和专门的装卸、运输工具，致使共享单车损坏率居高不下，不仅降低了用户体验，也增加了企业的维护成本等。

6.4.2　恶性竞争，亟需建立行业规范

共享单车当前的盈利模式本来是好的，企业也具有盈利条件，但是市场上存在恶意竞争。行业现在比资金投入，看谁融资的金额更多，投入的钱多，每一次的较量背后都是市场的抢夺、规模的扩张。不断融资并投入大量资金，刚开始各种用户数据会很好看，但结果却都不好过，最后只会两败俱伤，行业与用户都是输家。由于没有建立完善的机制进行约束，导致共享单车企业一开始都无序竞争。单车企业都在大规模融资，以滴滴、阿里巴巴、腾讯等企业助推资本，推出的各种免押金、免费骑活动使得用户用车没有约束，致使车辆损坏严重，企业运维成本加大，造成行业不理性竞争，这也是当前共享单车企业所面临的亟待解决的问题。

共享单车行业应该制定相关的行业规范，防止企业之间恶性竞争，故意破坏单车市场的健康发展。同时政府也应出台相应的法律规范来约束企业行为，促进单车市场的有序发展。共享单车也应积极主动地与单车投放地的相关部门联系，主动寻求与地方政府合作，以提高品牌形象、扩大影响力，为政府部门即将出台的最新政策做好准备。与此同时，单车企业还要积极主动地履行社会责任，加强对单车停放的监管，避免胡乱停放的行为，不得过量投放而阻碍交通、影响市容，从而避免给当地居民生活及政府管理带来影响。

6.4.3　完善目标市场定位，潜在市场尚需拓展

实施共享单车进入大学校园、中学校园的计划，积极开拓最具有潜力的学生市场，增加共享单车的市场占有率。通过不断创新技术，开拓新的共享单车产品。如开发儿童共享单车，投放在各大旅游观景区和儿童公园，儿童在家长陪同下可以进行体验骑行。开发双人座位的情侣共享单车，满足都市男女浪漫情感的需求。通过技术上的创新，不断依据用户的需求来研发新的共享单车产品，开拓潜在的市场。

6.4.4　仍需加快实现共享单车逆向物流

对于需要回收的共享单车，一方面从共享单车供应链的回收机制考虑，加快制定共享单车行业生产者的资源环境责任延伸制度，供应链上游生产者不仅要负责生产环节，还要负责产品设计、回收利用、废物处理等。生产企业在设计阶段就要深入考虑共享单车回收问题，提升单车耐用性，延长使用期，使用可回收材料制造单车；共享单车企业要负责对共享单车的回收；上游生产商接收回收的单车进行处理后再利用，提高整个供应链的绿色程度。另一方面要从共享单车具体的回收措施入手，目前共享单车的回收价值低，而回收成本高，单独回收势必增加企业的运营成本。

可以考虑合理地进行正逆向物流整合，安排调运（回收）车辆路径，在较低的运营成本下完成回收工作。如在静态调度期间，不仅要考虑各个停靠区的可调配量和骑行需求，还要考虑各个停靠区的回收需求，在预调度过程中完成回收工作，最后将回收的单车运送至回收中心。

6.4.5　注重单车的质量和技术创新

把业务的重点从大规模投放单车改为精准投放，注重单车的质量和技术创新。企业应该认识到单车质量的好坏直接关系到后期的维护成本，进而关系到盈利。提高单车的耐用程度是企业经营的关键。此外企业还可以利用大数据进行分析，把单车投放到那些使用频率较高的地方，避免不必要的资源浪费。同时进行技术研发，把智能定位、智能解锁运用到单车上，让用户能够提前规划并快速找到单车。

6.4.6　与广告商合作，实现双赢

随着共享单车吸引的用户群更加庞大，广告商越来越青睐这些平台，以期与之联手合作实现共赢。广告商不但可以在单车软件平台上植入自家的广告，而且可以利用大数据技术分析不同地区消费群体的不同偏好，有针对性地在不同地区植入最能吸引消费者的广告，通过最精准的宣传，实现与广告商的双赢。

6.4.7　加大监管力度，制定用户"黑名单"

对于不遵守单车的使用规定、蓄意破坏单车的行为应该给予处罚，把用户的行为纳入信用管理体系。如今很多地方政府都已经出台了相关的政策与企业一起维护行业的良好生态。

6.5　知识点学习

6.5.1　B2C 商业模式

B2C 就是借助互联网实现企业和消费者的直接联系，企业直接为客户提供服务。而哈啰通过大量投放共享单车，为客户提供多元化的骑行服务，注重用户满意度与舒适度的提升，极力简化骑行前的步骤，大大方便了人们的出行。通过优质的服务让人们对其产生依赖性，从而扩宽其群众基础，实现了企业与客户之间的良好互动。

6.5.2　O2O 商业模式

1．O2O 商业模式的定义

O2O 商业模式的概念源于美国，是 Online To Offline 的简写，又称 O2O 营销模式或离线商务模式。O2O 是 B2C 模式的一种特殊形式，指以商家为群体的线上营销或购买，来带动以商家和客户为群体的线下经营或消费。在这个过程中，互联网作为线下交易的前台，起到联结商家和消费者之间商务机会的桥梁和纽带的作用。

2．O2O 商业模式的要素

O2O 电子商务模式需具备五大要素：独立网上商城、国家级权威行业可信网站认证、在线网络广告营销推广、全面社交媒体与客户在线互动、线上线下一体化的会员营销系统。过去，人们所熟悉的打折、提供信息、服务预订等形式属于传统的 O2O 商业模式，

这种模式通常只是把线下的商铺消息机械地推送到平台用户的 APP 或是手机上，让用户在获知信息后再前往实体店进行消费，这种模式主要体现在餐饮业、健身业、电影业和美容美发等服务性行业。以前，人们接触的最多的 O2O 商业模式要数团购（以美食和娱乐消费为主），现在，随着"互联网+"和智能手机的迅猛发展，O2O 商业模式已经延伸到了订房、订外卖、打车、租赁单车甚至是租赁汽车等领域。

3．O2O 商业模式的流程

和传统的直接只在线下商家消费不同，O2O 消费模式由线上和线下组合构成。由线上平台提供的优惠信息、预订、支付、模式分享等信息和服务，供消费者选择，可以直接不用去店里就决定是否购买，更为便捷。线上商户为客户提供便捷性与实用性，线下商户则主要关注商品和服务。具体来说可以分解为五个阶段：

1）第一阶段：引流

通过下载并安装不同的商家 O2O 软件平台，消费者能在第一时间获得商家的相关信息及其推出的产品与服务，通过自身对产品的各种需求与判断，查看相关产品信息，由此使得消费者完成从线上下单到线下消费的引流过程。

2）第二阶段：转化

通过线上各个平台和商家的信息介绍，消费者可以准确获取相关所需商品的信息以及对应商铺的信息和优惠（如团购、优惠券）等，消费者还可以货比三家，通过搜索功能对商铺进行对比，最后决定消费订单。

3）第三阶段：消费

消费者通过线上所了解到的商铺以及商品信息，找到自己想要购买的商品的店铺，去线下实体店进行最终商品及服务的消费。

4）第四阶段：反馈

在消费完成之后，消费者还可以在平台上进行消费反馈，写评价来帮助其他的客户进行消费决策。与此同时，商家通过对平台数据的分析和整理，收集用户的建议以及用户信息，帮助商家提高商品及服务的质量，根据前来店铺消费的客户的反馈以及提出的建议及时进行调整，以此来提高顾客满意度。

5）第五阶段：存留

O2O 平台可维系商家与消费者的联系，商家可以通过对不同客户群投放不同的广告或者定时发放优惠券等方式，吸引并留住顾客，使消费者能再次到店里消费，获得极高的顾客忠诚度。

6.5.3　共享经济

共享经济，一般是指以获得一定报酬为主要目的，基于陌生人且存在物品使用权暂时转移的一种新的经济模式。其本质是整合线下的闲散物品、劳动力、教育医疗资源。有的也说共享经济是人们公平享有社会资源，各自以不同的方式付出和受益，共同获得经济红利。此种共享更多的是通过互联网作为媒介来实现的。

共享经济的本质——整合线下的闲散物品或服务者，让他们以较低的价格提供产品或服务。对于供给方来说，通过在特定时间内让渡物品的使用权或提供服务，来获得一定的金钱回报；对需求方而言，不直接拥有物品的所有权，而是通过租、借等共享的方式使用物品。

6.5.4　共享单车运营中的主要物流环节

共享单车企业的发展不是开发出一款 APP 捕获大量用户就可以的，更核心的问题是对共享单车的采购、运输、投放、调度以及回收等物流环节的控制管理，没有足够强大的供应链和物流体系，共享单车企业难以正常运营。

1．干线运输

共享单车企业通过与供应链上游厂商合作，完成生产布局，确定上游供应商企业布局后，就是通过干线物流运输。共享单车的运输方式与传统自行车的运输方式有一定差别，传统自行车一般在干线运输中不安装脚踏板等配件，能够增加货车的装载量，而共享单车运营的特点要求配件齐全并及时投入市场。因此共享单车目前普遍采用的是包车运输方式，此种运输方式能够完好地实现共享单车点到点的运输，但运输成本相对较大。

2．车辆投放

共享单车企业一般在单车投放城市布局仓库，实现就近区域投放。第三方物流公司通常在夜间安排运输车将组装好的单车投放到指定区域，以降低投放成本和对城市交通的影响。

3．调度

受人们出行规律的影响，共享单车常常会出现供需不匹配的现象，有的地方无车可用，有的地方闲置了大量的单车。为解决此类问题，相关部门出台了一系列指导意见，共享单车企业采取了一些措施，包括组织人员转运，或与物流公司合作，借助物流公司专业人员和车辆进行调度。

4．维护和回收

由于正常损耗和人为破坏等，部分共享单车损坏，其中有的需要维护，有的需要回收。这些不能正常使用的共享单车不仅降低用户的满意度，还影响了城市面貌，造成资源浪费和环境污染。为了改善这一状况，共享单车企业设立维修站，针对可修复的单车就地修复，对于不能立即修复或报废的单车进行回收。

6.5.5　其他共享形式

1．共享医疗

共享医疗是应对看病难，解决老百姓最棘手、最迫切的问题而带来的便利方法。

医疗共享的前提条件是具备的。首先，是医疗人员的共享。据《2015 中国医师执业状况白皮书》，我国有 14.4%的医师每周工作时间在 40 小时以内，即每工作日低于 8 小时，结合我国目前近 289 万执业（助理）医师数量，至少有近 42 万医生能够在工作闲时进行分享。特别是在一些门可罗雀的小医院，医生和护士资源有闲置的现象，完全可以实现共享。其次，医疗设备方面。据统计，我国基层医疗设备的使用率不足 40%，即有 60%的基层医疗设备能够进行分享。再者，病床资源。据统计，我国三级医院病床使用率已超过 100%，但二级医院 88%，一级医院及基层医疗机构的病床使用率只有 60%，若能够盘活二级医院、一级医院与基层医疗机构床位，则能够进行分享的床位数达 95 万张。

目前已经出现了一些医疗分享的互联网应用,比如在线问诊、医护上门、互联网多点执业、医疗设施分享等模式正在兴起。然而受限于医疗体制机制、民众的传统观念等,共享医疗到现在并不普及。或许只有打破更多瓶颈,等优质医疗资源真正实现充分市场化流动,我们才会像现在的共享单车一样去享受共享医疗带来的便利。

2．共享餐饮

共享经济时代,即便"灶台久不闻炊烟",也能有多种多样的"吃"的选择。想要速战速决,动动手指,外卖就能送上门;想要换换口味,纷纷涌现的各种私厨定制,让你挑花眼;想去餐厅又对价格比较敏感,O2O 足以满足需求。

餐饮 O2O 总结为四种模式:C2C 模式的私厨上门和家厨共享、B2B2C 模式的共享厨房产能、混合模式。

1)C2C 模式:私厨上门

对于追求消费升级、注重社交体验的新一代饕餮客们而言,想要吃得好、吃得安全、吃得舒服,就需要星级酒店大厨上门服务。

对那些没时间下厨或是不擅烹饪的都市白领来说,请专业厨师上门烹饪想吃的美味佳肴颇具吸引力。让厨师与消费者直接对接,无疑为餐饮提供了全新的解决方案。不过,松散型的厨师管理、参差不齐的服务质量,也令不少消费者认为体验私厨上门服务更像是一种冒险。

2)C2C 模式:共享家庭厨师

共享式家庭厨房,又称"O2O"厨房,或者"互联网 "厨房。不少闲置的家庭厨房赚得了收益,工作忙碌的人们享受到了在家吃饭、吃家常菜的温馨。

共享厨房的概念,不仅满足了在都市打拼的年轻人对家庭的渴望,也满足了这部分消费者对个性化消费的需求。

3)B2B2C 模式:共享厨房产能

面对共享经济带来的行业红利,餐饮企业也纷纷开始探索方法。餐饮共享经济的混合模式是整合上述所长,也说明了现在创业一定是要超越前人才能有所发展。

① 厨艺培训、DIY 体验、吃货社交

以线下厨房为社交场所,结合美食爱好者的行为习惯,将美食场景分为体验美学、空间连接、跨界社群三方面进行革命。

- 体验美学,是食物及呈现的艺术感体现。
- 空间连接,是美食爱好者的厨房梦想及美好进餐环境的实现。
- 跨界社群,是饭局新社交价值的发掘,即美食从功利性的价值转变为共同爱好者相互结识的需求。

② 私厨共享、线上厨房、外卖

消费者可在网络平台上看相关信息,然后到附近 200~800 m 的厨师分布,再根据附近厨师拿手菜种品类、距离长短等因素选择厨师,而后进行预订,预订后可选择去社区厨房店吃也可选择送餐上门,用餐后用户把餐具放在门外等配送人员自动收取。

3．共享汽车

汽车共享,是指许多人合用一辆车,即开车人对车辆只有使用权,而没有所有权,有点类似于在租车行里短时间包车。它手续简便,打个电话或通过网上就可以预约订车。汽车共享一般是通过某个公司来协调车辆,并负责车辆的保险和停放等问题。这种方式不仅可以省钱，而且有助于缓解交通堵塞以及公路的磨损，减少空气污染，降低对能量的依赖性，发展前景极为广阔。

4．共享金融

金融与互联网模式相互渗透，促使金融的共享经济需求诞生，主要有 P2P 网贷模式与众筹模式。金融共享经济通过互联网平台快速高效搜寻和撮合资金的供需方，加快资金的周转速度，最大程度发挥了资金的使用价值，让更多人享受到金融服务。

5．共享物品

物品共享领域其实是最早就出现的共享形态，随着移动互联网的发展，共享物品的商业模式呈现除了物品共享、书籍共享、服装共享等更加多元化的形态。在共享物品这种模式下，降低了供给和需求两方的成本，大大提升了资源对接和配置的效率。这不仅体现在金钱成本上，还体现在时间成本上。

小结

共享的理念催生了共享经济平台的诞生，由此产生了共享单车等企业，哈啰出行作为在这一浪潮下产生的企业，很快地明确其市场定位，抓住机遇，推出了免押金等一系列活动，使得其在市场中很快获取消费者的信任，得到了不错的发展。

本章首先阐述了哈啰出行的背景、现状及发展历程，随后聚焦其发展过程中的热点事件，例如首创夜间免费骑行，全国大学生可免押金免费骑 365 天等，在成功之处中，让读者更加清楚地了解到哈啰出行靠的是科技驱动、高效运营、社会责任等因素，通过点评与建议，对哈啰出行的未来发展提出了一些观点，在知识点学习里，可以通过前文的内容，更加彻底地了解有关共享经济的一些知识，最后通过拓展知识，探索共享经济的未来。

习题

1．哈啰出行能够在激烈的市场竞争中脱颖而出，你认为是哪些因素使其成为出行新势力？
2．谈谈你对哈啰出行未来发展的建议。
3．分析哈啰出行受到 80 后、90 后年轻群体青睐和欢迎的原因。
4．试分析共享单车的产生对人们社会生活的积极意义。
5．随着共享经济的发展，出现了一系列共享平台，试分析共享单车的盈利模式。

能力拓展

共享经济成功代表是爱彼迎。中文名爱彼迎，英文缩写是 Airbnb，是 AirBed and Breakfast 的缩写，中文意思是沙发床和早餐。爱彼迎是一家联系旅游人士和家有空房出租的房主的服务型网站，用户可通过网络或手机应用程序发布、搜索度假房屋租赁信息并完成在线预定程序。平台在 191 个国家、65 000 个城市为旅行者们提供数以百万计的独特入住选择，不管是公寓、别墅、城堡还是树屋。Airbnb 被时代周刊称为"住房中的EBay"。短短 10 年间，估值已经 350 亿美元。

但是以共享单车为代表的共享经济模式遭遇了寒冬。从 2017 年下半年开始，原来 77 家共享单车企业中，有 33 家企业资不抵债倒闭了。共享单车行业整体都亏损严重，兼并重组也是接连不断。先是滴滴顺风车遭遇了安全和诚信危机，随后共享汽车途歌、友友停业，共享充电宝全线溃败，再到悟空单车退场和今年的小鸣单车倒闭，以及 ofo 的退押金排队现象，最后无法支撑。

试结合本章学习和以上资料，比较 Airbnb 与共享单车企业的不同运作模式，并深入探索共享经济运作成功与失败的原因。假如你是一位共享经济的创业者，你如何能够成功运作、管理你的公司，并在小组中交流讨论。

第7章 小红书——左手社交，右手电商

学习目标

通过本章的学习，学生应该能够做到：

（1）了解小红书的产生背景、发展历程和现状。

（2）理解小红书快速发展的成功之处，结合小红书发展存在的问题，深入思考优化建议。

（3）理解社会化电子商务的概念、特点以及不同模式，理解口碑传播的内涵，并掌握其本质。

（4）理解 UGC 的概念，并与 PGC 进行对比，了解小红书为什么采取"社区+电商"模式进行发展。

（5）通过学习本案例的内容，结合课后能力拓展内容，搜集蘑菇街的资料，整理该案例，尝试进行课堂讨论与交流。

引言

社会化电子商务（Social Commerce）是电子商务的一种新的衍生模式。它借助社交媒介、网络媒介的传播途径，通过社交互动、用户自生内容等手段来辅助商品的购买和销售行为。"社区+电商"是电子商务平台比较新颖的发展模式，本章选取中国目前最大的生活方式分享社区电商平台——小红书进行案例研究。

2013 年，小红书诞生，经过 6 年多的发展，小红书从简单的社区分享业务逐步转型成为国内发展领先的"社区+电商"的电商平台。通过对小红书案例纵览、聚焦热点、成功之处的分析和对其的点评与建议，使学生对案例有全面、透彻地了解和掌握。同时，学习与案例相关的知识内容，包括社会化电子商务的概念、特点、以及模式，并总结如何将口碑传播和 UGC（用户体验）更好与电子商务发展相结合，并组成小组进行拓展分析。

7.1 案例纵览

2013 年 6 月，小红书由瞿芳和毛文超共同创立，是国内近几年发展领先的"社区+电商"的电商平台。小红书启动电商模式的 5 个月时间里，销售额已达到 2 亿多人民币；截至 2017 年 5 月，小红书营收近 100 亿元。2017 年 6 月 6 日小红书周年庆当天，开卖 2 小时后，销售额达到 1 亿元；当天小红书在苹果 APP Store 购物类下载排名第一。2018 年 3 月，小红书正式上线自有品牌有光 REDelight，开设线下体验店小红家 RED HOME。主推卧室、厨房及出行场景的相关用品，品类在 50 个左右。通过流程再造，直连工厂和消费者，同时严控品质，给消费者提供质优价廉的产品。

　　小红书的使命是"让全世界的好生活触手可及"，它是一个有结果、有洞察、有信任、有格局、受用户信任的互联网公司。自 2013 年 6 月成立以来，小红书基于自身独特的运营模式，从零做起，在短短的 6 年多时间，迅速在国内市场上战领了一定的位置，成为中国最大的生活方式分享社区。截至 2019 年 1 月，小红书用户已经超过 2 亿人，其最活跃的用户主要集中在 90 后和 95 后。

7.1.1　背景

　　随着近年国人出境旅行越来越频繁，很多消费者其实并不了解自己所购买的东西，以及在什么地方购买更划算，更不了解如何退税。所以小红书最开始上线的目标是要做成一个购物攻略宝典，帮助出国旅行、有购物需求的人们了解一些购物知识。

　　小红书于 2013 年 6 月正式上线，是行吟信息科技（上海）有限公司推出的电商平台，是基于发现境外旅游购物背后巨大的市场而创办的社区分享型购物 APP，包括前端的 UGC 社区和跨境电商"福利社"两部分内容。最初的小红书 APP 依托于社区积累用户，主要是针对有出境和海外购习惯的用户提供境外购物的指导性攻略，攻略主要是介绍当地值得购买、比较关注的商品，并实时地将各个商圈的折扣信息以 PDF 文档的形式进行专题总结供用户下载、打印，也可通过手机离线阅读。2013 年 10 月，《小红书出境购物攻略》文档问世不到 1 个月，就获得了 50 万下载量。2013 年末，为顺应移动互联网发展的浪潮，小红书把 PDF 升级为移动端的海外购物心得分享平台，让用户自发晒出购物笔记和口碑攻略，从而诞生了 UGC 社区的雏形，也让"种草"成为热词。

　　随着用户分享内容从泛消费领域逐渐扩大到泛生活领域，小红书开始向生活方式平台转型，鼓励用户产出更多元的优质内容，并且引入千人千面的算法推荐机制，让每个人都能够找到自己的兴趣社群。如今，超过 2 亿"小红薯"在小红书上分享美食、健身、旅游攻略、交流学习、育儿心得。"我们要做一个生活方式入口，而不是纠结于单一品类是否做得更强大"，这是创始人瞿芳在不断进化创新背后的源动力。

　　原本小红书可以成为一款专注社区甚至社交的产品；但用户想"买"的需求变化，使小红书随即布局了电商业务，成为"社区电商"模式的开创者，小红书的"内容+社交"平台，也很好地证明了自己的用户价值。2018 年，小红书被互联网大数据公司 QuestMobile 评为 2018 年中国移动互联网最具商业价值前十名 APP。

7.1.2　现状

　　小红书成立至今，是国内最大的生活方式分享社区，也是一个基于 UGC 社交的电商平台。小红书也在 2019 年 2 月入选美国最具影响力的商业杂志 *Fast Company* 评选的"世界最具创新精神公司"榜单，紧随美团、阿里巴巴集团，在中国区域排名第三。

　　截至 2019 年 1 月，小红书用户数超过 2 亿，其中 90 后和 95 后是最活跃的用户群体。用户通过短视频、图文等形式记录生活的点滴。社区每天产生数十亿次的笔记曝光，内容覆盖时尚、护肤、彩妆、美食、旅行、影视、读书、健身等各个生活方式领域。图 7-1 所示为小红书平台功能全景图。

　　为了保证商品品质，以及快速满足用户需求，小红书采取"海外直采"＋"自营保税仓"＋"国际物流系统"的物流模式，致力于打造正品闭环保障。目前，小红书已经搭建了 REDelivery（国际物流系统解决方案），海外仓分布于日本、韩国、洛杉矶、纽约、芝加哥、法兰克福等 29 个国家的主要地区，此外，在郑州、深圳和宁波有超过 15 万平方米的保税仓，正在步入上下游全产业链物流时代，保证产品来源，确保正品品质。

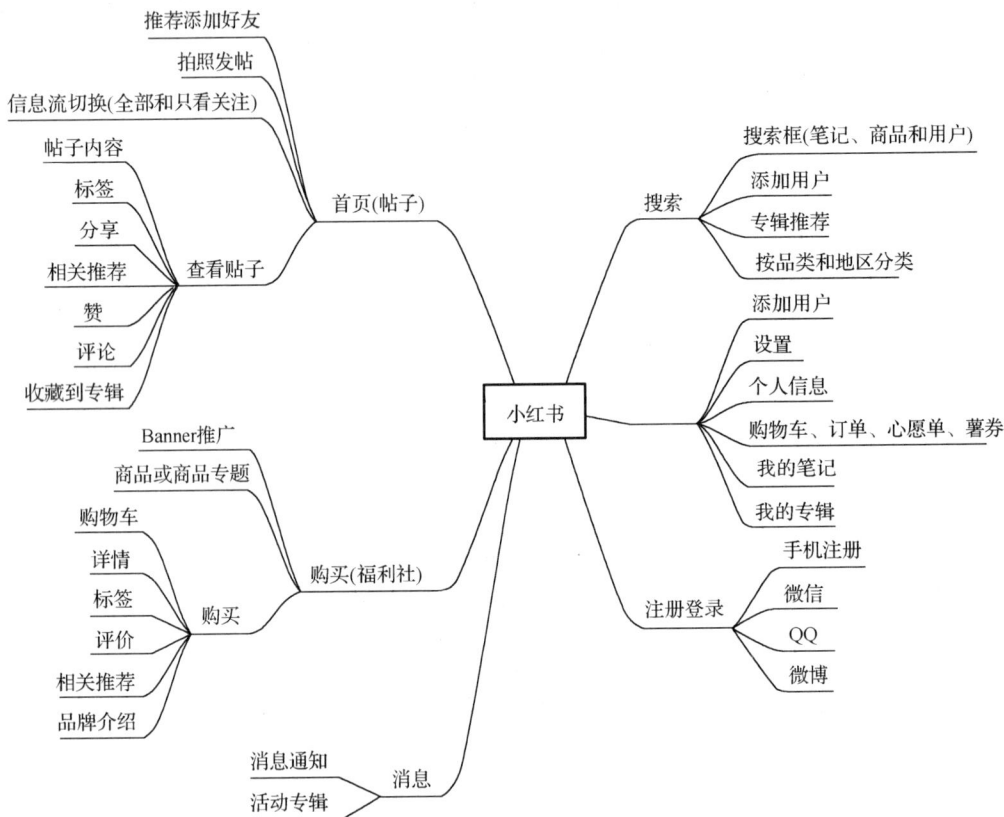

图 7-1　小红书平台功能全景图

2019 年小红书升级电商业务。2 月 21 日，小红书发表关于组织架构调整的内部信，对电商等多个业务部门进行升级。具体而言，将原社区电商事业部升级为"品牌号"部门；升级"福利社"部门，整合商品采销、仓储物流和客户服务的全流程职能；在技术端，聚合公司所有业务线的技术团队；在职能端，设立平台部，整合市场营销、品牌公关、政府事务、合规、行政等职能部门；新设立 CEO 办公室，协助进行公司战略制定及组织重点项目的推进。

在 2019 年的春节，社区活跃用户数相比去年同期增长超过 300%，创新高。2019 年是小红书用户增长和商业化的关键年，这意味着小红书的商业化进程在 2019 年将继续推进。

7.1.3　发展历程

小红书经过 6 年的快速发展，成为目前中国最大的生活方式分享社区电商平台，回顾其发展可将其分为两个阶段：第一阶段，找到真实的用户痛点，只做内容分享；第二阶段，"社区+电商"双轮驱动，坚守与进化，具体的发展历程如下。

1．第一阶段，只做内容分享（2013—2014 年）

2013 年 6 月，小红书在上海成立。

2013 年 12 月，小红书推出海外购物分享社区。

2014 年 12 月，小红书正式上线电商平台"福利社"，从社区升级电商，完成商业闭环。

2014 年 12 月，小红书发布第一届全球大赏榜单，获奖榜单被日韩免税店及海外商家广泛使用，成为出境购物的风向标。

2．第二阶段，"社区+电商"双轮驱动，不断进化（2015 年—今）

2015 年年初，小红书郑州自营保税仓正式投入运营。

2015 年 6 月，小红书深圳自营保税仓投入运营，保税仓面积在全国跨境电商中排名第二。

2015 年 6 月，6 月 6 号周年庆期间，小红书 APP 登上了苹果应用商店总榜第 4 名，生活类榜第 2 名的位置。首日 24 小时的销售额就超过了 5 月份整月的销售额，用户达到1 500 万。

2015 年 7 月，上海市委书记韩正到访小红书，为小红书的快速发展点赞。

2015 年 9 月，国务院总理李克强视察小红书，寄语"今天的成绩，三分靠创新，七分靠打拼"。

2016 年 1 月，腾讯应用宝正式发布 2015 "星 APP 全民榜"，小红书摘得时尚购物类年度最具突破应用殊荣。

2016 年 7 月，国务院副总理汪洋视察小红书上海总部，为小红书在这几年的发展点赞。

2016 年下半年，小红书拓展了第三方平台和品牌商家，全品类 SKU（Stock keeping Unit，库存量单位）快速成长。

2017 年 5 月，Redelivery 国际物流系统正式上线，支持查询完整的国际物流链路信息，用户可以在上面查到自己的商品坐哪一班飞机到国内。

2017 年 6 月，小红书第三个"66 周年庆大促"，开卖 2 小时即突破 1 亿销售额，在苹果 APP Store 购物类下载排名第一，用户突破 5 000 万。

2018 年 5 月，小红书宣布完成超过 3 亿美元财务融资，公司估值超过 30 亿美金。本轮融资由阿里领投，金沙江创投、腾讯投资、纪源资本、元生资本、天图投资、真格基金、K11 郑志刚在内的新老投资人全部参与了此轮融资。

2019 年 2 月，小红书发表架构调整站内信，将独立的电商部门中的"三方电商"业务并入社区品牌（商业化）体系，自营电商仍作为独立业务存在，与客服、物流、供应链归属同一负责人管理，与社区品牌体系平级，并且"砍掉"了自有品牌"有光"业务。

7.2　聚焦热点

小红书从社区分享平台转向购物社区，从生活分享转向电商平台，覆盖面广，用户数多，在年轻消费者中享有很大的知名度，其所经历的热点事件如下所述。

7.2.1　两次转型

小红书上线之初只是单纯分享平台，依靠种子用户和 UGC 原创内容，积累了较多的海涛社区内容，但事实上小红书很早就把重心放在跨境电商平台的打造上。公开资料显示，小红书上线的第一个月，联合创始人毛文超有了电商计划。围绕这个计划，小红书在此后的五年间做了两次转型。

小红书的第一次转型，是建立健康、完善的社区体系，紧抓客户需求，大力打造社区文化，为电商辅路。在社区里，设定公平的规则，用户非常聪明，会及时调整玩法。小红书在玩法上鼓励"去中心化"，让每个人都有机会把好的内容带给大家。这种纯 UGC 的形式非常符合口碑营销时代的需求，也是小红书社区能一直保持高活跃度、高信任度，并带来高转化率的重要原因。

小红书在社区运营上做了很多尝试，来保证笔记的高质量、产品推荐的个性化以及社区氛围的健康。比如用户熟知的"我要上精选"活动——用户的高质量笔记被社区人员筛选出来，并提升关注度；积分奖励薯券（优惠券）制度——把社区贡献积分（例如购物笔记的发布等）兑换成优惠券，根据用户的需求，打造用户专属页面等。

这些打造内容和增加用户黏性的尝试成功勾起了用户的购买欲望，于是小红书在客户需求的推动下，顺利实现了第二次转型——增添"电商"这一重要板块，将社区与购物融于一个平台中，形成了一个购物—分享—再购物的生态商业模式闭环。

7.2.2　四次融资

2013 年 10 月，小红书获得真格基金数百万人民币天使融资，两个月后推出海外购物分享社区"小红书购物笔记"，据当时数据显示，在 Apple Store 上线以来，登录用户增长至数十万。"曾经有用户说第一天就花了五个小时逛小红书购物笔记，简直停不下来"，或许可以从小红书联合创始人瞿芳的这番谈话中，一窥小红书的受欢迎程度。

2014 年 6 月，小红书获得金沙创投、真格基金注资，投资金额飙升至数百万美元，11 月再次获金沙江创投、GGV 纪源资本数千万美金融资、小红书成为资本市场追捧的"香饽饽"。

随着小红书用户破 100 万，每天产生 30 000 万多条帖子、强烈的用户需求及良好的市场表现，让小红书意识到自创仓储的重要性。2015 年年初，小红书郑州自营保税仓正式投入运营，6 月深圳自营保税仓也顺利运营，当时小红书保税仓面积在全国跨境电商中排名第二。

2016 年 3 月，小红书获腾讯 1 亿美元融资，参与投资的还有 Genesis　Capital 和 Taint Capital。此轮融资后，小红书估值达 10 亿美元，一头电商独角兽呼之欲出。获得巨额融资之后的小红书，开始积极拓展第三方平台和品牌商家，在短时间内将 SKU 数量从 1 万多件，提升到 15 万之多，而在这些 SKU 中，除了最早的美妆个护、服装类、3C 类也在快速增长。

2018 年 6 月 1 日，小红书已经完成超过 3 亿美元的财务融资，公司估值超过 30 亿美元。亮眼的地方是，本轮融资由阿里领投，金沙江创投、腾讯投资、纪源资本、元生资本、天图投资、真格基金等新老投资人参与跟投，很大一部分钱投向了技术。

7.2.3　总理到访小红书

小红书以不到 1 年的跨境电商运作，实现了 7 亿多元销售额的业绩。"井喷式"增长，引起了李克强总理的关注。2015 年 9 月 24 日，李克强总理来到"小红书"的郑州保税仓库。这里的商品琳琅满目，有化妆品、保健品、日化用品、食品、家居等。在小红书的包装柜台前，总理得知小红书做电商半年多，销售额 7 亿多元时，表示"你们的增长真是够快的！"。他指着小红书的包装用语"今天的心情，三分天注定，七分靠shopping"，即兴改编"今天的成绩，三分靠创新，七分靠打拼"。

总理对小红书独特的电商模式表示肯定，还寄语小红书，"你们有 1 500 万的用户，有创新的模式，很了不起！希望你们成为这个领域里走在全国前列的创新型企业，希望你们把'大众创业、万众创新'这把火烧得越来越红火，也祝小红书红红火火"。

2016 年 7 月，国务院副总理汪洋来到上海进行外贸工作调研。在位于上海的小红书总部，汪洋为小红书在这几年的创新工作点赞。他强调，要积极支持像小红书这样的互联网公司所探索的新业态发展，发挥市场稳定性作用。

汪洋总理说："年轻人拼一拼，在这个年龄，确实是非常有必要的。走出一条对国家、民众非常有意义的道路，也使自己的人生变得很有价值。"

每年年底，小红书会在社区里组织用户投票，票选出一年来最受欢迎的商品，被称为"小红书全球大赏"。"小红书全球大赏"榜单具有极高的公信力，每次发布后，都会被各大品牌自发采用。香港海港城曾利用"小红书全球大赏"的商品在其商场内进行宣传，吸引内地客流。

7.2.4　两大年度活动

1. 66 周年庆

小红书创立于 6 月 6 日。因此，在每年的 6 月 6 日，小红书会推出一系列大型周年庆促销活动，也是小红书全年促销力度最大的时间段之一。

2. 自创"红色星期五"

与京东、淘宝天猫等成熟的电商平台的促销方式相比，小红书独辟蹊径。熟悉海外市场或经常海淘的人可能对"黑色星期五"这个说法更熟悉，也是美国非官方的圣诞购物季的启动日。小红书将美国的"黑色星期五"移植到国内，并结合自身的个性化特点，自创了一个专属于小红书的促销节日——"红色星期五"。小红书避开"双十一"的激烈竞争，选择"黑色星期五"是因为，一方面"双十一"各大商家均打出最大优惠力度，产品宣传也达到了一年的顶峰，再与之竞争优势并不明显；另一方面，"黑色星期五"是美国非官方的圣诞购物季活动的启动日，在这一天，美国各大商场都会进行一次年底前的最大促销活动，小红书将这一节日引入到国内，也是符合了做境外购物的定位，更是为自己的促销占据了大量的市场空间，以独特个性来吸引消费者，打出全年的最后一次大促"红五"，把黑五刷红，主题为"我不要全世界，我只要全世界的好东西"。

7.2.5　小红书"闯入娱乐圈"

小红书 APP 在开始两年期间的广告模式是零宣传零投放，直到 2015 年，小红书才开始加大宣传力度。其中比较火的是 2015 年，公司策划了"小鲜肉送快递"的周年庆活动，肌肉男上门送货的照片引爆了朋友圈，于是人们见面的话题变成了"你知道小红书吗，最近好像很火"，增加了小红书的话题热度和宣传力。2018 年超火的网络综艺节目

《偶像练习生》以及《创造101》中的代言植入和越来越多的知名明星的加入，吸收了众大粉丝网友们下载并使用小红书APP。

《创造101》中王菊被小红书一夜带红，在一期节目中，王菊的一段话，吸引了一个小红书用户，该用户在小红书上发布了支持王菊的分享，不到24小时，该条分享被点赞近1 000次，评论超过100条。《创造101》已成为最热的话题之一。

从2018冠名《偶像练习生》再到作为《创造101》最主要的赞助商出现，小红书吸引了大量练习生粉丝涌入。与此同时，明星也陆续来到小红书，在其他人还没有反应过来时，在这里分享自己的生活和消费。自节目开播，小红书的月独立设备数环比增幅 1月份达到了4%，2月跃升至20.9%，3月，随着比赛环节愈发激烈，增幅更是达到38.4%，导流效果堪称强大，小红书设备数环比增长分析如图7-2所示。

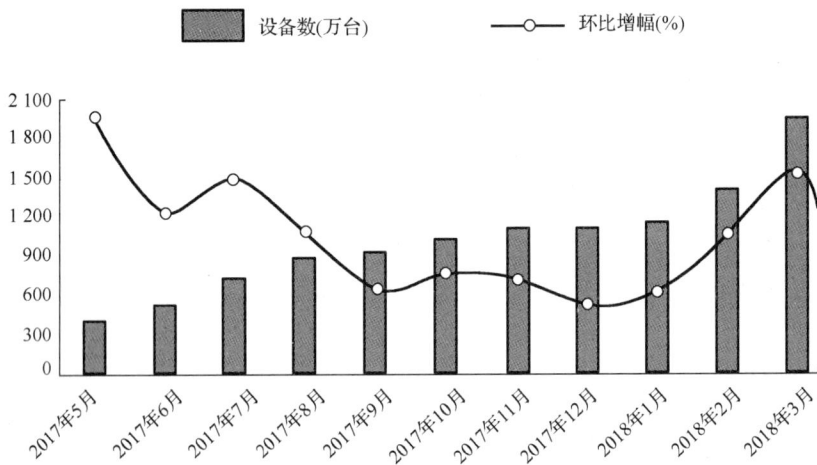

图7-2　小红书设备数环比增长分析

小红书真正看重的"偶像甜头"：节目本身的热度为它带来关注和活跃用户之外，选手们可以在小红书的内容社区里创造内容，而它本身的社区内容可以反哺成为娱乐营销的素材，再通过综艺节目被更多的年轻人所接受。

7.2.6　从线上走向线下——小红书之家 RED HOME 开业

2018年6月，小红书从线上走到线下：小红书之家 RED HOME 在静安大悦城开业。接下来，小红书还将继续在全国各地开设 RED HOME，将小红书社区搬进更多的购物中心里。

小红书之家 RED HOME 的产品基本涵盖小红书商城的所有品类，店内已有超过1 000 个 SKU，主要是美妆和时尚领域的爆品。此外，还针对小红书的自有品牌"有光"开辟了单独的区域，有光的定位是场景化生活方式品牌，主要售卖居家和出行产品。

在选品方面，主要参考线上社区和商城多年来沉淀的爆款 SKU，不过与小红书线上商城不同的是，线下店以打造的是精选店铺，展示的都是明星产品。小红书上最活跃的用户群体便是"95 后"。这些消费者年轻、有好奇心，对新鲜事物怀有极大的热情。在实体店中，不少消费者和朋友一起来到店中打卡拍照。小红书在接受媒体采访时表示，线下店看重的是体验，而不是卖货。小红书透露，长期在美妆和时尚方面形成的审美优势或将为 RED HOME 的设计提供更前沿、独特的思路。

在小红书之家 RED HOME 中打造了家居区、美妆区、服饰区、明星区、橱窗区、水吧区 6 大区域，打造多元化沉浸式场景，并自带黑科技。其中，家居区涵盖了卧室、浴室、厨房、客厅，每个场景都是由小红书上的热门家居好物组成，包括小红书全球选的眼罩、睡衣、沐浴露、宠物用品等；服饰区的衣橱，囊括了时下的流行款，还有高科技设备，提供专属穿搭建议；橱窗区的建筑大面积运用了白色，设有娃娃机和扭蛋机，并在里面设置了各种美妆产品和饮品兑换券等礼物。

在黑科技方面，只要把商品靠近互动屏，便能查询相关信息，还能直观看到小红书 APP 中海量的口碑笔记；超多酷炫屏幕，则会滚动播出优质笔记。值得一提的是，付款方面还使用了无人支付技术。

7.2.7　电商业务升级，商城首次打通社区资源

2019 年 2 月 21 日，小红书发表关于组织架构调整的内部信，对电商等多个业务部门进行升级。此次升级的重点主要是电商业务。其更名为品牌号部门的电商业务将围绕"品牌号"这一核心产品，整合公司从社区营销一直到交易闭环的资源，为品牌方提供全链条服务。而福利社部门则会与之配合，主要承担整合供应链的职能。这意味着社区将与电商业务完全打通。对于此次组织架构调整，小红书表示，在部门之间会有部分的人员调动，同时还将在市场、品牌、商业化等各个部门招入新的员工。

这次整合实际早有苗头，2018 年下半年小红书开启了广告业务，与淘宝等大型电商平台进行流量测试，并建立品牌合作人平台。这一系列的动作，表明小红书正在加快自己的商业化步伐，此次调整架构，也是为了协调各个业务部门整合资源推动社区的商业化，为此，小红书还打通了中后台，以便形成战略路径的统一。

7.3　成功之处

截至 2019 年 2 月，小红书的用户数量已突破两亿，每天在社区诞生数十亿次个笔记，覆盖 200 多个国家，真正实现网络全球化、资源共享、内容覆盖时尚、护肤、彩妆、美食、旅行、影视、读书、健身等各个生活方式领域。在电商蓬勃发展的今天，小红书是如何做到从诸多电商前辈中分得一杯羹，其成功之处是值得被研究的。

7.3.1　创新 UGC 营销

随着互联网和科学信息技术的发展，以往传统的"口口相传"的模式逐渐演变成以互联网为传播媒介的新型口碑传播模式，由于网络的便捷性、互动性和匿名性，人们更加积极地参与到网络平台和虚拟社区中，探讨产品和服务等内容。在小红书上，来自用户的数千万条真实消费体验，汇成全球最大的消费类口碑库，也让小红书成了品牌方看重的"智库"。

与许多社群平台极为相似的是，"小红书"上线之初只是纯分享平台。靠着种子用户和原创分享，在海淘方面积累了一定的社交内容。通过 UGC，用户们互相安利种草。"小红书"以消费者更愿意接受的形式作为打开方式。首页没有商家的推销和宣传，仅有注册用户自发的发布笔记，包括产品的价格、购买体验、使用教程及心得等各方面，也可以评价、分享其他用户的笔记和与别人交流意见。小红书电商平台利用了信息接受

者的主动性，促进用户在小红书中进行互动。对于主动的搜索者可以搜索相关笔记，接受自己需要的信息，对产品有更深刻的了解。对于被动的用户，小红书中有数以万计的购物笔记，并以专题、标签的形式呈现出来，通过其他用户营造出来的口碑对其产生影响，逐渐增加其对产品的了解。

小红书以生活方式作为切入点，为用户搭建一个平台，利用口碑宣传得到广泛传播，继而参与的用户越来越多，所以这就使得小红书上线半年后，在没有任何广告宣传下，完成了 3 亿的销售额。

7.3.2　"偶像效应"，流量加带货实现双赢

在确定"社区+电商"的模式后，小红书希望吸引更多用户，形成流量优势。怎样最大限度地吸引年轻一代的注意力？

小红书的方法是利用"偶像效应"。2018 年初，小红书通过冠名《偶像练习生》吸引了大量练习生粉丝涌入，与此同时，明星和很多网红也陆续在小红书开设账号，分享自己的生活和自己常用的产品。

2018 年 4 月 12 日，小红书 APP 的用户下载量突然出现了一个高峰——就在这一天，女团选拔节目《创造 101》在腾讯开播，而小红书正是该节目的主要赞助商，主持人口播中插广告、后期字幕，两个小时的时间里，小红书的名字出现了几十次。

"偶像效应"的尝试可谓双赢之举，明星可以带来巨大的流量，而小红书可以为明星带来巨大的商业价值。许多明星在小红书上的影响力远超其他平台。明星分享日常，这就会使粉丝为了更加了解自己的偶像而进入小红书。一旦其中的品牌通过内容被用户发现和喜爱，进而就会发生购买行为。充分利用明星效应，促进粉丝买单。

7.3.3　禁止商家直接推销，增加用户信任感

在淘宝、京东等平台购物，消费者依赖于产品消费评价，而这些评价往往鱼龙混杂，是否来自真实消费者不得而知。与其他平台不一样的是，"小红书"没有来自商家的直接推销宣传，取而代之的是用户的消费分享帖，从而促使了用户分享交流商品的大批量笔记产生。

虽然在这一过程中也会混入许多"托儿"，但是比起众多购物平台的短评，"小红书"的详细测评笔记更容易产生信任感。而用户在看笔记的同时也能看到商品的购买链接并能直接购买，体验感强。

7.3.4　变"负"为"正"，打造口碑闭环营销

获得用户第一手的资料是 UGC 为特征的电商企业的优势，但同时也是劣势。用户发布的内容一方面可成为企业决策的有效参数，但 UGC 产生的负面信息的影响也较难控制。曾有学者对口碑传播的效果做过实验，结果显示：正向口碑会影响 12 个人，负向口碑影响人数则达 20 人以上。因此，如用户对某一产品不满而发了负面的评价则会影响到很多消费者的购买决策。但小红书并未回避这些负面信息，反而编辑推出相应的诙谐主题，如："这些年踩过的雷""自己买的，跪着也要用完""贵的不一定是对的"等，通过这种专题的形式正向鼓励、引导用户把自己买的不符合预期的产品发布出来，详细地分析出某一产品不适用的原因，用亲身体验提供给后来的用户真切实用的建议。

7.3.5　"邀请"加"自有"，打造产品上下游闭环供应链

女性被公认是现代潮流的引导者，小红书80%的用户为女性，具有很大的用户群体优势。2018 年的新增用户中，近 70%的用户是 95 后，她们对炫耀型消费不再冲动，反而对个性化的物品兴趣度较高，她们对小红书所营造的生活方式和气质情有独钟。在她们看来，小红书不仅仅是"美妆指南"，更是交流生活的社区，同时，她们更愿意相信普通人的真实消费体验，对新创品牌的接受度高。此外，小红书的用户群体也向二三线城市拓展，目前有18%的用户来自一线城市，41%来自二级城市，41%来自三线及以下城市。

根据流量池新变化，小红书在引入个性化品牌外，还积极打造自有品牌。越来越多海外新品牌、新产品也把小红书视为进入中国市场关键的第一步。目前，小红书为了保证品质，一方面积极邀请品牌官方旗舰店入驻，同时，在产品自营的基础上积极打造自有品牌，自有品牌于 2018 年 3 月 14 日正式上线。

7.3.6　注重用户分类化

面对不断发展的现代社会，人们的消费方式和消费理念都发生了一定程度上的变化，为了能够最大限度地顺应当前网络化发展的整体趋势，小红书作为跨境电商的代表性之一，一定程度上满足了消费者的海淘需求，从用户的角度入手，注重用户分类化，也在一定程度上丰富了跨境电商的整体性发展状态。小红书的用户分类化主要体现在以女性为主的用户市场分析，小红书的用户主要聚集为年轻女性，不仅从年轻女性的客观需求出发为消费者提供较为契合的产品，在提供交流平台的同时又在一定程度上满足了用户构成的现实性特点。这样一来，不仅在一定意义上体现了小红书人性化的整体特点，也在一定程度上满足了消费者对于现代跨境电商的基本要求，符合现代人群的消费心理。

7.3.7　"海外直采"＋"自营保税仓"＋"国际物流系统"，保证商品品质

对于网购用户而言，最为关心的问题就是所购商品的真假，如果像一般网购平台一样，做普通的 C2C 或者 B2C，很难在源头上把控真假，所以当前只有通过自营模式，才能最大程度地保证销售商品的品质问题。不同于传统的代购直邮模式，小红书采取保税区发货的物流模式。根据社区大数据预判，海外采购团队批量挑选商品后存储于保税仓库内。消费者下达订单后，商品方才履行入关手续，通过国内快递公司从保税仓库递送至消费者手中。由于采取的是保税仓发货的模式，海关征税物品费是按照个人自用的行邮税进行征收，也就使得通过小红书平台购买的海外商品更有价格优势。同时，也免去了用户等待商品从海外飞到大陆所耗时间。

据数据统计，小红书95%的商品会在上架 2 小时内卖完，因此在采购及库存管理上，采取"闪购"模式。采取小批量多次进货的方式，库存压力小，运营风险低。有了自营仓库，并依赖于"小红书"自主管理团队管理，可以最大限度保证发货速度。品牌授权和品牌自营模式共存，确保在小红书上购买的都是正品。目前小红书在 29 个国家建立专业的海外仓库，2017 年它还建立了国际物流系统，以保证每一步国际物流环节的可溯性。

7.4　点评与建议

"社区+电商"是小红书最有力也是最创新的武器，目前小红书已发展成为国内最大的生活方式分享社区，也是一个基于 UGC 社交的电商平台。但是在这发展过程中也存在着一些问题。

7.4.1　缺乏足够体量，SKU 相对单薄

2013 年小红书上线后，不到一年便推出了跨境电商业务。同年，天猫国际、网易考拉等之后鼎鼎大名的跨境电商平台也才刚刚入场。根据中商产业研究院公布的数据显示，截至 2018 年第三季度，小红书在国内跨境电商市场中的排名中位列第 6，市场份额仅有 3.9%。而排名第一和第二的天猫国际、网易考拉分别占有 30.2%和 23.2%的市场份额。

显然，面对阿里和网易这样的行业巨头，虽然小红书在起跑时间上具有优势，但在资金和流量方面，差距不小。而做跨境电商，从渠道、采购到建立保税仓、运营客服团队等，都需要大量资金投入。这其中很大的原因就是缺乏足够的体量，SKU 相对单薄。早年小红书通过社区化形式，从"种草"到打造爆款获得了成功。但是由于本身体量限制导致了 SKU 的局限性，此后电商业务只能满足一部分用户的需求。在这样的情况下，甚至出现用户在小红书社区"种草"，然后去其他平台比价、选购商品的情况。

由于自身体量的原因，小红书对于上游供应商的吸引力也相对较弱。在这样的情况下，虽然优秀的社区运营能够带来相对不错的流量，但销售层面的弱势却无法支撑这种流量。

7.4.2　服务水平低，应强化服务

小红书 APP 中用户了解的信息都是比较真实的，但是每个人对于商品的看法不一样，没有一个统一标准。这样寻求信息的方式对于那些仍旧想要进一步了解商品信息的用户来说显然是不够的。有些用户是从其他的一些电商平台转化过来的，其信息获取的行为仍然保持着那种想要通过专门的售前客服人员了解情况的习惯，通过这种方式获知商品信息，例如：产品的功效、发货时间与方式、是否能够退换再进行购买。小红书 APP 应该增加售前服务版块以满足这部分用户的需求，提高购买率。

小红书 APP 的售后服务方面由于客服人员的数量、效率等问题，许多用户在使用小红书 APP 咨询售后问题时，会出现排队的状况。有时遇到"周年庆"等活动，排队的人数会越来越多，甚至会出现等待一天的时间，容易造成用户认为客服服务效率低、态度冷漠的错误看法，不利于小红书 APP 售后服务的发展。同时对于小红书 APP 自身，与之电商模块并不匹配的售后服务，可能会带来不好的评价和反馈，进而影响到小红书 APP 的口碑营销模式，不利于小红书 APP 的良性发展。

7.4.3　少数内容可能误导未成年用户，内容需进行筛选

小红书 APP 作为 UGC 社区，本应该是用户发现生活中的好物、找到志同道合的好友、享受生活的平台，却有用户利用社区"炫富"。随着"晒"变成一种生活习惯，越来

越多的用户喜欢"晒"自己的工作、购物、旅行、家人等，享受"晒"带来的心理满足感。但是"晒"也要有底线，有的用户在小红书 APP 中几近夸张之姿态，将家里的豪包堆砌成山拍照炫耀，有的用户"晒"自己的黑卡、账户余额，甚至更有甚者通过盗取他人的图来将自己包装成有钱人，"晒"假表、"晒"别人的豪宅等。

这些用户中有的已经成为了社区中的意见领袖，每发一篇笔记就会有上千名用户点赞评论，由此可见小红书 APP 在一定程度上默认并纵容了这些炫富行为。作为面向所有用户的分享型社区，小红书 APP 中也存在未成年用户，他们在接收到这些信息后，如果没有辨别能力，很容易形成歪曲的价值观，根据这些笔记购买超出自己能力范围之外的商品。由于一些学生对社会的认识不够，辨别是非的能力较差，再加之攀比心理的影响，一味地去追逐超出自身经济承受能力的商品，满足自己的心理需求。这不仅为他们树立了错误的参考标准，也容易激起未成年人的物欲，形成不良的社会风气。

基于体验式口碑的真实性，用户在选择购买时越来越依赖测评笔记与心得体会。尤其是网络意见领袖的笔记更得到了多数用户的青睐。因为网红有大量的忠诚粉丝，商品的转化率较高，很容易形成市场推动效应，许多商家便瞄准这一机会进行大力宣传，网购"用户体验"代写现象频发。

7.5　知识点学习

7.5.1　社会化电子商务

1. 社会化电子商务的概念

社会化电子商务（Social Commerce），是电子商务的一种新的衍生模式。它借助社交媒介、网络媒介的传播途径，通过社交互动、用户自生内容等手段来辅助商品的购买和销售行为。在 Web 2.0 时代，越来越多的内容和行为是由终端用户来产生和主导的，比如博客、微博。

社会化电子商务概念最早出现在 2005 年的 Yahoo 网站，从发展现状来分析，社会化电子商务的定义至今没有明确界定。很多学者对于社会化电子商务的看法就是它是一种新的衍生形式，也是电子商务在社交媒体与 Web 2.0 技术上的延伸与发展。社会化电子商务最开始来源于传统电子商务，可是相对于传统电子商务又有不同之处，社会化电子商务和社交媒体之间的融合发展形成了独特的衍生模式。

2. 社会化电子商务与传统电子商务的区别

传统电子商务主要目的是为了产生直接的交易。用户来访这些网站的目的就是为了买东西。国内的淘宝、京东等都属于传统的电子商务。这些网站的缺憾是无心购买者一般不会访问这些网站而购买者一般在购买之后很少停留在网站上。

社会化电子商务的建立是基于人与人之间的交流而产生的间接的交易，主要目的是扩大品牌认知面和产品影响力。通过加强人与人之间的关系，通过人的印象树立和传达产品或品牌，使潜在客户更容易理解并接受，也愿意在有需要时去尝试购买或购买。

成功的社会化电子商务会营造良好的口碑效应。"分享"和"喜欢"是社会化平台其中的特色。通过这两种行为，用户主动的、不自觉地将自己的体验结果传达给其朋友、亲人、同事以及其他社会关系。

3．社会化电子商务的特征

1）被动消费需求

被动消费需求指的是，消费者并没有明确和强烈的消费需求，只是在社会交往过程中受到商品信息的促发而产生了消费需求。

2）受消费者行为的影响而变化

商业行为中，最难的就是商家和消费者之间信任关系的建立，而从利益关系上来说，买卖双方本质上是利益对立的，而这种信任关系的天生对立，恰恰可以通过社会化关系的介入来产生影响。

4．社会化电子商务的类型

1）以现有电子商务服务构建的社区

这种社会化的电子商务模式主要发生在发展相对成熟的电子商务企业，尤其是 B2C、C2C、B2B 等电商企业，其中，对于这种社会化电子商务模式发展取得良好成效的代表有阿里巴巴的人脉通、淘宝的淘江湖等，这些电子商务社区平台的发展都是基于自身电商企业的成熟发展的基础上，借助社会化平台为消费者提供个性化服务，为消费者提供买家秀以及相关的购物资源的分享和交流平台，促进消费者之间的交互行为发生的机会和频率上升、增强消费者和网站间的关联度，以此来增加消费者的信任度，促进更多的消费行为发生。此外，这种社会化的电商社区平台还能够借助稳定的电子社区之间的关系，引导消费者发生消费行为，为推动电商发展提供更多的机会和更广阔的市场。

2）第三方社会化电子商务

这种社会化的电商平台自身并不能为消费者提供产品和服务，而是借助平台提供的个性化服务等建立起自身比较稳定的客户群体，建立自身的客户关系圈，这种关系圈的建立是独立于电商企业之外的。例如，现阶段比较流行蘑菇街、小红书、考拉网易海购等第三方社会化的电子商务平台，这些平台中的用户可以随意发表自身的购物和消费心得，分享好的产品和服务、用户之间相互交流心得，分享自己在购物中比较好的消费体验等，以此来扩大某一产品的影响力，如网红化妆品的走红就是第三方社会化电商平台带来的消费行为。

3）基于社区的社会化电子商务

这种社会化的电子商务平台中，发展比较成熟的有新浪微博、Facebook、Twitter 等，这些基于社区的社会化电商平台自身具备强大的用户群体和影响力，将这些平台和电商平台结合起来，就能为电商平台带来更多的客户群体，可以促成更多的消费行为，推动电商企业的快速发展。

7.5.2　口碑营销

1．口碑传播的概念

口碑传播（Oral Spreading）是指一个具有感知信息的非商业传播者和接收者关于一个产品、品牌、组织和服务的非正式的人际传播。心理学家指出，家庭与朋友的影响、消费者直接的使用经验、大众媒介和企业的市场营销活动共同构成影响消费者态度的四大因素。

2．口碑营销的主要特点

口碑营销是互联网发展下的一个新兴产物，主要是指消费者在消费体验过程中认知了该产品的优势，然后通过社交媒体给自己的朋友和家人进行推荐，在好友的推荐下，其他的顾客就开始准备购买该企业的产品。在口碑传播的过程中每一位消费者都是最好的销售员，消费者的亲身体验就是很好的传播因子，从而影响到更多的顾客进行消费。

口碑营销的过程中一般具有以下几个特征：

（1）在口碑传播的过程中是消费者双向的信息交换，在交流沟通的过程中可以加入自己的想法，从而获得有关的信息。

（2）产品营销的过程中可信度直接决定了人们对产品的信赖感，而在口碑营销的过程中产品信息的可信度是非常高的。

（3）在口碑营销的过程中通过消费者的描述，产品的性能可以更好地呈现在人们的脑海中。

（4）口碑营销的成本更低，并且在传播的过程中效益转换率高、风险低。

目前，我国的口碑营销主要是通过以下两种方式开展的：第一，借助互联网的数据实时传输，从而保障产品的口碑可以在第一时间让更多的人了解；如网络直播、QQ 聊天室、在线视频等；第二，有关的企业交流信息在网络中进行自发的传播，通过一些网民的关注与炒作，从而提高口碑营销的质量。

3．口碑营销的应用策略

1）经济引导

在口碑营销的过程中主要的信息传播者是消费者，消费者的口碑传播积极性间接地影响了企业的经济效益。在制定口碑营销计划的时候，为了更好地激起消费者的口碑传播主动性，在消费者进行口碑传播的过程中可以给予消费者一定的经济奖励。每一位进行口碑传播的消费者都可以获得一定的经济奖励，从而很好地激发消费者的口碑传播经济性。

2）提高产品的可信度

口碑是目标，营销是手段，产品是基石。在进行口碑营销的过程中营销方案的制定是很重要的，而产品的价值与质量，也会直接影响到消费者的口碑传播。在口碑销售的过程中很多不法企业，为了给自己营造一个良好口碑的商业环境，在交易的过程中恶意刷好评，从而对其他的消费者造成了一种欺骗。这样的企业可信度直接为零，一旦消费者发现企业在进行虚假营销，消费者就会立即对企业产生厌烦，并且从此不再购买该企业的任何产品。在企业进行口碑营销的过程中可以将产品的生产和销售进行透明化的公示，从而更好地让消费者进行监督和认同，这样企业的可信度才可以得到提高，从而更好地发挥出口碑营销的商业价值。

7.5.3　UGC 模式与 PGC 模式

1．UGC 的概念

UGC（User Generated Content）指用户原创内容，是伴随着以个性化为主要特点的

Web 2.0 概念而兴起的，也可以称为 UCC。它并不是某一种具体的业务，而是一种用户使用互联网的新方式，即由原来的以下载为主变成下载和上传并用。

YouTube 等网站都可以看作是 UGC 的成功案例，社区网络、视频分享、博客和播客（视频分享）等都是 UGC 的主要应用形式。

2．中国的 UGC 模式

权威的第三方机构艾瑞咨询集团发布了关于 UGC 模式的首份跨行业研究报告——《中国式 UGC 白皮书》，分析和研究了中国 UGC 模式发展现状、与国外 UGC 模式的差异以及中国 UGC 模式未来走向等问题。其中，中国视频行业的 UGC 领军者——酷 6 网，成为本次研究的四个主要研究对象之一。起点中文网、新浪微博、开心网也因在 UGC 领域不同纬度的成功，成为研究的代表案例。

1）中国式 UGC 的特点

借助"技术发展促进应用"，实现螺旋式上升，主要发展精髓表现在内容聚合、用户沉淀、视频社交、移动应用和盈利模式五个维度。相比国外 UGC 模式发展，中国 UGC 模式发展有着自己的特色，并且已经产生了较为成功的企业。起点中文网、开心网、酷6 网及新浪微博作为 UGC 模式发展的成功案例分别在五个维度方面给国内 UGC 模式发展带来了不同的启示。中国 UGC 模式与用户联系紧密，UGC 模式不仅满足了用户更加多元化的需求，同时 UGC 内容对用户购买决策也产生了重要影响。广告主认可 UGC 模式的巨大潜在价值，但尚未形成一个较为成熟的营销模式；中国 UGC 内容的价值未来将会愈发凸显，视频 UGC 模式更容易实现盈利。

2）中国式 UGC 和国外 UGC 的异同

中国式 UGC 和国外的 UGC 概念有很大不同，这一点尤其体现在内容产出与社交模式上。在媒体环境、文化背景等多重因素影响下，相较于国外 UGC 的无所顾忌、自由分享，国外人自由流动，话题、对象可自由变换等特点，中国式 UGC 则更注重"红人"影响。当一个意见领袖式人物出现时，会极大地引起共鸣与推崇，这样一个人物或事物可以满足网民多方面的需求，从而引来爆炸式的关注与追随。

3．UGC 的优缺点

优点：不必操心网站的文章数量，总有无数的用户每日每夜为网站提供新的"血液"。

缺点：文章的质量很难过关，控制不好网站很容易会被广告、垃圾信息所占据。

4．PGC 的概念

PGC（Professional-Generated Content）即专家提供的内容，大多数非论坛性的个人网站，比如现在典型的 36 氪、虎嗅网等。它们网站上有相当权威的各行各业的专家提供内容，这些专家能为该网站带来大量的用户。

5．PGC 的优缺点

优点：由站长提供的内容可控性强，可以经过多层筛选，呈现在用户面前更具权威，或者更有用。

缺点："专家"的力量是有限的，也许一篇文章能有很大吸引力，但是数量方面却是其弱点。

UGC 是以用户为中心的内容生产方式，而 PGC 则是以专业机构或团体为核心的内容生产方式。社区分享平台发展的早期采用的是 UGC 模式，UGC 模式给互联网行业最初的发展带来了较为广泛的市场基础，但是与此同时，内容良莠不齐带来的负面影响也逐渐突出，在这种时候，PGC 更加侧重于标准化的生产形势无疑给如今面对诸多质疑的社区分享行业带来新的发展。

7.5.4　其他名词

1. 保税仓

1）保税仓的概念

保税仓库，是指由海关批准设立的供进口货物储存而不受关税法和进口管制条例管理的仓库。储存于保税仓库内的进口货物经批准可在仓库内进行改装、分级、抽样、混合和再加工等，这些货物如再出口则免缴关税，如进入国内市场则需缴关税。各国对保税仓库货物的堆存期限均有明确规定。设立保税仓库除为贸易商提供便利外，还可促进转口贸易。

2）保税仓的分类

保税仓库按照使用对象不同分为公用型保税仓库、自用型保税仓库和专用型保税仓库。

① 公用型保税仓库：由主营仓储业务的中国境内独立企业法人经营，专门向社会提供保税仓储服务。

② 自用型保税仓库：由特定的中国境内独立企业法人经营，仅存储供本企业自用的保税货物。

③ 专用型保税仓库：保税仓库中专门用来存储具有特定用途或特殊种类商品的仓库。

专用型保税仓库包括液体危险品保税仓库、备料保税仓库、寄售维修保税仓库和其他专用型保税仓库。

液体危险品保税仓库，是指符合国家关于危险化学品仓储规定的，专门提供石油、成品油或者其他散装液体危险化学品保税仓储服务的保税仓库。

备料保税仓库，是指加工贸易企业存储为加工复出口产品所进口的原材料、设备及其零部件的保税仓库，所存保税货物仅限于供应本企业。

寄售维修保税仓库，是指专门存储为维修外国产品所进口寄售零配件的保税仓库。

2. 闭环式供应链

1）闭环式供应链的概念

闭环式供应链（Closed Loop Supply Chains，CLSC）是指企业从采购到最终销售的完整供应链循环，包括了产品回收与生命周期支持的逆向物流。它的目的是对物料的流动进行封闭处理，减少污染排放和剩余废物，同时以较低的成本为顾客提供服务。因此闭环式供应链除了传统供应链的内容，还对可持续发展具有重要意义，所以传统的供应链设计原则也适用于闭环式供应链。闭环物流在企业中的应用越来越多，市场需求不断增人，成为物流与供应链管理的一个新的发展趋势。

2）闭环式供应链的特点

（1）除了考虑成本和服务外，还要考虑环境因素，使目标函数更加复杂。

（2）系统更加复杂。封闭的系统中增加了逆向的废旧产品流，而且与正向的商品流相互作用，在商品的供应或废旧产品的收集方面，其数量、质量、时间等具有不确定性。

（3）推/拉特性。废旧产品的供应和需求之间经常不匹配。"生产"也就是旧产品的供应与"需求"即生产商对废旧产品的需求不协调。

（4）"供应商"多"客户"少。逆向供应链的"原材料"是使用过的废旧产品，与正向供应链不同的是，虽然有很多的"原材料"来源，而且废旧产品是以很小的成本或几乎没有成本进入逆向供应链，但由于废旧产品只有很低的价值，使得对此业务有兴趣的企业客户很少。

（5）未开发的市场机会。环保的要求是创造新市场的基础，甚至会导致现有生产过程中副产品市场的重组，在这种重组中，原先的废料可能变成有用的产品。

小结

本章通过对小红书案例总览、聚焦热点、成功之处的分析和对其的点评和建议，使学生对案例有了全面、透彻的了解和掌握。同时对本案例涉及的相关知识点进行了了解。

通过学习，可以清楚地看到，小红书已经进入快速发展的阶段。小红书自从成立以来，从最初的社区分享，进行两次转型，发展成为现在中国最大的社区分享电商平台。"社区分享+电商平台"是小红书最吸引用户的创新之处。近两年，有多位明星、"网红"入驻以及综艺节目的宣传，小红书的流量大大增加，其背后的管理模式、运营模式、营销模式都非常值得学习。小红书在发展的过程中，也存在一些问题，学生根据本章内容，可进行更深层次的思考，对小红书的发展做更深层次的理解。

习题

1. 小红书是什么类型的电子商务？小红书的核心竞争力是什么？
2. 小红书近年来取得了哪些成就？
3. 小红书为什么要自建保税仓？是怎么保证产品的品质？
4. 为什么小红书可以发展成为中国最大的社区分享电商平台？
5. 试总结小红书的营销模式，并对其营销模式进行评述。
6. 试总结小红书发展过程中存在的问题，并提出优化建议。
7. 小红书为什么要建立实体店 RED HOME？
8. 小红书快速崛起的策略可以适用于其他类型的电子商务吗？
9. 小红书是如何吸引客户并获取客户的信任的？

能力拓展

蘑菇街和小红书比较类似，都是时尚目的地。蘑菇街公司通过形式多样的时尚内容、种类丰富的时尚商品，让人们在分享和发现流行趋势的同时，尽情享受优质的购物体验。2011 年，蘑菇街正式上线，2016 年 1 月与美丽说战略融合，公司旗下包括：蘑菇街、美丽说、uni 等产品与服务。蘑菇街和小红书都是近几年刚兴起但发展比较迅速的电子商务平台，但其发展历程有着显著的差异，试查阅相关资料、文献，比较其发展历程的异同、各自现状，并结合相关电子商务知识，分析其各自的优势和存在的问题。要求完成蘑菇街案例报告，并分组讨论。

第 8 章　敦煌网——B2B 跨境电商的领跑者

学习目标

通过对本章内容的学习，学生应该能做到：

（1）了解敦煌网 B2B 电子商务发展历程，以及敦煌网特有的 B2B 跨境电子商务模式。

（2）理解 B2B 电子商务的概念、特点及不同模式，理解 B2B 跨境电子商务的内涵并掌握其本质。

（3）分析掌握并体验跨境 B2B 电子商务发展的内在规律，找出案例中所使用的策略及内在原因。

（4）通过学习本案例内容，结合课后能力拓展内容，搜集资料并整理出一个跨境 B2B 案例，进行课堂讨论与交流。

引言

B2B（Business To Business）是指电子商务模式的一种，是企业对企业进行的电子商务活动。目前基于互联网的 B2B 发展速度十分迅猛，据统计，互联网上 B2B 的交易额已经远远超过 B2C 的交易额。B2B 电子商务在中国也呈现异军突起的发展态势，目前在中国较为知名的有阿里巴巴、环球资源、慧聪网等。

本章选取 B2B 电子商务的代表之一敦煌网进行案例研究，通过对敦煌网案例纵览、聚焦热点、成功之处的分析和对其的点评与建议，使学生对案例有全面透彻的了解与掌握。同时，学习与本案例相关的知识点内容，包括 B2B 电子商务的概念、特点和模式。要求体验 B2B 电子商务的发展过程及其内在规律，并组成小组进行拓展分析与讨论。

8.1　案例纵览

敦煌网（www.DHgate.com）成立于 2004 年，是第一家整合在线交易和供应链服务的 B2B 电子商务网站，是协助中国广大的中小供应商向海外庞大的中小采购商直接供货的新生代全天候网上批发交易平台。敦煌网致力于打造一个完整的在线供应链体系，直接打通中国上游中小制造企业和贸易商同国外无数中小采购商之间的贸易联系，实现了国际贸易的彻底在线化，为全球的中小企业带来了极具透明化的商业价值。取名敦煌网，也是希望借助敦煌网这个平台，帮助更多的中小企业借助电子商务打开全球贸易网上的丝绸之路。

敦煌网就是打造中小商家的快速外贸平台。敦煌网致力于应用大数据技术开展跨境贸易便利化实践，开创跨境贸易在信息流、大物流、跨境支付、互联网金融等各领域的创新整合，打造智慧跨境电商交易服务生态产业链。

15 年来，敦煌网以"促进全球通商，成就创业梦想"为使命，致力于帮助中小企业通过跨境电商走向全球市场，实现"买全球，卖全球"的战略目标。2018 年敦煌网线上商品种类 1300 多万种，国内供应商 190 多万家，全球买家 1 900 多万个，业务遍及全球 220 多个国家和地区，拥有 50 多个国家的清关能力，200 多条物流专线，以及 17 个海外仓。

在 2018 年的"双十一"，敦煌网与阿里、亚马逊几乎瓜分了中国出口电商的全部版图，三家出口额占比 91.8%，而其他所有出口平台的总额只占剩下的 8.2%。其中，阿里和亚马逊是 BToC（面向终端消费者）巨头，而敦煌网则是 BToB（面向中小零售商）跑道上跨境电商的领跑者。

对于中国的外贸中小企业，这是具有跨时代意义的，因为它为中国的中小企业创造了新的丝绸之路，具有其他平台不具备的优势。

8.1.1　背景

作为国际贸易领域 B2B 电子商务的创新者，敦煌网充分考虑了国际贸易的特殊性，全新融合了新兴的电子商务和传统的国际贸易，为国际贸易的操作提供专业有效的信息流、安全可靠的资金流、快捷简便的物流等服务，是国际贸易领域一个重大的革新，掀开了中国国际贸易领域新的篇章。

8.1.2　现状

作为中小额 B2B 海外电子商务的创新者，敦煌网采用 EDM（电子邮件营销）的营销模式，低成本高效率地拓展海外市场，自建的 DHgate 平台，为海外用户提供了高质量的商品信息，用户可以自由订阅英文 EDM 商品信息，第一时间了解市场最新供应情况。2011 年在深圳设立华南总部，敦煌网将在深圳部署物流相关工作。2013 年，敦煌新推出的外贸开放平台实质上是一个外贸服务开放平台，通过开放的服务拉拢中大型的制造企业，最终引导它们在线上交易。

目前，敦煌网牵手中国 2 000 多个产业带、2 200 万商品、200 万供应商与全球 222 个国家和地区的 2 100 万中小微零售商在线交易，在品牌优势、技术优势、运营优势、用户优势四大维度上建立起了行业难以复制的竞争优势。

敦煌网是商务部重点推荐的中国对外贸易第三方电子商务平台之一，是国家发改委的"跨境电子商务交易技术国家工程实验室"，科技部"电子商务交易风险控制与防范"标准制定课题应用示范单位，工信部"全国电子商务指数监测重点联系企业"，工信部电子商务机构管理认证中心已经将其列为示范推广单位。

8.1.3　发展历程

作为一家基于 B2B 模式的电子商务贸易平台，敦煌网秉承"梦想高远，脚踏 实地"的企业精神，笃守"成就客户，团队合作，持续创新，快乐成长，正直诚信，把事做成"的价值观，以"促进全球通商，成就创业梦想"为使命，并立志于成为全球领先的在线交易平台。敦煌网的发展大致分为两个阶段，第一个阶段为初步发展阶段；第二个阶段为高速发展阶段。

1．第一个阶段：初步发展阶段

2004 年，卓越网创始人及首任 CEO 王树彤女士创办敦煌网。

2005 年，敦煌网 B2B 在线交易平台正式上线，平台第一笔订单成交。

2006 年，获得第一笔融资，4 月单笔交易额突破 10 000 美元。

2007 年，成为 PayPal 亚太地区最大的客户，全球第六大客户。是 Google 中国市场的重要战略伙伴，双方共同致力于推动中国中小企业走向世界；与 eBay 结成中国市场的重要战略合作伙伴。

2008 年，DHgate2.0 版上线，12 月，敦煌网入选德勤高科技高成长企业 50 强，排名第七。

2009 年，与 UPS 结成业务合作伙伴，UPS 服务嵌入敦煌网平台。

2．第二个阶段：高速发展阶段

2010 年，启动敦煌动力营行动，培养和孵化超过 20 万网商；获得华平投资集团近 2 亿人民币投资；DHpay 跨境支付平台上线成功接收第一笔来自美国 40.17 美元的付款；与中国建设银行合作共同推出"建行敦煌 e 保通"在线小额贷款服务。

2011 年，在北京、深圳、杭州同时发布敦煌一站通全新业务。

2012 年，敦煌网入选"中关村新锐企业百强"，敦煌网被授予 PayPal"蓝筹奖"。

2016 年，敦煌网深耕跨境电商产业，赋能中小企业"买全球，卖全球"，打造全球领先的数字贸易生态圈。

2017 年，敦煌网发布《2017 中国跨境电子商务（出口 B2B）发展报告》，从多个维度分析了我国跨境电商市场的发展现状，并对未来趋势提出了前瞻性预测。

2018 年，敦煌网邀请电玩行业有志于跨境电商国际市场的供应商加入，将全力扶持优质电玩供应商，助力供应商品牌出海。

8.2　聚焦热点

8.2.1　推动"一带一路"沿线国家和地区合作

除了北美、欧洲等传统优势市场，敦煌网正发力"一带一路"沿线国家和地区，已经在包括土耳其语、俄语、法语、西班牙语、意大利语、葡萄牙语、德语等广大非英语地区全面布局，"买全球，卖全球"正一步步变成现实。

1．与土耳其进行跨境电商合作

近日，敦煌网宣布，继 2018 年底实现土耳其卖家上线敦煌网，将当地优势商品卖往全球后，经过几个月的持续优化，该项目成效卓著，获得了土耳其商务部的大力支持。2019 年土耳其政府将给上线敦煌网的每位土耳其卖家给予一定的资金支持，以此鼓励当地中小企业积极拥抱跨境贸易平台。参加该项政策申报的跨境电商平台超过 50 家，其中包括亚马逊、阿里巴巴国际站、速卖通、Gearbest.com 等国际及当地知名的平台，最终敦煌网成为唯一一家获此支持的来自中国的跨境电商综合平台。

目前，敦煌网已经与土耳其商会及交易所联合会、土耳其出口业者协会、土耳其对外经济关系委员会、土耳其实业银行以及土耳其本土最大的 B2C 电商平台 Hepsiburada.com 签署合作协议，于 2019 年 4 月起在土耳其伊斯坦布尔、安卡拉、开塞利等地举办大型招商会和培训会，共同助力土耳其本土企业"走出去"。同时，敦煌网还将针对土耳其卖家进一步优化其后台，并协助土耳其商品进行线上投放。

2015 年 10 月 15 日，在中国最高领导人和土耳其总统埃尔多安的共同见证下，两国正式签署了中土跨境电商合作协议。这也是中国第一个双边跨境电商合作，由敦煌网创始人兼 CEO 王树彤发起并促成。项目推进过程中，敦煌网于 2016 年成功开通了土耳其语平台，让中国商品更顺畅地进入土耳其，之后又分别在伊斯坦布尔和重庆搭建了基于两国优势商品的数字贸易中心，实现线上线下结合。此次土耳其卖家成功上线入驻，是敦煌网推动国家中土跨境电商项目取得的又一重大成果。

2. 助力卖家极速进军南美市场新蓝海

2017 年 12 月 29 日，敦煌网在南美首个海外数字贸易中心（Digital Trade Center，DTC）正式落地秘鲁首都利马市中心的 Miraflores 商业中心。该中心地处肯尼迪公园附近的黄金地段，是当地著名的电子批发市场，也是客源旺地。敦煌网将通过这一布局帮助中国优质产品迅速进入秘鲁当地市场，并以此为发力点打开南美市场，抢占跨境电商高地。

作为"一带一路"倡议的沿线国家之一，秘鲁当地产品存在更新速度滞后、产品单价高、品质得不到保证等问题，这就为中国优质产品打入当地市场提供了广阔的发展空间与土壤。另外，相关数据表明，秘鲁人银行卡持卡率大约为 30%，银行对于跨境网购限制较多，大部分人习惯线下购买，但与此同时秘鲁的电子商务市场发展也很快，消费者对跨境电商平台的接受度逐步提高。在这样的大背景下，敦煌网 DTC 以线下场地为载体，整合售前、售中、售后全流程服务的新型数字贸易模式恰好迎合了秘鲁市场的消费特点，让国内卖家能够便捷把通过跨境电商触达南美市场。

敦煌网秘鲁 DTC 吸引了许多当地消费者，为中国卖家打造专属秘鲁"销售点"。对当地买家而言，秘鲁 DTC 集线下展示、线上交易、售后服务为一体，现场观察样品，线上下单，现场提货并享受售后服务正是当地消费者习惯的方式，对产品面对面的直观了解将有效消除买家顾虑。其中小 B 类买家更可享受专门的电商经营指导，协助其与意向厂家沟通，并跟进之后的发样品—下订单—协助清关—物流派送等一系列流程。

现阶段，针对西语市场人群对 3C、女装、女鞋以及母婴类产品的旺盛需求，敦煌网秘鲁 DTC 将主打手机配件、智能穿戴设备等数码 3C 产品以及母婴、女装等品类，在锁定批发市场小 B 类客户的同时，对周边的本地零售店面进行覆盖，并逐渐深入到更多品类，实现从小 B 端到 C 端客户的全面覆盖。据悉，敦煌网 DTC 不仅将结合南美市场特点为卖家提供品牌推广、线下展示以及包含物流清关在内的一站式服务，还会组建地推团队，周期性为国内卖家收集当地市场价格行情、客户等一手信息，成为国内卖家的"海外销售点"。

自敦煌网西语站 2015 年上线以来，敦煌网已经在南美市场深耕近 3 年，此次以 DTC 的形式在南美落地首个西语线下店面，以此承接并发展敦煌网在南美的各项业务也是水到渠成。未来，敦煌网还将以秘鲁为起点，继续向智利、墨西哥、哥伦比亚等拉美市场拓展，帮助更多的中国中小企业抢滩拉美市场，进一步构建"全球数字贸易看中国，中国数字贸易看敦煌网"的全新格局。

8.2.2　"一键退税"服务升级

国内领先的 B2B 跨境电商平台敦煌网推出现象级服务产品——在线退税申报云平台，为出口贸易商提供"一键退税"服务。

过去，线下传统退税烦冗复杂；现在，敦煌网"一键式"退税周期缩短一半，足不出户即可完成，而且因为减少人工操作，大幅降低了差错率。这一现象级服务产品，不仅体现敦煌网"服务"的战略理念，更为广大出口贸易商在效率与效益的革命性提升提供了支撑。目前该平台的合作伙伴技术对接区域已经扩大至全国 6 省，并仍在不断拓展中。

传统线下退税，每个流程都需要漫长的等待才可进行下一步操作。这种方式首先是时间周期长，一类出口企业从货物起运，到办结税收退还通知书收到应退税款，合计需要 70～80 天。其次，也大大增加了操作过程中出现的误差。

使用在线退税申报云平台，不仅消除了客户人等票、人等单，人工配单、审单，回单、回票周期长，退（免）税周期长，智能人工衔接上、下游供销关系等几大关键性的痛点，而且还可实现全智能、全自动化的操作模式，例如，自动关联报关单、自动生成发票要求函、自动配单预审核、自动提交认证申请退税等。

利用在线退税申报云平台，一类出口企业从货物起运，到办结税收退还通知书收到应退税款，预计只需 30～45 天。整个操作流程可大大缩短退税的周期，加快税款回流，降低风险，提高外贸企业的工作效率。

8.2.3　全力助推"西安跨境电商综合试验区"建设

2018 年 12 月 21 日，陕西省商务厅与西安市商务局联合举行发布会，宣布中国（西安）跨境电子商务综合试验区正式启动。自 2015 年我国在杭州设立首个国家跨境电子商务综合试验区以来，西北地区获批成立的城市仅有西安和兰州。

作为中国领先的跨境电商 B2B 交易平台，敦煌网已经在陕西深耕多年，致力于提供安全、高效、便捷的国际贸易通道，帮助当地中小企业走出去。此次西安跨境电商综合试验区的成立，是相关产业发展的重大机遇，为此，敦煌网也宣布将推出一系列针对西安以及陕西地区的优惠政策，大力倾斜资源，扶持当地企业，助推西北跨境电商大发展。敦煌网将特设针对西安及陕西地区的入驻审核绿色通道，帮助有志从事跨境电商出口的中小企业迅速上线开展业务。在入驻之后，还将享受 1～3 个月佣金 5 折、4～6 个月佣金 8 折的优惠，并获赠店铺装修模板，在搜索流量方面得到大力度倾斜，后续在敦煌网的各类大促活动中，资源位也可优先报名。

跨境电子商务综合试验区的设立，旨在通过制度创新、管理创新、服务创新，破解跨境电子商务发展中的深层次矛盾和体制性难题，打造完整的跨境电子商务产业链和生态链，逐步形成一套适应和引领全球跨境电子商务发展的管理制度和规则。而电子商务的发展以及贸易的透明、公平和普惠也在客观上助力"一带一路"倡议的推进。未来，敦煌网将与各方携手，推动西安及陕西地区对外贸易的提质增效，助力西安跨境电子商务综合试验区的全面迅速发展。

8.2.4　助力卖家裂变升级进入新贸易时代

跨境电商进入下半场新贸易时代。"新贸易"首先意味着数字化、智能化。技术与应用场景的结合让外贸交易的各个环节越来越便捷。以敦煌网即将推出的"智能搭配"功能为例，就是 AI 视觉因子结合敦煌网 14 年数据积累和算法，让图片搜索功能进一步升级，通过识别买家上传的图片情境，为其推荐与其情境相关联的搭配产品，从而有效提升卖家产品的曝光率；其次，贸易即服务成为新贸易时代的鲜明特征。过去卖家习惯"要流量，上平台"，跨境电商的下半场时间让"要服务，上平台"成为习惯，营销培训、仓储物流、关检税汇、支付金融等跨贸服务日趋智能化、集约化、平台化；最后，"新贸易"也代表着融合无界，不仅是线上与线下的融合，更是全球化与本地化的融合。

敦煌网全面布局中的海外数字贸易中心（DTC）和周边大量的加盟店，将售前、售中、售后全流程服务整合并前置到当地市场，正是新贸易的典型场景之一。同时，敦煌网提出"四新"战略，助力卖家裂变升级进入新贸易时代。

（1）新服务——2018 年敦煌网将进一步通过"千百亿"王牌卖家计划助力优质卖家生意实现几何级增长，并升级物流体系，通过全面布局海外仓，实现物流成本下降 45% 以上的同时最快 2 天妥投，退货时效也节省 30 天以上。敦煌网还将与全球互联网巨头谷歌合作，为平台卖家打造流量直通车。

（2）新金融——敦煌网以"骆驼金服"专注服务中小微企业在新贸易时代的跨境贸易金融需求。

（3）新模式——敦煌网拉动产业带大规模高效出海。

（4）新市场——新贸易时代敦煌网将以渠道拓展、服务升级为抓手，结合全球化思维和本土化运营直面一线买家。2017 年敦煌网海外数字贸易中心落地 7 个国家，覆盖数百多形式推广渠道，组建当地地推团队，覆盖数万潜在买家。2018 年除了在美国、加拿大、澳大利亚、新加坡持续发力外还将在拉美、俄语区等新兴市场投入更多资源，引爆新的市场增量。

8.2.5 "全球本地化运营"助力企业极速打入海外市场

2013 年来，敦煌网深耕跨境电商 B2B 市场，不断沉淀留存国内外市场供需关系数据，从而能够实现利用相关数据进行不同类型的供需双向精准匹配，打造数字经济下的外贸新生态。

敦煌网针对大额贸易的交易服务一体化平台以及线上链接与海外下沉并举，全渠道直达买家的部署。作为一种结合线上线下，整合售前、售中、售后全流程服务的新型数字贸易模式，敦煌网数字贸易中心为国内卖家提供针对具体海外市场特点的品牌推广、线下展示、渠道合作等全方位服务，买家则可以现场观察样品，线上交易下单，现场提货并享受相应售后服务，大幅提升消费体验。对国内卖家而言，这种"全球本地化运营"也将成为帮助他们更迅速打入海外市场的有效途径。到 2017 年底，敦煌网数字贸易中心陆续在匈牙利、澳大利亚、美国、土耳其、西班牙、俄罗斯、秘鲁、阿联酋落地。

凡依托敦煌网通过"线上综合服务平台"成功报关的跨境出口 B2B 企业，通过审核将会享受相应的通关补贴及查验补贴。

2017 年 12 月 15 日，由敦煌网主办，"互通全球 网上丝路"助力杭州企业对接全球贸易宣讲会在杭州隆重举行。吸引近百名对外贸商机嗅觉灵敏的跨境电商卖家、传统外贸及关联企业代表参加。

8.3　成功之处

8.3.1　强大的 IT 技术智能平台

采用 J2EE 体系结构实现的客户层事实上是一个运行于中间环境的 J2EE 应用。用 J2EE 的术语来说，它是由一组 EJP 组建和网络应用组成，其中网络应用构成包括：SERVLET、JSP、JSP 标记库以及 JAVA 支持类。客户层应用充分利用了由中间商所提供的基础服务，诸如安全性、连接池、高速缓存、提供故障迁移和负载均衡的集群、J2EE 应用部署、网络服务支持以及系统级管理等。

1．在线退税申报云平台

敦煌网在线退税申报云平台主要以解决出口企业在外贸、物流、财务、税务等岗位的信息对称和工作自动化为主要任务，实现以外销合同为业务主线的面向供、销、关、检、汇、财、税的全过程可视化监控和管理。该平台主要提供便捷退税申报服务、报关退税咨询服务、海外买家征信服务、企业 AEO 认证咨询服务等四项服务内容。云平台的五大核心亮点是一分钟取关单、一分钟抽进项、一分钟审单、一分钟配单、一分钟报退税。

通过该平台，出口贸易商可以"一键式"自动提取出口报关单等第三方数据，简化申报数据采集和录入过程，大量缩短出口企业申报准备时间，同时，从退税申报、单据资料上传、退税审核到最后的退税全流程实现无纸化的管理，出口贸易公司可以足不出户便可完成全部退税的手续，进一步加快出口退（免）税办理速度。

2．操作流程智能化

从业务操作流程看，现有配单及退税流程是按照传统流程进行操作，按照流水线的方式去完成整个冗长而复杂的操作过程。

利用敦煌网在线退税申报云平台，出口贸易公司只需将电子化的报关单及增值税发票等资料都上传至云平台，系统即可进行自动的单据匹配，实现多对多的自动配对，同一时间同步处理多个流程，并可实现全程智能化操作。

8.3.2　独特的盈利模式

独特的盈利模式：按交易额收取佣金，这是敦煌网在中国林林总总的电子商务网站中最突出的特征。

拼单侃价：将大量的需求汇集起来去和供应商谈最低折扣，大量的订单让敦煌网有了很高的议价能力，DHL、联邦快递的费用至少下降了 50%，这些都成为客户无法离开敦煌网的关键。

物流配送方面：敦煌网与 Paypal 等多个国际成熟的支付平台合作，产品在买家验货满意之后，再由敦煌网将货款转至卖家账户，这样就保证了交易安全。而为了加快物流速度，敦煌网不仅整合了 USP、DHL 这些大型物流公司，甚至还将一些专做欧洲或美国的小型物流公司整合在敦煌网的平台上，交易周期最快能达到 3 天，最多不超过两周，大大提高了买卖双方的周转率。

8.3.3　致力于建立跨境电商中国国家标准体系

当前跨境电商的交易规模正在呈现快速增长的趋势，经营跨境电商的平台愈来愈多，各个平台运用不同的管理机制，导致整个跨境电商行业存在经营无序的情况。因此，对整个行业进行统一的规范迫在眉睫，跨境电商领域需要遵循及使用统一的标准化管理，及时解决各种风险问题，提升平台的管理及服务水平。

2018 年 11 月 28 日，敦煌网与中国标准化研究院在北京举行了跨境电商标准化战略合作的签约仪式。此次敦煌网与中国标准化研究院的合作有力地推动了跨境电商标准化的发展。

标准化必然是企业发展的重中之重，作为中国 B2B 跨境电商的领跑者，敦煌网通过标准化发展来建立跨境交易全流程标准体系，用标准指导整个行业走向更加规范的发展之路，让中国的网上丝绸之路走得更加顺畅。

根据战略合作协议，双方将组建跨境电商标准化研究小组，在跨境电商标准化领域开展深度合作。基于敦煌网在品牌、技术、运营、用户四大维度上建立的竞争优势，双方将围绕商户管理、商品管理、买家管理、交易管理、争议处理管理、客户服务管理等方向进行标准化研制与研究，共建跨境电商国家标准体系。

战略合作还将支持敦煌网建立企业标准体系，结合敦煌网赋能中小企业的战略目标，推动产业带的标准化发展，以标准化带动各产业带中小企业的发展。

8.3.4　推出业界首个"跨境电商物流险"

"跨境电商物流险"产品于 2018 年 8 月在敦煌网平台隆重上线，致力于为平台广大商户提供物流运输环节的专属保障。此险种的推出，填补了跨境电商物流保险缺失的空白，对于提升客户体验、降低商户风险具有里程碑意义，同时也践行了敦煌网致力于完善可靠、可信的线上交易体验的承诺与责任。

合作首推的"丢包"保障服务是针对跨境运输途中货物丢失的情况而特别推出的保险产品。敦煌网商户只需支付 4.8‰的费用即可享受订单 100%的安全，既提升了当前跨境电商客户在物流环节的服务体验，又降低了商户在物流环节的丢包损失，从而有效减少纠纷，提升买卖双方体验。后续随着合作的深入，双方还会陆续推出迟收发货、报关损失、运费补偿等险种，全面解决平台用户在交易过程中所引发的困扰与纠纷。

自创立之初，敦煌网一直视诚信安全为基石。公司诚信安全部门致力于以大数据为依托，以科技为手段，实现多维度多空间的立体式联防联控体系，并通过严格而灵活的商户和产品管理，以及多款服务保障产品，不断提升和完善用户体验。

8.3.5　丰富的资源优势和简洁的入住流程

当前跨境电商的经济形势，给中国制造企业转型升级带来新的机会。拓展海外市场、打造国际品牌具有重要意义。敦煌网一直在出口跨境电商中担当将"中国制造"通过平台销售给世界各地消费者的重要角色。

2018 年敦煌网通过拓展资源推广、打造全新品牌专区、特定专属活动，给卖家提供更多机会，让中国品牌走向世界。

1．资源优势

（1）搜索推荐和加权。

（2）国际参会线下推广。

（3）EDM 精准推送优质买家对接。

（4）品牌专区店铺标识。

（5）品牌产品列表页。

（6）专属活动。

2．入驻流程

（1）轻松开店：在敦煌网轻松注册开店（已在敦煌网开店卖家可跳过此步骤）。

（2）添加新品牌等待审核：登录卖家后台，找到"产品"→"经营品牌"，填写相关资料提交审核。平台将在 1～2 个工作日内给出品牌判定结果。

（3）完成品牌资质申请：品牌申请通过后，需要完成品牌资质申请，根据提示提交所需认证资料，完成整个授权认证过程。

（4）上传产品享品牌资源：通过认证后，方可上传品牌商品经营，同时享受品牌产品扶植政策，敦煌网店页面如图 8-1 所示。

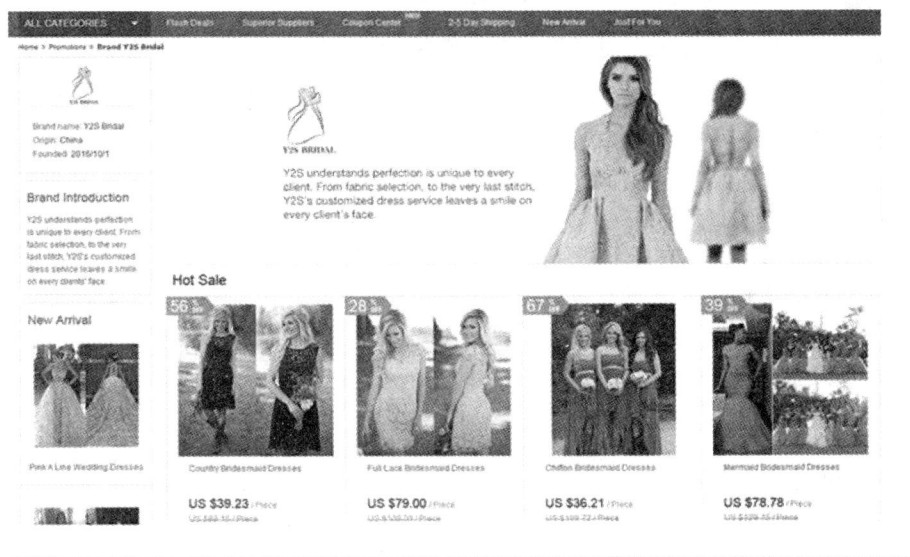

图 8-1　敦煌网店页面

8.3.6　提供全方位、多渠道服务，打造"产业带商圈"

敦煌网国内供应商主要有三大块：第一是长三角地区，以义乌为代表，聚集了中国最多的中小企业；第二是广东地区，以深圳为首，聚集了很多电子产业企业；第三是山东新兴起的地区，具有得天独厚的区位优势。

敦煌平台为帮助国内自有工厂的供应商匹配资源拓展销售渠道，并整合线上线下及电商领域内优势资源帮助商户开拓全新交易模式。

1．可享相应资源扶持

（1）流量支持：站内流量倾斜，站外投放免佣，产业带商家专区。

（2）专属服务：0～1 无忧成长计划，专属大客户经理一对一指导，定期店铺全面诊断。

（3）营销活动：平台大促，优先展示；明星店铺，电子邮件专属营销。

（4）品牌推广：品牌墙，搜索直达，优先展示，国内外媒体品牌助推。

2. 可获阶段性培养计划

第一阶段，新卖家：注册，认证；产品上传，标题详情，店铺装修；物流，运费模板；交易流程，资金账户；平台政策，规则，处罚；营销功能：折扣，优惠券，站外引流等；数据智囊查看；询盘回复和买家维护技巧。

第二阶段，成长期：纠纷处理，处罚申诉；产品标题，打包，价格等深度优化；买家偏好，行业调研报告；服务升级：询盘，沟通，退换货。

第三阶段，成熟期：社交媒体营销；店铺全面诊断；新品，行业趋势；海外 DTC，梦想合伙人，APEC 会议机会。

3. 入驻条件

（1）卖家有企业资质，需要是公司经营。

（2）有自有工厂或合作工厂的企业卖家。

（3）需完善平台账号中公司资料，补全流程。

4. 入驻流程

（1）使用企业身份注册卖家账号。

（2）提供相关资料，完成身份认证。

（3）补全企业信息，完善公司资料。

（4）入驻基本完成，可上传产品绑定类目。

（5）店铺正式开张，可以营业。

8.4 点评与建议

8.4.1 品牌海外知名度不够

与敦煌网平台相比，亚马逊、阿里巴巴"速卖通"以及 eBay 等国际知名跨境电商平台更具品牌影响力和品牌价值。它们拥有更先进的技术，更加丰厚的资金，对全球跨境电商市场有着绝对的掌控权。

2016 年度世界品牌实验室年度品牌报告已经发布，中国有 31 家企业入围，其中电子商务企业依然只有阿里巴巴，敦煌网则无缘榜单。该年度报告显示，阿里巴巴的品牌影响力排名上升了 80 位，占据全球 500 强第 264 位。相比之下，亚马逊依然占据第 3 位，eBay 则下滑到 54 位。由此可见，中国跨境电商平台企业虽然发展迅速，品牌影响力有所提升，但是与亚马逊和 eBay 这样的全球品牌相比，依然存在着较大的差距。

8.4.2 品牌国际化意识较强，但行动力薄弱

敦煌网平台的品牌建设行动力与国际上其他的品牌相比偏弱。一方面，敦煌网公司

缺乏对品牌国际化建设有认识深刻的人才，大部分管理层对其重要性的了解还不深入；另一方面，敦煌网公司缺乏对自身企业品牌的保护政策体系和措施保障。究其原因，是我国的跨境电商平台只重视内部管理制度建设、产品技术创新、提升服务质量、开拓产品市场等方面而忽视国际化过程中品牌的建设。与企业的其他固定资产相比，企业的品牌是一种无形资产，在企业的经营和生产活动中有着极其重要的作用，尤其是对于处在服务行业的跨境电子商务公司，品牌影响力的提升意味着企业能够获得更丰厚的经营利润。企业的品牌是客户和其他社会群体对企业产品和服务质量、企业文化和企业经营理念的认知和认可度。一个企业能够拥有极具市场说服力的品牌，意味着能够获得更加广阔的商品市场和更加显著的经营成果。目前，中国电商企业已经纷纷开始围绕品牌建设来部署公司的发展战略，敦煌网也不例外，但是还是缺乏国际化的思维。

8.4.3　品牌知识产权保护力度有待加强

知识产权侵权是敦煌网平台面临的重要问题之一，已成为其上市道路上的绊脚石，也在很大程度上制约它的品牌国际化发展。根据敦煌网的内部调查报告显示，敦煌网的在线产品约有 4 000 万种，其中"仿品牌"产品约占 10%。产品侵权问题确实阻碍了敦煌网的国际化发展，对公司品牌形象带来不利影响，解决产品侵权问题刻不容缓。

近年来敦煌网已经意识到问题的严重性，开始采取措施来解决平台上产品侵权的问题。通过大数据技术严格监控平台会员的产品侵权情况，一旦发现侵权的产品，会立即要求其下架，并扣取其会员积分。对于那些严重违法平台知识产权保护的第三方企业，敦煌网平台会立即封存其会员账号。敦煌网平台只有保护好平台上的商品知识产权，才能赢得海内外采购商、供货商的信赖，全面打开海外市场，提升平台品牌海外知名度，带领中国外贸走向新的辉煌，为中国制造树立良好的国际形象。

8.4.4　加强各环节的联系，提高信息一体化程度

敦煌网在做好维持平台第三方工作、提供优质的服务外，还需加强各环节相互联系，提高信息一体化程度。由于受到传统电商的运营方式和管理方面的影响，虽然敦煌网在发展过程中形成了盈利模式、支付模式、运营模式和物流模式等四大先进模式，但整体管理没有集约，企业在收集信息、物流协调、资源共享、智能服务等方面各自为战，相互之间缺乏有效的联系，形不成规模和专业化优势，当双方遇到问题时，大家不能提供一个较为完整的专业解决方案，不能完全满足买卖双方交易社会化和专业化的要求。为了避免以后这样的情况发生，加强各环节相互联系，提高信息一体化程度势在必行。

8.5　知识点学习

8.5.1　跨境电子商务

跨境电子商务（又称"跨境电商"）是指分属不同关境的交易主体，通过电子商务平台达成交易、进行支付结算，并通过跨境物流送达商品、完成交易的一种国际商业活动。

2018 年 10 月 1 日起，财政部、国家税务总局、商务部、海关总署联合发文明确，对跨境电子商务综合试验区电商出口企业实行免税新规。2018 年 11 月 21 日，李克强总

理主持召开国务院常务会议，决定延续和完善跨境电子商务零售进口政策并扩大适用范围，扩大开放激发消费潜力；部署推进物流枢纽布局建设，促进提高国民经济运行质量和效率。

　　按照党中央、国务院决策部署，中国将自 2019 年 1 月 1 日起，调整跨境电商零售进口税收政策，提高享受税收优惠政策的商品限额上限，扩大清单范围。

1. 特征

　　跨境电子商务是基于网络发展起来的，网络空间相对于物理空间来说是一个新空间，是一个由网址和密码组成的虚拟但客观存在的世界。网络空间独特的价值标准和行为模式深刻地影响着跨境电子商务，使其不同于传统的交易方式而呈现出自己的特点。

　　跨国电子商务具有如下特征（基于网络空间的分析）：

　　1）全球性（Global Forum）

　　网络是一个没有边界的媒介体，具有全球性和非中心化的特征。依附于网络发生的跨境电子商务也因此具有了全球性和非中心化的特性。电子商务与传统的交易方式相比，其一个重要特点在于电子商务是一种无边界交易，丧失了传统交易所具有的地理因素。互联网用户不需要考虑国界就可以把产品尤其是高附加值产品和服务提交到市场。网络的全球性特征带来的积极影响是信息的最大程度的共享，消极影响是用户必须面临因文化、政治和法律的不同而产生的风险。任何人只要具备了一定的技术手段，在任何时候、任何地方都可以让信息进入网络，相互联系进行交易。美国财政部在其财政报告中指出，对基于全球化的网络建立起来的电子商务活动进行课税是困难重重的，因为：电子商务是基于虚拟的空间展开的，丧失了传统交易方式下的地理因素；电子商务中的制造商容易隐匿其住所而消费者对制造商的住所是漠不关心的，比如，一家很小的爱尔兰在线公司，通过一个可供世界各地的消费者点击观看的网页，就可以通过互联网销售其产品和服务。很难界定这一交易究竟是在哪个国家内发生的。

　　这种远程交易的发展，给税收当局制造了许多困难。税收权力只能严格地在一国范围内实施，网络的这种特性为税务机关对超越一国的在线交易行使税收管辖权带来了困难。而且互联网有时扮演了代理中介的角色。在传统交易模式下往往需要一个有形的销售网点的存在，例如，通过书店将书卖给读者，而在线书店可以代替书店这个销售网点直接完成整个交易。而问题是，税务当局往往要依靠这些销售网点获取税收所需要的基本信息，代扣代缴所得税等。没有这些销售网点的存在税收权力的行使也会发生困难。

　　2）无形性（Intangible）

　　网络的发展使数字化产品和服务的传输盛行。而数字化传输是通过不同类型的媒介，例如数据、声音和图像在全球化网络环境中集中而进行的，这些媒介在网络中是以计算机数据代码的形式出现的，因而是无形的。以一个 E-mail 信息的传输为例，这一信息首先要被服务器分解为数以百万计的数据包，然后按照 TCP/IP 协议通过不同的网络路径传输到一个目的地服务器并重新组织转发给接收人，整个过程都是在网络中瞬间完成的。电子商务是数字化传输活动的一种特殊形式，其无形性的特性使得税务机关很难控制和检查销售商的交易活动，税务机关面对的交易记录都是体现为数据代码的形式，使得税务核查员无法准确地计算销售所得和利润所得，从而给税收带来困难。

　　数字化产品和服务基于数字传输活动的特性也必然具有无形性，传统交易以实物交易为主，而在电子商务中，无形产品却可以替代实物成为交易的对象。以书籍为例，传统的纸质书籍，其排版、印刷、销售和购买被看作是产品的生产、销售。然而在电子商务交易中，消费者只要购买网上的数据权便可以使用书中的知识和信息。而如何界定该交易的性质、如何监督、如何征税等一系列的问题却给税务和法律部门带来了新的课题。

3）匿名性（Anonymous）

由于跨境电子商务的非中心化和全球性的特性，因此很难识别电子商务用户的身份和其所处的地理位置。在线交易的消费者往往不显示自己的真实身份和自己的地理位置，重要的是这丝毫不影响交易的进行，网络的匿名性也允许消费者这样做。在虚拟社会里，隐匿身份的便利迅即导致自由与责任的不对称。人们在这里可以享受最大的自由，却只承担最小的责任，甚至干脆逃避责任。这显然给税务机关制造了麻烦，税务机关无法查明应当纳税的在线交易人的身份和地理位置，也就无法获知纳税人的交易情况和应纳税额，更不要说去审计核实。该部分交易和纳税人在税务机关的视野中隐身了，这对税务机关是致命的。以 eBay 为例，eBay 是美国的一家网上拍卖公司，允许个人和商家拍卖任何物品，到目前为止 eBay 已经拥有 1.5 亿用户，每天拍卖数以万计的物品，总计营业额超过 800 亿美元。

电子商务交易的匿名性导致了逃避税现象的恶化，网络的发展，降低了避税成本，使电子商务避税更轻松易行。电子商务交易的匿名性使得应纳税人利用避税地联机金融机构规避税收监管成为可能。电子货币的广泛使用，以及国际互联网所提供的某些避税地联机银行对客户的"完全税收保护"，使纳税人可将其源于世界各国的投资所得直接汇入避税地联机银行，规避了应纳所得税。美国国内收入服务处（IRS）在其规模最大的一次审计调查中发现大量的居民纳税人通过离岸避税地的金融机构隐藏了大量的应税收入。而美国政府估计大约三万亿美元的资金因受避税地联机银行的"完全税收保护"而被藏匿在避税地。

4）即时性（Instantaneously）

对于网络而言，传输的速度和地理距离无关。传统交易模式，信息交流方式如信函、电报、传真等，在信息的发送与接收间，存在着长短不同的时间差。而电子商务中的信息交流，无论实际时空距离远近，一方发送信息与另一方接收信息几乎是同时的，就如同生活中面对面交谈。某些数字化产品（如音像制品、软件等）的交易，还可以即时清结，订货、付款、交货都可以在瞬间完成。

电子商务交易的即时性提高了人们交往和交易的效率，免去了传统交易中的中介环节，但也隐藏了法律危机。在税收领域表现为：电子商务交易的即时性往往会导致交易活动的随意性，电子商务主体的交易活动可能随时开始、随时终止、随时变动，这就使得税务机关难以掌握交易双方的具体交易情况，不仅使得税收的源泉扣缴的控管手段失灵，而且客观上促成了纳税人不遵从税法的随意性，加之税收领域现代化征管技术的严重滞后作用，都使依法治税变得苍白无力。

5）无纸化（Paperless）

电子商务主要采取无纸化操作的方式，这是以电子商务形式进行交易的主要特征。在电子商务中，计算机通信记录取代了一系列的纸面交易文件。用户发送或接收电子信息。由于电子信息以比特的形式存在和传送，整个信息发送和接收过程实现了无纸化。无纸化带来的积极影响是使信息传递摆脱了纸张的限制，但由于传统法律的许多规范是以规范"有纸交易"为出发点的，因此，无纸化带来了一定程度上法律的混乱。

电子商务以数字合同、数字时间截取了传统贸易中的书面合同、结算票据，削弱了税务当局获取跨国纳税人经营状况和财务信息的能力，且电子商务所采用的其他保密措施也将增加税务机关掌握纳税人财务信息的难度。在某些交易无据可查的情形下，跨国纳税人的申报额将会大大降低，应纳税所得额和所征税款都将少于实际所达到的数量，从而引起征税国国际税收流失。例如，世界各国普遍开征的传统税种之一的印花税，其课税对象是交易各方提供的书面凭证，课税环节为各种法律合同、凭证的书立或做成，而在网络交易无纸化的情况下，物质形态的合同、凭证形式已不复存在，因而印花税的合同、凭证贴花（即完成印花税的缴纳行为）便无从下手。

6）快速演进（Rapidly Evolving）

互联网是一个新生事物，现阶段它尚处在幼年时期网络设施和相应的软件协议的未来发展具有很大的不确定性。但税法制定者必须考虑的问题是网络，像其他的新生儿一样，必将以前所未有的速度和无法预知的方式不断演进。基于互联网的电子商务活动也处在瞬息万变的过程中，短短的几十年中电子交易经历了从 EDI 到电子商务零售业的兴起的过程，而数字化产品和服务更是花样出新，不断地改变着人类的生活。

而一般情况下，各国为维护社会的稳定，都会注意保持法律的持续性与稳定性，税收法律也不例外。这就会引起网络的超速发展与税收法律规范相对滞后的矛盾。如何将分秒都处在发展与变化中的网络交易纳入税法的规范，是税收领域的一个难题。网络的发展不断给税务机关带来新的挑战，税务政策的制定者和税法立法机关应当密切注意网络的发展，在制定税务政策和税法规范时充分考虑这一因素。

跨国电子商务具有不同于传统贸易方式的诸多特点，而传统的税法制度却是在传统的贸易方式下产生的，必然会在电子商务贸易中漏洞百出。网络深刻地影响着人类社会，也给税收法律规范带来了前所未有的冲击与挑战。

2. 发展意义

跨境电子商务作为推动经济一体化、贸易全球化的技术基础，具有非常重要的战略意义。跨境电子商务不仅冲破了国家间的障碍，使国际贸易走向无国界贸易，同时它也正在引起世界经济贸易的巨大变革。对企业来说，跨境电子商务构建的开放、多维、立体的多边经贸合作模式，极大地拓宽了进入国际市场的路径，大大促进了多边资源的优化配置与企业间的互利共赢；对于消费者来说，跨境电子商务使他们非常容易地获取其他国家的信息并买到物美价廉的商品。

3. 业务模式

我国跨境电子商务主要分为企业对企业（即 B2B）和企业对消费者（即 B2C）的贸易模式。B2B 模式下，企业运用电子商务以广告和信息发布为主，成交和通关流程基本在线下完成，本质上仍属传统贸易，已纳入海关一般贸易统计。B2C 模式下，我国企业直接面对国外消费者，以销售个人消费品为主，物流方面主要采用航空小包、邮寄、快递等方式，其报关主体是邮政或快递公司，目前大多未纳入海关登记。

4. 主要分类

跨境电子商务从进出口方向分为：出口跨境电子商务和进口跨境电子商务。从交易模式分为 B2B 跨境电子商务和 B2C 跨境电子商务。2013 年 E 贸易的提出。跨境电子商务分为：一般跨境电子商务和 E 贸易跨境电子商务。

8.5.2　跨境电商平台类型

电子商务平台有 B2B、B2C 和 C2C 三种形式（三者的含义就不赘述了）。同样，跨境电商平台也有 B2B、B2C 和 C2C 这 3 种形式。

1. 混合型外贸平台

随着网上跨境电商的发展，国内出现了不少混合型外贸平台。其中，许多声称是 B2B 模式的外贸平台，其实是 B2B 和 B2C 甚至是 C2C 三者的混合体。

这些平台的买家和卖家，也绝不只是企业（Business）。就卖家而言，外贸企业（或公司）、批发商、零售商、外贸个人所占比例不相上下。就买家而言，批发商、零售商、个人消费者也是各占一席。

其次，在自然选择的过程中，无论是以企业/公司形式存在的商家（如批发商、零售商、代理商甚至是生产商），还是以个体形式存在的外贸 Soho 或消费者，也无论是买家（Buyer）还是卖家（Seller/Supplier），都能在这类平台中找到适合自己的发展空间，于是，平台也就呈现出混合型的商业形态。再次，由于平台上不同商品、不同行业、不同市场、不同阶段、不同区域的情况千差万别，所以，平台上也就显示出极大的包容性和多样性。

2. B2B 跨境电商平台

外贸 B2B 平台像 Tradekey、阿里巴巴、环球资源、欧洲黄页和 Made in China、ECVV、慧聪等。其实也是属于较传统的外贸方式，提供买家信息的平台。成败在于买卖双方的沟通情况，主要是做 MIC 产品，大多是大的订单。通过海运集装箱完成。这类订单，追求的往往是量。所以这类平台，对于想要做外贸出口的供应商比较合适。

3. B2C 跨境电商平台

B2C 跨境电商平台，是指我国企业直接面对国外消费者，以销售个人消费品为主，物流方面主要采用航空小包、邮寄、快递等方式，其报关主体是邮政或快递公司，目前大多未纳入海关登记。B2C 跨境电商平台有速卖通、亚马逊、eBay、Wish、兰亭集势、敦煌等。

4. 跨境电商支付工具

PayPal 是 eBay 旗下的一家公司，致力于让个人或企业通过电子邮件，安全、简单、便捷地实现在线付款和收款。PayPal 账户是 PayPal 公司推出的最安全的网络电子账户，使用它可有效降低网络欺诈的发生。PayPal 账户所集成的高级管理功能，使您能轻松掌控每一笔交易详情。在跨国交易中超过 90%的卖家和超过 85%的买家认可并正在使用 PayPal 电子支付业务。

外贸平台电汇是卖家需要在汇入行开立银行账户，并给国外买家提供汇款线路（具体汇款线路需咨询你的汇入行），国外买家即可到当地银行按照提供的汇款线路办理国际汇款，但国外买家需要承担高额的汇款费用，到账时间为 3～7 天，汇款会直接打到银行账户上。

西联汇款是目前全球最大的国际汇款公司，也是最早进入国内的国际公司，已与农行、中国邮政合作，在指定营业网点开展美元国际汇款业务。速汇金则是全球第二大国际汇款服务公司，已与工行合作开展业务。

8.5.3　自贸区

自由贸易区（Free Trade Area），是指签订自由贸易协定的成员国相互彻底取消商品贸易中的关税和数量限制，使商品在各成员国之间可以自由流动。但是，各成员国仍保持自己对来自非成员国进口商品的限制政策。有的自由贸易区只对部分商品实行自由贸易，如"欧洲自由贸易联盟"内的自由贸易商品只限于工业品，而不包括农产品。这种自由贸易区被称为"工业自由贸易区"。有的自由贸易区对全部商品实行自由贸易，如"拉丁美洲自由贸易协会"和"北美自由贸易区"，对区内所有的工农业产品的贸易往来都免除关税和数量限制。

1．基本功能

自由贸易区内允许外国船舶自由进出，外国货物免税进口，取消对进口货物的配额管制，也是自由港的进一步延伸，是一个国家对外开放的一种特殊的功能区域。

自由贸易区除了具有自由港的大部分特点外，还可以吸引外资设厂，发展出口加工企业，允许和鼓励外资设立大的商业企业、金融机构等促进区内经济综合、全面地发展。自由贸易区的局限在于，它会导致商品流向的扭曲和避税。如果没有其他措施作为补充，第三国很可能将货物先运进一体化组织中实行较低关税或贸易壁垒的成员国，然后再将货物转运到实行高贸易壁垒的成员国。为了避免出现这种商品流向的扭曲，自由贸易区组织均制订"原产地原则"，规定只有自由贸易区成员国的"原产地产品"才享受成员国之间给予的自由贸易待遇。理论上，凡是制成品在成员国境内生产的价值额占到产品价值总额的50%以上时，该产品应视为原产地产品。一般而言，第三国进口品越是与自由贸易区成员国生产的产品相竞争，对成员国境内生产品的增加值含量越高。原产地原则的含义表明了自由贸易区对非成员国的某种排他性。现实中比较典型的自由贸易区如北美自由贸易区（North America Free Trade Area）。

2．主要特点

随着时间的发展，自由贸易区发展逐渐呈现以下特点：

1）数量不断增加

最典型的是美国对外贸易区的迅速增长。20 世纪 60 年代末 70 年代初，美国在全球经济中的地位开始下降，与此同时，美元贬值，失业人数增加。在此情况下，为了刺激对外贸易发展，各州纷纷设立对外贸易区。到 1980 年，全美的自由贸易区增加到 77 个，到 1994 年底，自由贸易区已达 199 个，贸易分区达 285 个，总数为 484 个。

2）功能趋向综合

随着自由贸易区数量的持续增长，自由贸易区的功能也在不断扩展。早从 20 世纪 70 年代开始，以转口和进出口贸易为主的自由贸易区和以出口加工为主的自由贸易区就已经开始相互融合，自由贸易区的功能趋向综合化。原料、零部件、半成品和成品都可在区内自由进出，在区内可以进行进出口贸易、转口贸易、保税仓储、商品展销、制造、拆装、改装、加标签、分类、与其他货物混合加工等商业活动。因此，世界上多数自由贸易区通常都具有进出口贸易、转口贸易、仓储、加工、商品展示、金融等多种功能，这些功能综合起来就会大大提高自由贸易区的运行效率和抗风险能力。

3）管理不断加强

各国的自由贸易区在初创时由于条件不同，功能各异，管理水平也相差较大，但是经过几十年的竞争发展，各国自由贸易区的管理已逐渐趋向规范化。而且随着科学技术的进步，自由贸易区的基础设施和管理手段也大大改善，形成了各自颇具特色的管理体制。世界上四个主要的自由贸易区（阿联酋迪拜港自由港区、德国汉堡港自由港区、美国纽约港自由贸易区、荷兰阿姆斯特丹港自由贸易区）的管理机构权威性非常强。四国对自由贸易区管理机构授权上大体相近，都是港区合一，成立经联邦政府授权的专门机构，负责管理和协调自由贸易区的整体事务，投资建设必要的基础设施，有权审批项目立项。特别是着眼于自由贸易区与城市功能的相互促进，超前进行整体规划和建设，极富特色和成效，带动了周边城市经济发展，尤其是在金融、保险、商贸、中介等第三产业发展上成效显著。

3. 主要影响

自由贸易区对区域内经济的影响大致可以分为两类：

第一类是指由于区域内成员相互之间取消关税和贸易数量限制措施之后直接对各成员贸易发展所产生的影响。

第二类是指缔结自由贸易区之后，由于区域内生产效率提高和资本积累增加，导致各成员经济增长加快的间接效果。

小结

通过对敦煌网案例纵览、聚焦热点、成功之处的分析及对其的点评与建议，使学生对案例有了全面、透彻的了解和掌握。同时学习了与本案例相关的知识点内容，包括跨境电商、外贸平台、自贸区。

习题

1. 敦煌网与 B2B 电子商务领域有哪些竞争对手？试使用 SWOT 分析进行比较。
2. 试分析敦煌网的经营模式不同于其他 B2B 公司的特色之处。
3. 敦煌网是如何帮助国内卖家开拓"一带一路"沿线市场新蓝海的。
4. 请分析敦煌网近年来高速发展的内外部原因。
5. 试分析提升敦煌网品牌国际影响力的途径与策略。
6. 试分析敦煌网如何保持高速持续发展。
7. 在敦煌网带动下，后来出现的很多易唐网，贝通网，甚至阿里推出的全球速卖通，都是属于新一代的 B2B 在线交易平台。试比较它们的异同。

能力拓展

全球速卖通

全球速卖通（AliExpress）于 2010 年 4 月正式上线，是阿里巴巴旗下唯一面向全球市场打造的在线交易平台，被广大卖家称为"国际版淘宝"。全球速卖通面向海外买家，通过支付宝国际账户进行担保交易，并使用国际快递发货，是全球第三大英文在线购物网站。

全球速卖通是阿里巴巴帮助中小企业接触终端批发零售商，小批量多批次快速销售，拓展利润空间而全力打造的融合订单、支付、物流于一体的外贸在线交易平台。

在全球速卖通上有三类物流服务，分别是邮政大小包、速卖通合作物流以及商业快递。其中90%的交易使用的是邮政大小包。中国邮政大小包、香港邮政大包的特点是费用便宜（如：一斤的货物发往俄罗斯，大致费用只需要四五十人民币），但邮政大小包时效相对较慢，且存在一定的丢包率，建议跟买家做好服务沟通的前提下使用。

合作快递的特点是经济实惠、性价比高、适应国际在线零售交易，由全球速卖通分别与浙江邮政、中国邮政合作推出。

四大商业快递特点是速度快、服务好、专业、高效，但相对快递价格比较高、适用于货值比较高、买家要求比较高的宝贝或交易。

卖家发货时，可以根据不同的物流服务，选择在速卖通上线上发货，也可以联系各主要城市的货代公司上门收件进行发货。

试根据以上提供的资料，搜集并整理全球速卖通案例，结合敦煌网案例体验并比较二者发展过程及电子商务模式的异同点，分析总结出海外B2B平台发展的特点、特有的电子商务模式、面临的困境及应对策略。要求完成全球速卖通案例报告，分成小组交流讨论。

第9章 京东商城的快速崛起

学习目标

通过对本章内容的学习，学生应该能做到：

（1）了解京东商城的发展背景、历程和现状。

（2）理解京东商城获得的风险投资及其作用，京东商城的快速扩展、规模为王的策略。

（3）结合网络营销相关理论知识、电子商务类型和模式发展趋势，分析研究京东商城的物流体系和发展策略及京东商城向综合网站转型的策略。

引言

京东商城是 B2C 领域的黑马，自 2004 年进入电子商务以来，以平均超过 300% 的速度爆发式增长，成为目前国内 B2C 市场规模最大的 B2C 网上商城。京东商城的发展经历了由专业 3C 产品 B2C 垂直网站向综合网站转型的战略转变，其发展具有典型的特色，即选择 3C 类产品突破，在资本支持通过低价、自建物流、服务创新等策略实现快速扩展，而成为 B2C 规模第一的网上 3C 商城，以 3C 商城的核心优势为依托，成功向综合网站转型，业务涉及 3C、家电、图书、消费品、服饰家居、生鲜、金融、电商云技术与服务提供商、农村电商、O2O 等领域。2013 年京东商城去商城化，全面改名为京东，随后更换 LOGO，并于 2014 年 5 月登陆美国纳斯达克，成为国内自营 B2C 的领军企业。2018 年，京东集团市场交易额接近 1.7 万亿元，第三次入榜《财富》全球 500 强，位列第 181 位，在全球仅次于亚马逊和 Alphabet，位列互联网企业第三。

9.1 案例纵览

9.1.1 起源

1998 年 6 月 18 日，京东公司由刘强东于中关村创办，代理销售光磁产品。2004 年，京东公司放弃了所有传统店面的业务，转而将重心全部转向电子商务，京东多媒体网正式开通，启用域名 www.jdlascr.com。这一年是网络泡沫破裂后电子商务重新受到追捧的一年，淘宝网于 2003 年 5 月由阿里巴巴集团投资创立，而卓越网则在 2004 年 8 月被亚马逊收购。

在京东初期电子商务经营模式中，刘强东继续沿用了在代理光磁产品中的成功经验：选择以有庞大市场需求，但同时又能形成独特经验和知识的少数产品入手。如笔记本计算机是当年京东多媒体网上线时提供的 98 个产品之一。为打消网购者的购买顾虑，京东制作了一个视频广告，证明笔记本计算机能够承受运输中的颠簸而且质量不会受到任何影响。虽然现在京东商城提供的商品超过了 10 万种，但笔记本电脑仍然是对销售额贡献最大的产品。依托资本，京东自 2007 年开始向综合电商转型，拓展业务领域，扩大规模，逐步成为品类齐全的自营综合电商。

9.1.2　现状

　　京东集团作为一个拥有近 17.8 万名正式员工的互联网零售公司，业务涉及电商、金融和技术三大领域。2014 年京东集团分拆为两个子集团、一个子公司和一个事业部，涉及金融、拍拍及海外业务，分拆后京东集团下设京东商城集团、金融集团、子公司拍拍网和海外事业部，而京东在 2015 年 12 月 31 日停止 C2C 模式（拍拍网）的电子商务平台服务。2018 年，京东在持续巩固在中国电商领域物流网络优势的同时，也向社会全面开放物流网络。截至 2018 年 12 月 31 日，京东在全国运营超过 550 个大型仓库，总面积约为 1 200 万平方米。2018 年，京东全年净服务收入为 459 亿元（约 67 亿美元），同比增长 50.5%，占整体净收入比例约 10%。京东物流及其他服务收入同比大幅增长 142%，由此带动了 2018 年全年净服务收入同比增长 50.5%，占整体净收入的 10%。

　　2004 年上线至 2011 年可以称为其"爆发式增长"快速崛起阶段。京东自 2004 年上线至 2011 年，京东商城一直保持年均 200%～300%的速度高速增长。在此期间，京东商城在拥有全国最丰富的 3C 类产品的同时，还将产品线扩充至家居百货、服装服饰、母婴、图书、食品等 11 大类别，约 30 万种商品。

　　京东商城集团是中国最大的自营 B2C 购物商城，2018 年第四季度净收入达 1 348 亿，全年净收入达 4 620 亿，季度活跃用户人数同比增加 20%，连续十二个季度实现盈利，各项财务指标超出华尔街预期。京东商城现有 3C 事业部、家电事业部、消费品事业部、服饰家居事业部、生鲜事业部和新通路事业部六大事业部，形成一站式综合购物平台。

　　海外事业部在进口业务方面具有"京东全球购"平台，开设的国家馆有"法国馆""韩国馆""日本馆""澳大利亚馆""美国馆""德国馆"和"英国馆"；开设的地区馆有"台湾馆"和"香港馆"。在出口业务方面，通过多语言全球售跨境贸易平台 en.jd.com 构建全球供应链，以"全球化+本地化"模式服务全球用户需求。

　　京东金融集团，于 2013 年 10 月开始独立运营，定位为金融科技公司。京东金融依托京东生态平台积累的交易记录数据和信用体系，向社会各阶层提供消费金融、理财、支付、众筹等各类金融服务。同时，夯实金融门户基础，并依托京东众创生态圈，为创业创新者提供全产业链一站式服务。京东金融现已建立七大业务板块，分别是供应链金融、消费金融、众筹、财富管理、支付、保险、证券，推出了京保贝、白条、京东钱包、小金库、京小贷、产品众筹、私募股权融资、小白理财等创新产品。

　　京东技术，服务并支撑京东战略和业务。京东从成立伊始，就持续投入大量资源开发完善可靠、能够不断升级、以电商应用服务为核心的自有技术平台。京东技术实现了京东业务保障和技术突破两个方面目标。业务保障包括基础保障、平台保障和安全保障，能够支持京东的高速顺畅运营，应对"618""双 11"等电商大促的海量订单压力。在完成业务保障的基础上，技术突破会给京东带来更高的运行效率和更多的商业机会，如基于大数据的个性化推荐搜索、自动补货、自动定价等应用；同时，京东云在完成全面京东业务运营支撑的同时，会成为京东对外提供技术、方案服务的核心，京东将自身的技术、资源和经验全面云化输出，帮助政府、行业用户迅速走上"互联网+"进程，构建良好的电商生态圈。

京东商城总部设在北京，目前在北京、上海、广州、成都、武汉设立了华北、华东、华南、西南、华中分公司和服务、物流系统，为了确保全国客户服务品质和速度，京东商城正在建立以下几个中心：

（1）管理中心：北京。

（2）采购中心：北京。

（3）一级物流中心：北京、上海、广州、成都、武汉。

（4）二级物流中心：沈阳、济南、西安、南京、杭州、福州、佛山、深圳。

（5）全国客服中心：宿迁。

9.1.3　发展历程

京东的发展历程大致分为三个阶段：

第一阶段（2004—2007 年），京东由传统式经营正式向电商转型。2004 年，"京东多媒体网"电子商务网站开始上线，京东的业务重心开始向电商转变。2007 年京东多媒体网正式更名为京东商城，京东正式启动全新域名 www.360buy.com。

第二阶段（2008—2010 年），京东在 3C 和家电的基础之上，增加日用百货商品。2008 年是京东的一个拐点，这年京东商城的销售额达到 13 亿元，首次超越当当、卓越亚马逊成为中国最大的自主式 B2C 网站，当然 3C 依然是其主营业务。而当时京东向百货转型的原因在于，其网站用户流量足够庞大，上百货业务也可以取得不俗的销售业绩，同时丰富京东的商品可以更好地满足用户的需求，京东开始从一个 IT 电商向全能百货商城转变。

第三阶段（2011—2019 年），该阶段京东开始将重心放在了物流仓储体系的建设上，京东不断加大对供应链能力的投入。

1．第一阶段，传统式经营正式向电商转型

2004 年，京东在全国首创即时拍卖系统——京东拍卖场正式开业。

2005 年 11 月，京东多媒体网日订单处理量稳定突破 500 个，有了基本规模的用户群体和市场。

2006 年 1 月，京东宣布进军上海，成立上海全资子公司。

2007 年，京东广州全资子公司成立，全力开拓华南市场。此时，京东建成了以北京、上海、广州三地为基础的覆盖全国的销售网络。

2007 年 6 月，京东多媒体网正式更名为京东商城，启动全新域名 www.360buy.com，并成功改版，当月京东商城日订单处理量突破 3 000 个。

2．第二阶段，从 IT 电商向全能百货商城转变

2009 年 1 月，京东商城再次获得来自今日资本、雄牛资本以及亚洲著名投资银行家梁伯韬先生的私人公司共计 2 100 万美元的联合注资。

2009 年 2 月，京东商城尝试出售一系列特色上门服务，包括上门装机服务、计算机故障诊断服务、家电清洗服务等。

2009 年 9 月，京东商城呼叫中心由分布式管理升级为集中式管理，且由北京总部搬迁至江苏省宿迁市。

2010 年，京东商城在成都的西南分公司成立，京东形成以华北、华东、华南、西南

四大物流中心为基础的覆盖全国的销售网络。

2010 年 11 月，京东图书产品上架销售，实现从 3C 网络零售商向综合型网络零售商转型。

2010 年 12 月，京东开放平台正式运营。

3. 第三阶段，物流仓储体系建设

2011 年 2 月，为了抓住移动电子商务商机，京东商城 iPhone、Android 客户端相继上线，启动移动互联网战略。

2011 年 11 月，京东进军奢侈品领域，正式推出奢侈品购物网站 360Top.com。

2012 年 1 月，京东在线客服正式上线，搭建起全新的客户即时沟通和及时服务渠道。

2012 年 10 月，京东海外站（英文网站）正式上线公测，迈出国际化重要一步。

2012 年 10—12 月，京东通过对第三方支付公司网银在线的完全收购，布局支付体系；上线供应链金融服务"京保贝"，可以实现三分钟向供应商提供融资服务。京东开始正式试水金融业务。

2012 年 11 月，京东正式开放物流服务系统平台。

2013 年 5 月，京东超市业务上线，进一步实施综合型网络零售商和市场规模战略。

2013 年 5—7 月，京东在物流配送领域推出："夜间配""极速达"等配送服务，在北京、沈阳两地成功投放 24 小时自提柜业务，并于同年 11 月正式推出"退换货运费险"，是电商业界首次退换货"双保险"，树立电商物流配送和物流服务的新标杆。

2013 年第三季度，京东实施会员体系调整，上线京东会员俱乐部。在自营家电品类率先推出"30 天价保，30 天只退不换，180 天只换不修"特色服务承诺，远超国家三包法规定。

2013 年 11 月，京东获基金支付牌照，与太原唐久便利店合作上线 O2O 项目。

2014 年 2 月，京东推出首个互联网金融信用支付产品——"京东白条"，并于 7 月推出金融众筹业务"凑份子"，在金融领域尝试推出创新性的网络金融产品。

2014 年 3 月，与腾讯达成战略性合作，收购腾讯部分电商业务和资产，在随后半年内开通微信"购物"和手机 QQ 购物一级入口。

2014 年 5 月，在美国纳斯达克上市。

2014 年 10 月，京东首个"亚洲一号"现代化物流中心正式投入运营。

2014 年 12 月，京东全国首个电商县落户四川，与仁寿县就农村电商达成战略合作。

2015 年 1 月，京东在物流配送领域着力解决最后一公里和县域及农村配送网络，首家"京东派校园店"在北京工业大学开业，首家"县级服务中心"落户青岛平度市。

2015 年 4 月，上线全球购跨界电商平台。

2015 年 12 月，京东商城成立生鲜事业部。

2016 年 3 月，京东集团（JD.NQ）发布了 2015 年全年业绩报告，2015 全年交易总额（GMV）达到 4 627 亿元人民币，同比增长 78%；核心 GMV（不含拍拍平台）4 465 亿，同比增长 84%。

2017 年 1 月，中国银联同京东金融签署战略合作协议，并宣布后者旗下支付公司正式成为银联收单成员机构。京东金融旗下支付公司网银在线正式成为中国银联收单成员

机构，可以开展银联卡线上线下收单业务。

2018 年 6 月，京东集团和谷歌宣布，谷歌将以 5.5 亿美元现金投资京东，作为回报，谷歌将获得约 2711 万股新发售的京东 A 类普通股，发售价为每股 20.29 美元，等值为每 ADS（美国存托股票）40.58 美元。

2018 年 9 月，法国高端护肤品牌欧舒丹正式入驻京东美妆。借此，京东美妆当日发布"京东高端美妆珠穆朗玛计划"。

2018 年 9 月，京东集团与泰国尚泰集团一起打造的泰国线上零售平台 JD CENTRAL 正式上线运营。

2018 年 10 月，由京东与红豆联手打造的红豆京东时尚生活体验店落地无锡荟聚购物中心。

2018 年 10 月，贵人鸟与京东签署了战略合作框架协议，要与京东探索并展开全方位、多层次的合作。同月，京东与新宇集团宣布签署战略合作协议，共同组建中国规模最大的钟表零售联盟。

2018 年 11 月，京东与小米旗下精品生活电商平台小米有品在北京签署战略合作协议，从精选产品入驻、第三方品牌孵化、商品反向定制、物流等多个方面展开深度合作。

2018 年 11 月，西安京东天鸿科技成全球首个获得省域范围从事末端物流无人机物流配送经营许可的企业。

2018 年 12 月，京东宣布，董事会已批准一项股票回购计划，在未来 12 个月内，京东回购 10 亿美元的公司股票。

2019 年 2 月，北京京东尚科信息技术有限公司以 27 亿元受让了北京翠宫饭店有限公司 100% 股权，京东尚科已成为北京翠宫饭店的唯一股东。

9.2　聚焦热点

家电产品已经成为继服装、家居、饰品之后的又一大网购热点，传统家电企业纷纷触网，家电网购市场竞争也日趋激烈。

9.2.1　力度空前的优惠促销活动

京东商城凭借着多年积累的人气、网站流量以及成熟的技术运营，老牌 B2C 商城的优势在此更为明显。近年来，京东商城与国内外知名家电品牌商多次推出独家网络新品发布、联合促销、订制包销等活动，为消费者提供了个性化且具备价格优势的家电商品与专业网购服务。

每年 6 月是京东的店庆月，每年 6 月 18 日是京东店庆日。在店庆月京东都会推出一系列的大型促销活动，其中 6 月 18 日是京东促销力度最大的一天。

2011 年，恰逢中秋、国庆双节销售旺季，京东商城在大家电品类推出了总额高达 10 亿元的优惠券派送活动，创国内家电行业销售史上的最高记录。同时将在竞争激烈的家电网购市场掀起新一轮的价格海啸，家电网购商战再次升级。根据京东商城预估，以每天 10 万人领取优惠券，平均每人领取 500 元保守估算，此次活动期间，京东商城总体发放的优惠总额将超过 10 亿元。

2018 年更是推出了红包大派送活动（5 月 23 日至 5 月 25 日，京东 APP 上线群红包；

5 月 25 日至 5 月 31 日，京东微信、手机 QQ 购物会上线互动活动。此外，6 月 1 日至 6 月 17 日整个大促期间，京东金融每天晚上 6 点 18 分，都有京东现金红包雨，最高 4 999 元）、低价秒杀活动（2018 京东"618"大促主打"低价购"，每天推出 6.18 元或 61.8 元的秒杀价，涉及 3C 专场、家电专场、超市专场）、满减活动（海尔电器单件最高可以减 2 000 元；欧莱雅、维达等商品满 199 元减 100 元。同时，家居服饰促销可以跨店铺"3 免 1"）、老刘专场压轴活动（6 月 18 日至 6 月 20 日，凡是之前 17 天促销期里的爆款都会在这 3 天返场促销）。根据京东官方数据显示，2018 年京东 618 全球年中购物节的累计下单金额已达 1 275 亿元，再创新高。

除此而外，消费者在京东商城上购买家电产品，还可以享受到专业的"家电下乡""家电以旧换新"等惠民政策。京东商城在大家电品类推出了创国内家电行业销售史上的最高记录，同时将在竞争激烈的家电网购市场掀起新一轮的价格海啸与网络狂潮，家电网购商战再次升级。

9.2.2　京东到家试水 O2O 模式创新

O2O 服务平台布局是 2015 年京东集团层面的重要战略。2015 年 3 月 16 日，京东集团宣布，为快速推进京东在 O2O 业务方向上战略布局和模式创新，在 O2O 市场快速取得优势，设立 O2O 业务独立全资子公司，京东的 O2O 项目京东到家正式上线。这标志着京东赋予 O2O 业务更高的战略地位，培养 O2O 业务成为未来京东集团发展的重要引擎。

京东到家主营生鲜产品，利用移动互联网，整合 3 千米范围内的超市、鲜花店、水果店、蛋糕店等实体店资源，为消费者提供"2 小时快速送达"服务。餐饮外卖、家政、洗衣、洗车、美甲、按摩等本地生活服务也是京东到家的重点发展方向，可为消费者提供专业的上门服务。

京东在 O2O 业务的物流配送上实行自有配送体系为主体，同时推出众包物流，利用社会化运力实现商品的快速送达，谋求 O2O 业务的规模扩张与突破。

截至 2018 年，京东到家已经发展成为一个覆盖全国 22 个主要城市，拥有 3 000 多万注册用户的 O2O 生活服务平台。线上总共有 800 家商家，不仅仅包括沃尔玛、永辉、欧尚等大型超市，还有 7—11、全家等，其中数量最多的是生鲜商家。线下实体门店达 7 万多家。京东到家通过盘活线下资源，创新推动"互联网+实体零售""互联网+生活服务业"的发展，促进传统产业转型升级。

9.2.3　布局京东支付体系，构建京东金融体系与生态

1. 全面停用支付宝

2011 年 8 月，京东商城发表官方声明，称因与支付宝合作已到期，京东商城已经全面停用支付宝。用户除了无法使用支付宝服务外，使用支付宝账号登录的功能也一并被停用。京东弃用支付宝的主要原因是支付宝的费率太贵，为快钱等公司的 4 倍。每年京东都要多支付 500 万～600 万，而且京东 80% 都是货到付款，用在线支付很少，约在 10% 左右，因此与支付宝停止合作不会给用户带来影响。但可以揣测其后面的原因可能有：支付宝与天猫同是阿里巴巴旗下企业，后者是京东最大的竞争对手，京东商城不希望竞

争对手了解其交易数据；同时也不希望在支付环节为竞争对手导入流量；京东自己谋求布局支付领域，以进军金融领域。

2．京东支付体系

自 2012 年收购网银在线，支付在京东生态体系内发展迅速。2015 年 4 月 28 日，京东宣布网银钱包更名为京东钱包，网银+更名为京东支付，京东钱包是网银在线的个人账户产品，致力于为用户提供安全、快捷、可信赖的在线支付服务。京东钱包提供网上支付和清算服务，为用户提供在线充值、在线支付、交易管理、提现等丰富的功能，在电子支付领域，京东钱包凭借丰富的产品线、卓越的创新能力迅速赢得消费者、金融机构以及政府部门的高度认可。截至目前，京东钱包已与包括四大银行、银联在内的数十家金融机构以及 VISA、Master 等五大国际发卡组织建立了长期的战略合作关系。支持互联网、POS、手机等多种线上线下的终端支付形式，形成了网关支付、京东支付（快捷支付）、跨境支付、代付、POS 支付、单用途预付卡系统技术等业内领先产品。

2012 年 11 月，在具有支付牌照和支付体系后，京东推出创新型金融产品——供应链金融服务"京保贝"，可以实现三分钟向供应商提供融资服务。

2018 年，京东支付的合作商户已超过 50 万家，实现全行业的覆盖。陆续与旅游、票务、地产、婚恋、电商、交通、便民、众筹、理财、保险、O2O 等各行业极具影响力的大商户全面合作。已链接并创建场景覆盖用户所有生活消费环：线上购物、生活消费、个人理财等。

3．京东金融体系和生态

在完成京东支付体系后，京东于 2013 年正式成立金融集团，成为京东集团下属的两个集团之一，提出围绕京东支付体系，为用户提供全方位金融解决方案。对用户而言，可满足他们各种需求，如消费、理财、提供创业平台等；对商户而言，将改变线下商户的商业模式，帮助线下商户促进销售、解决供应链问题，同时提供保险、贷款等。而京东支付是京东的战略级业务，连接京东整个生态圈，能够为用户提供支付、理财、购物、资产管理等金融服务功能。

京东金融集团构建了网络支付（京东钱包）、供应链金融（京保贝、京小贷）、消费金融（京东白条）、财富管理（京东小金库、小白理财）、众筹、保险和证券等七大业务板块，如图 9-1 所示。其中：

（1）网络支付是互联网金融的基础。

（2）供应链金融服务于产业链企业，提供三分钟快速融资服务，真正解决中小企业的融资难题。

（3）消费金融和财富管理服务于消费者，分别提供信用服务和理财服务。

（4）众筹服务于创业公司和投资人，产品众筹上线半年就成为我国最大的权益类众筹平台，行业占比超过三成；信用众筹于 2015 年 3 月底正式上线，可使投资人切实享受到我国经济发展的红利。

（5）2013 年 5 月，京东正式上线保险业务，推出众筹跳票取消险、海淘交易保障险、投资信用保障险、家居无忧服务保障险、30 天无理由退换货险等创新的互联网保险产品。

（6）2016 年京东金融推出了两款服务于证券行业的产品，为投资者提供策略参考，输出数据分析能力。

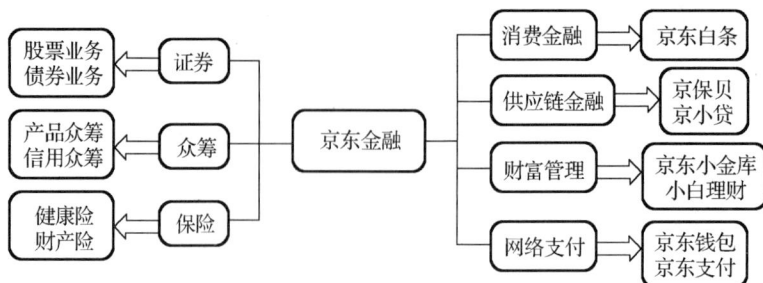

图 9-1　京东金融七大业务

9.2.4　实施 3F 战略，开拓农村电商市场

从电商行业而言，广义的农村电子商务，是指电子商务平台配合密集的乡村连锁网点，以数字化、信息化的手段、通过集约化管理、市场化运作、成体系的跨区域跨行业联合，构筑成紧凑而有序的商业联合体。电子商务能够降低农村商业成本、并扩大农村商业领域、使农民成为平台的最大获利者，使商家获得新的利润增长。

国家政策更是大力支持农村电商的发展。商务部在 2015 年发布的《"互联网+流通"行动计划》中指出，第一个重点任务就是推动电子商务进农村，打造工业品和生活用品下乡及农产品进城的便利渠道，促进农村电子商务发展，培育农村电商环境。2017 年先后发布了《关于开展 2017 年电子商务进农村综合示范工作商务通知》《关于深化农商协作大力发展农产品电子商务的通知》；2018 年发布了《关于开展 2018 年电子商务进农村综合示范工作的通知》等。

我国的电子商务发展不平衡。在广大偏远农村地区，人们难以享受到像大城市那样物美价廉、快速便捷的电子商务服务。为此，京东集团加快了渠道下沉步伐，重点发展县城和农村市场。京东农村电商的发展战略有三部分，即工业品进农村战略（Factory to Country）、农村金融战略（Finance to Country）和生鲜电商战略（Farm to Table），简称"3F 战略"。

京东农村电商战略最核心的两大模式就是县级服务中心和京东帮服务店。县级服务中心采用公司自营的模式，服务中心的负责人为乡村主管；京东帮提供大家电服务需求在京东下乡上，与县级农村服务中心的自营方式不同的是，加盟京东帮服务店这种方式解决电商下乡"最后一公里"问题。

截至 2018 年 9 月，全国已成立了 1 700 多家京东帮服务店，农资电商的合作涉农企业已达到 250 多家，已授权的京东农资服务中心达到 120 多家。

根据京东大数据研究院发布的 2018 年电商扶贫品牌报告显示，2016 年第一季度到 2018 年第二季度，京东在全国 832 个贫困县上线商品超过 300 万种，实现销售额超 300 亿元，直接带动 50 万户建档立卡贫困户增收。

9.2.5　智能新科技的引进应用

1. 机器人技术——无人仓库

2017 年 10 月，京东物流首个全流程无人仓正式亮相。这次亮相的全流程无人仓实现了从入库、存储、包装、分拣的全流程、全系统的智能化和无人化，对整个物流领域而言都具有里程碑意义。此次亮相的京东无人仓，坐落在上海市嘉定区的仓储楼群，属于上海亚洲一号整体规划中的第三期项目，建筑面积 $40\ 000\text{m}^2$，物流中心主体由收货、存储、订单拣选、包装 4 个作业系统组成，存储系统由 8 组穿梭车立库系统组成，可同时存储商品 6 万箱。在货物入库、打包等环节，京东无人仓配备了 3 种不同型号的六轴机械臂，应用在入库装箱、拣货、混合码垛、分拣机器人供包 4 个场景下。

在分拣场内，京东引进了 3 种不同型号的智能搬运机器人执行任务；在 5 个场景内，京东分别使用了 2D 视觉识别、3D 视觉识别，以及由视觉技术与红外测距组成的 2.5D 视觉技术，为这些智能机器人安装了"眼睛"，实现了机器与环境的主动交互。未来，京东无人仓正式运营后，其日处理订单的能力将超过 20 万单。

2. 物联网技术——京东农牧

2018 年 11 月 20 日，2018 京东数字科技全球探索者大会上，京东宣布京东金融品牌升级为京东数字科技，旗下子品牌京东农牧正式亮相，并成立京东农业研究院，将利用人工智能技术推动养猪业升级。

京东农牧还通过与中国农业大学、中国农科院等机构合作，自主研发并推出京东智能养殖解决方案，并联合中国农业大学建设丰宁智能猪场示范点。在丰宁智能猪场示范点，气体、温度、湿度等参数实时监控，示范点还用上了"猪脸识别"技术，猪的健康情况、进食量、进食偏好等数据都能测评出来。

京东农牧通过整合神农大脑、神农物联网设备和神农系统，利用研发的养殖巡检机器人、饲喂机器人、3D 农业级摄像头等先进设备，实现农牧产业的智能化、数字化和互联网化。据测算，智能化养猪将帮助大中型养殖企业降低人工成本 30% 以上，节省饲料8% 至 10%，缩短出栏时间 5 至 8 天。据不完全统计，如果国内养殖业应用这一解决方案，每年至少可以降低行业成本 500 亿元。

3. 人工智能技术——加速器（AICI）项目启动

2018 年初，京东人工智能加速器正式建立，加速器将充分发挥其在"技术+业务场景"上的优势，为入驻加速器的全球创业者提供投资、技术、业务场景等全方位的支持，有效连接上下游产业链，加速创业公司的技术升级。资本力量作为加速器模式的基因之一，为处于加速期企业发展提供了源源不断的动力，京东人工智能加速器的发展不仅需要京东集团内部的资本势能，也需要打通政府间合作。此次京东人工智能加速器正式落户德清，双方将联手倾力打造德清人工智能产业合作与服务平台，共同推进业态塑造，助力当地产业升级。

2019 年 1 月 25 日，京东（德清）人工智能加速器开业仪式在湖州市德清县举办。德清县将与京东 AI 平台携手全面提升德清经济社会发展智能化水平，打造人工智能发展"德清高地"的使命和愿景。

9.2.6　全球率先实现无人机送货常态化运营

2019 年 1 月 8 日中午 12 点 50 分，一架京东 Y3 无人机携一个快递箱，从位于广安市协兴镇的京东物流广安运营部腾空而起。6 分钟后，无人机抵达 900 m 之外的协兴镇牌坊新村社区活动广场，为年近 80 岁的李昌福爷爷送来孙子购买的年货礼。这是京东无人机常态化送货的西南第一单，标志着京东物流在广安市营业部正式开启了无人机常态化运营。

　　早在 2017 年，京东就实现了宿迁、西安的无人机送货常态化运营，现在宿迁市宿豫区周边乡村老百姓在京东购买的商品都是用无人机直接进行配送的。我国国土面积有三分之二都是山区，很多偏远山地区的老百姓并没有享受到快递的便捷服务，正因为这个原因，京东率先在宿迁和西安进行无人机快递常态化运营。

　　目前京东无人机订单配送主力机型为 Y3 和 V3 两款，载重在 5～30 kg 之间。除了体积较大的大件商品外，绝大多数产品如生鲜类、电子类、服装类等产品都可进行无人机配送。无人机按照设定好的航线飞往目的地，到达目的地后将会卸下货物，之后卸货点的货物再由配送员再送到消费者手上，这就是目前无人机配送货物的完整流程。同时，无人机配送的全过程都会呈现在调度中心的监控大屏上。未来，京东还会研发载重 300～2 000 kg、航程 500 kg 以上的中大型无人机，接着与京东无人仓，无人车智慧物流网络融合。京东已经开始在国内多个地区规划通航机场建设。京东无人机运营调度中心的常态化运营意味着京东无人机的研制与运营已达到国际领先水准。

9.2.7 "京瞬达"打造"一小时"生活圈

　　京东前置仓"京瞬达"迅速地在这个新零售时代火起来，京东物流前置仓从选品到形式都是为了满意高频消费的需要，并寄希望于以高频消费来带动其他的小包装消费品的高频消费习惯，从而为京东商超现有形式做了更好地拓展。

　　"京瞬达"能够覆盖生果、蔬菜、休闲食物，乃至包含生鲜食物。未来，"1 小时生活圈"还将覆盖全国其他城市，让更多的"懒人"足不出户即可处理衣食住行等所有问题。

　　"京瞬达"多形式的探究，能够翻开更多我国社区消费晋级的幻想空间。未来以青年人为生力军的我国社区消费，或许会以即时配送加以超市形式为主。超市既能供给真实标准化的、有别于传统夫妻店的一体化效劳，还能供给满意邻里之间交际需要的充满人情味的"小效劳"，与此同时经过前置仓满意就近社区的即时配送全覆盖。

9.3 成功之处

9.3.1 多渠道融资，完成资本扩张

　　2014 年京东上市前，京东共进行过五轮融资：2007 年 4 月，京东商城获今日资本 1 000 万美元投资；2008 年 12 月，获今日资本、雄牛资本及投资银行家梁伯韬的私人公司投资，总投资金额 2 100 万美元；2010 年 1 月 27 日，京东商城获得老虎基金 C1 轮投资，首期 7 500 万美元到账；2010 年 12 月 3 日，京东商城 C1 融资中的第二期金额为 7 500 万美元的资金到账；2011 年 4 月，获得俄罗斯 DST、老虎基金等 6 家基金和个人融资 C2 轮投资共计 15 亿美元。2012 年 11 月，获得加拿大安大略教师退休基金、老虎基金共计 4 亿美元融资。2013 年 2 月，获得加拿大安大略教师退休基金和 Kingdom Holdings Company 等共计 7 亿美元融资。

　　2014 年 5 月 22 日，京东美国存托股票在纳斯达克证券交易所挂牌交易，股票代码为"JD"。首次公开发行的 93 685 620 股美国存托股票（"ADS"）定价为每股 19.00

美元，每股美国存托股票相当于 2 股公司 A 类普通股。按此计算，京东市值为 260 亿美元，成为仅次于腾讯、百度的中国第三大互联网上市公司。京东商城登陆纳斯达克首日，开盘价 21.75 美元，较 19 美元的发行价上涨 14.5%，报收于 20.90 美元，较发行价上涨 10%。截至 2014 年 5 月，京东市值超过 300 亿美元，且在中概股中排名第二。

2016 年 1 月，京东金融集团获得来自红杉资本中国基金、嘉实投资和中国太平领投的投资人的投资，融资金额 66.5 亿元。此轮融资对京东金融的估值为 466.5 亿元。

2018 年 2 月，京东集团宣布旗下京东物流集团完成最新一轮融资，融资总额为 25 亿美元。参与此次融资的主要投资方包括高瓴资本、红杉中国、招商局集团、腾讯、中国人寿、国开母基金、国调基金、工银国际等多家机构。这是中国物流行业迄今为止最大的单笔融资。

9.3.2　多元化扩充"一站式"服务

B2C 电子商务平台的专业化是"一站式全程服务"的基础，多样化产品是"一站式全程服务"的内在要求，集成了上网、信息、支付、物流与配送、售后保障、技术支持等多种服务。"一站式服务"将成为 B2C 电子商务平台的主流经营模式。

所谓的"一站式服务"其实就是只要客户有需求，所有的问题都可以解决，没有必要再找第二家，其本质上就是系统销售服务。原为欧美国家商业概念，即商家为赢得消费者，不断扩大经营规模和商品种类，尽最大努力满足消费者的购物所需而使其不须东奔西跑。目前流行的电子商务平台大部分都集中在交易环节，忽略了前期的行情资讯、导购以及交易后的维修、产品升级等服务。针对消费者的需求和目前大多数 B2C 电子商务网站服务相对单一、交易过程复杂、售后服务及保障等方面存在的问题，京东商城提出了"一站式服务"。

拓展高端客户，京东商城在 2010 年底以 20 万收购了域名 TopLife.com，作为京东的奢侈品垂直 B2C 网站，耗时 7 年终建站，与 2017 年正式启用。京东积聚实力重新做奢侈品网站，而域名终究还是选择了最初的 Toplife.com。据 CNNIC 数据，京东商城的消费者月收入 75% 在 3 000 元以下，而开通 TopLife.com 标志着京东商城有意发展高端客户，完善自己的客户群。

9.3.3　自建物流体系，成效显著

至 2015 年 12 月 31 日，京东在全国范围内拥有 7 大物流中心，在 50 座城市运营了 213 个大型仓库，拥有 5 367 个配送站和自提点，仓储设施占地面积约 400 万 m^2。2015 年，超过 85% 的自营订单实现当日和次日达配送。京东专业的配送队伍能够为消费者提供一系列专业服务，如：211 限时达、次日达、夜间配和 2 小时极速达，GIS 包裹实时追踪、售后 100 分、快速退换货以及家电上门安装等服务，保障用户享受到卓越、全面的物流配送和完整的"端对端"购物体验。京东智能物流持续创新，"亚洲一号"现代化物流中心是当今中国最大、最先进的电商物流中心之一，目前已有 6 座"亚洲一号"投入使用。京东物流实验室开始测试无人机送货，为农村电商配送提速。

截至 2018 年 3 月 31 日，京东在全国范围内拥有七大物流中心，一共有 515 个仓库，总面积约 1 090 万 m^2。平均每个仓库的面积为 2.12 万 m^2。其中，自动化程度非常高的

亚洲一号智能仓库，是京东物流的骄傲。目前，京东已经在北京、上海、广州、沈阳、成都、武汉等大城市，建立了十几个亚洲一号。

9.3.4　对顾客群体的精准定位

互联网的用户以 25 岁～35 岁的青年为主，而计算机、通信和消费类电子产品的主流消费人群正是他们。这意味着京东商城的主流消费人群与互联网的用户重合度非常高，也就具有了开拓市场的前提。

据国家统计局公布的数据显示，2018 年社会消费品零售额同比增长 9.0%，实物商品网上零售额同比增长 25.4%，国内零售市场继续呈现增速放缓的态势。但京东全年GMV 近 1.7 万亿元人民币，同比增长高达 30%。作为京东集团核心业务的京东商城 2018年共有超过 21 万个签约商家，全年经营利润率为 1.6%，达到历史最好盈利水平。

垂直类 B2C 商城只需要上万种商品就可以满足大部分消费者的需求，但综合类 B2C商城至少需要 10 万种以上的商品才能满足运营需求，商品数量的增多必然带来工作难度和人员配备的增加，增加管理的难度。京东商城最初进入市场时以 3C 为切入点，做垂直类 B2C，能够使自己精准锁定目标客户，了解客户需求，并提供其所需要的产品和服务来锁住客户，培养客户的忠诚度和形成品牌效应。

9.3.5　快速扩张，规模为王

市场规模最大化是目前京东最大的目标，规模的提升不仅可以提高京东和供应商的竞价能力，同时还可以大幅降低费用率。而且在京东整体能力增强以后，京东可能会有更多样的收入方式：未来京东可以销售广告、可以销售数据、也可以做新型媒体，一切都有可能。

竞争手段从低价升级至综合实力的比拼。低价是电子商务发展初期的竞争利器，但良好的服务和用户体验才是企业持续发展的王道。在逐步完善物流体系的构建、产品线的扩充和精细化运营的同时，让企业实现商业价值是京东商城在未来需要发展的方向。

2015 年、2016 年、2017 年、2018 年，京东运营亏损分别为人民币 94 亿元、16 亿元和 4.030 亿元、10.339 亿元，但图 9-2 可以看到京东商城的营业收入持续增长，2017 年

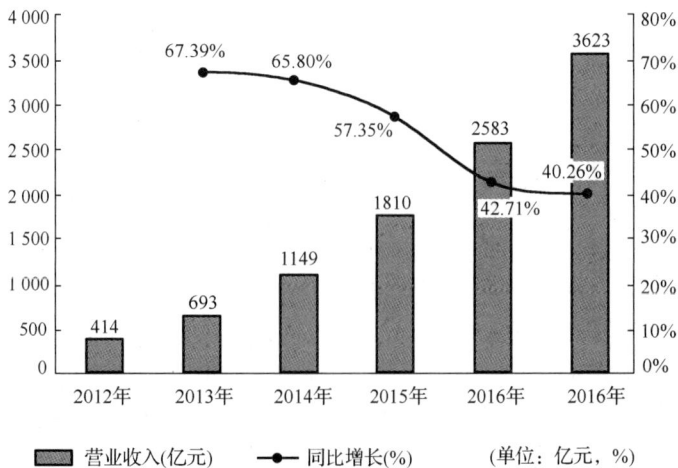

图 9-2　2012—2017 年京东集团营收收入规模及变化趋势

京东营业收入达到了 3 623 亿元，较 2016 年同比增长了 40.3%。其中第四季度实现单季收入 1 102 亿元人民币，首次单季收入破千亿。京东营收的快速增长，基于自营业务的强劲增长和全面开放赋能下合作伙伴带来的服务业务收入增长。2017 年京东自营业务收入 3 318 亿元，同比增长 39.44%，占总营收的 91.58%；服务业务和其他业务收入 305 亿元，同比增长 49.9%。

9.3.6　加大投资并购力度，布局未来发展

京东将自己的战略定位为：未来的京东是产业资源的整合者。自 2014 年开始，京东集团逐步加大了对外投资并购力度，有效补充了已有核心电商业务模式，通过投资并购切入汽车、旅游、餐饮、生鲜等领域，一是更为全面地满足京东海量、优质用户的多元化需求，二是进入高潜力垂直领域市场，为公司长远发展进行战略布局。

2015 年，京东战略投资了三家上市公司——易车网、途牛旅游网和金蝶软件，并与科大讯飞、上海医药两家 A 股上市公司签订合作协议，与科大讯飞成立一家专注于智能家居和语音技术的公司，与上海医药共同增资上药云健康，打造医药电子商务和移动医疗的生态系统。

2015 年上半年，京东还联合投资了我国最大的网上订餐平台——饿了么，战略投资了金融服务公司——分期乐、51 信用卡和 ZestFinance，以及生鲜电商天天果园。

2017 年，京东参与投资了印尼首屈一指的旅游票务平台 Traveloka。Traveloka 这轮尚在进行的融资规模达 5 亿美元。

2018 年京东花费 27 亿元人民币收购北京翠宫饭店 100% 股权。京东集团收购翠宫饭店基于长远布局和发展，未来该项目将改造成以科技研发、商务办公为主，成为京东集团在海淀区产业发展的载体空间。

9.3.7　构建京东电商云，打造电商云服务链和生态圈

京东电商云是京东电商开放生态的云信息平台，提供围绕电商应用全生命周期的云服务，包含京东宙斯、京东云鼎、京东云擎、京东云汇以及京东云峰五个解决方案。这五个方案向合作 ISV 和个人开发者提供京东系统开放接口、服务交易市场、电商应用云托管平台、应用开发云平台、社区生态环境等电商云服务，从而形成一个完整的云服务链条，与广大商家、用户、ISV 和应用开发者共同培育电商应用生态。

京东云提供的服务有三种：电商云、数据云和基础云。

京东电商云包括 B2B、B2C、O2O 和咨询培训，主要是电商业务信息系统，提供软件、物流、运营、金融服务，包涵从营销到客服完整的电商运营环节。

京东数据云，主要是数据的使用，帮助传统企业完成对数据的收集、存储、分析再到运用，通过系统建设、云计算专家、数据建模专家和开发者共同构成一个体系，形成一个大数据生态圈。

京东基础云，则由私有云和公有云两部分组成。京东私有云云存储系统稳定支持了主站商品图片、订单、物流等 200 多个系统的运行。京东公有云服务中的云主机服务、对象存储服务（云存储）也颇为建树。

京东电商云发展计划分三个阶段。第一阶段，京东 IT 资源的内部云化；第二阶段，努力培育京东电商应用生态；第三阶段，开放京东电商业务全部资源和能力，以云的形

式向全产业链各环节提供京东云服务，成为中国首屈一指的电商云提供商，为未来打造电商云服务链和生态圈奠定了坚实的基础。

9.3.8　高新科技创新应用、持续升级

无界零售不是对过去惯例、思维的简单延伸，而是重新定义人们创造和获取价值的方式。它带来的改变不仅限于单个企业，而是会对整个行业的角色、边界、格局产生深远影响。

智能结算台、智能显示屏分别实现了场景数字化和商品数字化。作为场景数字化的一环，智能结算台实现了在结算的交易过程和体验环节高效的数字化；智能显示屏根据用户的喜好，精准推荐商品，实现了商品数字化和个性化体验。

京东人工智能在政务、零售等不同领域先后有一系列的创新产品落地，城市综合服务机器人、导览服务机器人、德清智慧门店、实时多人脸属性互动显示屏等，其中城市综合服务机器人在联合国地理信息大会举办期间，体验人数近 30 万人次，吸引了大量市民和媒体的关注。

2019 年，京东人工智能将持续在语音与声学、计算机视觉、机器学习、知识图谱、语义、对话等 6 个技术领域全面发力，同时承载着在市政、零售、客服、医疗等领域的 AI+ 的商业探索和创新，将积累的 AI 能力通过京东人工智能开放平台（http://neuhub.jd.com）向合作伙伴全面开放，共赢生态。2018 年"双十一"期间，NeuHub平台的累计调用量达到 148.7 亿次以上。"双十一"当天，NeuHub 平台日调用量最高，达到 15.3 亿次以上。

目前，不仅零售行业处于智能升级的高速发展的进程中，各行各业都在探索与科技与人工智能结合的新应用，京东 AI 不仅会带来商业运营成本降低、效率和用户体验的提升，探索出可行的智能化升级道路，更将加速 AI+零售的行业智能升级，为实体经济智能化升级带来积极的示范作用。

9.3.9　低价、速达策略

对于京东的目标客户来说，其网上购物，看重的就是便宜、快捷、方便。而这对于所有的 B2C 公司来说，网络生存的法则就是"低成本、高效率"。京东商城商品价格制定从不参考同行价格，而是在商品的采购价上，加上 5%的毛利，即为京东的价格。

京东商城在利用低价迅速征服消费者，不断扩大销售规模的同时，又利用电子商务的另一个显著优势——短账期，提高了与供货商的议价能力，从而实现良性循环。传统家电卖场的账期在 100 天左右，零售商严重挤占供货商现金流，严重影响供货商的盈利能力。京东商城在创立之初，就自建信息系统，根据消费者在网上的点击率、关注程度、过往的销售量等信息，迅速对产品销售做出预判，并对产品销售全过程——订单确认、仓储、检货、物流、配送等环节进行信息化管理，充分利用电子商务的高效率优势，尽可能缩短账期。京东商城目前的平均库存周转只需 7～12 天左右，平均账期只有 20 天，从而加快了整个产业链运营的效率。

通过信息化实现的短账期，在让供货商资金周转压力大大减轻的同时，确保了京东商城可以更低价格从上游拿货，从而加快销售，获得更多、更稳定的现金流，进而实现经营的良性循环，不断加快扩张速度。

9.3.10 构建优良的客服、灵活的支付及可靠的售后保障

为了构建优良的客服、灵活的支付及可靠的售后保障，京东在全国实现"售后 100 分"服务承诺，随后又推出"先行赔付""7×24 小时客服电话等专业服务。

在配送环节，京东又先后提出了"211 限时达"和"售后 100 分"服务。"211 限时达"承诺在北京、上海、广州、成都 4 个由京东自营配送的区域均可实现上午 11：00 前提交现货订单，当日送达；晚上 11：00 前提交的现货订单在第二天上午送达（14：00 前）。"售后 100 分"服务则承诺，自京东售后服务部收到返修品并确认属于质量故障开始计时，在 100 分钟内处理完客户的一切售后问题，该项服务已经覆盖了国内 12 个城市。

9.4 点评与建议

以低价策略获取用户。低价策略是京东商城，尤其是 3C 类产品和线下传统企业竞争最有力的武器，是京东获取客户的重要策略，也是京东商城在短短三四年的时间里迅速超越经营十年之久的当当和卓越的主要原因。但是，由于低价也引起了京东商城的一些问题。

9.4.1 产品毛利率过低

低价造成京东商城的毛利率长期仅保持在 3%～5% 之间。与之相比，国美和苏宁的毛利率基本可以维持在 17% 左右。这严重影响了网站盈利能力，造成进一步产品线及规模扩张、物流战略实施的资金压力，一旦后续融资困难，会造成京东发展的巨大障碍。

市场中的挑战者通常会不计成本、通过低价等策略来抢占市场，获取较高的市场占有率和经营规模。但这个策略有着巨大的风险，一旦资金流断裂，企业面临的就是灭顶之灾。因此，低价策略与市场扩张的动态平衡是京东商城必须面对的。

9.4.2 隐匿的危机，需进一步规范

规范的市场秩序、公平的竞争环境是市场经济长远健康发展的基本要求和必要条件。我国电子商务发展取得了很大成绩，但还存在着侵犯知识产权、假冒伪劣产品泛滥、信用评价体系不够健全等问题，甚至产生了专门从事刷单、差评等不法职业，这使得不良商家有机可乘，诚实商家却承担了更多的成本和压力。

2016 年，工商总局对淘宝、天猫、京东等电商的电风扇、电磁炉、手机、插头插座、儿童用品、内衣、卫生巾等 503 批次商品抽检。抽检结果显示，4 批次商品为"三无"产品，2 批次商品经生产厂家确定为假冒商品，有效送检样品为 497 批次。总体不合格商品检出率为 34.6%，其中内在质量不合格的约占 93%，仅标志和说明不合格的约占 7%。假货问题已成为我国电子商务发展的障碍，严重扰乱了正常的市场秩序，迫切需要予以治理。

为了解决假货问题，京东在 2017 年联合腾讯、百度、沃尔玛中国、宝洁、联想、美的、小米、美团点评等品牌商成立了一个"阳光诚信联盟"，宣布将共同打击内部腐败、假货及信息安全犯罪。联盟还将建立反腐败、反欺诈、打击假冒伪劣产品的交流平台，

打击各种欺诈行为及黑色产业链，建立品牌保护合作机制，维护正常商业秩序。希望该措施能有效抑制假货的泛滥。

9.4.3　加快推广电子发票和电子工商注册，健全电商诚信体系

电子发票的普及应用可有效降低企业经营成本，有利于消费者权益保护，对加强税收征管、促进节能减排具有重要意义，是规范电子商务发展的关键。京东 2013 年 6 月开出内地首张电子发票，2014 年 6 月成功开具首张以电子化方式入账的对公可报销电子发票。据统计，在 2016 年至 2017 年间，京东开具电子发票超 10 亿张。然而，电子发票涉及面广，牵扯部门多。总体来说我国还处于起步阶段，其推广应用还比较缓慢，需要国家政府部门的大力推动。

对卖家进行电子工商注册有利于相关部门网络交易监管工作的展开，对打击假货、水货，维护正常的市场秩序具有重要意义。京东倡导实行电子工商注册，并创新成立了宿迁益世商务秘书公司，为个体商家代办电子工商执照，努力构建电子商务诚信体系。

9.4.4　客户服务、售后保障与信用水平需要进一步提升

京东规模和品类的扩张带来了客户服务不满意问题，面临着客户服务和售后保障不足的问题。客户投诉的数量在不断增多，严重影响了京东的信用和诚信。

当然这些事件在京东总量订单中比例非常小，但反映出京东的规模扩张、商品线扩展、网站信息管理不足带来了客户服务、售后保障方面的问题，对京东商城的信誉有一定的负面影响。但也要看到这只是京东发展中存在的问题，京东商城的客户服务、售后保障、信用总体上都是处在行业前列，是在向前发展的。

9.5　知识点学习

9.5.1　电子商务的类型

按照电子商务交易涉及的对象、电子商务交易涉及的商品形式和电子商务企业使用的网络类型等方面可以进行不同的分类。

1. 按照交易涉及的对象分类

按照电子商务交易涉及的对象进行分类，电子商务可以分为以下四种类型：

1）企业与企业之间的电子商务（Business to Business，B2B）

B2B 方式是电子商务应用中最重要的和最受企业重视的一种形式，目前在电子商务的交易额中所占的资金额度也最大。企业可以使用 Internet 或其他网络为每笔交易寻找最佳合作伙伴，完成从订购到结算的全部交易行为，包括向供应商订货、签约、接受发票和使用电子资金转移、信用证、银行托收等方式进行付款，以及在商贸过程中发生的其他问题如索赔、商品发送管理和运输跟踪等。企业对企业的电子商务经营额大，所需的各种硬软件环境较复杂，但在 EDI 商务成功的基础上这种模式也发展得最快。

2）企业与消费者之间的电子商务（Business to Customer，B2C）

B2C 是消费者利用 Internet 直接参与经济活动的形式，类似于商业电子化的零售商务。随着万维网（WWW）的出现，网上销售迅速地发展起来。目前，在 Internet 上有许许多多各种类型的虚拟商店和虚拟企业，提供各种与商品销售有关的服务。通过网上商店买卖的商品可以是实体化的，如书籍、鲜花、服装、食品、汽车、电视等；也可以是数字化的，如新闻、音乐、电影、数据库、软件及各类基于知识的商品；还有提供的各类服务，如安排旅游、在线医疗诊断和远程教育等。

3）企业与政府方面的电子商务（Business to Government，B2G）

B2G 覆盖企业与政府组织间的各项事务。例如企业与政府之间进行的各种手续的报批；政府通过 Internet 发布采购清单，企业以电子化方式响应；政府在网上以电子交换方式来完成对企业和电子交易的征税等。这些都将成为政府机关政务公开的手段和方法。

4）消费者之间的电子商务（Customer to Customer，C2C）

C2C 在网上表现的形式是消费者之间二手货的拍卖。随着今后各种技术的进步，以及网上支付形式的变化和电子货币的推广和使用，可以相信在网上的 C2C 形式的电子商务也像在现实社会中的自由市场上的商品一样，会得到同样的发展。

2. 按照电子商务企业使用的网络类型分类

根据开展电子商务业务的企业所使用的网络类型框架的不同，电子商务可以分为如下三种形式：

1）EDI 网络电子商务

电子数据交换（Electronic Data Interchange）是按照一个公认的标准和协议，将商务活动中涉及的文件标准化和格式化，通过计算机网络，在贸易伙伴的计算机网络系统之间进行数据交换和自动处理。EDI 主要应用于企业与企业、企业与批发商、批发商与零售商之间的批发业务。

2）互联网电子商务（Internet）

互联网电子商务是指利用连通全球的 Internet 网络开展的电子商务活动，在 Internet 上可以进行各种形式的电子商务业务，所涉及的领域广泛，全世界各个企业和个人都可以参与，它正以飞快的速度在发展，其前景十分诱人，是目前电子商务的主要形式。

3）内联网络电子商务（Intranet）

内联网络电子商务是指在一个大型企业的内部或一个行业内开展的电子商务活动，形成一个商务活动链，可以大大提高工作效率和降低业务的成本。目前，很多国内知名的大企业（如长虹、海尔、TCL 等）在企业内部利用 Intranet 网络建立了内部集生产、管理、资金划拨为一体的 ERP（企业资源计划系统），而进行的企业内部的电子商务活动降低了管理成本和费用，加速了内部的资金周转和使用效益，深受企业青睐。我国很多企业将要或正在走这一条企业信息化建设的发展道路。

3. B2C 模式的进一步分类

1）按商品种类划分

（1）综合型 B2C 网上零售。指销售产品数量与种类较多的 B2C 网上零售模式。代表厂商如当当、卓越亚马逊、麦网等。

（2）垂直型 B2C 网上零售。指专业销售某一类别产品的 B2C 网上零售模式。代表厂商如京东商城、新蛋网、七彩谷等。

2）按主营商品类别划分

（1）出版物 B2C 网上零售商。代表厂商如当当、卓越亚马逊、99 网上书城等。

（2）3C 产品 B2C 网上零售商。代表厂商如京东商城、新蛋、易迅网、北斗手机网等。

（3）日用百货 B2C 网上零售商。代表厂商如麦网、红孩子、我买网等。

（4）其他 B2C 网上零售商。主营产品为非上述产品的厂商，代表厂商如云网等。

3）综合 B2C 网上零售商业模式现状及发展趋势

（1）综合 B2C 网上零售商业模式现状。

① 用户数量、商品数量与品类持续增加，销售规模不断扩大。综合 B2C 网上零售厂商的用户数量、商品品类与数量、销售额始终处于行业领先地位，并且在市场推广持续投入助推的情况下持续高速增长。出版物占据厂商的销售份额越来越低，取而代之的是百货和 3C 产品的份额快速提升。

② 市场竞争趋于白热化，盈利能力不足。主要的综合 B2C 网上零售厂商依靠投资支撑起较大的市场及用户规模，由于在市场推广和基础设施建设方面的投入较高，以及激烈竞争导致利润率很低，导致各主要 B2C 网上零售厂商均难以盈利。

（2）综合 B2C 网上零售商业模式发展趋势。

① 增加商品品类，尤其是 3C 类商品，提供一站式购物服务，改善用户体验，与垂直 B2C 网上零售厂商展开直接竞争。

② 与供应商、物流企业、第三方支付平台和银行更加紧密合作，促进整个产业链的发展和价值提升。

③ 将网上零售与线下实体店销售、邮购业务更加紧密结合，逐渐形成多渠道销售模式的成熟度。

4）垂直 B2C 网上零售商业模式现状及发展趋势

（1）垂直 B2C 网上零售商业模式现状。

① 市场规模迅速扩大。垂直 B2C 网上零售在家电、3C、服装等领域发展迅速，这些垂直领域厂商发展快于整个 B2C 网上零售市场的发展速度。

② 盈利能力较强。垂直 B2C 网上零售专业化程度较高，配送地域差别较大，价格竞争不激烈，单品利润较高，主要的垂直 B2C 网上零售厂商均处于盈利状态。但随着各细分市场垂直 B2C 厂商越来越多，该市场也逐步进入了价格竞争阶段，盈利能力将会下降。

③ 地域性强。大多垂直 B2C 网上零售厂商以北京、上海、广州等网上购物渗透率高、购买力强、物流业发达的中心城市为核心，并且专注发展各自优势地区。

④ 市场竞争日益激烈。综合 B2C 网上零售厂商迅速扩充 3C、服装、母婴用品等利润率较高的商品品类，各垂直 B2C 网上零售厂商也积极扩张，市场竞争日益激烈。

⑤ 多渠道销售。垂直 B2C 网上零售厂商较多采用线上业务与邮购、线下业务相结合方式，并且注重网站联盟的发展，形成较为成熟的多渠道销售模式。

（2）垂直 B2C 网上零售商业模式发展趋势。

① 地域扩张。主要垂直 B2C 网上零售厂商在巩固北京、上海、广州等核心城市市场的同时，以北京、上海、广州等为核心逐渐向邻近经济发达区域和其他大中城市辐射扩张。

② 扩充商品品类、延长产品线。针对目标人群需求，丰富商品品类、延长产品线，逐渐形成垂直产品领域的综合 B2C 服务。

③ 与制造商和供应商的合作更加深入。随着垂直 B2C 网上零售厂商消费规模逐渐扩大，与产业链上游环节关系进一步加深，在与制造商和供应商的博弈中会获得更加主动的地位，直接影响上游产业链。

④ 各细分市场的参与者越来越多，市场竞争将逐步进入价格竞争阶段，各厂商盈利能力将有所下降，也驱动各厂商更加注重在服务方面的改进。

9.5.2 网络营销的产品策略

1．适合网络营销的产品类型

网络销售的产品（服务）可分为以下三类：

（1）实体产品。如书刊、计算机、服装等。

（2）无形产品。如软件、游戏等。

（3）网上服务。如教育服务、票务服务、保险金融服务等。

2．网络产品的营销策略

（1）产品标准化。由于客户无法亲眼见到网上产品实体，将产品标准化会大大增强其购买决心，促其尽快决策。

（2）产品认证。一些国际质量认证、行业认证、原产地认证将大大提高产品质量和性能的可信度，如 ISO 9000、ISO 14000 认证等。网上对产品认证和标准参数等要有突出、醒目的介绍。

（3）式样新颖，功能独特。网民收入和文化程度普遍较高，敢于标新立异，追求个性化。对此，应该在深入市场调研的基础上，有针对性地开发一些迎合市场潮流的产品或提供特色服务。

（4）量身定做。少数技术先进企业的内部生产系统高度柔性化和智能化，客户可在其设计系统引导下，按自己意愿自行设计产品，企业按客户的设计进行生产。戴尔公司允许客户通过网站输入某些配件和功能要求，按客户要求组装后，由联邦快递公司完成配送业务，客户可通过互联网对整个过程进行了解和监控。

（5）产品差异化。由于技术水平和生产能力的提高，产品同质化的趋势越来越明显，竞争也日趋激烈。要想在性能和价格都非常透明的网络营销中拔得头筹，就要和竞争者错位经营，提供差异化的产品和服务。

（6）技术开发。技术开发不仅指产品的生产、制造技术要处于领先地位，网络营销技术也要及时更新。例如，通过三维动态展示或演示，能使客户获得更为直观的印象。国外已经设计一些网络营销软件，例如，可"嗅"到产品气味；通过客户提供的腰围尺寸等，可以看到新款牛仔裤穿在身上的形象。这对满足客户对购买经验的需求、扩大销售无疑将起到促进作用。

（7）线上线下相结合。网络营销不能孤立地去开展，必须和网下其他销售策略结合起来才能发挥奇效。通过网下产品实体的展示功能，可有效地弥补网上营销的不足。

9.5.3 网络营销的价格策略

网络营销中的价格是买卖双方通过广泛调查、比较并经过网上反复询盘、还盘、磋商后最终确定的成交价格。网络营销中价格策略的运用主要有以下几种。

1．折扣价格策略

网络营销可以帮助企业降低流通成本，因而一般商品网上订价都在网下价格的基础上进行打折。网络营销中的折扣策略是和竞争对手展开竞争的有力武器。

网站有时实行部分产品超低价，目的也是招揽"人气"，带动其他产品的销售。当当网从光盘生产厂家那里低价订制 10 万张光盘，以市场价十分之一的价格售出，"赔本赚吆喝"的目的是为了制造轰动效应，促进其图书的销售。

2．免费策略

免费策略就是将企业的产品或服务以免费形式供客户使用，试图吸引并留住客户。免费价格形式有以下几类：第一类是产品和服务完全免费，如免费的新闻信息报道，免费的软件下载，免费的电子邮件信箱、个人主页空间、贺卡等；第二类是对产品或服务实行限次免费，即产品或服务可以被消费者有限次地免费使用，如许多免费试用软件，当超过一定期限或者使用次数后，这种产品或服务就不能继续使用；第三类是对产品或服务的部分功能实行免费，让消费者试用，但要使用其全部功能则必须付款购买。

3．个性化定价

网络营销的互动性使得企业可以为客户提供个性化的订制服务。这时企业提供了高附加值的服务，可实行较高价格的个性化商品定价策略。

此外，一些新型奇特或处于导入期的产品，由于市场同类产品少，网络的穿透力会抓住一些客户的猎奇心理，使产品较快打入市场。这时可以采取较高的价格，以尽快收回成本，最大限度获取利润。一旦同类产品大量出现，立刻实行低价走货策略，以阻止对手进入。

4．联合议价（又称集体议价）

近年来，海外一些跨国采购集团为降低采购成本，有时采取联合采购行动，统一价格口径，增强在采购中讨价还价的能力以争取最优惠的价格减让。供应商为了不失去如此大的大客户，往往在价格谈判中被迫让步。与此相对应，一些网站积聚大量某种产品的供应商，采购商要想"一站式"采购到位，减少交易成本，必须答应供应商的相对高价；否则，只有"化整为零"，延长采购周期和采购成本。提供集体议价的网站有酷必得（www.coolbid.com）等。

5．竞价

竞价分拍卖竞价和拍买竞价两种形式。前者是指经过注册后，在网上拍卖商品。电子港湾（www.ebay.com）、易趣、网易等网站就提供此类服务。拍买竞价一般指网上采购招标，比如国际商业采购招标和政府采购招标，八佰拜（www.800buy.com）等网站提供类似服务。拍卖一般奉行的是高价竞拍，与此相反，招标则一般是低价策略。

6．捆绑定价策略

即购买某种商品或服务时赠送其他产品与服务。厂家在网上通过购物车或其他形式进行报价，其实质是一种变相折扣或价格减让，目的是销售更多的产品。运用此种策略要注意，一是让客户自己搭配商品，不可勉强搭售，以免遭致客户反感；二是巧妙运用多种相关商品组合，让客户有更多的选择余地，客户甚至可以自行设计搭配方案，然后买卖双方在网上协商定价。

7．比价策略

网站提供搜索引擎，收集同一类产品的零售价格信息，对价格进行比较，使客户可以在一家网站"货比三家"。例如，当当网的智能比价系统，每天比一次，保证比其他网站价格低 10%。

总之，网络营销的定价策略很多，一般都与网下定价相结合，并和其他网络营销策略组合使用。随着网络商务市场的不断发展，许多新型的网络价格策略必将不断涌现出来。

9.5.4　网络营销的促销策略

网络促销是指利用现代化的网络技术向虚拟市场发布有关产品和服务的信息，以激发消费者的需求欲望，刺激消费者购买产品和服务，扩大产品销售而进行的一系列宣传介绍、广告、信息刺激等活动。

网络营销的促销手段主要有网络广告、网络销售促进、网络信息发布、网络公共关系等方式。网络促销策略主要有以下几种形式：

（1）有奖促销。奖品对许多客户有异乎寻常的吸引力，网上的抽奖活动可以带来比平时高出许多的访问量，促进产品的销售。

（2）赠品促销。在新产品推出试用、产品更新、对抗竞争品牌、开辟新市场等情况下利用赠品促销可以达到较好的促销效果。网上赠品一般是可免费下载的游戏软件或与产品关系较密切的非卖品。

（3）积分促销。网上应用积分促销比传统营销方式要简单和容易得多，很容易通过编程和数据库等来实现。积分促销一般设置价值较高的奖品，消费者通过多次购买或多次参加活动来增加积分以获得奖品。

（4）虚拟货币促销。当客户申请成为会员或参加某种活动时可以获得网站发给的虚拟货币，用来购买本网站的商品或获赠免费的上网时间，如酷必得的"酷币"、东方网景的"网元"等，相当于传统促销的优惠卡。

（5）折扣促销。通过打折降价销售来吸引客户是不少网站常用的促销方式，如当当网推出的"30 万图书 5～7 折，音像 3～5 折"活动等。

（6）免费资源与服务促销。通过免费资源与服务进行促销是互联网上最有效的法宝，通过这种促销方式取得成功的站点很多，有的提供免费信息服务，有的提供免费贺卡、音乐、软件下载，从而扩大站点的吸引力。

作者点评

京东商城自 2004 年上线以来，连续 7 年实现了超过 300%的惊人持续的爆发式增长，其模式可以为其他电子商务企业借鉴、复制吗？为回答这个问题，对其发展过程的研究就具有重要价值。京东的成功有着历史性的机遇，但其对市场机会、竞争对手的准确分析和把握，以及其制定的正确策略是其发展的根本原因。京东在精准市场和客户定位的基础上，制定了低价策略下的规模化扩张战略，故而京东能够在外界一片质疑声中坚持"快速发展规模为王"之路。而通过融资得到的资金是京东规模发展的保障，通过搭建电子商务供应链平台、物流配送服务、供应商战略联盟等策略来降低成本、提升效率以实现其低价策略。

9.5.5　无界零售

2017 年于阿里而言是新零售的元年，于京东而言则是无界零售的元年，京东对于未来的零售定义为无界零售，伴随阿里"新零售"和苏宁"智慧零售"理念的提出，京东在 2017 年提出"无界零售"理念并进行战略布局。无界零售是指以互联网和大数据为载体，优化供应链，打破线下和线上的隔阂，实现"人企无间""货物无边"和"场景无限"三大目标，如图 9-3 所示。

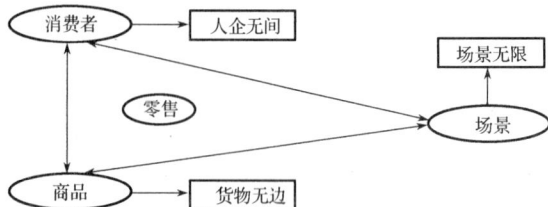

图 9-3　无界零售图

人企无间是指消费者能够直接和深入地参与到企业的产品设计、制造以及运输等环节。包含两层含义，一是订制化产品和订制化服务，根据消费者需求实现产品和服务专一化；二是增强用户体验感，包括线上商城和线下实体店体验，拉近企业与消费者的距离。

货物无边是指不仅注重产品的出售，还更加注重产品和服务交换完成后的环节。产品和服务不局限于本身的固有形态，产品、内容和数据充分渗透，通过收集客户消费信息，分析客户消费行为和消费需求，进而掌握客户消费动态。由客户的一次或几次消费引发多次消费，由一件或几件产品的购买引起多次相同或不同产品的购买。

场景指的是消费场景，具有双重内涵。一是打破空间局限，让零售无处不在，处处相连，消费者在任何地方都可以实现购物与消费；二是突破时间限制，零售场景无时不有，随时可见，在任何时间都可以完成交易和体验。

1. 无界零售围绕人货场的三个变化

（1）从流量思维向单元思维转变，不再单纯获取流量去做，而是去获得创造场景化。

（2）从物流角度，发现零售里面的货也会更加脱离开功能属性，从用户的体验入手，不再是一个功能的补充，更多的是围绕用户体验的提升去做一些设计改变。

（3）从零售未来的变化来看，对零售的物流基础设施提出了更多的要求，围绕人货场来看，从集中大客流变成去中心化客流散客为主的趋势，从大商场变成多场景，从大批量的货会变成小批量的货，围绕这样的变化，对零售的基础设施的要求，就变成了更加可视化、协同化和智能化，这个是未来物流需求的变化。

2. 无界零售的问题与挑战

无界零售内涵广博，从内容来看，无界零售是零售业未来发展的方向，是电商与传统零售有机结合的较好方法。但无界零售也存在极大的问题和挑战。

（1）现实条件限制空间无限。实现空间无限的潜在条件是人口密集、交通便捷、购买力强，目前来看，只能在经济发达地区实现。在欠发达地区，如我国西部地区，地理条件复杂，经济发展落后，无法实现空间无限。

（2）成本代价显著。电商是互联网发展的产物，互联网的核心是信息技术。无界零售需强大的技术支撑。京东自身目前尚未实现技术自我服务，即无界零售技术需要外包或购买，技术成本高。同时，实现场景无限有两个途径，一是全面垂直自营化，修建线下商场，例如京东无人超市；二是采用收购和合营方式，例如京东与沃尔玛商场、中石油合作等。无论是自建实体或者是收购合营，都需要较高的成本，从经济学角度来说，成本提高会压缩利润，不利于经济发展。

（3）同业竞争压力大。阿里等互联网企业已经开始涉足零售现代化领域，加之阿里具备强大的技术力量和资本力量，无疑会成为京东无界零售布局的竞争者。

小结

京东商城的发展经历了由专业 3C 产品 B2C 垂直网站向综合网站转型的战略转变，其发展具有典型的特色，即选择 3C 类产品突破，在资本支持下通过低价、自建物流、服务创新等策略实现快速扩展，而成为 B2C 规模第一的网上 3C 商城，以 3C 商城的核心优势为依托，实施向综合网站战略转型，形成具有下属 2 个集团、1 个事业部和 1 个子公司的大型集团公司，并于 2014 年 5 月登陆美国纳斯达克，成为国内自营 B2C 的领军企业。2018 年，京东集团市场交易额接近 1.7 万亿元，第三次入榜《财富》全球 500 强，位列第 181 位，在全球仅次于亚马逊和 Alphabet，位列互联网企业第三。

习题

1. 京东是什么类型的电子商务？其现在的业务领域和公司架构如何？京东的核心竞争力（或者说特色）是什么？

2. 京东是如何实现低价策略的？

3. 为什么要自建物流？简述京东物流体系的发展历程。

4. 为什么京东商城可以实现快速崛起？试评述其实现快速崛起的策略。

5. 京东快速崛起的策略可以适用于其他类型的电子商务吗？

6. 京东仅仅从事网上 3C 产品零售吗？京东为什么要进行产品策略的扩张？你怎样评价这个扩张策略？

7. 你如何看电子商城的发展和风险投资之间的关系？

8. 京东金融体系构成如何？京东为什么要发展支付体系和金融服务？

9. 简述京东近年来采取了哪些大的举措和进展？

10. 京东云服务架构有什么特点？京东为什么提出并实施电商服务云链战略？

能力拓展

随着电子商务十几年来的蓬勃发展，国内涌现了大量的纯线上 B2C 商城，尤其是在 3C 产品领域，新蛋网、库巴网（http://www.coo8.com）、新七天网都是纯线上型 B2C 商城。选择上述任一 B2C 网上商城，查阅相关资料，分析总结出我国垂直 B2C 平台发展的特点、特有的电子商务模式、面临的困境及应对策略。要求在新蛋网、库巴网、新七天网中任选一个完成案例报告，分成小组交流讨论。

___ 小资料 ___

（1）2016年5月12日，第二届亚洲消费电子展（CES Asia）期间，京东在展台曝光了正在研发中的两款用来送货的无人机，其中一款无人机体积巨大，外观犹如一架喷气式飞机。京东希望这个无人机能带30 kg包裹飞30 km，不是光送水和手机，当然，也不会送冰箱。这些无人机将被用来解决中国农村地区快递难的问题。农村还没有完全感受到电商的好处，京东准备设置20万乡村推广员，无人机先把村民购买的商品从农村配送站送到推广员的家里，然后推广员再把商品送到村民家里。

（2）一天，投资方拿着一张报纸找到刘强东，问他"做轻还是做重"的问题。这张报纸上讨论了电子商务企业是否自己做物流的问题。2008年6月，在京东自建物流初具规模时，京东高管们对"继续投资自建库房，还是接着租库房"这个问题也有过激烈争议。

（3）世界电子商务巨头eBay创办者在参观完亚马逊的物流系统后发誓："我们一辈子不要做自己的仓库。"因为物流体系的建设涉及交通、仓库等诸多大投资方向，对企业管理和资金控制是一个巨大考验。

（4）一名高校工作者是中关村IT卖场的常客。一天他在鼎好商城看上了一款Netgear无线路由器，要价285元，最低砍到了230元，还是没买。回家上京东网上商城比价，已经成了他从去年以来的一个购物新习惯。特价185元，而且现在满100元免运费，他毫不犹豫地下了订单。

（5）2008年3月，京东召开了一次网上"平板电视特卖会"，LG的一款42寸平板电视虽然取得了日销量400多台的佳绩，但是由于平均售价低于国美、苏宁门店的同型产品近1 000元，京东被两家前辈企业投诉，被指控"恶性竞争"。几天后，LG派出代表走进京东的办公室"问罪"。经过协商，京东答应暂停"特卖会"，而LG电视从此"直供"京东商城。一场"问罪"变成了合作。

第10章 苏宁电器——传统零售业电子商务的代表

学习目标

（1）了解苏宁的背景、发展及现状及苏宁信息化背景、历程、信息化内容和实施策略。

（2）理解苏宁电器实现低成本连锁扩张的信息化基础是苏宁B2C平台，即苏宁易购的重要支撑是苏宁实体，而实现并发挥线下支撑作用的基础和前提是苏宁的信息化平台。

（3）结合网络营销等知识和苏宁现状，分析探讨苏宁易购的竞争战略。

（4）理解苏宁云商模式的内涵。

（5）理解苏宁"一体、两翼、三云、四端"的战略。

（6）苏宁将线上、线下职能全方位打通，开启了线上、线下相互引流的良性循环模式，分析苏宁"智慧零售场景互联网"新模式。

引言

苏宁作为家电零售业的巨头，1990年成立后以连锁策略实现了在全国的快速发展，占据了家电零售的半壁江山，苏宁的发展经历了连锁之路、信息化战略、电子商务战略、多渠道融合的新型O2O模式、智能场景互联网零售几个重大阶段。作为电商自建物流的领先企业，连接智慧零售，进行更好地开放能力构建，在服务的领域和专业度上不断提高标准，是苏宁物流未来发展的重点方向。2018年7月，苏宁易购再度入围"2018年《财富》世界500强"并以278.06亿美元的年度营收在所有上榜中国企业中排前三。2019年，苏宁易购构建线上线下到店到手全场景的百货零售业态，为用户提供更丰富的数字化、场景化购物全新体验。

10.1 案例纵览

10.1.1 起源

苏宁电器1990年创立于江苏南京，是中国3C（家电、计算机、通信）家电连锁零售企业的领先者，是国家商务部重点培育的"全国15家大型商业企业集团"之一。2013年2月19日，由于企业经营形态的变化而更名为苏宁云商集团股份有限公司（SUNING COMMERCE GROUP CO.，LTD.）。苏宁经过近30年的发展，经商产品涵盖传统家电、消费电子、百货、日用品、图书、虚拟产品等综合品类，拥有员工20多万，会员数量和活跃度继续快速增长。

截至2018年12月31日，零售体系注册会员数量首次突破4亿，达到4.07亿。2018

年 12 月苏宁易购移动端月活跃用户数同比增长 43.25%，移动端订单数量占线上整体比例达到 94.91%。

2018 年，苏宁与大润发、欧尚、卜蜂莲花等商超深度合作，以及通过零售云加盟店方式，赋能行业合伙伴。根据《2018 年中国家电行业年度报告》显示，2018 年全年，苏宁家电销售规模占全国家电市场 22.1%，位列第一。

10.1.2　现状

根据苏宁 2015 年报，苏宁集团形成由线上线下两大开放平台，3 大经营事业群、28 个事业部、60 个大区组成架构。新组织具有的功能有：前台引领门户，实现线上易购，线下连锁；后台平台服务，提供数据、金融、物流、售后及服务；全品类统筹规划；全地区系统招商。

在经营领域方面，2018 年，一方面苏宁新增投入新开线下门店，如苏宁小店新开 4 000 多家，零售云县镇店新开 2 000 多家（总数 4500 多家）；另一方面是 IT 技术和自主研发投入（约 100 亿元）；还有一方面是物流投入，如智能化物流、科技物流、绿色物流等。同时，高速增长为企业带来大量就业需求。数据显示，苏宁在 2018 年共新增超 6.8 万员工，涵盖 IT 研发、互联网运营、实体门店、物流配送、售后等多体系。2019 年，苏宁预计新增超过 8 万个就业岗位。在线下，截至 2018 年底，苏宁易购合计拥有各类自营及加盟店面 11 064 家。其中，自营店面 8 881 家，自营店面面积 670.57 万平方米；苏宁易购零售云加盟店 2 071 家，迪亚天天便利店加盟店 112 家。

在物流方面，以"网络集成化、作业机械化、管理信息化"为目标，苏宁在全国大力建设以机械化作业、信息化管理为主要特征的第三代物流基地。第三代物流基地集物流配送中心、呼叫中心、培训中心、后勤中心等于一体，支撑半径 80～150km 的零售配送服务及每年 50 亿～200 亿元的商品周转量，成为苏宁的大服务与大后方平台。

作为电商自建物流的领先企业，苏宁连接智慧零售，进行更好的开放能力构建，在服务的领域和专业度上不断提高标准，是苏宁物流未来发展的重点方向。苏宁物流发布了未来 3 年的服务生态战略。计划至 2020 年，完成苏宁物流"基础设施航母编队建设"。苏宁物流将新建 40 座中大型仓库、50 个城市分拨中心，仓储面积新增 1 000 万平方米；航空物流突破 100 条，运输车辆超过 10 万辆；在农村和学校打造 10 000 个服务站点，自提点更是超过 50 000 个，快递点突破 30 000 个。

2018 年 2 月 27 日，苏宁易购发布 2018 年年度业绩快报。2018 年，苏宁易购营业收入为 2 453.11 亿元，同比增长 30.53%，连续两年实现两位数增长。商品销售规模（GMV）为 3 371.35 亿元，同比增长 38.54%。实现净利润 133.20 亿元。图 10-1 为 2018 年网络零售 B2C 市场交易份额，苏宁位列第四。

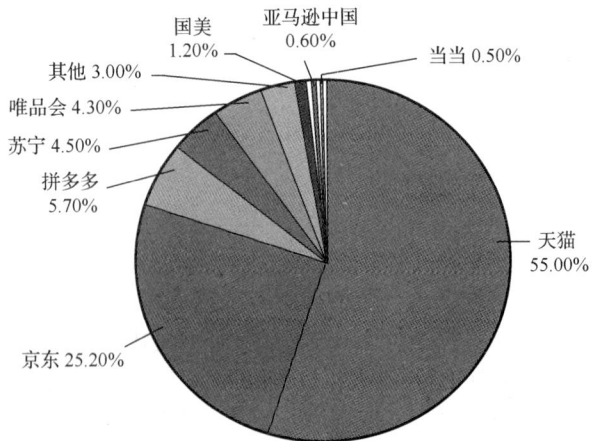

图 10-1　为 2018 年网络零售 B2C 市场交易份额

10.1.3　发展历程

苏宁从准备到发展 B2C 业务经历了 5 个阶段。

第一阶段，1999 年左右嫁接门户尝试网购，但主要目的还是在于宣传。

第二阶段，自立门户、树立网络销售形象，同期线下实体网络建设不断加速。

第三阶段，随着全国实体网络的建立以及会员制数据库营销的建立，初步启动网上平台的运营，探索经验，优化系统平台。

第四阶段，在当前内外部条件完全成熟的背景下，全面升级、力推网购，苏宁易购异军突起。

第五阶段，实施科技转型、智慧苏宁的发展战略，构建苏宁多渠道融合经营模式，实行创新 O2O 的苏宁"云商"模式，开启了跨越式发展的新征程。

2005 年，苏宁网上商城一期面世，销售区域仅限南京。

2006 年 12 月，苏宁网上商城二期在南京、上海、北京等大中城市上线销售。

2007 年 12 月，苏宁网上商城三期上线，销售覆盖全国并且拥有了单独的线上服务流程。

2009 年 7 月，苏宁首次公开推广网上商城，共开通 32 个城市用户网购子平台。

2009 年 7 月，苏宁电器携手 IBM 共同开发了苏宁电器四期网上商城，并将网上商城更名为"苏宁易购"，欲打造成行业先进的 B2C 网站。

2011 年 10 月，苏宁易购图书频道上线，首期 60 多万 SKU 引爆网购图书市场。

2012 年 9 月，苏宁并购红孩子，苏宁出资 6 600 万美元或等值人民币收购红孩子公司，承接"红孩子"及"缤购"两大品牌和公司的资产、业务，全面升级苏宁易购母婴、化妆品的运营。这是苏宁在电商领域的首次并购，对于苏宁"超电器化"经营和苏宁易购品类拓展、精细运营、规模提升具有重要意义，也拉开了电商行业整合大幕。

2013 年 6 月，全国所有苏宁门店、乐购仕门店销售的所有商品将与苏宁易购实现同品同价，这是全国首例大型零售商全面推行线上线下同价，此次价格一致是苏宁多渠道融合的重要一步，标志着苏宁 O2O 模式的全面运行。

2013 年 11 月，全球首家海外研究院——"苏宁美国研发中心暨硅谷研究院"开始运行。其将着眼于融合线上线下 O2O 模式，聚焦于智能搜索、大数据、高性能计算、互联网金融等领域的前沿技术研究，构建苏宁核心技术。

2014 年 8 月，苏宁客服体系通过了 4PS 国际标准认证，正式全面接轨 4PS 国际标准体系，成为国内首家获得该标准认证的互联网零售企业和虚拟运营商企业。

2015 年 3 月，"苏宁物流报关代理服务有限公司"获批。4 月苏宁第三方物流企业服务平台项目正式发布上线。

2015 年 6 月，苏宁在上海建设第二总部，将现有总部部分职能平移到上海，在互联网零售、PPTV、国际化、金融投贷、研发、人才等方面，加强多元产业的融合集聚发展，推进互联网零售。

2015 年 9 月，苏宁与万达达成战略合作协议，苏宁易购云店等品牌将进入已开业或即将开业的万达广场经营，双方确定的首批合作项目为 40 个。

2017 年 7 月，全国第一家苏宁易购汽车超市开业，10 月，苏宁汽车与拜腾 BYTON 达成合作，正式入局互联网造车领域，据悉，其首款车型将于明年 1 月亮相，计划在 2019 年投入量产。

2017 年 11 月，苏宁官方正式宣布，成立苏宁易购汽车公司，以公司化形式独立运作汽车业务。

2018 年 5 月，苏宁易购公告称，已经通过纽约证券交易所完成对公司持有的可供出售金融资产即 Alibaba Group Holding Limited 股份出售。此次出售，公司收到股票出售价款合计约 15.04 亿美元，经财务部门初步测算，预计可实现净利润约人民币 56.01 亿元。

2018 年 7 月，《财富》杂志公布 2018 年度世界 500 强榜单，苏宁易购集团股份有限公司继 2017 年之后再度入围，以 278.06 亿美元（约合人民币 1 883 亿元）的年度营收再次入围，并以 487.8% 的利润增长率在所有上榜中国企业中排前三。

2018 年 8 月，苏宁易购发布公告称，公司子公司苏宁国际参与投资云锋基金 III，协同其他有限合伙人利用各自的产业、资金、专业的优势共同打造一支目标规模不超过 25 亿美元的私募基金。

2019 年 2 月，苏宁易购正式收购万达百货有限公司下属全部 37 家百货门店。苏宁方面表示，本次收购将为万达百货注入全新的数字化变革。

10.2　聚焦热点

2018 年苏宁不断创新业态场景，打造全场景的零售生活方式体验，创新性地推出了"苏宁极物""苏鲜生""苏宁小店""苏宁零售云"等新业态，品类从家电、3C 逐步拓展至超市快消、母婴、家居等领域。苏宁原有的电商业态，以及背后强大的八大产业资源，都可以与百货进行模块化对接，交互创新，创造出更多更创新的前沿业态，为用户提供全方位服务体验。

10.2.1　IT 能力体系和信息化平台的构建

苏宁作为行业中实质拥有多端平台能力的零售企业，IT 和技术团队发挥了重要的作用，一方面搭建了线上平台，另一方面也打通了线上线下的资源和流程。IT 体系聚焦系统架构优化、基础数据运维、服务产品应用等方面，为内部管理提供了支撑，也有效推动业务的创新发展。

信息化是苏宁的核心竞争力。苏宁视信息化为企业神经系统，建立了集数据、语音、视频、监控于一体的信息网络系统，包括全国三级网络与通信应用架构、全国视频会议、全国内部互连互通电话、全国多媒体监控、全国数据中心等，实现了海内外 300 多个城市、数千个店面、物流、售后、客服终端运作和十多万人的一体化管理。

依托 SAP/ERP 系统，苏宁电器完成了涵盖 B2B、B2C、OA、SOA、HR、BI、WMS、TMS、CRM、CallCenter 等 10 多类、120 多项的信息应用模块开发，实现了"高效采销运营、精益客户服务、精细内部管理"三位一体的全流程信息管理。

借助 SAP/ERP 系统，苏宁与世界家电巨头建立战略合作模式，供应链管理（SCM）实现网络化和集中化。苏宁和索尼的合作标志着中国家电和消费电子类产品供应链管理从上游厂商制造环节延伸至零售渠道环节。供销双方基于销售信息平台，决定采购供应和终端促销，实现供应商管理库存功能，加强产业链信息化合作。双方营销人员不再是简单的买卖关系、谈判对手关系，而是以消费者需求和市场竞争力为导向的协同工作关系。例如：索尼通过 SIS 这个平台渗透到苏宁客户需求分析，苏宁通过 SIS 这个平台渗透到索尼后台产品设计阶段。

苏宁与三星 B2B 对接，双方形成对接联合小组，在技术、营销、市场、物流、销售、服务等多方面广泛合作。定期视频会议，发挥信息系统优势。三星电子中国地区营业总裁许琪烈透露，三星希望借助苏宁优秀的连锁和服务平台，强强联合，塑造全新的厂商合作模式。苏宁与三星的合作是中国零售业的一次"零售技术革命"。

苏宁电器确定了将 IT 应用和企业经营管理整合的战略，即在专注零售业务发展的同时，将企业 IT 应用与企业经营管理的整合能力提升到战略高度，必须与能够将管理咨询和 IT 服务整合运用的最具实力的咨询服务公司进行紧密合作。

为了适应和迎接电子商务时代的到来，苏宁确立发展"e 连锁"模式，以实现与供应商和市场信息的对接，在进货、销售、库存、售后服务等环节实现以客户为中心的协同效应。而为了进一步清晰与供应商之间的业务模式对接，苏宁电器简化了返利模式，这种调整是为了尽量做到销售与利润形成一对一关系。

10.2.2　实现全程电子商务，建立无缝对接供应链系统

在与上游供应商的沟通途径中，苏宁采用了 B2B 的方式。通过 B2B 电子商务技术手段，苏宁与供应商的供应链从流程到信息都实现了协同管理。从采购订单，到发货、入库、发票、远程认证、实物发票签收、结算清单、付款情况、对账等主干流程和环节，都在 B2B 平台上实现了全面的整合，双方都可以实时在线查询和互动。

B2B 系统由三部分组成：公共平台、B2B 功能模块和增值服务。

第一部分公共平台提供了 B2B 平台中的基本功能，如协议转换、访问权限管理等；第二部分 B2B 功能则包括 Rosettanet 所支持的业务流程管理、业务文档管理等；第三部分增值服务则提供了对内和对外的服务功能。

利用 B2B 平台的向上沟通，苏宁实现了与电器供应商的完全自动化订单和全面的协同。目前，苏宁已经与三星、海尔、摩托罗拉等大型企业建立了这种直联的 B2B 供应链合作关系，供应商可以进入苏宁的系统，随时查看自己产品的销售进度和库存情况，减少了业务沟通成本，极大地提高了供应链效率，降低了交易成本、库存水平，并缩短了供货周期，增加了企业的利润。

10.2.3　线上线下有机融合

尽管目前苏宁提出并实施云模式，但其发展线上业务的初期过程和探索，在此应该回顾。其线上和电子商务业务的战略源于苏宁认为："未来的电子商务最终比拼的一定是产品和服务，传统企业旗下的电子商务商城将承担重要的角色。从全球电子商务市场来看，传统企业都扮演着绝对的主力，以美国为例，前 10 的 B2C 企业中，有 8 个是传统企业的商城，这说明，传统企业进入电子商务有着得天独厚的先天优势。"

随着国家相关政策的出台，中国电子商务蓬勃发展，电子商务越来越呈现出线上和线下相结合的态势。

通常线下的资源起到了一个品牌支撑和基点与配送中转点的功能。苏宁电器门店的品牌信誉和苏宁电器的物流配送的支撑是苏宁易购发展的基础与后盾，两者共享物流服务体系，苏宁电器的范围扩张和发展战略对苏宁易购有着积极的意义。线下的发展对线上起着推动和促进作用。

10.2.4　传统苏宁转型"云商"

2015 年初，苏宁发布了"一体、两翼、三云、四端"的战略："一体"就是要坚守零售本质；"两翼"就是打造线上线下两大开放平台；"三云"就是围绕零售本质，把零售企业的"商品、信息和资金"这三大核心资源社会化、市场化，建立面向供应商和消费者以及社会合作伙伴开放的物流云、数据云和金融云；"四端"就是围绕线上线下两翼平台，因时因地因人，融合布局 POS 端、PC 端、移动端、电视端。

2015 年，苏宁提出"事业部公司化"，并将几个职能都整合进事业部：一是将原来在电子商务总部的"线上运营职能"划入；二是将原来在连锁平台总部的"实体店终端管理职能"划入；三是将原来在市场体系内的"品类促销推广职能"划入。将商品、运营、市场三大核心职能全部整合到一起。另外，开放平台的招商和自主产品（OM）等职能也被并入事业部。重组后，每一个事业部都负责一个品类，拥有完整的一套职能，能够实现"类公司化运作"。

2017 年，公司转型成效凸显，在线上业务发展的同时，将互联网技术及资源整合到线下渠道，升级线下各种业态，实现线上线下 O2O 融合运营，形成智慧零售模式，并逐步将线上线下多渠道、多业态统一为全场景互联网零售"苏宁易购"。为进一步凸显零售主营业务，彰显智慧零售内涵，公司决定将企业名称与品牌名称进行统一，即将"苏宁易购"升级为企业名称。

10.2.5　持续构建以顾客为中心的运营体系

苏宁云商建立了市场导向、顾客核心、顾客满意的服务战略，构建为顾客提供涵盖售前、售中、售后一体化的阳光服务体系。

苏宁云商客户服务管理中心立足线上线下两大平台，开放物流、金融和数据等核心资源，提供专业化的服务，进一步深化服务理念、树立服务品牌，打造支持全业务的客户联络中心，创造最有运营价值的客户资源管理平台。

苏宁推行以服务为核心的战略，构建一个稳定、固化的终端运营体系，以连锁店、物流配送中心、售后服务中心、客户服务中心四大终端为基础平台，如图 10-2 所示。这个体系运行"推行组织运作简单化、标准化、制度化和信息化"的四化管理，其含义是复杂工作简单化、简单工作标准化、标准工作制度化、制度工作信息化。

苏宁客服中心创建于 2007 年 8 月 22 日，以"至真至诚，阳光服务"为服务宗旨，以提升客户满意度为服务目标，通过电话、在线、微信、微博等全渠道、不间断的电话、互联网、短信、视频等自助式、专家式服务，为顾客提供咨询、预约、投诉和回访等服务。目前，苏宁云商有 3 000 个呼叫中心座席，位于南京及北京，以"提升客户满意度"目标，做到为"店商+电商+零售服务商"三类消费群体承诺 365 天提供 7×24 小时全天候的电话、互联网、短信、视频等自助式、专家式服务。与此同时，专家坐席、会员服务、理赔服务、绿色通道等全方位的快速服务通道全面响应，极大地方便了消费者。

2014 年 4 月 1 日，苏宁云商宣布全面接轨 4PS 呼叫中心国际标准认证体系。目前全球有众多世界 500 强与卓越服务品牌企业通过了 4PS 国际标准体系，通过 4PS 标准认证是优秀客户服务的象征，有利于树立卓越服务品牌。

2018 年，苏宁首创服务基本法——30365+46 项服务+双线七天无理由退换货，从购物、服务、配送、售后、客服、退换货及绿色共享七个环节打造全程无忧的购物体验，成为行业的"重磅炸弹"。2019 年，随着智慧零售的落地，苏宁逐渐用互联网、物联网、大数据和人工智能等技术，升级用户的消费和服务体验。

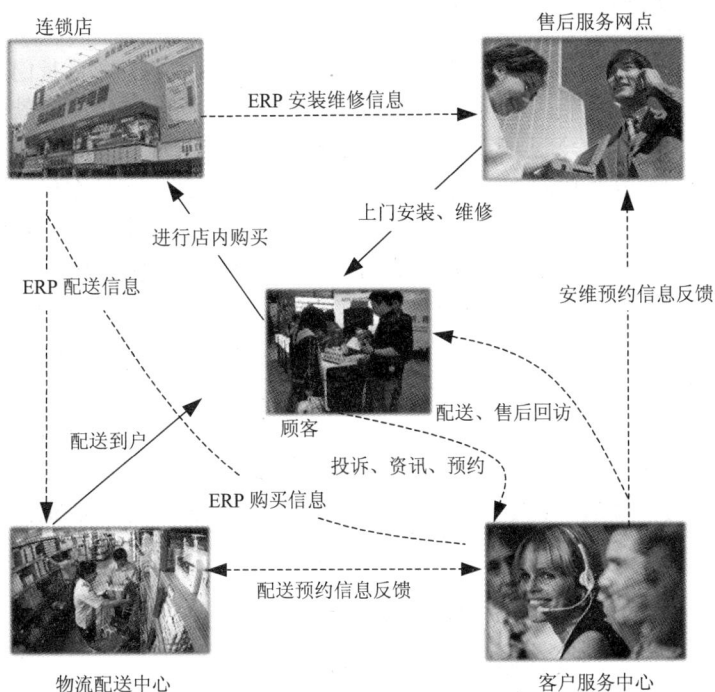

连锁店　　ERP 安装维修信息　　售后服务网点

进行店内购买　　上门安装、维修　　安维预约信息反馈

ERP 配送信息

顾客

配送到户　　配送、售后回访

ERP 购买信息　　投诉、资讯、预约

配送预约信息反馈

物流配送中心　　客户服务中心

图 10-2　苏宁以客户为重的终端运行体系

10.2.6　金融业务进行整合，搭建苏宁金服平台

2016 年 4 月 24 日，苏宁云商发布公告称，公司拟对旗下第三方支付、供应链金融、理财、保险销售、基金销售、众筹、预付卡等金融业务进行整合，搭建苏宁金服平台。此次搭建的苏宁金服平台标志着苏宁的金融业务将独立运营。2017 年，苏宁金服全年实现营收 21.7 亿元，净利润约 5 亿元。

在 B2C 领域的阿里和京东较早就开始拓展并布局互联网金融业务，其相应的京东金融和蚂蚁金服早已开始了独立化运营之路。京东金融早在 2013 年 10 月就开始独立运营，蚂蚁金服于 2014 年 10 月独立运营，京东金融经营多元化的金融业务，依托京东生态平台积累的交易记录数据和信用体系，向客户提供融资贷款、理财、支付、众筹等各类金融服务。

与蚂蚁金服和京东金融相比，苏宁金服入场相对较晚，但发展迅速。苏宁于 2013 年获得基金销售支付牌照，2016 年 3 月份，苏宁金融旗下南京苏宁基金销售有限公司获得由中国证券监督管理委员会颁发的"基金销售业务资格证书"，这是苏宁金融基金行业的权威牌照。

经过 4 年的发展，至 2016 年 4 月，苏宁已经构建了完整的金融产业布局，拥有第三方支付、消费金融、小贷公司、商业保理、基金支付、基金销售、私募基金、保险销售、企业征信、预付卡、海外支付等 11 个行业牌照或资质，全业务布局直逼国内最全金融牌照的苏宁金服。

2018 年 12 月 28 日，苏宁易购发布公告称，控股子公司苏宁金服引入新一轮战略投资者，合计募集资金 100 亿元，投后估值为 560 亿元。

10.2.7 收购万达百货

2019 年，苏宁易购正式收购万达百货有限公司下属全部 37 家百货门店，构建线上线下到店到手全场景的百货零售业态，为用户提供更丰富的数字化、场景化购物体验。

苏宁一直致力于构建全场景智慧零售生态系统，实现从线上到线下，从城市到乡镇的全覆盖，为用户搭起随时可见、随时可触的智慧零售场景，满足在任何时间、任何地点、任何服务的需求。收购万达百货，毫无疑问在快速锁定优质线下场景资源的同时，进一步推进商品供应链变革，更能够为上市公司带来收益增收。万达百货在全国的 37 家门店大都位于一、二线城市的 CBD 或市中心区域，会员数量超 400 万人。

苏宁的收购，将为万达百货注入全新的数字化变革。这家互联网巨头拥有强大的大数据、人工智能等技术手段，将会通过对百货行业的整体数字化改造，进一步提升服务体验。对苏宁来说，此次收购万达百货，更是其全场景零售能力全面输出的最新案例。苏宁将通过输出智慧零售 CPU 能力，突破传统百货概念，从数字化和体验两方面改造供应链，打造全新的百货核心竞争力，补强百货这一重要拼图，进一步完善全场景、全品类布局。

10.2.8 启动"百川计划"，搭建仓储物流网络

在场景互联的新时代，"人、货、场"的关系正在被重新定义，供应链的形态也在被重塑。专业化仓储网络始终都是智慧物流里的基石，因此当场景不断变化，仓储也必须随之不断裂变。从场景上看，智慧物流时代的仓储一方面它需要在广度上不断延展，深化科技的应用；另一方面还需要离消费者更近，满足最后一公里乃至最后一百米的配送需求。

截至 2018 年 9 月末，苏宁物流及天天快递拥有仓储及相关配套总面积 799 万 m^2，拥有快递网点 25 894 个，物流网络覆盖全国 352 个地级城市、2 910 个区县城市。通过布局全国的仓储网络和数目众多的仓库、社区触点，苏宁物流确保了在全国任何地方都能就近快速发货。

更强大的仓储网络是支撑苏宁在智慧零售这片新蓝海里乘风破浪的基础力量。"百川计划"将加速骨干仓网和社区仓网的建设，通过科技、社会化协同的方式全面搭建服务于多领域合作伙伴的基础网络。

在骨干仓网方面，到 2020 年，苏宁物流将建设完成超过 1 000 个专业物流中心，仓储面积实现新增 1 000 万 m^2 的目标。在仓储分布上，逐渐从一二线城市向三四线布局，在技术实现上，则实现从自动化向无人化方向扩展。

在社区仓网建设方面，到 2020 年，苏宁物流铺设的前置仓、门店仓将覆盖至少全国 100 个以上的城市，更好地实现最后 100 m 的物流配送。

10.2.9 "苏宁秒达"上线开启即时配送

2018 年 10 月 22 日凌晨，"苏宁秒达"众包 APP 正式上线，作为进军即时配送领域的拳头产品，"双十一"期间，"苏宁秒达"正式开启众包模式。

"苏宁秒达"是苏宁旗下的众包即时配送平台。"苏宁秒达"为苏宁小店"1 公里、3 公里提供 30 分钟、60 分钟达"的社区鲜食生活的急速配送服务。苏宁小店与苏宁秒达齐头并进，苏宁小店开到哪里，苏宁秒达服务就随后落地。目前包括苏鲜生、苏宁广场、红孩子等苏宁线下门店均已接入"苏宁秒达"的即时配送系统。

苏宁秒达众包 APP 首次上线，65 个城市同步开通，包括乌鲁木齐、银川、西宁、包头、贵阳、马鞍山等三四线城市，布局近 2 000 家门店。

运费方面，苏宁秒达骑手每单派费 6 元，明显高于行业日间派费。预计 2019 年底，"苏宁秒达"将升级为 2.0 版，会进一步根据商品距离、重量、时间等因素对派费进行优化，以保障骑手收入。未来，苏宁智慧零售生态布局都将接入"苏宁秒达"。

10.3　成功之处

作为零售行业的网上延伸，苏宁成功的核心优势是产品、物流和服务，尤其是强大的实体物流配送网络和售后服务网络给消费者带来的优质服务，是苏宁易购区别于传统 B2C 企业的特征和最核心的竞争力。

10.3.1　科学定位

苏宁易购是建立在苏宁电器强大后台基础上的电子商务平台，作为实体零售的辅助，苏宁易购旨在通过利用苏宁既有优势，通过自主采购、独立运营，将虚拟经济和实体销售模式相结合，配合苏宁电器集团打造虚实结合的新型家电连锁模式。

目前，苏宁易购网站以通信、计算机、数码、黑电、冰洗、空调、厨卫、生活电器为主。与此同时，苏宁易购也不拘泥于家电零售，在快速消费品、百货产品、家居产品、娱乐产品等领域全面布局，利用网络平台便捷的优势，实现由家电 3C 零售商向综合产品零售商的转型。

在区域覆盖上，苏宁易购将会依托日本的平台，利用网购领域无国界的特点，借助强大的管理后台、技术平台，同步进军国际电子商务市场，并向东南亚地区实现渗透。

苏宁组建 B2C 专业运营团队，形成以自主采购、独立销售、共享物流服务为特点的运营机制，强化与实体门店协同作战的虚拟网络平台，全面打造"实体+网络平台"的创新模式。

10.3.2　战略转型，"全渠道+全流程"的 O2O 融合

移动互联网时代，消费者购物习惯在发生着变化，如商品信息的获取更加全面便捷、购物时间碎片化，商品挑选、购买和支付结算更加灵活，更加注重商品体验的分享等，随着消费者习惯的变化，大批的传统实体零售企业纷纷转型，拓展线上平台，与此同时，传统的电商企业则获得了快速的增长。

随着网购业务渗透率增加，增速趋缓，2017 年、2018 上半年全国网上零售额同比增长 32.2%、30.1%。此外，随着收入水平的提高，居民消费呈现出从注重量的满足到追求质的提升，从有形物质产品向更多服务消费、从大众消费向个性化多样化消费等的转变，线下渠道的价值被重新发现，众多纯电商企业纷纷寻求线下发展。

线上线下融合发展的 O2O 模式成为行业发展趋势已得到社会共识。与此同时，零售

行业竞争也从一味追求价格回归到追求高效率、低成本地向消费者提供优质的产品与服务，差异化已成为企业竞争的关键。

2013 年更名苏宁云商，进行组织再造，推行双线同价，打造开放平台，从而打破了组织壁垒、价格壁垒、商品壁垒和渠道壁垒，朝着构建 O2O 生态圈方向迈进，并进一步总结提炼出"一体两翼"互联网路线图，即以互联网零售为主体，以打造 O2O 的全渠道经营模式和线上线下开放平台为"两翼"的互联网转型。在战略资源投入和布局上，苏宁通过实体店互联网升级，开发多种移动端应用，实现了门店端、PC 端、移动端、TV 端的全渠道布局，为传统实体零售转型 O2O 做了有益探索。如今，完成互联网零售转型的苏宁已经站在了时代和行业的最前沿。

苏宁通过全渠道布局，能够满足消费者随时随地、想购就购的购物需求。同时公司不仅推进门店的互联网化，还在支付结算、仓储配送、咨询服务等方面打通了线上线下各平台，将店面在体验、服务方面的优势与互联网在信息获取、交易支付、互动交流等方面的优势进行无缝结合，致力于为消费者提供贯穿线上线下，包含售前、售中、售后完整的体验。

10.3.3　全品类深度商品管理能力，提升专业化水平、供应链效率

商品的丰富度是网络零售企业发展的基础，丰富的商品是激活用户黏性和提升平台流量最有效、最直接的手段。因此苏宁坚持"巩固家电、凸显 3C、培育母婴超市"的全品类发展战略，创新变革供应链，深度协同零供关系，加强商品运营及供应商服务能力，提升苏宁平台价值。

1．全品类、专业化的商品运营

苏宁坚持巩固大家电的传统优势战略，通过品牌战略合作、深挖三四级市场等举措加强家电运营能力；通信品类以公司化体系运作，聚焦核心单品，加强互联网品牌运营，与小米、华为、魅族等品牌深度融合实现突破，产品销售实现了快速增长，有效提升了市场竞争力。通过加强商品规划、库存部署优化，零供双方专业化对接，进一步加快了库存周转，提升供应链效率。

母婴方面，致力于打造 O2O 模式。一方面延展线上产品的广度和深度，获得众多海外品牌授权直供；另一方面积极建设线下红孩子实体店，打造融线上购物、线下消费指导和体验为一体的全方位服务平台，红孩子"全方位可信赖的母婴专家"的形象逐步凸显。超市方面，线上以自营精选畅销商品和品牌旗舰店，线下以广场主力店、苏宁超市店和服务站的模式，重点突破生鲜电商、地方特色、进口食品与定制包销产品，并大力发展农村电商以及通过现有门店构建虚拟超市，苏宁超市品牌逐步提高认知度。

跨境电商业务方面，充分发挥苏宁在日本、美国的供应链优势，加强自营采购以及招商，进一步丰富商品，打造苏宁海外购旗舰群。进一步加强保税区物流建设，提升消费者购物体验。

开放平台方面，进一步强化品牌商户招商的机制，聚焦核心 KA 商户、重点商户等目标商户的引进，开放平台 SKU 数量极大丰富。

同时，苏宁还积极扶持农村电商发展，上线"中华特色馆"频道为众多地区的农产品搭建了特色营销平台。

2. 重塑供应链，零供关系高效协同

打造 C2B 反向定制能力，推动上游新产品的研发能力不断增强。苏宁运用大数据的分析与应用，联合上游品牌商推行 C2B 反向定制和独家包销、新品首销等模式，推出了 PPTV 电视、博伦博格冰箱、伊莱克斯大白冰箱、奥林巴斯超级微单 EP5、三星 S6、TCL 么么哒 3、美图 2、华为 P8、魅族 MX5 等单品的运营。

通过供应链推广运营能力的打造，建立起产品全生命周期的解决方案。公司推出众筹、预售、大聚惠、特卖等一系列互联网运营产品，为供应商打造了在产品研发、新品上市、尾货销售，全流程的一揽子解决方案；开展品牌日、精准推广等一系列品牌化、特色化的营销活动，提升合作伙伴销售。通过互联网零售能力的输出，为平台商户和供应商提供的 O2O 综合运营服务的能力不断增强。

多年来苏宁坚持强化商品研究、商品采购能力，形成了一定的商品管理能力和供应链合作能力。在此基础上，苏宁利用互联网的优势，加快开放平台的建设，全面开放苏宁在物流、资金流、信息流方面的核心竞争力，打造以开放经营、增值服务为特点的供应链生态系统，提升全行业的供应链整合应用水平。另一方面，公司始终坚持专业化的品类经营策略，细分品类，加强商品研究，形成对每个品类的商品管理能力、客户研究能力、市场推广能力与服务保障能力，在开放的基础上形成苏宁自身的能力。

基于自身专业化的商品经营能力，通过对客户行为的精准分析、商品特性的全面把握，结合供应链管理能力的提升，苏宁将进一步加大差异化的采购能力，扩大自有品牌、定制、包销的范围和比重，在缩短供应链层级、降低供应链成本基础上，有效保证产品经营的附加值。全品类深度商品管理能力是苏宁最具竞争力的优势之一。

10.3.4　构建金融与大数据服务体系，服务苏宁生态圈

依托易付宝、苏宁理财、供应链金融、苏宁众筹、消费金融等，苏宁金融全金融产品布局已经形成，建立了严谨、规范、专业的运营机制，为消费者、企业、合作伙伴等提供多场景的金融服务，发挥苏宁生态圈平台优势。

支付业务以"易付宝+本地生活"模式覆盖教育、交通等场景，有效增强用户黏性，截至 2016 年 6 月易付宝注册用户数 1.4 亿，企业客户突破 5 万户。

苏宁理财为用户提供一站式财富管理服务，业务线涵盖余额理财、固定收益、权益投资等多种类型，并依托独特的金融 O2O 模式，加强自身投研能力建设，满足客户的差异化理财需求。在供应链金融业务，全面助力中小微企业融资，推出账速融、信速融、票速融等核心产品。苏宁众筹是国内首个同时在线上平台、线下实体门店同步开展众筹产品体验的全渠道众筹平台，涵盖科技、设计、公益、文化、娱乐、农业等多个众筹领域。

消费信贷领域，成立苏宁消费金融公司，创新推出"任性付"个人消费信贷产品，深挖数据，有效控制信用风险，贷款余额增长较快，也极大地提高了用户黏性。围绕数据安全、数据分析、数据挖掘，构建"数据云"，加强对行业前沿技术的研究探索，建立大数据管理应用能力。

互联网时代追求的是通过资源共享，来实现产出的最大化。企业、合作伙伴利用物流、金融、大数据等端口，链接苏宁互联网零售 CPU，在实现资源输出的同时，构建无处不在、复合深入的零售生态圈，最终能够为消费者提供专业的、有保障的商品和服务。

10.3.5　精细化管理——SOA内控

苏宁要实现精细化管理，要对资源进行最大限度的整合和利用，要实现效率提高、成本集约，就必须对内部资源进行充分挖掘和整合；在此基础上，再对供应链两头的资源进行延伸，一是面向供应商，二是面向消费者，这样供应链资源的整合才能得以实现。但是内部的资源整合是所有资源管理和业务模式拓展的核心，在没有完成内部整合的前提下就无法整合外部资源。因此，苏宁在信息化平台上利用SOA来实现内部资源的整合和控制。

从财务预算管控、费用管控到供应商服务管控、终端客户服务管理，以及内部人力资源管理等方方面面，苏宁电器利用SOA实现了共享服务统一管理，加强了企业的内部控制。共享服务统一管理也就是将共同的重复的流程从企业个体中抽出，转移到一个共享服务中心（SSC），同时实现在共享服务中心分享稀有的资源，给企业带来高效率和规模经济优势，使得企业个体可以用更多的时间完成高附加值的任务。

除此之外，苏宁还重新设计了多项流程，例如，重新设计了从终端收款、资金入账、资金监控到收入核对的整个流程，提升了资金入账的及时性和准确性，加强了总部对各个分公司和子公司营业网点的实时监控，使整个流程做到了透明、高效和可控。重新设计和规范了提货卡业务的流程，并结合多账户管理的要求，使提货卡业务做到了全国购买、全国使用、集中管理和集中核算。

苏宁的B2B供应链系统最有突破性的地方在于它对流程的改变。B2B系统实施后，对苏宁的采购、商品入库和与供应商的协作管理都带来了本质的改变，实现了流程再造。

新的ERP系统实现了企业在投资、业务、财务、服务、人事的一体化管理，以及跨公司的管理和跨地区运营，在运营中节省了大量成本，并大幅提高了运营效率。以售后服务为例，ERP系统上线后不必再使用纸质单据。原来售后使用的单据共计14张，一年使用单据840万张，每张单据为0.05元，每年共计节省42万元。ERP系统上线后，由于操作流程化可以减少信息部门派工岗位上的人员，即原分公司中心网点的技术人员平均为4人，现只需2人。全国100家分公司共计节省人员200人，节省人员工资600万元。

10.3.6　高效物流是苏宁的有力保障

对于零售企业来说，物流是其顺畅运作、良性发展的关键，从采购、存储、配送到售后服务，零售企业各个业务环节都要有高效的物流系统来保障。物流体系的建设同样也是苏宁云模式的核心内容之一。

在苏宁新的组织架构下，苏宁物流以公司化模式独立运营，形成了遍布全国的仓储网络和完善的配送体系，物流运营效率及社会化运作成果凸显，在跨境物流、农村电商物流等新业务领域基本快速完成布局。在物流基础设施建设、物流运营效率以及社会化运作在行业全面凸显优势。对苏宁易购来说，苏宁集团的专业化、信息化物流配送体系是其在网购市场推出差异化产品、个性化服务、快捷物流服务以及售后服务的保障。

苏宁易购通过有效整合苏宁线下物流服务网络、自有的物流配送中心、售后服务网络形成线上线下合理资源共享是其较其他B2C平台的最大优势所在，对于用户，更是解决了其最忧虑的配送、售后服务未到位而无处投诉的顾虑。

1．物流服务能力建设方面

物流建设不断升级，截至 2018 年 9 月底，苏宁物流及天天快递拥有仓储及相关配套总面积 799 万 m²，拥有快递网点达到 25 894 个，配送网络覆盖全国 352 个地级城市、2 910 个区县。目前，苏宁物流末端配送实现 90%以上地区当日达或次日达；"苏宁秒达"依托苏宁小店为消费者带来了更便捷的服务，与社区生鲜、快消、综合服务等形成紧密连接，消费者网上下单，就可以享受"1 公里内 30 分钟达、3 公里内 60 分钟达"的即时配送服务。

2．物流社会化运作方面

物流加快社会化运作，业务类型逐步从仓配一体扩展至全套供应链物流服务。2015 年 12 月，苏宁物流云平台上线，作为国家十大"物流信息服务平台"之一，面向上游供应商、社会物流企业、合作承运商、社会企业货主、设备设施供应商以及个人消费者，上线运输、仓储、揽件快递等业务。

跨境电商物流，已打通国内 5 个口岸的跨境关务系统，同时完成进口（保税备货、直邮、邮政小包）及出口业务。通过合作方式完成日本、美国海外仓的设置和发运国内的海空干线运输网络。农村电商物流，依托于苏宁易购服务站直营店，通过运力本地化，打造完善的农村物流网络，让农村消费者也能享受便捷购物体验，并持续推进"工业品下乡，农产品进城"。

3．智能物流运输体系建设方面

2019 年，苏宁物流先后上线多款无人化物流设施。苏宁无人驾驶重卡成功完成测试，首个 AGV 机器人仓已启用，自主研发的无人快递车已投入使用，拥有常态化运营的无人机配送网络也已经完成。苏宁物流副总裁张海峰表示，苏宁物流未来将打造"末端配送机器人—支线无人车调拨—干线无人重卡"的三级智慧物流运输体系，实现无人物流技术应用的闭环。

10.3.7　构建智慧零售业态产品族群

2018 年，苏宁智慧零售全面落地开花，已经形成了"两大（苏宁广场、苏宁易购广场）、一小（苏宁小店）、多专（苏宁易购云店、红孩子、苏鲜生、苏宁体育、苏宁影城、苏宁极物、苏宁易购汽车超市、苏宁易购县镇店）"的智慧零售业态族群。

作为大型商业综合体，苏宁的"两大广场"主打场景式、体验式消费，并在商场内汽车融资租赁以及后市场配套服务等汽车全产业链业务及一站式提供汽车消费服务。

苏宁秉持"服务用户"的理念搭建出以用户为中心的"两大一小多专"业态族群，既有涵盖多种场景的综合式购物中心的苏宁广场和苏宁易购广场，还有遍及百姓身边的社区式便利店苏宁小店。在苏宁智慧零售的带动下，社群式零售和综合式多场景一体化购物已经是企业和消费者的选择。

苏宁易购 2018 年半年度报告显示，期内实现营业收入 1 106.78 亿元，同比增长32.16%，公司实现归属于上市公司股东的净利润约为 60.03 亿元。苏宁从顾客的消费习惯和消费心理出发，以人性化、便利化为宗旨，前瞻性创造出的智慧零售模式，并打造出的以智慧零售为核心的业态族群是其取得成功的必不可少的因素。

配有了 AR、无人售货等黑科技。如果逛苏宁广场怕孩子丢失、怕老公拖累，这里有老公寄存处和儿童防丢失系统；如果面对海量商品不知道买什么，有机器人导购和 AR 逛店；如果怕结账人多耗时间，有刷脸支付、无人店。所以，单纯享受消费的乐趣就是顾客在苏宁广场的唯一"任务"。

与传统便利店不同，苏宁小店会根据用户的核心需求提供多样化的商品选择，尤其是它的主战场——全国成千上万个社区，苏宁小店主要围绕用户和用户家庭的"厨房"，主打生鲜、果蔬、热鲜食等品类，致力打造成为每个社区的"共享冰箱"，让用户的日常，尤其是缺乏集中采买时间的工作日期间，能够在最短的时间内享受到最新鲜的食材和最美味的熟食。

2018 年底苏宁小店全国开设 5 800 家门店，根据苏宁小店的规划，2019 年将达到 20 000 家，2020 年将达到 30 000 家。而在苏宁的"多专"系列店面，同样有众多智慧型服务。近几年，苏宁易购云店在互联网的改造下不断升级，除了大数据加持商品结构的优化、黑科技的赋能、体验场景的升级之外，苏宁易购无人店、HOLA 特力和乐等新业态的入驻成为苏宁易购云店的一大亮点；除了苏宁易购云店，苏宁其他店面也不断升级。

10.3.8 开启"智能场景互联网零售"，创新零售服务新体验

在人工智能、互联网、大数据等新技术的带动下，中国零售业正在以多样化、个性化的消费需求为中心，上演深刻的变革。如今，充分利用先进的科技手段，打造场景化消费已经成为零售新时代的一个大趋势。

在南京新街口苏宁体育无人店，当顾客拿着衣服靠近智能试衣镜时，"魔镜"屏幕画面会迅速切换，显示商品详情。在智能试衣间，顾客可以点击镜面，切换室内、室外和夜跑等不同场景画面，改变试衣间光线，查看相应场景下的试穿效果。如果热爱运动，苏宁体育还准备了 AR 虚拟合影服务，可以与喜爱的球星合影，打印照片并分享至社交网络。如果顾客将一件商品放进了购物车，可他犹豫再三，最终又拿了出来没有购买，那么这样的细节大数据会有记录，等到类似商品促销时，商场会通过手机及时推荐给该顾客，做到精准营销。可以说，有了这个购物场景，商家就有了洞察消费者想什么、痛点是什么的一个重要窗口。互联网场景消费就像零售的基础设施一样可以遍布人们居住的小区周围，既有互联网的众多好处，又有实体店的独特优势。

在其智慧零售模式的加持下，极速落地的苏宁小店凭借线上线下的"虚实结合"、线下带动线上的"以小带大"成为传统零售转型新型零售的成功典范。对于苏宁小店模式，小店的本质是虚实结合，一个小的实体店，背后有机会拖一个大的虚拟店。

苏宁不断创新业态场景，打造全场景的零售生活方式体验，创新性地推出了"苏宁极物""苏鲜生""苏宁小店""苏宁零售云"等新业态，品类从家电、3C 逐步拓展至超市快消、母婴、家居等领域。苏宁原有的前沿业态，以及背后强大的八大产业资源，都可以与百货进行模块化对接，交互创新，创造出更多更创新的前沿业态，为用户提供全方位服务体验。

线上，苏宁通过苏宁易购 APP、苏宁拼购 APP、苏宁小店 APP、苏宁易购天猫旗舰店等移动端、网页端流量入口，为用户提供海量优质商品的选择，并为用户带来极致贴心的购物体验。与此同时，通过创新拼购、推客等营销产品，苏宁积累了庞大流量，实现了大数据引流，并将其高效地转化为商业价值。不仅如此，苏宁还积极布局了苏宁云，向全社会开放企业前后台资源，建立品牌商品与品质流量的良性互动，为合作商家赋能。

线下，苏宁以"智慧零售大开发战略"为指导，聚焦门店升级，加快三四级市场实体店的开设与优化，形成了包括苏宁广场、苏宁易购广场、苏宁小店、苏宁红孩子、苏宁易购云店、苏宁易购县镇店、苏鲜生、苏宁影城、苏宁易购汽车超市等在内的"两大、一小、多专"的业态产品族群格局，打造出一条完整的 O2O 生态链，并实现了从城市到县镇市场的全面覆盖，编织出一张打破"最后一公里"桎梏的成熟网络。

线上消费提升了便利性，但却弱化了购物的体验快感。重构消费场景，提升用户购物体验，并不失时机地完成线下向线上的转化，这是线下为线上赋能的一大表现。苏宁拥有庞大的 6 亿会员线上资源，运用互联网、物联网等技术，苏宁能精准感知并记录用户的消费习惯，并依据大数据分析针对目标消费者或社区居民进行群体画像，进而根据群体特色采购更符合其生活习惯和心理预期的商品，实现线上向线下的赋能，而这也正是促成苏宁线下门店"千店千面"的一大因素。用线下场景获取客户，在线上进行消费、信息的转化，实现线上线下全渠道融合。

苏宁的智慧零售打破了线上、线下单边发展的局面，实现了新技术和实体产业的完美融合，彰显了苏宁筹谋零售变革的"智慧"之道。苏宁打造出新的零售模式——"智慧零售场景互联网"。苏宁将线上、线下职能全方位打通，形成双线互补、协同增长的态势，开启了线上、线下相互引流的良性循环模式，高效的满足顾客日益多变的消费需求，成为当之无愧的行业标杆。

10.3.9　提升高价值用户获取能力

互联网零售商业模式下的盈利模式，就是通过用户规模的扩大带来高流量，通过用户的重复消费和增值服务、互联网的规模化、长尾效应、差异化竞争等获取增值收益，其核心就是用户。苏宁通过标准化商品普惠制的销售模式，形成大量的用户基础和流量；通过用户体验的提升、商品类别的丰富形成高频次的购买和有效的流量转化；通过供应链优化、数据挖掘来形成更有效的定制包销商品推广能力，从而获得一部分标准化商品的超额收益。经营模式决定了苏宁可以通过差异化的品牌特性获得更多对产品品质、服务水平更关注的高品质用户，从而形成更高的单个用户贡献价格，是苏宁能够形成竞争优势的基础。

10.4　点评与建议

苏宁作为传统电器实体店向网络经营模式转变的过程中也存在着一些不足和问题。

10.4.1　同业竞争加剧，苏宁需要植入更多现代电子商务理念

从目前家电零售行业现状来看，苏宁云商和国美是我国目前主要的大型家电零售商，京东商城作为纯电商的典型代表具有超高的顾客信誉度，成为苏宁云商电商业务的最大竞争者之一；随着科技的发展，电子产品更新换代速度越来越快，顾客对家电产品价格的预期越来越低，价格敏感度提高，购买者拥有较强的谈判力；供应商整体对大型家电零售商构成的压力是巨大且复杂的；近年来，百货业和超市卖场的家电部门、网上零售等业态迅速崛起，并凭借其强大的品牌、价格和服务等优势迅速抢占市场份额。苏宁云商所面对的行业竞争十分激烈。

苏宁易购体现出了较浓重的传统 3C 卖场的思维，网站设计和销售行为中互动、体验的电子商务理念体现不够。在 B2C 网站的用户体验、互动设计等方面应进一步强化。如牵手大型家电制造商，取得独家售卖权；建立日臻完善的售后服务，赢得消费者对品牌的青睐；培养企业的无形资产，如培养高端人才和推广企业文化等，形成和增强企业的核心竞争力。

10.4.2 品类快速扩张，供应链管理难度增大

京东高效供应链和自建物流使得其在国内 B2C 领域处于领军地位，京东在 3C 领域实现了垄断，尤其是计算机（台式电脑、平板、笔记本）和手机形成了百亿品类的规模，通过大集采和快速配送网络，形成了大量的忠诚用户群。借助这个优势，京东不断侵蚀苏宁、当当网等的传统领地。

苏宁通过开放平台战略，期望实现品类的快速扩张，以对抗京东等进攻。但其品类扩张增加了管理的难度，甚至涉及供应链物流系统的重构。比如，由大家电转向小家电、通信产品配送的过程中，由于缺少小件分拣中心，导致多数商品送货时间要在 3 天以上，甚至更多，与竞争对手的"次日达""当日达"，甚至"一日三送"的体验相比，差距明显拉大。又如，从大家电扩张到图书领域，销量不足直接导致与供应商的议价能力不强，采购成本急剧上升，毛利率下降。

10.4.3 创新营销模式，融合四端提升市场占有率

完善苏宁 POS 端、PC 端、移动端、电视端等四端平台，整合当下消费者使用习惯，构建新型营销模式。采用新型宣传平台，比如微信公众平台建设，消费者可以通过扫描二维码的方式，迅速了解和进入苏宁官方网站，将流量引入云，由线上线下合力与 O2O 融合，转化为实际的购买力。

随着竞争格局逐渐稳定，行业集中度的提高，互联网企业逐渐从前期的用户抢夺思路向发展期的用户经营思路发展，深耕差异化创新，加大用户流量变现的速度。预计，更多细分领域的服务将出现，尤其本地化服务和移动互联网的结合将进一步深化。基于位置服务和用户数据的移动营销也将进一步完善。

10.4.4 品类快速扩张，消费体验难以统一

快速扩充产品线，引入不同的品类，特别是进入陌生的领域，苏宁就面临如何保持统一的服务标准问题，否则消费者无法感受同样的消费体验。特别是第三方平台，引入大量第三方商户时，如何实现自营和第三方商家实现相同的服务，达到统一的服务标准，其难度就更大了，这需要苏宁在平台运营管理上进行创新。如淘宝一开始就做开放平台，品类已经做得非常丰富了，有先发优势，但它也在统一的用户体验也遇到诸多挑战。淘宝一度还被认为是一个卖假货、劣货的集市，之后建立天猫，采取消保联盟、交纳保证金等管理措施后，客户体验才向天猫的统一标准靠拢。

10.4.5 营业周期拉大，营运压力增大

根据苏宁年报，2016—2018 年苏宁云商的总资产周转率分别为 1.32、1.28、1.37，

反映企业营运能力的各项周转率明显下降，公司营业周期拉大，资产变现能力、利用率和流行性下降，资产现金回收率降低。

1．加强资产管理，提高运营效率

公司始终坚持"前台带动后台、后台推动前台"的经营策略，不断完善物流平台、信息体系的建设，长期来看，有利于企业经营稳定性，但是短期内随着购置店、自建店、物流体系相关的资产投入加大，影响了周转效率。应加强资产的管理，提高周转效率。一方面对于已有项目，加快建设，缩短建设周期，早日投入运营，加快效益的实现；另一方面对于新增项目，强化投资的可行性分析，重视投入产出比，并综合运用多种资金筹集方式，实现资金效益的最大化。

2．建立良好的商企合作关系，加快净经营资产周转速度

苏宁云商与供应商不仅在进货环节亲密合作，还要在销售环节建立更加规范的收费标准，适当调节供应商进场费、上架费、促销费等费用，以保证厂商顺利合作；加快经营资金周转，进一步对闲置资产和不良资产采取拍卖、出售、出租、抵销债务等处理方式，优化资产结构，减少资金占用；进行充分的市场调查，销售合适的产品，尽量降低库存，减少存货对资金的占用；合理有节的进行长期股权投资，合理控制物流基地和店面的扩张速度。

10.4.6　人员流失问题严重

各公司在快速扩张的同时，内部员工的流失也出现了问题。零售行业招人难，留人更难的局面已迫在眉睫。苏宁小店所招聘到的一些高学历、高层次的优秀毕业生，由于对整个行业不太了解，以为发展受限，从而流失的情况更加严重。他们往往是冲着苏宁的品牌名气而来，参加完公司企业文化、销售技巧等培训，在店铺掌握了实质性的管理经验和渠道后，便选择了跳槽。在知识经济飞速发展的时代，人们对生活的品质越来越高，现有的薪酬福利满足不了自我需求，使得员工流失变得越来越高。员工的频繁流动会给公司的经营管理、经济效益甚至是企业形象带来一系列的负面影响。现在的苏宁竞争最终是人才的竞争，人力资源管理与开发也是苏宁管理的核心问题。

10.5　知识点学习

10.5.1　电子商务安全

苏宁电器的电子商务供应链要求其商务信息、站点和客户应用是安全的，由此带来电子商务安全问题。

电子商务是在开放的网上进行的贸易，其支付信息、订货信息、谈判信息、机密的商务往来文件等大量商务信息在计算机系统中存放、传输和处理，所以，其安全问题引起了广泛的重视。安全性是电子商务发展的核心和关键问题。

1．电子商务系统安全的概念

1）电子商务系统安全

电子商务系统是一个计算机系统，其安全性是一个系统的概念，不仅与计算机系统结构有关，还与电子商务应用的环境、人员素质和社会因素有关。电子商务系统安全主要包括以下几个方面：

（1）硬件安全是指保护计算机系统硬件（包括外围设备）的安全，保证其自身的可靠性和为系统提供基本安全机制。

（2）软件安全是指保护软件和数据不被窜改、破坏和非法复制。系统软件安全的目标是使计算机系统逻辑上安全，主要是使系统中信息的存取、处理和传输满足系统安全策略的要求。

（3）运行安全是指保护系统能连续和正常地运行。电子商务安全立法是对电子商务犯罪的约束，是利用国家机器，通过安全立法，体现与犯罪斗争的国家意志。

2）电子商务的安全要求

要确保电子商务的安全，保证商务活动各方的隐私和财产安全，电子商务安全应实现以下几点基本要求：

（1）保密性。保密性是指信息在传输过程或存储中不被他人窃取。

（2）完整性。完整性是从信息存储和传输两个方面来看的。在存储时，要防止非法窜改和破坏网站上的信息。在传输过程中，接收端收到的信息与发送的信息完全一样，说明在传输过程中信息没有遭到破坏。

（3）不可否认性。不可否认性是指信息的发送方不能否认已发送的信息，接收方不能否认已收到的信息。

（4）真实性。真实性是指交易双方确实是存在的，不是假冒的。

2．电子商务的安全威胁

电子商务的安全威胁来自电子商务系统的各个层面，主要是作为电子商务基础的网络系统、开展电子商务的系统平台和该平台之上的电子商务应用系统。

1）网络系统的安全威胁

网络系统安全是指网络系统中的硬件、软件及其系统中的数据受到保护，不受偶然的或者恶意的原因而遭到破坏、更改、泄露，系统连续可靠正常地进行，网络服务不中断。

具体地讲，网络系统面临的安全威胁主要有如下各种表现：

（1）身份窃取。指用户的身份在通信时被他人非法截取。

（2）非授权访问。指对网络设备及信息资源进行非正常使用或越权使用等。

（3）冒充合法用户。主要指利用各种假冒或欺骗的手段非法获得合法用户的使用权限，以达到占用合法用户资源的目的。

（4）数据窃取。指非法用户截取通信网络中的某些重要信息。

（5）破坏数据的完整性。指使用非法手段，删除、修改、重发某些重要信息，以干扰用户的正常使用。

（6）拒绝服务。指通信被终止或实时操作被延迟。

（7）否认。指通信的双方有一方事后否认曾参与某次活动。

（8）数据流分析。指分析通信线路中的信息流向、流量和流速等，从中获得有用信息。

（9）干扰系统正常运行。指改变系统的正常运行方法，减慢系统的响应时间等手段。

（10）病毒与恶意攻击。指通过网络传播病毒或恶意 Java、ActiveX 等。

2）电子商务系统安全威胁

一般说来，商务安全中普遍存在着以下几种安全隐患：

（1）窃取信息。由于未采用加密措施，数据信息在网络上以明文形式传送，入侵者在数据包经过的网关或路由器上可以截获传送的信息。通过多次窃取和分析，可以找到信息的规律和格式，进而得到传输信息的内容，造成网上传输信息泄密。

（2）篡改信息。当入侵者掌握了信息的格式和规律后，通过各种技术手段和方法，将网络上传送的信息数据在中途修改，然后再发向目的地。

（3）假冒。由于掌握了数据的格式，并可以窜改通过的信息，攻击者可以冒充合法用户发送假冒的信息或者主动获取信息，而远程用户通常很难分辨。

（4）恶意破坏。由于攻击者可以接入网络，则可能对网络中的信息进行修改，掌握网上的机要信息，甚至可以潜入网络内部，其后果是非常严重的。

3．电子商务系统管理基本对策

网上交易安全管理应当跳出单纯从技术角度寻求解决办法的思路，应采用综合防范的思路，从技术、管理、法律等方面综合思考。建立一个完整的网络交易安全体系应至少从三个方面考虑，并且三者缺一不可。

（1）技术对策主要有：设置虚拟专用网、使用安全访问设备、防火墙技术、网络防毒、信息加密存储通信、身份认证、授权等。

（2）管理制度是用文字形式对各项安全要求所做的规定，建立各种有关的合理制度，并加强严格监督，是网络营销人员安全工作的规范和准则。

这些制度主要有：人员管理制度，保密制度跟踪、审计、稽核制度，网络系统的日常维护制度，数据备份、恢复和应急措施，抗病毒。

（3）电子商务交易安全的保障体系包括：

① 组织力量研究。目前使用的网络安全产品基本上都是国外的产品，应尽快开发我国自己的网络安全产品。

② 建立与安全电子交易相对应的国家电子商务认证中心，对交易各方进行有效的认证。

③ 强化电子商务交易市场管理，规范买卖双方和中介方的交易行为，制定规范的电子商务交易标准。

④ 尽快完善电子商务交易的法律法规。

4．认证技术

在电子商务交易中，认证技术是保证交易安全的一项很重要的技术。

认证技术主要具有以下几个作用：

（1）对信息双方身份真实性的认证；

（2）对发送方发送信息的真实性的认证；

（3）对信息接收方接收到的信息进行认证；

（4）对信息发送方发送的信息进行认证，发送方不能抵赖其所发送的信息；

（5）对信息的过时、重用的认证。接收方对接收到的信息，应能检验出是否是过时的信息，或者说某些信息是否重用。

目前，对身份认证和交易信息认证的方法主要是运用数字签名、数字证书和数字时间戳。

1）数字签名

在传统商务活动中，书信或文件往往根据亲笔签名或印章来证明其真实性，在利用计算机网络传输文件时，采用电子形式签名，即数字签名的方法代替传统签名。数字签名也称电子签名，是指信息发送方对要发送的信息或摘要用发送者的私钥加密，然后传送给接收者。接收者收到信息后，只有用发送者的公钥才能对被加密的信息或信息摘要解密。因为加密的内容只有发送方的公钥才能解密，所以，一方面证实了信息确实来自发送方，另一方面发送方也不能否认自己发送了信息。

为了使数字签名能够代替传统签名，数字签名应该满足以下条件：

（1）签名者事后不可否认自己的签名；

（2）任何其他人不能伪造签名；

（3）若当事双方出现争执，可以由公正的第三方通过验证确认签名真伪。

数字签名的产生过程为：将原文按双方约定的 HASH 算法计算得到一个固定位数的报文摘要；（该算法在数学上保证只要改动了报文中任何一位，重新计算出的报文摘要值就与原先的值不相符。这样就保证了报文的不可更改性。同时通过摘要是无法获得原文的。）然后对所得的摘要用发送者的私钥进行加密，并将加密结果作为数字签名附在原文后发送给对方。

检验数字签名的过程为：接收者收到数字签名和原文后，用同样的 HASH 算法对正文计算形成摘要，再对所附数字签名用发送者的公钥进行解密。如果两者的结果相同，数字签名得到验证，说明报文确实来自所称的发送者；否则无法通过对数字签名的检验——因为相应的私钥只有该原文声明者拥有，而只有用该私钥加密才能获得可由相应公钥正确解密的结果。

2）数字证书与 CA 认证

数字证书（Digital Certificate 或 Digital ID）又称数字凭证，就是用电子手段来证实一个用户的身份、用户对网络资源的访问权限及其公钥的合法性，并将用户与公钥绑定。它是一个数字标识，可以实现身份的鉴别认证、完整性、保密性和不可抵赖等安全要求，是公钥的管理媒介，公钥的分发、传送等都是靠数字证书来完成的。

数字证书采用公–私钥密码体制，每个用户拥有一把仅为本人所掌握的私钥，用它进行信息解密和数字签名；同时拥有一把公钥，并可以对外公开，用于信息加密和签名验证。目前，数字证书的内部格式一般采用 X.509 国际标准。

数字证书一般有三种类型：

（1）个人凭证（Personal Digital ID）。仅仅为某个用户提供凭证，安装在用户的浏览器上。用于网上安全交易操作，访问需要客户验证安全的站点，发送带签名的 E-mail 等。

（2）企业（服务器）凭证（Server ID）。企业可以用具有凭证的站点进行安全电子交易，开启服务器 SSL 安全通道，使用户和服务器之间的数据加密传送，要求客户出示个人证书。

（3）软件（开发者）凭证（Developer ID）。为软件提供凭证，以证明该软件的合法性，这样可以在 Internet 上安全地传送。

认证机构（Certificate Authority，CA）也称认证中心，是数字证书的签发机构，是电子商务体系中的核心环节，是电子交易中信赖的基础。认证中心作为一个电子商务交易中受信任和具有权威性的第三方，需要承担网络上安全电子交易的认证服务，负责产生、分发和管理用户的数字证书。它参与每次通信过程，但是不涉及具体的通信内容。认证中心主要完成证书的登记、审批、产生、发放、撤销、查询、管理等功能。

证书生成的流程如下：

（1）证书申请人提出申请，并将必要的认证信息提交给 CA。

（2）CA 对申请人所提交的信息审查，检查其正确性和合法性，对实体身份进行确认，生成数字证书的信息。

（3）CA 用自己的私钥为证书加上数字签名。

（4）CA 将证书发放给用户，将证书的副本存底并发布于证书库中，以备他人查询。

5．电子商务安全交易标准

电子商务安全交易的有关标准和实施方法如下：

1）早期曾采用过的措施

在电子商务实施初期，曾采用过一些简易的安全措施，这些措施包括：

（1）部分告知（Partial Order）。即在网上交易中将最关键的数据如信用卡号码及成交数额等略去，然后再用电话告之，以防泄密。

（2）另行确认（Order Confirmation）。即当在网上传输交易信息之后，应再用电子邮件对交易做确认，才认为有效。

（3）在线服务（Online Service）。为了保证信息传输的安全，用企业提供的内部网来提供联机服务。

以上所述的方法均有一定的局限性，且操作麻烦，不能实现真正的安全可靠性。

2）近年推出的安全交易标准

近年来，IT 业界与金融行业一起，推出不少更有效的安全交易标准。主要有：

（1）安全套接层协议（Secure Sockets Layer，SSL）。由 Netscape 公司提出的安全交易协议能把在网页和服务器之间传输的数据加密。这种加密措施能够防止资料在传输过程中被窃取。SSL 被用于 Netscape Communicator 和 Microsoft IE 浏览器，用以完成需要的安全交易操作。

（2）安全电子交易协议（Secure Electronic Transaction，SET）。1996 年 6 月，由 IBM、Master Card International、Visa International、Microsoft、Netscape、GTE、VeriSign、SAIC、Terisa 共同制定的标准 SET 正式公布，它是为了在 Internet 上进行在线交易时保证用卡支付的安全而设立的一个开放的规范。它涵盖了信用卡在电子商务交易中的交易协定、信息保密、资料完整及数字认证、数字签名等。这一标准被公认为全球网际网络的标准，其交易形态将成为未来"电子商务"的规范。

（3）安全超文本传输协议（S-HTTP）。依靠密钥对的加密，保障网上站点间交易信息传输的安全性。

（4）安全交易技术协议（Secure Transaction Technology，STT）。由 Microsoft 公司提出，STT 将认证和解密在浏览器中分离开，用以提高安全控制能力。

10.5.2　电子商务中影响消费者信任的因素

信任问题是制约电子商务发展的关键因素，通过对网络购物满意度的调查研究发现：对网络环境的不信任是消费者不愿意涉足网购的重要原因。因此，B2C 模式中的信任问题就显得非常重要。

1．B2C 电子商务中的信任

在关于电子商务信任的文献中，最频繁引用的信任概念是 Mayer 等给出的。他认为：

信任是基于对对方的期望将完成已方重要的特定行为，己方愿意接受对方行为可能导致的伤害，而不考虑监控另一方的能力。在电子商务信任的研究中，通常买方（信任主体）被认为是容易受到伤害的一方；而因特网上的卖方（信任客体）是信任附着的并有机会利用信任主体弱点的一方。

B2C 电子商务中的信任是在一定的社会人文环境和技术环境下，在 B2C 电子商务交易中，由于信息不对称、时空跨度等条件造成交易风险和不确定性，客户基于实践中形成的知觉产生对交易对方及其网站以及交易环境所做承诺的主观依赖的心理，以降低交易风险和不确定性。

2. B2C 电子商务中消费者信任的构建

（1）对在线公司及公司网站而言，关于电子商务信任的实证研究都得出了公司规模、公司品牌和声誉以及个性化产品和服务的提供与消费者信任正相关的结论，企业可以通过提高品牌知名度，培养良好声誉，扩大企业规模，向消费者提供个性化的产品订制等措施增强消费者对公司的信任。

对于公司网站而言，应提高网站的质量水平，网站设计应便于消费者使用，如提供高效的导航服务、增加与其他网站的链接等；提供丰富可靠的商品信息，并对信息进行归纳整理，避免与消费者购买决策无关的冗余信息和干扰信息。除此之外，还应加强对消费者隐私的保护，重视并提高在线交易中信息的安全性，可以通过采用合适的防火墙技术、加密技术和认证技术来提高自身安全控制的水平。

（2）完善法律制度，规范电子商务行为。为了促进电子商务信任的建立，加快电子商务的发展，世界各国都不同程度地制定了一些电子商务法规。相比美国和欧盟，我国在电子商务方面的法律制定要落后一些。1999 年以来我国虽然颁布了《电信法》《商用密码管理条例》《互联网上网服务营业场所管理条例》《网上证券委托暂行管理办法》等相关法律、法规，并于 2004 年 8 月 28 日颁布了我国电子商务领域的第一部国家级的法律——《中华人民共和国电子签名法》。但是，电子商务法律中还存在大量的空白之处，缺乏一套完整的法律制度来规范电子商务行为，应加快立法进程，以完善我国的电子商务法律制度。

（3）加强技术支持。通过技术手段加强网上交易的安全，可以增强人们对电子商务的信任。常用的技术方案有 CA 数字认证、PKI 密钥、隐私保护与安全增强技术等。

（4）营造社会诚信环境。在全社会广泛掀起法制和诚信宣传，大力开展法制和诚信教育，以此提高公民的法律素质，增强公民的诚信意识。政府还应加强诚信监督管理，弘扬诚信经商、诚信消费、诚信做人的诚信理念，揭露违背诚信、损人利己、见利忘义的丑恶行为，建立诚信奖惩机制，严厉制裁违背诚信者，营造良好的社会诚信大环境。

10.5.3　互联网金融

1. 互联网金融的概念

互联网金融（ITFIN）就是互联网技术和金融功能的有机结合，依托大数据和云计算在开放的互联网平台上形成的功能化金融业态及其服务体系，包括基于网络平台的金融市场体系、金融服务体系、金融组织体系、金融产品体系以及互联网金融监管体系等，并具有普惠金融、平台金融、信息金融和碎片金融等相异于传统金融的金融模式。

2．互联网金融发展

中国互联网金融发展历程要远短于美欧等发达经济体。中国互联网金融大致可以分为三个发展阶段：第一个阶段是 1990 年～2005 年左右的传统金融行业互联网化阶段；第二个阶段是 2005—2011 年前后的第三方支付蓬勃发展阶段；而第三个阶段是 2011 年以来至今的互联网实质性金融业务发展阶段。在互联网金融发展的过程中，国内互联网金融呈现出多种多样的业务模式和运行机制。

我国互联网金融的整体格局由传统金融机构和非金融机构组成。传统金融机构主要为传统金融业务的互联网创新以及电商化创新、APP 软件等；非金融机构则主要是指利用互联网技术进行金融运作的电商企业、（P2P）模式的网络借贷平台，众筹模式的网络投资平台，挖财类（模式）的手机理财 APP（理财宝类），以及第三方支付平台等。

3．互联网金融表现形态和产品

按照现代信息科技对金融业产生的变革性影响划分，互联网金融主要有两种表现形式：

1）金融互联网化

金融互联网化指的是信息技术作为一种技术性工具，替代了传统金融业的业务处理方式，主要是金融机构传统业务的"互联网化"。我国金融机构实施电子化、信息化和网络化由来已久。银行业如工商银行 73%交易量来自于互联网，远远超过 3 万个营业厅的业务规模；证券业网上交易（含移动证券）产生的交易量占全部交易量的 85%以上，个别证券公司可达 95%以上。目前金融互联网化已经从早期的网上银行、手机银行、网上交易，逐渐演变到现在的网上证券开户、基金产品网上销售、提供金融商品消费一站式服务等。大部分金融互联网化的业务无须向监管机构申请新增业务资格，但需严格按照法律法规和自律组织的规范要求，合规开展业务。

2）互联网金融化

互联网金融化指的是信息技术不再局限于工具，已衍生出新型金融服务模式，演变为推动金融业变革的重要力量。互联网金融对传统金融行业带来的冲击正在逐步显现和扩大，如第三方支付、云计算等互联网技术的渗透不断带动金融行业创新升级，P2P 信贷、众筹（Crowdfunding）甚至形成了不同于传统金融的新兴融资模式。互联网金融化目前的参与主体是非金融企业，常见的商业模式有以下几种。

（1）众筹。

众筹大意为大众筹资或群众筹资，是指用团购预购的形式，向网友募集项目资金的模式。众筹的本意是利用互联网和 SNS 传播的特性，让创业企业、艺术家或个人对公众展示他们的创意及项目，争取大家的关注和支持，进而获得所需要的资金援助。

众筹平台的运作需要资金的个人或团队将项目策划交给众筹平台，经过相关审核后，便可以在平台的网站上建立属于自己的页面，用来向公众介绍项目情况。众筹平台可以分为四类。

债权众筹（Lending-based Crowd-funding）：投资者对项目或公司进行投资，获得其一定比例的债权，未来获取利息收益并收回本金（如学贷网、拍拍贷等 P2P 就属于此类）

股权众筹（Equity-based Crowd-funding）：投资者对项目或公司进行投资，获得其一定比例的股权

回报众筹（Reward-based Crowd-funding）：投资者对项目或公司进行投资，获得产品或服务

捐赠众筹（Donate-based Crowd-funding）：投资者对项目或公司进行无偿捐赠

一般众筹平台对每个募集项目都会设定一个筹款目标，如果没达到目标钱款将打回投资人账户，有的平台也支持超额募集。

（2）P2P 网贷。

P2P（Peer-to-Peer Lending），即点对点信贷。P2P 网贷是指通过第三方互联网平台进行资金借、贷双方的匹配，需要借贷的人群可以通过网站平台寻找到有出借能力并且愿意基于一定条件出借的人群，帮助贷款人通过和其他贷款人一起分担一笔借款额度来分散风险，也帮助借款人在充分比较的信息中选择有吸引力的利率条件。

作为市场管理方平台的特征性质，P2P 的地位相对独立，只提供各种有利于交易双方交易的服务，不能参与交易行为，也不能对交易双方有倾向性意见，更不可能成为借款方式里的一个主体。借款的最终决定权，应该在出资人自己手里。服务比较典型的行为包括三种，纯法律手续的服务，确保借款行为的法律有效性；风险特征信息提供的服务，确保借款安全性的有效判断；以及借款人违约以后的追偿服务，确保在违约发生后降低损失。所有的制度和服务其实都是围绕着如何更好地搭建平台以吸引更多的人参与交易作为基础性特征的。

P2P 网贷有两种运营模式。第一种是纯线上模式，其特点是资金借贷活动都通过线上进行，不结合线下的审核。通常这些企业采取的审核借款人资质的措施有视频认证、查看银行流水账单、身份认证等。第二种是线上线下结合的模式，借款人在线上提交借款申请后，平台通过所在城市的代理商采取入户调查的方式审核借款人的资信、还款能力等情况。

从国外来看 P2P 模式，有 Prosper、Kiva、Zopa、Lending Club 等模式，国内有附保本或保息的 P2P 模式，如证大、宜人贷、陆金所、91 旺财等，有不附担保的 P2P 模式如人人贷，有一对多小贷公司如阿里巴巴小贷。

（3）互联网支付。

互联网支付的主要表现形式有网银、第三方支付、移动支付等。从微观层面上说，互联网支付直接涉及用户的财产安全等切身利益，从宏观层面上，还关系到国家金融体系的稳定。例如第三方支付公司支付宝、财付通等拥有巨额的沉淀资金，获得了开展金融业务的潜在能力，能够对整个金融体系产生影响。从保证国家金融安全的角度看，政府监管是必要的。

第三方支付（Third-Party Payment）狭义上是指具备一定实力和信誉保障的非银行机构，借助通信、计算机和信息安全技术，采用与各大银行签约的方式，在用户与银行支付结算系统间建立连接的电子支付模式。

根据央行 2010 年在《非金融机构支付服务管理办法》中给出的非金融机构支付服务的定义，从广义上讲第三方支付是指非金融机构作为收、付款人的支付中介所提供的网络支付、预付卡、银行卡收单以及中国人民银行确定的其他支付服务。第三方支付已不仅仅局限于最初的互联网支付，而是成为线上线下全面覆盖，应用场景更为丰富的综合支付工具。

（4）大数据金融。

大数据金融是指集合海量非结构化数据，通过对其进行实时分析，可以为互联网金融机构提供客户全方位信息，通过分析和挖掘客户的交易和消费信息掌握客户的消费习惯，并准确预测客户行为，使金融机构和金融服务平台在营销和风险控制方面有的放矢。

基于大数据的金融服务平台主要指拥有海量数据的电子商务企业开展的金融服务。

大数据的关键是从大量数据中快速获取有用信息的能力，或者是从大数据资产中快速变现利用的能力。因此，大数据的信息处理往往以云计算为基础。

（5）信息化金融机构。

信息化金融机构，是指通过采用信息技术，对传统运营流程进行改造或重构，实现经营、管理全面电子化的银行、证券和保险等金融机构。金融信息化是金融业发展趋势之一，而信息化金融机构则是金融创新的产物。

从金融整个行业来看，银行的信息化建设一直处于业内领先水平，不仅具有国际领先的金融信息技术平台，建成了由自助银行、电话银行、手机银行和网上银行构成的电子银行立体服务体系，其除了基于互联网的创新金融服务之外，还形成了"门户""网银、金融产品超市、电商"一拖三的金融电商创新服务模式。

4．互联网金融存在的问题和风险

对政府而言，互联网金融模式可被用来解决中小企业融资问题和促进民间金融的阳光化、规范化，更可被用来提高金融普惠性，促进经济发展，但同时也带来了一系列监管挑战。对业界而言，互联网金融模式会产生巨大的商业机会，但也会促成竞争格局的大变化。对学术界而言，支付革命会冲击现有的货币理论，互联网金融模式下信贷市场、证券市场也会产生许多全新课题，现有的货币政策、金融监管和资本市场的理论需要完善。

1）宏观调控和货币政策风险

互联网金融对宏观调控和货币政策的影响日益显著。在无中央银行存款准备金制度的约束下，调动并运用社会闲置资金，实现了信用扩张，但未计入 M2 与社会融资规模，造成货币供应量被低估；带来融资行为"脱媒"，银行信贷渠道在货币政策传导中的重要性下降，可能削弱数量型货币工具的效力；网络信贷资金流向缺乏有效监管，可能进入限制性行业，削弱信贷结构调整政策的效力等。

2）P2P 演变为影子银行，易引发局部系统性风险

国内 P2P 机构，几乎都将自己的信用加入其中，例如设置了出资人的保本条款，甚至还设定了保息条款，这种模式其实早就脱离了 P2P 的概念，把本来该有的中介服务机构所应该收取的无风险收入变成了风险收入，这种带有信用附加的风险收入行为，不但不属于 P2P 应有的定义，而且会给平台的生存带来极大的不确定因素。事实上这些 P2P 机构具有信用创造和流动性创造的功能，采用"资金池"方式运作，扮演了银行的角色，但是却不接受相应的监管，终将爆发流动性风险或者信用风险。

3）合法性问题

互联网金融可能涉及非法发行和非法集资的问题。在我国，未经相关金融监管批准的公开证券发行仍然是违法行为。利用互联网平台擅自向公众转让股权、成立私募股权投资基金等行为涉嫌变相、非法发行股票，已经被界定为"新型的非法证券活动"。

4）投资者保护问题

互联网金融需要加强监管，特别是重视投资者保护问题，由于互联网特有的广泛性和传播性，一旦出现问题如庞氏骗局，容易造成社会不稳定风险。P2P 行业意义虽大，但风险值得警惕，尤其要避免风险的链条式传染，引起公众风险。P2P 行业投资者大部分为普通个人，数量较多，容易被高收益吸引，却不具备良好的风险识别能力和承受能力。金融消费者准确理解和掌握互联网金融产品和服务实质的难度加大，支付安全、个

人信息泄露、资金亏损等风险也日益暴露，金融消费者自身合法权益更易受到侵害。关于个人数据保护，特别是个人互联网电子数据保护，也需提上日程。

5）违约风险

违约风险主要包括小额技术信贷风险、异化产品的风险、中间账户监管缺位风险、担保与关联风险等。降低违约风险需要建立线上信用体制。如何把线下信用互联网化、提高线上诚信行为，将是互联网金融需要突破的难点。

10.5.4　4PS

"CNCBA 联络中心产业标准研究小组"创立于 2005 年，并于 2010 年 9 月 26 日在升级为 4PS 联络中心国际标准委员会，并向全球宣告正式成立，成为致力于联络互动与客户关系管理研究的国际标准化组织。

4PS 联络中心国际标准模型包含一套完整的以"客户为中心"的运营管理体系，为联络中心相关单位进行体系梳理、自我评测、标杆测评、标准认证、行业评选等而发布的全球性国际标准。通过对联络中心之战略与规划（Strategy）、人员与管理（People）、流程与运营（Process）、平台与环境（Platform）、绩效与体验（Performance）五个维向，180 个评估点对联络中心进行 360° 全方位评测，找出客户联络中心运营薄弱点，并采取行动协助持续提升联络中心运营管理能力。在提高客户体验、客户满意度、服务品质、专业管理、工作效率、业务收益的同时，降低人员流动、无效工作及成本，增加企业客户竞争力和品牌传播。

4PS 联络中心国际标准认证体系总分为 7 个级别，分别为四星实践级 LP、四星规范级 LS、五星应用级 L1、五星应用级 L2、五星应用级 L3、五星精益级 L4、五星标杆级 L5；认证依据主要是根据联络中心之战略与规划（Strategy）、人员与管理（People）、流程与运营（Process）、平台与环境（Platform）、绩效与体验（Performance）五个维度的 180 个评估点对联络中心进行 360° 全方位评测来最终进行认证评审。与此同时，体系认证协助企业找出客户联络中心运营薄弱点，并采取行动协助持续提升联络中心运营管理能力。

10.5.5　智慧零售

所谓智慧零售，即指运用互联网、物联网技术，感知消费习惯，预测消费趋势，引导生产制造，为消费者提供多样化、个性化的产品和服务。智慧零售包含两大要素：一是零售要素的数字化，主要是指用户的数字化、商品的数字化和支付的数字化；二是零售运营的智能化，包括原材料采购，产品销售、配送、服务以及使用，整个流程通过利用先进技术实现较大程度的智能化。

当下我国正处于智慧零售演进的成长期，企业内部信息化布局已逐步完善，基于移动互联网的创新零售业态已经打开局面，正处于以大数据和人工智能等智能科技促进整体业态发展的成长阶段。

1. 大数据驱动产品研发

随着商品品类和品牌数量的不断增长，为消费者带来更多选择难题，同时随着企业产品功能和研发成本的不断增加，给企业带来了"企业如何确定产品功能"的难题。所有消费品企业都希望能够在控制成本的前提下，推出满足消费者需求的爆款新品这有助于增强企业市场地位和提升经营效益。以电器品牌美的为例，美的通过天猫和淘宝的用户 UCC 内容数据收集，分析空调消费者的顾虑与评价，进而对空调设计提出可靠性的研发优化。空调内新安置热感应器来检测用户体温和室内温度变化，从而优化静音、出风量以及温度调整，以提高用户室内体验、体表温度的舒适度。在智慧零售模式下，企业产品研发部门通过大数据共享与分析，进而指导产品研发方向，降低产品研发风险，提高产品成功推向市场的可能性。

2．大数据驱动供应链优化

随着消费市场呈现出"千人千面"的局面，消费者需求的横向广度与纵向深度都在持续提升，这对产品供应带来巨大挑战，也给创新产品提供了更多市场机遇。比如 RFID（射频识别）技术相比传统条形码具有更强穿透力，信息存储内容人，识别穿透力强，可以更快速识别产品的多样化信息，从而提升物流环节内对商品信息的扫描、上传、比对和处理，有助于自动化分拣、装箱和配送。以盒马鲜生的供应链运营模式为例，与传统生鲜市场全凭经验进货，承担巨大损耗风险相比，盒马鲜生作为一种新的零售形态，重构产品供应链，每日根据售卖数据等因素，将第二日的销售计划将发送给合作农场基地，农场将根据计划挑选、包装和冷链送到就近的盒马生鲜门店，消费者线上或线下下单后，自主选择配送或自取。随着大数据等智能技术与供应链系统的融合，能大幅提升企业物流供应效率。

3．大数据驱动精准化营销

企业可以通过大数据分析对消费需求进行更加精准的定位和预测。基于线上线下多维度、多场景融合，使用户画像具有双向特征，改变以往单向属性的人群定位，真正实现线上线下交叉的用户数据分析，进面实现精准化营销的目的。以智能手机市场为例，华为 Mate20 手机上市期间，市场缺少认知。对于华为来说，通过精准化营销的方式在消费者所在各类场景中曝光，提高手机销量和节省营销成本是其营销方向。广告投放采用"线上线下"打通的双向方式，即如果用户近期线上搜索过华为的相关关键词，不仅会匹配至该用户线上平台，同时也会匹配至该用户线下消费场景中，反之亦然，实现精准化营销。

4．大数据+人工智能等智能技术提升服务体验、满足消费多元化需求

最具智能性的场景化零售业态是无人零售店。无人零售的定义是，采用机器和信息系统来代替理货、出货、收银等传统零售商店所需的人员服务，从而使成本更为优化。无人零售采用智能终端、智能传感器、条码技术、库存管理系统、RFID 标签、视觉识别等技术，记录用户身份认证与挑选商品，然后在挑选完成后通过第三方支付系统来实现交易。无人零售简化了消费者购头商品的流程，优化等待时间，满足消费者的场景化和碎片化购物需要和多元化需求。比如阿里巴巴推出的"淘咖啡"无人超市智能解决方案，打通从供应链、商品管理到消费者消费的完整零售链条，同时提供多样化服务，提升服务体验并满足消费者多元化需求。

5．大数据+人工智能等智能技术促进整体业态协同与升级

随着人工智能、VR/AR/MR、云计算、物联网和区块链等智能科技的协同应用，零售业态的全产业链与运营各环节均与数字科技融合，促使线上与线下融为一体、虚拟

与现实的边界消失，以及"人、货、场"趋向最优化匹配。整体零售产业将淘汰一些无法适应的企业，面将带动整体产业趋向数字化、科学化，提升内部运营效率以及外部运营效益。智能技术与零售商业生态的结合产生了一系列连锁反应，零售业态通过数字化科技驱动产品研发、供应链优化、精准营销，在消费市场中，以消费者为中心，更好地服务消费者，提升消费体验并满足消费著多元化需求，从而促使整体业态。

10.5.6　场景营销

在移动互联网时代，场景营销是将用户置身于输入、搜索和浏览这三个代表性的网络场景，以保证其体验与隐私为前置条件，获取其在互联网输入与回收信息的行为，构建"兴趣引导+海量曝光+入口营销"为核心的体验营销模式。场景营销是随着信息与通信技术的发展而得到更多重视，更重要的是洞察用户所处的环境。抓住场景营销的关键首先在于在场景中找到新客户，再根据场景培养用户习惯。

1. 场景营销的核心要素

场景营销的核心要素包括三个方面：互动、数据、场景。

1）互动

移动互联网的发展使消费者的行为从最初的 A（注意）I（兴趣）D（欲望）M（记忆）A（行动）模式逐渐转变为 AISAS 模式，消费者在行动之前进行主动搜索，并在消费完成后进行分享。而社会化媒体的广泛普及，再次改变了人与人之间的交流沟通模式。2011 年，由 DCCS 数据中心发布的 SICAS 法则，阐明了消费者全新的决策历程：首先由品牌与用户进行相互感知（Sense），继而消费者产生兴趣并与品牌互动（Interest&Interactive），随后消费者与品牌建立起紧密连接并进行沟通（Connect&Communication），并伴随购买行为（Attention），最终消费者获得消费体验并进行分享（Share）。由此可见，品牌与消费者之间的沟通、消费者与消费者之间的互动已经成为消费者进行决策的极其重要的影响因素，品牌主成功的互动营销必定是建立在与消费者进行积极互动以及为消费者提供便利的互动土壤的基础上。

以锐步 2015 年在韩国地铁站内进行的线下互动营销为例，锐步将地铁闸门站台改装为两块装有按钮的广告屏幕，候车人群在等待时，播放锐步广告的屏幕将切换为对战模式，双方需快速移动按动屏幕上的按钮，在一定时间内按动数量较多的一方将在对战结束后获得一双免费的锐步跑鞋。在这个过程中，消费者与一起作战的其他人进行良性互动，充实了枯燥无味的候车时间，同时积极参与品牌所举行的活动，获得良好的线下体验与奖励，提高了对品牌的认可度与忠诚度。

2）数据

场景营销中的数据包括两个维度，其一是场景本身的构建数据，其二是消费者在场景中生成的数据，二者共同构成消费者在场景中的大数据。数据主要来源于两个部分：一是流量数据、Wi-Fi、LBS（基于移动位置服务）及各种传感器生成的数据；二是来自各类终端、人群习惯行为及各类应用生成的数据，其中各大互联网企业通过旗下应用生成平台大数据信息系统。丰富的数据来源进一步为用户标签的细化夯实基础。

3）场景

由于移动设备的多样化与普及化，以及移动应用的丰富化与精细化，场景营销得以不断发展和延展内涵，为品牌主提供了全新的广告接触手段，与生活息息相关的衣食住行成为场景营销中最核心的细分场景。列裴伏尔提出的空间的概念"事物在一定地点场景中的经验性设置是一种态度和实践"场景的概念有共通之处。场景从分类上可以分为物理场景、信息场景和文化场景，物理场景是指人与周围景物关系的总和，信息场景是指人的网络生活、数字化生活所构成的数字生活空间，文化场景是个人所处物理场景与文化认同所形成的环境总称。

场景作为一个沟通人与物的综合营销环境，主要目的在于完成物理空间与人的心理行为之间的匹配，场景构建的本质是基于用户需求的满足与体现。随着消费者个性化与共性化需求洞察重要性的日益显现，场景形式不断丰富化，为场景化营销带来更多可能性。场景分析的最终目标是要提供特定场景下的适配信息与服务，适配意味着不仅要理解特定场景中的用户，同时能够迅速地找到并推送出与他们需求适应的内容与服务。

2. 移动互联网时代的场景营销创新策略

1）潜移默化的广告效果

让广告不再像广告，让营销趋于无形，这是场景化时代对企业提出的要求。企业通过"润物细无声"的方式传播品牌，收到的效果是过去狂轰滥炸式广告的数倍。移动设备让场景广告真正实现了"随时随地，用户所在地即场景广告所在地"。比如：用户在刷微博时看到某博主的彩妆使用心得，让用户觉得符合自身需求，触发购买欲望。在这样的购买过程中，用户是不带有任何目的性的，完全是场景的触动作用促使他完成这样的购买行为。所以场景营销是随时随地可发生的。中该博主是一个线索的作用，将用户的生活和产品两者无关的事物串联起来，体现了场景营销的不相关性。

2）社群时代助力场景营销

社群时代的到来使得场景营销变得更为多样化和立体化。企业更加需要按照不同的移动设备用户群体来考虑场景。移动智能终端的连接技术，将静态的场景进行多元化、碎片化的动态重组，聚集相似特征用户群，进而形成一种亚文化的力量。比如男性单身群体对于移动设备获取新闻资讯的依赖性更强，收入越高的群体空闲时间也就越少，基于这一特点，企业可以在新闻资讯页面安排汽车广告来激发他们的购买欲望。

3）体验至上，直击用户心灵

移动互联网时代中场景营销的核心仍在于构建场景，场景实质上就是一个以人为中心、智能手机的功能化、社交网络的生活化所形成的对于碎片时间的一种深度重组。在对的时间、地点以及场景下把对的产品和服务信息进行有效推介。这种时空的整合，不经意间便可诱导用户完成消费行为。此时的产品也被赋予了新的含义，由一个完成状态转变为围绕人进行的一系列体验。在"互联网+"时代，在场景的应用过程中，用户的敏感部分由价格转向了体验，体验成为一系列营销活动的表征。无论在传统营销时代还是早期场景营销时代中，企业都需要不断权衡用户体验和广告收益。这导致完整的用户体验被不相关的营销内容割裂。比起时间上的碎片感更令人恼怒的是体验上的碎片感，这也是用户对广告颇有微词的原因。而场景营销凭借自身融入用户当下体验的精致内容来较为成功地吸引用户的注意，使用户直接接触品牌信息。虽然消费者接触媒介的时间是

碎片化的，但其体验却是完整的

4）注重用户体验，科技助力营销发展

在"互联网+"时代，符合消费者兴趣点的信息才能获得广泛传播的机会。企业打造场景都要"以用户为核心"，并深挖用户的体验场景。在整合不同维度新生媒介的基础上，准备好贴合新媒介的创意语言，与用户产生沟通，最终实现批量商业化。

小结

苏宁易购的核心竞争优势是苏宁电器强大的品牌优势、完善的物流配送体系、强大的供应链平台。苏宁易购的发展是苏宁电器信息化发展、电子商务环境发展的必要要求，并且形成相对独立的运营体系。在人工智能、互联网、大数据等新技术的带动下，苏宁易购打造出新的零售模式——"智慧零售场景互联网"。将线上、线下职能全方位打通，形成双线互补、协同增长的态势，开启了线上、线下相互引流的良性循环模式，高效地满足顾客日益多变的消费需求，苏宁易购成为当之无愧的行业标杆。

习题

1. 为实现"云商"模式，苏宁的策略是什么？
2. 苏宁信息化的目标是什么？其实施有哪些特点和优势？
3. 苏宁易购的竞争优势是什么？
4. 苏宁为什么要提出线上和线下同价？其又是如何实施这个战略的？
5. 如何理解苏宁的"一体、两翼、三云、四端"战略？
6. 苏宁电器从传统零售商向融线上先下于一体的供应商转型的关键举措有哪些？
7. 苏宁金服包括哪些业务？与阿里的蚂蚁金服相比有何特点？
8. 苏宁近年来一直致力于场景化智慧零售，其场景化智慧零售有何特点？有哪些成果？

能力拓展

国美和苏宁同为家电零售巨头，当前又都实施了 B2C 线上战略，但它们的发展历程有着较为显著的差异。试查阅相关资料、文献，比较其发展历程的异同、各自现状，并结合相关电子商务知识，分析其各自的优劣势。要求完成"国美案例"报告，并分小组交流讨论。

小资料

2008 年下半年，京东商城原本已经做好了发展放缓的准备，在经济危机的环境下，这是企业的普遍心理。但是出乎意料，2009 年春节前后订单突然爆增，库房流转速度加快，人手配货供不应求，甚至在最忙的时候，领导层全都到仓库里打包。

1. ERP

（1）ERP（Enterprise Resource Planning，企业资源计划）是由美国 Gartner Group 咨询公司首先提出的，其在体现当今世界最先进的企业管理理论的同时，也提供了企业信息化集成的最佳解决方案。它把企业的物资资源管理（物流）、人力资源管理（人流）、财务资源管理（财流）、信息资源管理（信息流）统一起来进行管理，以求最大限度地利用企业现有资源，实现企业经济效益的最大化。

（2）ERP 有以下几个发展阶段：

① MIS（Management Information System）阶段。对产品信息进行记录、查询、汇总。

② MRP（Material Requirement Planning）阶段。对产品构成进行管理，实现减少库存，优化库存的目标。

③ MRPⅡ（Manufacture Resource Planning）阶段。实现了以计算机为核心的闭环管理系统，能动态监察产、供、销。

④ ERP（Enterprise Resource Planning）阶段。辅助实现 JIT、质量管理、生产资源调度等，成为生产管理及决策的平台工具。

⑤ 电子商务时代的 ERP。借助 Internet，可以在线交换数据和信息共享，加强企业间、部门间的联系，实现商务协同。

（3）ERP 的内涵如图 10-3 所示。

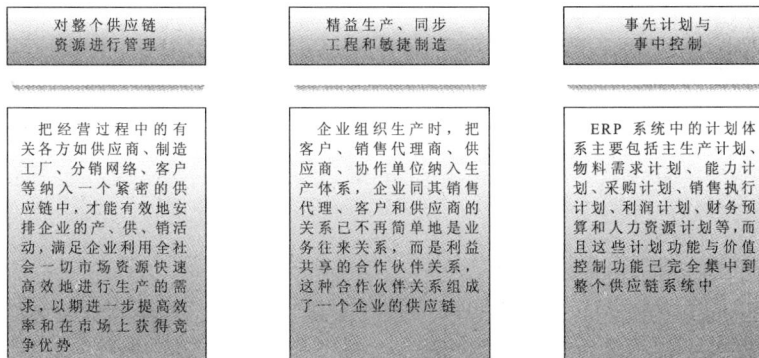

对整个供应链资源进行管理	精益生产、同步工程和敏捷制造	事先计划与事中控制
把经营过程中的有关各方如供应商、制造工厂、分销网络、客户等纳入一个紧密的供应链中，才能有效地安排企业的产、供、销活动，满足企业利用全社会一切市场资源快速高效地进行生产的需求，以期进一步提高效率和在市场上获得竞争优势	企业组织生产时，把客户、销售代理商、供应商、协作单位纳入生产体系，企业同其销售代理、客户和供应商的关系已不再简单地是业务往来关系，而是利益共享的合作伙伴关系，这种合作伙伴关系组成了一个企业的供应链	ERP 系统中的计划体系主要包括主生产计划、物料需求计划、能力计划、采购计划、销售执行计划、利润计划、财务预算和人力资源计划等，而且这些计划功能与价值控制功能已完全集中到整个供应链系统中

图 10-3　ERP 内涵

2. SOA

SOA（Service Oriented Architecture，面向服务的体系结构）是一个组件模型，是指为了解决在 Internet 环境下业务集成的需要，通过连接能完成特定任务的独立功能实体实现的一种软件系统架构。它将应用程序的不同功能单元（称为服务）通过这些服务之间定义良好的接口和契约联系起来。接口是采用中立的方式进行定义的，它应该独立于实现服务的硬件平台、操作系统和编程语言。这使得构建在各种这样的系统中的服务可以一种统一和通用的方式进行交互。

基于 SOA 架构体系一般整合数据建模、业务建模、可视化流程引擎、动态表单设计等多种实现工具，可为企业应用构建一个高效、强大、开放的开发工具。

SOA 将能够帮助软件工程师们站在一个新的高度理解企业级架构中的各种组件的开发、部署形式，将帮助企业系统架构者更迅速、更可靠、更具重用性地架构整个业务系统。以 SOA 架构的系统能够更加从容地面对业务的急剧变化。

据市场研究公司 Winter Green Research 最新发表的题为《2009～2015 年全球 SOA 组件服务市场份额、战略和预测》的报告称，随着云计算利用 Web 服务和 IT 部门把 API（应用程序编程接口）转变为 SOA 服务，全球 SOA 组件服务将显著增长。SOA

组件服务用于制作更灵活的软件。这意味着购买和使用系统的价格会更便宜，并且能够对正在变化的市场做出灵活的反应。随着企业在控制的环境中采用 Web 服务、呼叫中心和 ERP 应用程序访问，SOA 组件服务市场肯定要快速增长。

IBM 在全球 SOA 组件服务市场占统治地位，拥有 41%的市场份额，IBM 在 SOA 方面是事实上的行业标准领导者。IBM 以其基础设施产品在 SOA 组件服务市场占统治地位。IBM 的产品能够用于在不同种类的 IT 环境和可靠的服务技术支持中实现集成，使大型企业改变其商业模式。

技术创新将推动每个行业的市场增长。IBM 和主要 SOA 厂商将发现新的支持技术创新的途径，提供支持对正在变化的市场状况迅速做出反应的软件。SOA 将普及到每个行业和经济的每个部分，推动技术创新。SOA 对于特大型企业、中型企业和小型企业是同样有用的。

SOA 代表了自动化流程取代人工流程方式的根本改变。具有服务功能的产品是对 IT 基本变化的反应。在这种变化中，企业将从拥有 IT 灵活性中获得竞争优势。软件基础设施厂商在自己的产品中增加了服务功能，以便对经营全球企业所需要的灵活性做出反应。这些产品的服务功能代表一种承诺，表明软件厂商有能力制作一些能够随着市场状况的变化随时修改和更新的解决方案。

第11章　顺丰速运——民营物流代表

学习目标

通过对本章内容的学习，学生应该能做到：

（1）了解顺丰速运的背景、发展和现状。

（2）理解顺丰的信息系统构成和信息化应用，快速和服务的保障策略，自建自营物流网络策略和电子商务物流的概念和内涵。

（3）理解顺丰云仓模式及其运营。

（4）理解顺丰发展战略：组织结构变革，成立五大事业群。基于此，理解顺丰构造持续核心能力的战略。

（5）了解顺丰商业发展（嘿客、顺丰优选）、跨境展销、冷运等业务，理解其对顺丰的价值和意义。

（6）结合电子商务物流相关理论、物流信息技术和国内物流现状，分析讨论电子商务物流的发展趋势和电子商务企业物流配送的策略选择。

引言

物流配送是电子商务发展的基础、支撑和保障，也是我国电子商务发展的瓶颈。顺丰速运是一家民营快递公司，在1993年于广东顺德成立，随后快速发展，成为民营快递的知名品牌。顺丰速运以其快速、优质的服务获得了广大电子商务企业和网络消费者的信任和选择，为保证速度和服务，顺丰一直坚持"自建自营网络"的经营方式，并借力于信息化手段来改善和提升企业管理水平和运营效率，创造更便捷的客户服务。面对国外速递巨头、国资身影的中国邮政、其他民营速递企业的巨大竞争压力，顺丰依然能够保持较快的发展速度和竞争优势。

11.1　案例纵览

11.1.1　起源

顺丰速运于1993年3月在广东顺德成立。初期的业务为顺德与我国香港之间的即日速递业务。随着客户需求的增加，顺丰的服务网络延伸至中山、番禺、江门和佛山等地。1996年，随着客户数量的增加和国内经济的蓬勃发展，顺丰将网点进一步扩大到广东省以外的城市。2006年初，顺丰的速递服务网络已经覆盖20个省及直辖市，101个地级市。截至2017年末，顺丰自有、派遣及外包员工超过40万人，网点数量近13 000个，线路78 000多条、自有及包机数量51架、自由车辆近16 000台。顺丰速运是目前中国速递行业中投递速度最快的快递公司之一，是中国速递行业民族品牌的排头兵。

顺丰速运将经营理念定位于"成就客户，推动经济，发展民族速递业"。顺丰速运全部采用自建、自营的方式建立自己的速递网络，特别是 2002 年集团总部成立以来，更加致力于加强基础建设，统一全国各个网点的经营理念，大力推行工作流程的标准化，提高设备和系统的科技含量，提升员工的业务技能和素质，努力为客户提供更优质的服务，不遗余力地塑造顺丰这一民族速递品牌。

11.1.2　现状

顺丰自 1993 年成立以来，每年都投入巨资完善由公司统一管理的自有服务网络，始终专注于服务质量的提升，不断满足市场的需求，在中国大陆、香港、澳门、台湾建立了庞大的信息采集、市场开发、物流配送、快件收派等业务机构及服务网络。至 2015 年 12 月，建有覆盖了中国大陆 31 个省、自治区和直辖市，300 多个大中城市及 1 900 多个县级市或县区，并在 2007 前完成对香港、台湾、澳门地区的全境覆盖网络。

与此同时，顺丰积极拓展国际件服务，目前已开通覆盖美国、日本、韩国、新加坡、马来西亚、泰国、越南、澳大利亚、蒙古、印尼、印度、柬埔寨等 11 个国家全境的快递服务。

至 2018 年，航线网络覆盖中国香港、中国台湾、日本、韩国、美国、越南、柬埔寨、印度、新加坡、蒙古等 34 个国家和地区。根据《快递杂志》发布，2017 年顺丰挤进全球物流企业收入榜单前 5，并入围由 WPP 和 Kantar Millward Brown 发布的"BrandZ 全球最具价值品牌 100 强"。

11.1.3　发展历程

顺丰快递的发展历程在某种意义上说就是其快递网络发展的历程，快递网络的发展就是其组织、业务规模的发展壮大历程。顺丰速递公司的发展可以大致分为以下几个阶段：

第一阶段（1993—2001 年），该阶段顺丰处于发展初期，逐步涉足国内快递业务，在这个过程中，顺丰逐步形成自建网络的发展战略，从 1999 年开始酝酿经营模式的转变，2000 年开始抛弃加盟制，专心于直营模式。

第二阶段（2002—2011 年），顺丰速递进入高速发展阶段，坚持自由服务网络的特点，其战略指导思想是由区域性快递公司发展成全国性快递公司。

第三阶段（2012 至今），顺丰开始进入便利店时代，顺丰开店的目的在于发展寄送业务，零售不是重点。同时不断开展国际业务，推动企业向国际化发展，从中国大陆延展到中国香港、中国台湾，直至海外。

1. 第一阶段，发展初期

1993 年 3 月，顺丰速运公司在广东顺德注册成立。同年在中国香港特别行政区设立营业网点。

1996 年，顺丰开始涉足国内快递。

1997 年，顺丰局部垄断了深港货运，顺德到中国香港的陆路快递业务 70%由顺丰一家承运。

1999 年，酝酿经营模式的转变。

2．第二阶段，高速发展

2002 年，顺丰在广东顺德成立总部，完成将地方网络经营权收归总部。

2003 年，顺丰凭借包机便利，迅速完成全国 200 多个网点的布局，进入发展最为迅速的时期。

2006 年，顺丰在国内已建有 2 个分拨中心、52 个中转场，拥有 2 000 多台干线中转车辆以及 1 100 多个营业网点，覆盖了国内 20 个省 100 多个大中城市（包括香港地区）及 300 多个县级市或城镇。

2006 年 11 月，顺丰华北总部搬到北京空港物流园。在我国内地已建有 2 200 多个营业网点，覆盖了国内 32 个省、自治区和直辖市，近 250 个大中城市及 1 300 多个县级市或城镇。

2007 年，在台湾设立营业网点，覆盖了台北、桃园、新竹、台中、彰化、嘉义、台南、高雄等主要城市。

2010 年，顺丰在韩国开通了收派服务，覆盖韩国全境。在新加坡设立营业网点，覆盖了新加坡（除乌敏岛外）的全部区域。

2011 年，顺丰在日本、韩国、马来西亚等 3 国设立营业网点，物流网络覆盖日本、韩国、马来西亚全境。

3．第三阶段，便利店时代

2012 年，顺丰在美国设立营业网点，覆盖了美国全境。

2013 年，顺丰开通泰国、越南为新目的地，派送范围覆盖了泰国、越南全境。

2014 年，顺丰开通澳洲为新目的地，派送范围覆盖了澳洲全境。

2015 年，顺丰开通蒙古、印尼、印度为新目的地，派送范围覆盖蒙古乌兰巴托，覆盖印尼、印度全境。

2016 年，顺丰开通柬埔寨为新目的地，派送范围覆盖了柬埔寨全境。

2017 年 2 月 24 日，顺丰控股在深交所举行重组更名暨上市仪式，正式登陆 A 股。上午 10 点 50 分左右，顺丰控股成功封一字板，报 55.21 元/股，总市值达 2 310 亿元，超越万科和美的集团，成为深市第一大市值公司。

2017 年 12 月，湖北国际物流核心枢纽项目开工，开工项目总投资逾 180 亿元，包含航空都市区安置小区、花马湖水系综合治理、机场快速通道在内的 8 个工程。

2018 年 9 月，顺丰联手"搬运帮"在北京地区上线"顺丰打车"频道。

2019 年 2 月，国家邮政局发布 2018 年快递服务时限准时率测试结果，顺丰速运在排行榜中各项均为第一名。

2019 年 3 月，顺丰速运有限公司工商信息发生变动，王卫不再担任执行董事，由陈雪颖接任，同时法定代表人由王卫变更为陈雪颖。

11.2　聚焦热点

顺丰从产品质量、产品功能、开发能力、品牌形象等方面进行创新和提高，优化价值竞争的群体组合，实现创造价值经营，形成与竞争对手的差异，不断创造出新的竞争活力。

11.2.1　价值营销

2015 年 2 月，顺丰速运正式实行运费提价。针对 25 个省份的标准快件长距离配送提价，大部分地区快递的首重收费价格提高 1 元到 2 元不等。业内人士估算分析，顺丰的新版价格整体提高 2%左右。调价后，顺丰的运价已是全国快递公司中的最高者。

回顾顺丰的发展，可以看到一直以来顺丰走的是一条价值营销抵抗价格战之路。价值营销是相对于价格营销提出的，"价值营销"不同于"价格营销"，它是通过向顾客提供最有价值的产品与服务，创造出新的竞争优势取胜的。著名市场营销学权威菲利普·科特勒认为："顾客是价值最大化者，要为顾客提供最大、最多、最好的价值。"企业"价值营销"，应在有形竞争和无形竞争上下功夫。有形竞争即实物（产品）含量竞争；无形竞争即环境、品牌和服务等竞争。

顺丰通过完善网络查询系统、采用包机的方式确保时限、推出新的服务产品、不断拓展自己的网络等策略，为客户拓展价值，实现顺丰制定的价值营销。

11.2.2　先进而功能强大的信息系统

长期以来，顺丰不断投入资金加强公司的基础建设，先后与 IBM、Oracle 等国际知名企业合作，积极研发和引进具有高科技含量的信息技术与设备，建立庞大的信息采集、市场开发、物流配送、快件收派等业务机构，建立服务客户的全国性网络，不断提升作业自动化水平、信息处理系统的科技含量，实现对快件流转全过程、全环节的信息监控、跟踪、查询及资源调度工作，促进快递网络的不断优化，确保服务质量的稳步提升，奠定业内客户服务满意度的领先地位。

目前，企业信息系统在用项目有阿修罗营运系统（ASURA）、电子地图系统（EMAP）、风险管理系统（RMS）、企业管理解决方案系统（SAP）等十几个各类型的业务管理系统，并且自身拥有信息技术开发公司，具备一定的研发能力，其本身又有着良好的信息网络。公司内部采用先进的现代信息技术，实现联网经营，通过 Internet 与全球信息网连接；通过 ASURA 系统实现作业流程的标准化、统一化和信息的及时反馈与沟通，提高运营效率，实现货物全程跟踪；通过 EMAP 系统对车辆进行监控调度、对货物实施跟踪，打造货物信息服务网络，形成"邮件运输网、受理配送网、信息传递网"三大网络，为发展速递业务也奠定坚实基础。

11.2.3　自营网络自主化管理

顺丰为提升服务质量和快件安全，按照网点自营方式进行网络扩张，实现网点管理自主化、人员管理自主化、车辆管理自主化，但同时分区管理，每一级组织、每一个收派人员负责某个区域的业务拓展，职责明确。相对加盟商运营的方式，增加了公司对终端网络的控制能力，保证了派送时效和服务质量，确立收派提成制度，将收派人员的收入与业绩挂钩，充分调动收派员的工作积极性和主动性。在服务流程方面，公司从"接单—收件—中转—分拨—航空—派件"全流程实现上、下流程和系统间的计算机智能交叉验证和责任人到相关领导的 KPI 考核追究制度，建立了三级营运质量保证机制，以能实时发现和纠正绝大部分差错，极大提升了运作质量和客户满意度。

11.2.4　云仓体系，构筑新型核心竞争能力

物流的功能涵盖 7 个方面，运输、仓储、配送、装卸搬运、信息、包装、流通加工，

前 4 个为主要功能，后 3 个是附加功能。但是，随着互联网的介入，电子商务的发展，物流的格局也发生了巨大的变化。从几个主要功能来看，运输主要包括航空运输、铁路运输、陆路运输（干线+零担）、海路运输等四大类。由于四大类运输特点，电商物流运输的竞争与合作主要集中在陆路运输上。仓储既包括传统仓又包括电商仓。配送主要集中在同城配送和最后一公里的发展上，而在信息处理方面，大数据和智能化驱动了整体行业的发展。

2015 年，O2O 已全面覆盖多个领域，移动互联重组传统供应链的时代到来。不论是电商最大的服装品类，还是客单价最高的家电和手机品类，以及社会刚需、高频的、最有潜力的生鲜农产品品类，O2O 与全渠道模式的成功运营，核心在快速敏捷的供应链体系。快速敏捷的供应链体系需要全网的库存计划协同，快速物流响应。

云仓的概念是利用云技术和现代管理方式，依托仓储设施实现在线交易、交割、融资、支付、结算等一体化的服务。云仓体系和传统的单仓的管理相比，具有以下特点：

（1）全网仓储共享，全面可视化；

（2）全网订单驱动快速响应；

（3）供应链计划全面协同；

（4）扁平化的供应链渠道。

1. 顺丰云仓网络功能组成：信息网+仓储网+干线网+宅配网

顺丰已经构建了信息网、仓储网、干线网、零担网、宅配网（云物流）的整套服务。正是通过多仓组合实现全网协同，通过大数据从而驱动全网的调拨，提高效率。顺丰目前涉足的行业除了传统的领域如服装、电子产品等还囊括了生鲜冷链领域、汽车事业部、金融事业部等相对行业专业程度高的品类。顺丰的整体供应链的策略，即空陆铁的干线网络+全网的云仓+多温快物流的支持。这也体现出顺丰目前的商业形态，云仓也在向专业仓和品类仓去发展，从专业定位上看，呈现为综合仓、专业仓、品类仓的布局。

2. 运营模式：多仓组合，仓配服务价格打包

顺丰在原来分仓备货的基础上将仓内操作费用、存储费用和快递配送费用组合打包，一次性收取费用，并提供 5 仓一口价和 3 仓一口价等三种方案，供客户自由选择（见表 11-1）。这在电商物流领域还是首屈一指。仓配全国一口价主要针对电商中小规模商家，充分发挥了顺丰传统配送网络优势和创新的仓网优势，让这类商家不必像大型电商平台一样投入巨资布局全国分仓，同时能够享用高品质对接多平台电商的全国分仓服务，这对于全渠道+O2O 模式下各种单品的物流供应链支撑非常有用。因为当前的各大品牌不仅仅入住天猫、京东、亚马逊、苏宁，同时又有 O2O 的线下门店，以及布局微商的运营，这需要的就是一个组合的供应链服务。

表 11-1　顺丰云仓运营方案及布局

云仓运营方案	云仓位置	覆盖配送范围
五仓共享方案	广州 DC	广东、广西、福建、海南
	上海 DC	上海 、安徽、浙江、江苏
	北京 DC	北京、河北、天津、山东、内蒙古、辽宁、山西
	武汉 DC	湖北、湖南、江西、河南、陕西
	成都 DC	四川、重庆、贵州、云南

续表

云仓运营方案		云仓位置	覆盖配送范围
三仓共享方案	A类	武汉DC	湖北、湖南、江西、安徽、贵州、河南、陕西、四川、上海、江苏、浙江、云南、重庆
		北京DC	北京、河北、天津、山东、内蒙古、辽宁、山西
		广州DC	广东、广西、福建、海南
	B类	上海DC	上海、安徽、浙江、江苏、河南、湖北
		北京DC	北京、河北、天津、山东、内蒙古、辽宁、山西
		广州DC	广东、广西、福建、海南、湖南、江西

3. 协同能力：全网协同，灵活入仓

顺丰云仓物流平台的优势在于：通过仓网中一点接入，采用全国分仓，实现陆运价格下的航空时效。为商家提供就近入仓，全面覆盖整个云仓平台，省去了传统模式，商家为布局全网库存，去整合全国的物流资源，在成本和效率上得到了足够大的提升，顺丰云仓网络如图11-1所示。

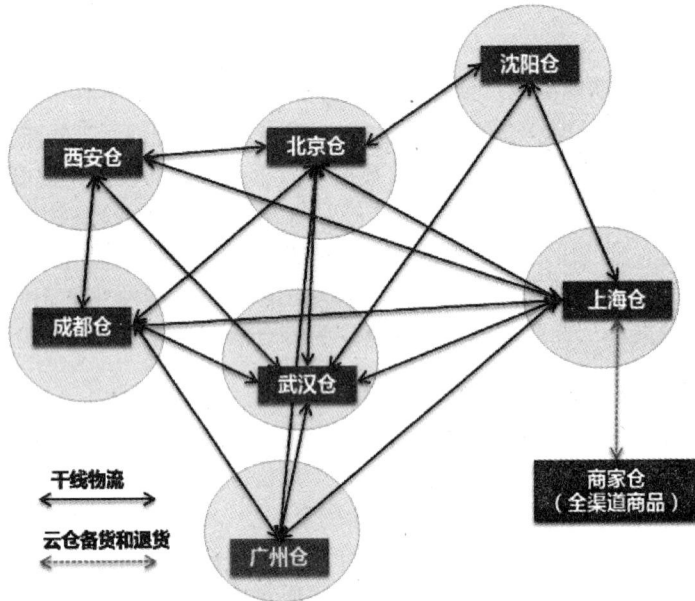

图 11-1　顺丰云仓网络图

4. 库存策略：云端库存策略+大数据驱动全网调拨

供应链运营的核心是供应链计划，实现各个分仓的库存策略：云仓后台需要全面的大数据支撑，科学的完成各大分仓的库存计划；云仓库存必须实时全网可视化，不仅仅开放给物流和供应链计划，最重要的要开放给门店和全渠道的各大终端；云仓的库存最佳的运营方式是动态库存，也就是运转状态的库存，实现云仓之间的快速调拨，和最低的供应链成本结构，顺丰云仓基于客户销售大数据支持，可为客户提供智能分仓方案，分仓成为商品快速流动的暂存仓、周转仓，助力商家实现"用今天的分仓物流捕捉明天的订单"，订单未到，货已先行，订单入仓，货即出仓。

5. 顺丰目前云仓服务：云仓即日+云仓次日

2015 年 9 月 22 日，顺丰仓配在全国范围大面积推广"云仓即日""云仓次日"时效性服务。

云仓即日，即消费者在当日上午 11 点之前下的有效订单，都能在当天 20 点前收到所购买商品，目前该服务已经扩展到北京、上海、广州、深圳、成都、武汉、西安等全国 25 个重点城市；云仓次日将覆盖全国 167 个二三四线城市，引领行业首次大规模时效提升。

云仓即日、云仓次日时效服务不再局限于同城，在顺丰仓配已有的分仓备货服务优势基础上，实现"单未下、货先行"。顺丰在北京、上海、沈阳、广州、西安、成都和武汉已建立 7 大分发中心，50 个重点城市已布局上百仓储配送仓库，仓储总面积近百万平方米，配以顺丰数万级的网点，覆盖全国 2 500 个区县，基本建成了覆盖全国的电商仓储配送体系（集群）。电商商家根据销售预判，提前备置库存在顺丰各个仓库，通过将跨省件变成省内件、同城件、区内件配送，实现就近发货、极速送达。

相对于行业同类型服务，商家入驻顺丰仓库的门槛非常低。云仓即日、云仓次日适用于各类型电商平台和电商商家，以开放的模式服务整个电商行业，没有绑定其他的产品和服务项目。

顺丰对云仓即日、云仓次日时效提供承诺和保障：如果消费者在所承诺的时间内没有收到所购买的商品，顺丰将对电商商家进行全款运费赔付。这无疑让最后一公里的物流配送效率与服务真正做到可见、可信、可感，满足了快节奏下消费者对于 3C、小家电、鞋服、箱包、化妆品、母婴用品等各大商品的时速需求，为广大电商商家构建更最具竞争力的物流网络。

随着各大电商服务竞争日益激烈，物流配送的标准不断提升，电商物流的时效已成为核心竞争力。顺丰云仓即日、云仓次日的快速配送能力，适应了移动互联网下电商商家对高性价比、高客户体验和高品牌感知的供应链物流需求，满足了消费者极速的购买体验需求，将帮助电商商家赢得更多的市场竞争优势。

11.2.5 服务电商，创建电子商务产业园

顺丰电子商务产业园是顺丰集团借助已具备的强大营运能力，为满足电商企业全面的综合的服务需求，与地方政府紧密合作，建立含仓储、办公、物流、摄影、融资、销售、代运营等配套服务的综合型电商产业园区，致力于为电商企业打造全体系的供应链物流解决方案，并通过电商配套资源的整合，打通电商企业的上下游供应链，为电商企业的发展打破瓶颈。目前，顺丰电子商务产业园为电商企业提供电商综合服务、仓储配送服务、快递物流服务、分仓备货服务、金融服务和客服外包服务。截至 2019 年，顺丰建有江苏电商产业园、泰州电商产业园、嘉兴电商产业园、诸暨电商产业园等四个电商产业园。

1. 仓储配送服务

依托自身强大的仓储和运输网络资源，顺丰提供一站式的供应链物流服务。仓储服务现有 83 个仓库，配送至全国。在北京、上海、广州、深圳、杭州、武汉、成都等 30 多个大中城市建有现代化的标准仓库；提供防静电仓、冷冻冷藏仓、恒温仓、立体仓等

多品类存储仓；与国内主流电商软件系统（E 店宝、管易、网店管家、百胜等）无缝对接，提供免费的仓储系统服务；提供标准化的逆向物流服务。

顺丰目前为以下行业客户提供优质的一站式服务。

服装行业：太平鸟、卢华、秋水伊人、索芬等；

鞋帽行业：安踏、科马尼克、斯米尔、圣高等；

通信行业：中国移动、中国电信、中国联通、华为、小米、索尼等；

家电行业：海尔、康佳、美的、乐视、荣事达等；

食品冷链：顺丰优选、多美滋、杏花楼、衡水老白干等。

2．快递物流服务

快递物流服务是顺丰集团的主要产品之一，也是顺丰电商产业园的基础服务产品；园区内设快件中转分拨区，为入驻企业提供顺丰标准快递、电商惠系列、顺丰特惠等多样化的快递服务，满足客户不同的物流服务需求。

3．分仓备货服务

顺丰分仓备货是基于顺丰直营体系下的全流程服务。电商商家根据销售预测，提前备货至顺丰仓库，实现就近发货、区内配送、急速送达。该服务目前包含仓储、配送、调拨作业等，同时可提供仓储融资服务。未来，更多具有行业特色的仓内、配送增值服务不断推出。

顺丰通过 7 大 RDC（区域分发中心）及上百 DC（分发中心），为商家提供灵活入仓、全国配货服务。支持顺丰全国仓库中的一个或多个的仓库备货发货；并支持顺丰仓储系统（LSCM、WMS）对接。实现就近入仓、安排调拨、区内极速配送，达到无须自建仓库也能享受一线电商物流服务。

4．金融服务

金融服务是顺丰电商产业园的特色服务之一，入驻企业通过与顺丰集团的良好合作关系和信誉，可获得一定额度的优惠贷款。目前顺丰集团提供的金融服务有安心购、垫付货款、小额信贷等。

11.2.6　业务拓展，开通顺丰优客自营电商平台

顺丰优选是由顺丰倾力打造，以全球优质安全美食为主的网购商城。网站（见图 11-2）于 2012 年 5 月 31 日正式上线，目前网站商品数量超过一万余种，其中 70% 均为进口食品，采自全球 60 多个国家和地区。全面覆盖生鲜食品、母婴食品、酒水饮料、营养保健、休闲食品、饼干点心、粮油副食、冲调茶饮及美食用品等品类，网站将致力于成为用户购买优质、安全美食及分享美食文化的首选平台。实现具有以下特色的美食商城：

（1）全球美食：专享世界特色美食，足不出户坐等全球美味；

（2）产地直采：专注原产地采购，国内外直采正品保障；

（3）全程冷链：专业冷链存储运输，生鲜美食品质无忧；

（4）顺丰直达：专属物流快速送达、原汁原味新鲜到家。

图 11-2　顺丰优选主页图

11.2.7　同业联手，共建"蜂巢"智能快递柜

　　2015 年 6 月 6 日，顺丰、申通、中通、韵达、普洛斯联合发布公告，共同投资创建深圳市丰巢科技有限公司，致力于研发运营面向所有快递公司、电商物流使用的 24 小时自助开放平台——"丰巢"智能快递柜，以提供体验最佳的平台化快递收寄交互业务。

　　丰巢科技，初期投资 5 亿元，从创始股东团队看到，企业聚合了逾 20 年的物流快递服务经验，在国内拥有超过 87 000 个服务网点，85 万名一线配送人员每日递送全国 50%以上的快件。丰巢的创立见证巨头整合生态圈资源，在物流新市场、未来应用和服务的共同兴趣。

　　"丰巢"智能快递柜将在强有力的资金支持下快速进驻，2015 年内将完成中国 33 个重点城市过万网点布局。并与万科物业、中航地产、中海物业等地产物业核心企业深度合作，共同打造"互联网+政策"基础上的新型智能快件柜服务市场。

　　目前完成的"丰巢"智能快件柜产品设计已覆盖物流快递、社区服务、广告媒介等领域，并通过移动终端实施自助操作和安全保障。统一标准的设施和营运方式可以迅速复制和众包管理。无论是在商业版图的规划，还是经营思想的设计上，"丰巢"智能快递柜的发布都已突破现有的智能快件箱市场的规模和格局

11.2.8　依托物流网络拓展跨境业务，上线跨境展销中心环球优汇

　　2016 年 4 月 25 日顺丰首个跨境商品旗舰中心"环球优汇"正式落成。该中心由顺丰产业园运营中心运营，是政府唯一指定的苏州跨境商品展销中心，也是目前华东地区规模最大的跨境商品展销中心。

　　环球优汇位于苏州工业园区，总规模 36 000 平方米。中心以国家馆、品牌馆、品类馆的形式设馆，邀请进口商家、供应链公司、跨境电商平台和跨境服务商等进驻，覆盖商品包括来自世界各地的冰鲜、保健品、母婴用品、化妆品、日化品、箱包、酒类、数码产品等。

　　环球优汇采用保税商品线上销售、完税商品现场销售的交易模式，实现线上与线下

融合，消费者在进店购买完税商品的同时也可通过"环球优汇"网站购买保税商品。值得关注的是，环球优汇引入的所有商品均由国外原产地提供，而为保证商品为原装正品，项目还设置了专业的进口商品溯源系统作为支持。

顺丰方面表示，该项目将以展示交易为核心，逐步拓展为的跨境电商产业基地，包括展示体验、分销、清关报关、物流服务、供应链服务、金融服务、人才培训等。

11.2.9　升级"冷运"，服务生鲜业务发展

2014 年 9 月，顺丰集团推出"冷运"品牌，整合顺丰现有物流、电商、门店等资源，为生鲜食品客户提供冷运仓储、冷运干线、冷运宅配、生鲜食品销售、供应链金融等一站式解决方案，面向客户包括食品企业、生鲜食材市场、餐饮企业、生鲜电商等。

2016 年 4 月 21 日，顺丰公布了其针对水果寄递推出的定制化解决方案，分别从"攻异、攻鲜、攻快、攻准、攻优"五方面对传统水果寄递进行了升级。水果寄递"五攻"方案的具体措施：

（1）攻异：为不同属性水果提供不同运输方案，不易腐坏水果采用"产地直发"，运输以常温为主、冷运为辅，降低运输成本；易腐易坏水果采用"仓干配"，全程冷链保鲜。

（2）攻快：对生鲜类商品包裹进行专属标识，优先中转、优先派送，并通过冷运零担、冷运到家、冷运专车、目的地分仓备货等提高时效。

（3）攻鲜：改变传统泡沫箱、冷源、隔板等包材，在基本包装之上，采用集隔热保温、抗震缓冲功能于一体的多功能环保箱"EPP 循环保温箱"。

（4）攻准：通过冷运追踪系统实现运输过程中的温度和湿度等指标监控，保证客户在官网、微信等渠道精准追踪快件动态。

（5）攻优：在水果主产区设置专项客服团队，优先处理水果快件理赔问题。

"EPP 循环保温箱"是顺丰针对生鲜配送研发的科技产品，采用隔温耐热的 EPP（发泡聚丙烯）材质，具有保温、耐热、耐腐蚀、绝缘等特点，是一种加热后即可消解的环保冷链包装，适用于水果、冻肉、冰淇淋等食品运输，替代传统冷运中的泡沫箱、隔板等。

11.2.10　顺心捷达正式亮相

2018 年 5 月 12 日，顺丰投资的快运品牌"顺心捷达"亮相。顺心捷达是顺丰主力投资的一家以加盟制为主的网络型平台公司，管理团队具有多年的零担快运网络运营经验，也将是顺丰重货快运的重要组成部分。双方将共享场地、客户、资源，两大品牌紧密合作，一同为客户提供高质量的综合物流服务，为合伙人打造更广阔的物流舞台。在 2020 年将实现 12 000 家网点规模，使服务网络纵深覆盖全国。

顺心捷达业务范围涵盖物流服务和金融服务两大板块，物流服务包括公路运输的普运、快运、小票零担、整车运输、普通空运和空运配送，以及保价运输、包装、代收货款等增值服务；金融服务则包括面向加盟商的理财产品，以及购车金融、营业扶持等金融产品。

快运是万亿级市场，快递企业都在布局。顺丰投资"顺心捷达"之后是否能够高枕无忧，仍需不少时间去探索和磨合。

11.2.11　推出"丰溯 GO"购物新模式

2018 年，顺丰速运获深圳海关批准，正式在深圳顺丰优选门店落地"丰溯 GO"模式，将原本位于海关特殊监管区的保税商品前置到社区门店，将消费者海淘购物的等待时间从 3 至 7 天缩短至 5 至 10 分钟，极大地提升了消费者海淘消费的满意度。

"丰溯 GO"通过区块链技术为海外高品质商品提供端到端的溯源技术服务。消费者通过扫描商品上的防伪标签即可获得全程商品信息，包括商品描述、第三方检验报告、海关申报单及全程物流信息。通过溯源技术的支持，海关可以对保税区外的保税商品进行监管与查验，因此"丰溯 GO"模式下的海外商品通过海关批准可以在线下社区门店进行陈列与销售。

搭建全程溯源体系，通过对商品运输、销售全流程监控，打通各环节信息流，为完整供应链服务提供信任背书，在这种模式下，中国消费者在购买前可以在线下门店看到这些商品实物。经过 3～10 分钟的现场清关环节，消费者就可以取走他们购买的商品。这些措施将有效提升国内消费者对海外商品的信任度及供应链透明度，优化消费体验，同时提升商品竞争力。

11.2.12　上线顺风打车业务

2018 年 9 月，顺丰联手"搬运帮"APP 在北京地区上线"顺丰打车"频道，主打大件快递、同城货运、同城配送等业务，以进一步挖掘城市同城货运市场。

与"快狗打车"不同，顺丰此次推出的打车业务并非独立的 APP，而是采取与搬运帮合作的方式，在搬运帮 APP 中上线"顺丰打车"。在搬运帮 APP 中，除厢式货车、金杯车、面包车外，还上线了"顺丰车"可供选择。

在目前上线的顺丰车中，仅有一款依维柯车型，可载重 1 500kg。顺丰车在北京市内的起步价（含 5km）为 110 元，5 公里外每千米 5 元，人工搬运服务可以按需选择，每人每小时 100 元，此外无楼层费、拆装费等。

与快递业务市场相比，同城货运市场可谓巨无霸。数据显示，2017 年中国大陆的同城货运市场规模达 1.1 万亿元，增速为 10%，预计到 2022 年这一市场规模将达到 1.7 万亿元。

在同城货运领域，58 速运、搬运帮、货拉拉被称为三大巨头，可以说占据了半壁江山。在获得 2.5 亿美元融资后，58 速运更名为快狗打车，上线同城货运网约车业务。

而顺丰与搬运帮的强强联合，可以快速抢占同城货运市场，从而加速向综合物流服务商转型，这也再次验证了王卫的金句"顺丰的竞争对手不是同行，而是跨界企业"。而在快递企业中，顺丰又多了一道竞争壁垒。

11.3　成功之处

速度、灵活的经营模式、基于市场需求的创新产品与服务、便捷与安全的服务是顺风成功的决定因素。

11.3.1　速度优势——顺丰之魂

速度是快递市场竞争的决定性因素。想要分到更多的市场份额，快递企业必须把速度放在第一位。"即日达""次晨达""次日达"是顺丰的特色业务，速度造就了顺丰的成功。

1. 专线包机，自建航空公司

以公路运输为主的低端快递相比，高端快递具有快速高效、稳定承诺、全面覆盖以及综合服务等特征。目前，精益制造、库存控制、定制业务、客户服务、电子商务和研发创新等环节，都少不了高端快递企业的身影。顺丰专注高端快递业务，一直是以航空为基础。2017 年三大航占国内航空货运市场的 59.6%，较 2016 年下降了 0.6 个百分点。快递类公司的货邮运输量已从 2012 年的 4%增长到 2017 年的 8.8%，以顺丰为代表的快递公司发展非常迅速，尤其是顺丰航空货运量近 5 年年均增速超 30%。

作为全球物流业领军企业，在 2017 全球 25 大货运航空排名中联邦快递（FedEX）居于首位。联邦快递 2017 年的货物吨公里（FTK）达到 168 亿，同比增长 7.2%，年营业收入达到 580 亿美元，再次成为全球最繁忙的货运航司。而中国快递行业近几年也在快速发展，近年来，国内快递量快速增长，从 2013 年的 91.9 亿件增长至 2016 年的 312.8 亿件，涨幅高达 340.4%。2017 年快递业务量达 400.6 亿件。按照我国快递业务不断增长态势，预计到 2022 年，中国快递业务量将达 784 亿件，快递收入将达 9 309 亿元。长远来看，为国内快递企业服务的全货机数量已接近 90 架，对比美国联邦快递与 UPS 总量近 600 架的货机持有量，国内快递航空增长空间巨大。

截至 2018 年底，顺丰航空机队规模突破 50 架，运行水平迈上新台阶；2019 年 3 月 12 日晨，顺丰航空有限公司第 7 架 B767-300 型全货机飞抵深圳市宝安区国际机场，正式加入顺丰航空全货机机队，至此，顺丰航空机队规模增长至 53 架。顺丰目前已成为国内机队规模最大的货运航空公司。

作为国内快递行业拥有自由航空运力的先行者，顺丰航空机队始终保持平稳增长，拥有国内最大快递机队。2017 年上半年年报显示，顺丰全货机（含自有+外包）发货总量达 22.1 万 t，散航发货量达 29.2 万 t，航空发货量总计 51.4 万 t，占全国航空货运总量超过 20%。

2. 自建机场

2016 年 4 月 6 日，国家民航局正式同意将湖北鄂州燕矶作为顺丰机场的推荐场址。顺丰速递已经确定在鄂州燕矶兴建货运空港，包括 4E 级全货机机场、物流运输基地和产业园，目标是建成为全球第四、亚洲第一的航空物流枢纽。其将成为顺丰的全国核心枢纽，1.5 h 飞行能覆盖经济人口占全国 90%的地区。

2018 年 2 月 23 日，国务院、中央军委正式发函，同意新建湖北鄂州民用机场，也就是所谓的"顺丰机场"。顺丰控股将成为国内第一个也是唯一一个拥有自己机场的快递公司。顺丰鄂州机场将成为具有高效的机场、空管、海关、边检、检疫等管理能力的贸易口岸，是国内对外经济的重要门户。预计 2020 年建成后实现客货双飞；2021 年预计货运吞吐量突破 100 万 t，成为全球第四、亚洲第一专业货运机场；2045 年，预计年实现货邮吞吐量 765.2 万 t、旅客吞吐量 1 500 万人，成为全球第一大货运机场。

3. 信息技术应用

2010 年 7 月,顺丰集团有限公司与飞友科技达成合作协议,顺丰集团将利用飞友科技提供的 VariFlight 航班动态技术升级顺丰内部信息系统,进一步提高顺丰自身信息化服务水平。据了解,顺丰集团此次信息服务升级主要采用 VariFlight 技术加强对顺丰航空运输物品的离港进港的监控,通过 VariFlight 技术实时了解顺丰航班起降情况,从而提升顺丰整个物流速递体系的服务效率。

顺丰有一个关于速运速度的故事:一次顺丰苏州地区销售员在会见客户的时候,客户问到"你们到广州什么时限",此销售员骄傲地回答"今天发,明天下午肯定到,国内能做到的没几家"。就在这个时候客户的电话响了,电话中说"你们快递公司真不像话,昨天你们发的件,今天早晨我还在睡觉他们就砰砰地敲门送件,素质真差"。这虽然是一个笑话,但是非常直观地点出了顺丰快递的特点:速度快。其实对于顺丰快递而言,其营销核心理念是:速度第一。

11.3.2　灵活的经营模式

顺丰速运的经营方式相对于中国邮政和国营快递更加灵活。在服务方式上,民营快递实行门到门服务,手对手交接。上门收件送件,对大客户还可派驻专人到客户处提供收发快件服务。且对寄件封装、重量、尺寸,运递要求没有过多的限制。

在服务时间上,灵活的民营快递企业更具竞争力。顺丰目前实行的两班制属于昼夜不间断的运营机制,保证客户的快件能够在第一时间进行中转派送。

顺丰开通网上商城顺丰 E 商圈,E 商圈网经营的商品囊括了数码、母婴用品、商务礼品等商品。主打中高端物流服务的顺丰 E 商圈跨界经营网上商城,是凭借其物流配送优势,并且顺丰 E 商圈将网上零售业务作为一个产品来运作。同时,顺丰还推出了配套的支付工具——顺丰 E 商圈宝。

11.3.3　自营网络与安全保障

1. 自营的运输网络

为了向客户提供更便捷、更安全的服务,顺丰速运网络全部采用自建、自营的方式,以确保对运营网络的控制,从而保证快递产品流转过程中的作业标准化和信息透明化。

顺丰目前拥有多个先进的分拨中心,通过建立两级中转模式,100 余个一、二级中转场,应用大批先进设备,配备自动化/半自动化分拣系统,全部实现流水线作业,实现快件分拣数据传输信息化。

干线采用航空,中短途采用中小型车辆发运,速度快,安全有保障,网点丰富,但价格较高,仅适用于个人的非常零散的小件或高附加值货品。兼顾网点覆盖范围、密度和中转层级,保证快件产品的整体流转时效。在国内包括中国香港、中国台湾地区建立了庞大的信息采集、市场开发、物流配送、快件收派等业务机构,为广大客户提供快速、准确、安全、经济、优质的专业物流服务。

2. 广泛的运营网络

顺丰集团分别从空中和地面两个纬度构建快速高效、覆盖广泛的运营网络。自 2003

年开始包租货机运送快件以来，2009 年，顺丰合资成立了顺丰航空公司，2019rh 15 架专机，日执行 30 个航段，全网设有 45 个航空组，签约多家航空公司 400 余条航线，每日 800 个以上的常用航班，建立起了快速的空中网络，为客户提供飞一般的服务；顺丰集团目前拥有各类陆运干线 1 200 余条，拥有营运车辆（含公司统购及收派员自带）7 000 多台，并配备先进的全球 GPS 定位系统，全程监控，为快件中转、速递服务提供强有力的支持，建立起了庞大的地面网络。空中和地面网络密切配合、有效衔接，为客户提供快速、高效的快递服务。

3．安全的运输服务

先进的信息监控系统——HHT 手持终端设备和 GPRS 技术全程监控快件运送过程，保证快件准时、安全送达。

4．严格的质量管控体系

顺丰设立四大类 98 项质量管理标准，严格管控。

11.3.4　物流信息平台构建

顺丰集团信息平台的建设实现了集团内部信息快速有效地流动，从而解决了集团内部各子公司互相竞争的情况，实现了资源的有效配置，从根本上为集团的快速发展提供了动力和支持。

1．GPS 与 GIS 技术的结合

电子系统（EMAP）使车辆等交通工具具有实时定位能力，使货物跟踪和智能化的车辆调度成为可能。目前顺丰集团已将 GPS 与 GIS 融合成电子系统（EMAP），它可以实现车辆跟踪管理、货物流向分析、实时货物位置查询、路径选择等功能。

2．基于 Internet 的网上物流管理平台

通过建立网上物流管理平台，随着电子商务的发展客户可能通过互联网获得物流服务，并在网上实时查询物流服务的完成情况。而顺丰集团的物流管理者可以通过网络对物流资源进行调度管理，充分发挥 GPS、GIS 的作用。

3．自动识别技术的应用

条形码、智能标签等自动识别技术在物流中的应用可以实现对物流信息高速准确的采集，及时捕捉作为信息源的物品在出库、入库、运输、分拣、包装等过程中的各种信息，提高物流作业程序的效率，减少不必要的人工成本以及降低出错率，提高客户服务水平。

4．网络环境的数据库体系结构和数据仓库的设计

数据库技术作为物流信息系统的主要支撑技术，决定了整个信息系统的功能和效率。由于物流信息具有空间特性，物流事务处理在空间和时间上具有非同一性，顺丰集团的物流信息系统需要一个结构合理的网络数据结构和数据仓库设计，用于支持物流管理者的决策分析等事务处理和各类面向对象的、集成的、随时间变化的数据处理。顺丰集团物流业务管理系统如图 11-3 所示。

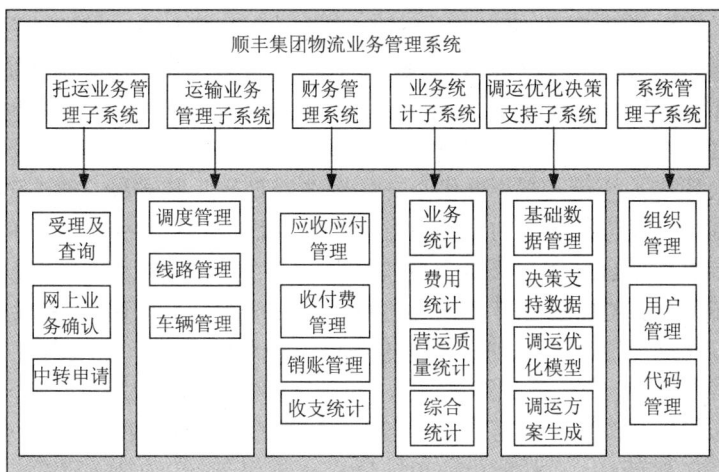

图 11-3　顺丰集团物流业务管理系统

11.3.5　洞察市场趋势，实施智慧仓网战略，构建物流新生态圈

顺丰总裁王卫说：过去 10 年顺丰是靠物流赚钱，未来 10 年，顺丰是靠商业赚钱。趋势看，未来的单仓运营模式或逐步被云仓替代，云仓的商业模式不再是靠仓储租金和作业费用获取利润，应该由新的商业模式替代。未来的云仓平台不仅通过仓网提供物流服务，更要向供应链增值服务、金融服务、大数据服务转型。

1. 智慧仓网战略

在"互联网+"环境下，为适应电商力量的成长，新技术的应用，消费个性化、多元化的需求等新形势，物流企业必须努力改变原有单一的仓储或运输服务模式，积极拓展经营范围，延伸物流服务项目，逐步向多功能的现代物流方向发展。

2015 年 9 月，顺丰在洞察物流市场发展趋势后，明确提出智慧仓网是下一阶段物流发展方向。未来的物流，要建设的不只是云仓，而是基于云仓体系的仓网——智慧的仓网、共享的仓网。从单仓到多仓，再到"天下皆仓"是下一阶段的发展目标。顺丰仓配的全系产品涵盖电商专配、云仓产品、增值服务三大板块。

软件方面，顺丰仓配通过自主研发物流系统，对物流数据进行智能化分析，让大数据贯穿从入仓到配送到售后的全流程，以驱动智能分单、智能分仓、智能分拣、智能调拨的实现。顺丰依托覆盖全国的电商仓储配送体系，构建以 RDC/DC（区域配送中心）为骨架、全国范围的调拨转运能力为血脉、大数据支持的信息系统为神经的仓网格局，由往日单仓模式向云仓模式转型。初现智慧仓网雏形。

云仓模式下，仓内作业时效更优、管理更精细化，可通过多仓组合实现全网协同，通过大数据驱动全网调拨，有效打通线上线下，帮助商家实现库存线上线下一体化管理。2015 年 9 月，顺丰仓配已能支持上万 SKU 分拣，日订单处理量超百万，从订单配送成本到仓储及人工成本均有大幅度的下降，显著优化了整体的运营成本。

2. 构建"云仓"物流新生态圈

在"互联网+"的背景下，未来的物流网络必须朝着标准化、信息化、智能化的方向发展，应该形成一个生态圈，将线性物流供应链转变为响应迅速的物流供应网络，以降低成本、提高效率。物流供应链企业建立互联网思维，通过开放化运营，重新整合资源去构建价值生态圈，进而实现创新与变革。顺丰作为专业的第三方物流供应链服务商，对广大商家开放全国各大仓库资源，通过整合信息网、仓储网、干线网和宅配网（云物流），让更多电商商家轻松接入，完善电商仓储物流生态圈。

单仓由于业务模式单一，不能提供全套的运营管理和系统支撑，顺丰云仓模式下，可通过销售分布和库存分布的双向预测进行分仓备货，将跨省件变成省内件、区内件，让商品在距离上更接近目标客户，并且动态地管理调整库存结构，有效节约成本、提升时效。顺丰在分仓备货服务环节里面还提供了以货质押、获取高达 80%融资质押率的物流金融服务，这一服务将有助于帮助电商商家应对海量备货阶段出现的资金吃紧问题。

云仓已研发出"云仓即日、云仓次日""云仓调拨""云仓逆向物流""云仓 JIT 配送""仓配全国一口价"等产品，以适配电商市场新的需求。同时，顺丰仓配还通过自主研发的智能物流系统，对销售数据和物流数据进行智能化分析，让大数据贯穿从入仓到配送到售后的全流程，驱动智能分单、智能分仓、智能分拣、智能调拨的实现。

顺丰仓配围绕着商品流，对信息流、资金流、物流进行梳理和创新，并对商品需求、消费者行为模式进行全方位分析。通过主动预测销售数据和物流数据，指导电商商家合理规划库存，提前为企业营销和销售策略实施做好准备。最终，电商商家可以在不自建仓库的情况下，使用高品质的仓干配一体化综合物流服务。

11.3.6　专业、安全、便捷的服务模式

专业、安全、快捷的服务模式是顺丰快递的核心优势。

（1）专业：专业的流程、专业的设施和系统、并且开通了 VIP 绿色通道等；

（2）安全：全方位的检测体系、严格的质量管控等；

（3）快捷：构建了 12 种服务渠道，使顾客能时刻体验轻松、便捷的顺丰服务。其中包括 4 种人工服务（收派员提供收派任务、服务热线、营运网点、在线服务），通过采用 CTI 综合信息服务系统的先进呼叫中心，客户可以通过呼叫中心快速实现人工、自助式下单、快件查询等功能。

（4）灵活的支付结算方式：寄方支付、到方支付、第三方支付、现金结算、月度结算、转账结算、支票结算。

11.3.7　审时度势的战略调整与组织架构变革

2015 年，顺丰实行近年来最大战略调整和组织变革，将集团所有事务划分为 5 大事业群。

从原来的大总部、"中央集权制"，逐步过渡到小总部和多头总部分权的管理体系。顺丰把之前全部集中在集团总部层面的战略规划、经营和服务三大职能，打造成三个大的管理集团，一个专门做战略研究，第二个专注于做经营，第三个专门做好资源性及服务工作。顺丰调整后的组织结构如图 11-4 所示。

变革将集团的整体业务细分成不同的网，如 B2B 网、B2C 网、冷运网、重货网等，让每一个业务领域都有一定的自主权，让每一处货源都能够得到充分利用，让所有客户都能够获得更好更专业的服务感知。顺丰的创始人王卫将组织变革的原因归结为如下四点：

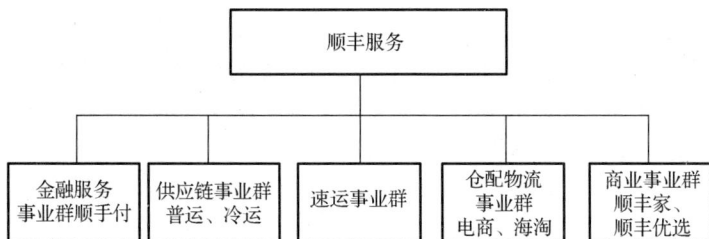

图 11-4　顺丰集团组织结构图

第一，组织变革之前，顺丰的战略研究、管理和服务全部集中到集团总部层面来管控，由于精力有限，其实在日常工作中是有所侧重的。顺丰的精力主要集中在管理，而忽略了服务和研究。因为当你每天都忙着去处理一些事务性工作的时候，根本没有时间去思考，也没有时间去做研究，更没有时间去规划未来。这次把集团总部一分为三，就是为了强调"服务"和"研究"的重要性。

第二，顺丰从之前的一元化的快递服务过渡到现在的多元化服务，如果还是用原来单一的体系去运营和管理，去孵化一些新的服务和产品，不仅效率低下，而且很难满足市场需求。现在按照业务类型进行有机拆分之后，每个业务领域都能获得一定的授权，在经营上有较高的自由度和灵活度，同时也都有一整套属于自己的机制、系统和文化，进而能在其领域内获得更好的发展。

第三，有助于解决市场化和资源使用的问题。组织架构调整之后，各事业群之间的关系可以理得更顺了。兄弟公司之间除了有业务性的合作之外，还有大量的结算工作，通过这个结算就能体现出大家的工作水平和能力——在驾驭现有资源的过程中，怎么样才能做出更好的业绩？既考验了大家的配合与协作，同时也是一种良性竞争。以往顺丰有些资源配置不清，导致吃大锅饭的情况出现，让整个公司机体显得很"重"，慢慢机制也"重"，成本也"重"，阻碍了企业的发展。

第四，之前顺丰是全网一个体系，千条线一根针织就的网络，最后落脚点都是分点部。去年顺丰成立了很多事业部，为什么进入 2015 年要把他们合并成 5 个事业群，因为一张网在地区根本没有办法满足所有产品和服务，同一批人，你要他承接十几个事业部的工作，满足十几个领域的专业要求，这是不现实的。所以顺丰要慢慢把集团的整体业务细分成不同的网，如 B2B 网、B2C 网、冷运网、重货网……让每一个业务领域都有一定的自主权，让每一处货源都能够得到充分利用，让所有客户都能够获得更好更专业的服务感知。

11.3.8　发掘新业务，打造智慧物流体系

顺丰 2017 年前三季度已完成全年业绩承诺逾九成，冷运、重货等新业务高速增长，占比不断扩大。转型三年来，顺丰将其在快递高端市场的成功经验延伸到大物流领域，立足国内市场，加大科技投入，不断打造高端综合物流服务提供商的品牌。

1．新业务将比肩快递业务

顺丰的业务结构中，主要收入来自商务件，少量的份额为电商件。最新财报显示，顺丰的收入来源主要还是传统快递业务，保持与行业基本一致的增长态势。顺丰有关负责人表示，未来快递行业维持高增速来自于为社会提供综合物流服务。

为了布局大物流市场，顺丰大力打造重货、冷运等新业务，转型综合物流服务提供商已初现成效。2017 年公司前三季度业绩超预期，实现营业收入 498 亿元，已完成全年业绩承诺逾九成。除传统快递业务稳步增长外，新业务收入也实现了高速增长。

顺丰新业务的占比持续扩大，与 2017 年同期相比，上半年公司重货、冷运、同城配等新业务总体占比由 8% 上升到 12% 左右，其中，重货业务上半年营业收入 17.62 亿元，同比增长 99.72%，占比由 3.38% 上升到 5.48%；冷运业务上半年营收 10.34 亿元，同比增长 85.56%，占比由 2.14% 上升到 3.22%。公司 2016 年下半年开始做同城配业务，2017 年前三季度实现约 2.5 亿元的收入，增长迅速。

2. 深挖国内市场

顺丰相关负责人表示，国内大物流有很大市场空间。未来五年，公司的主要市场仍在国内。事实上，在开拓国内大物流高端市场方面，顺丰的优势还是很明显的。顺丰的自有货运机队就不是竞争对手短时间可以追赶的。顺丰航空相关负责人对中国证券报记者表示，顺丰目前拥有 53 架自有全货机，包括 B737、B757、B767 三种机型，机队增长很快，2015 年为 25 架，2017 年迅速增长到近 40 架。未来三年内，自有货机将达 80～100 架。在深圳机场的顺丰载货区，每天进出港 25 架飞机，以 B737 为例，可以载货 14 吨，15 分钟可以完成货物装机，卸货则只需要 12 分钟左右。而在海外市场开拓上，顺丰有关负责人表示，顺丰采取"远交近攻"策略，如在东南亚等华人多、管理半径小的国家地区设置自营团队，自营比例较大。而在欧美市场，国内企业人力成本不占优势，技术优势也不突出，顺丰主要采取与当地物流企业合作形式拓展业务，比如与 UPS 的合作。

3. 打造智慧物流体系

智慧物流是重头戏，据了解，在顺丰近期定增募集的 80 亿配套资金中有 34 亿是投向以人工智能、大数据及无人机为主的科技创新中，在 2018 年底前投入项目完毕。2017 年上半年研发投入金额约为 3.4 亿元。目前，公司科技人数规模达 2 000 人，已获得及申报中的专利共有 780 项，软件著作权有 380 项。顺丰有关负责人表示，公司将继续加大科技创新的投入，尤其在人工智能、云技术、物联网、机器学习、智能设备等技术的综合应用。

1）智能快递柜

顺丰控股与申通、中通、韵达、普洛斯等几家大型物流公司共同投资设立深圳市丰巢科技有限公司，致力于研发运营最优质的智能快递柜，服务全行业末端快件运营，打造全方位开放共享自助智能平台。

据悉，截至目前，铺设的智能快递柜已覆盖全国 78 个城市，超 7.7 万台柜机，日均快件处理量超 350 万件，为投递员和消费者提供更便利的快递服务体验。未来快递行业维持高增速来自于为社会提供综合物流服务，不仅仅是在配送端，还延伸至价值链前端的产、供、销、配等环节，以客户需求出发，为客户提供仓储管理、销售预测、大数据分析、结算管理等一体化的综合物流服务，满足客户多元化需求。

2）顺丰集团移动化办公建设

顺丰的办公系统在其构建智慧物流的过程中也在同步提升。此前，顺丰也曾面临着沟通口径不统一、审批流程烦琐、信息传达迟缓、管理费用高昂等办公痛点。为此，顺丰携手全时，基于全时云会议、全时 IM 系统、全时日历等解决方案，打造了"丰声办公系统"。丰声将内部沟通的渠道统一起来，精准企业通讯录可快速找到每一位员工、公司统一信息也能够直达基层员工移动端，实现了高效的扁平化沟通，并支持时间轴式工作记录，使协作任务清晰而有条理；丰声还支持移动化办公，功能完备的移动端不仅支持会议管理、日程管理、待办事项提醒、在线学习等，还支持管理者和决策者实时查看经营状态、传达决策。另外，丰声还利用全时云盘进行文档管理，实现知识和信息的加速流转及沉淀。目前，丰声已上线即时通信、日程、审批、视频会议、云盘、知识管理、在线学习等十余项应用。

3）智能分拣系统

在顺丰位于深圳的华南分拣中心，7.3 万平方米的厂区内智能分拣系统高速运转，一个包裹两三分钟就可分拣完毕，日均处理快递件 40 多万票，约六七百吨的快递件，遇到高峰，日处理快件可达 70 万票，约 1 300 吨左右。

4）无人机

顺丰物流无人机研发了 4 年，拥有一百多个专利。2017 年 6 月，顺丰与江西省赣州市南康区联合申报的物流无人机示范运行区的空域申请获得批复，并进行了首次业务运营飞行，顺丰成为了无人机物流示范企业。近日顺丰控股与北汽集团等合作研发的 AT200 物流无人机试飞成功，也让顺丰"大型有人运输机+支线大型无人机+末端小型无人机"三段式空运网清晰呈现。

据悉，顺丰控股已形成拥有"天网+地网+信息网"三网合一、可覆盖国内外的综合智慧物流服务网络。其中，天网方面，提前布局，储备了空侧场地、飞行员资源、航权时刻等稀缺资源。顺丰控股还提前布局物流场地资源，致力于打造"快递+"和"互联网+"双核驱动的物流场地及产业园服务生态圈。

11.4　点评与建议

顺丰快递是民营快递企业，由于民营快递发展的背景、历程的特点，目前还存在局限。

11.4.1　从业人员素质相对较低

快递行业普遍存在着对从业人员的素质要求不高的现象，同时由于快递行业技术含量低，初始资本投入较少，行业利润较大，容易进入，并且廉价劳动力市场充足，因此导致快递市场的从业人员管理不规范。另外，国家对民营快递企业的管理相对"真空"，有些企业仅追求短期效益，管理松散，人员流动性大，失信于客户的事时有发生，这大大影响了民营快递企业的整体信誉。

11.4.2　资金不足，融资渠道不畅通

物流快递企业是资金投入比较大的行业，FedEx、UPS、DHL 每年都以几十亿的投入来扩大和完善其服务，而顺丰速运却是完全采用自身的经济实力来维持着企业的发展，这在很大程度上制约了顺丰的快速壮大。企业自身的经济实力尚为强大，但自给自足的运作模式依然有很大制约性。从全国工商联编写的《中国民营企业发展报告》蓝皮书中看到，民营企业融资通过银行贷款仅 4%、非金融机构 2.6%、其他渠道 2.9%，而自我融资的比例高达 90.5%。融资在一定程度上成了顺丰快递发展壮大的"瓶颈"。

11.4.3　快递网络局限

EMS 作为我国邮政快递的龙头老大，在以其无人能比的网络优势开展国内快递。而对于顺丰来说，其最大的劣势在于网络的相对不健全，在涉及偏远或较不发达地区时，顺丰的快递业务尚未触及或难以开展高效快速的快递服务。

11.5　知识点学习

11.5.1　电子商务物流概念

根据电子商务的概念，电子商务物流有着三个层次的内涵：从微观和狭义上讲，电子商务物流就是与网上交易相匹配的物流，指的是电子商务企业的物流功能；从中观和产业层次上讲，电子商务物流指的是物流企业的电子商务化；而从广义上讲，则是电子商务时代的物流。

电子商务物流系统是指在实现电子商务特定过程的时间和范围内，由所需位移的商品（或物资）、包装设备、装卸搬运机械、运输工具、仓储设施、人员和通信联系设施等若干相互制约的动态要素所构成的具有特定功能的有机整体。狭义上讲，电子商务物流系统也就是电子商务系统中的物流系统；中观上讲，是物流企业的信息与电子商务化系统；从广义上，就是基础电子商务的物流系统。

11.5.2　物流与电子商务的关系

1．物流是电子商务发展的支点和基础

（1）物流是电子商务的支点。电子商务的先锋——亚马逊网上书店比沃尔玛开通网上业务早 3 年，但在送货时间上后者比前者快得多。

（2）物流现代化是电子商务的基础。物流现代化包括物流技术现代化和物流管理现代化。物流技术包括条形码技术、信息处理技术、安全装载技术等软技术和自动化仓库、运输专业化、装卸自动化等硬技术。物流管理现代化是应用现代化的管理思想、理论和方法，有效地管理物流，实现基于电子商务供应链的集成。

（3）我国物流现状已成为电子商务发展的瓶颈。电子商务系统包括资金流、信息流、物流和商流，随着科技的发展，网上结算、网络安全都构不成瓶颈。

电子商务的"光环效应"使企业扩大了销售范围，改变了传统的销售方式与消费者的购物方式，但随之凸显的瓶颈问题也日益深刻。

商务部研究院目前发表报告表示，物流体系已成为制约中国电子商务发展的一大障碍。由于物流行业难以提供能与电子商务相配套的物流服务，因此将严重制约电子商务的发展。电子商务如何突破物流等瓶颈越发成为政府及行业人士关注的焦点。

物流成为电子商务发展瓶颈的原因有以下几个方面：观念上重视电子轻商务、重商流轻物流、重信息网轻物流网，同时适应电子商务的物流体系没有建立起来，物流管理手段落后，第三方物流服务滞后。

其原因可以从两个方面理解：物流设施属于社会基础设施部分，我国在网络上具有"后发优势"，但在物流上没有。

（4）电子商务发展面临物流难题。

① 物流基础设施与管理制度尚不完善。经过多年的发展，我国在交通运输、仓储设施、信息通信、货物包装和搬运等物流基础设施装备方面虽有一定发展，但从总体上看，物流基础设施还比较落后。由于物流是跨部门、跨行业、跨地区的复合型产业，物流管理比较分散，在条块分割、多头管理的模式下，物流行业的发展往往缺乏统筹规划和整体协调，从而导致应有的衔接、协调机能割裂开来，造成物流无效作业环节增加，物流速度降低而成本提高，严重影响电子商务企业的效益和竞争力。

② 电子商务配送成本高且服务网络亟待整合。随着电子商务的发展，对物流的配送需求与日俱增，如何使物流企业保持优质而高效的服务，并且控制和降低物流成本，已成为电子商务企业关注的热点。目前，电子商务物流企业中尚未形成大型的、有实力的、拥有跨地区甚至全国性网络的物流骨干企业和龙头企业，物流企业仍普遍存在"小、散、乱、差"现象，缺乏现代物流管理理念。因此，通过资源整合、优势互补，从而将众多分散的电子商务物流企业结成联盟形成服务网络，才是降低电子商务物流配送成本的最佳途径。

③ 电子商务物流服务水平普遍较低。目前，能适应电子商务要求的物流企业数量仍然较少，大多数企业的物流标准化程度低，对于物流环节的运输工具、承载设施、设备的标准和规范不统一，信息技术应用程度低，导致物流无效作业环节增加，速度降低和成本上升，影响了物流企业的效益和竞争力。另外，由于物流业大存量的资产未得到优化配置，且物流设施陈旧、技术水平低，影响了物流效率的提高。

当电子商务企业尤其是 B2C 企业发展到一定规模时，为了抢占市场份额，吸引并留住消费者，除了企业自身实现产品多元化、提升平台技术体系等，最终要为用户提供更多的服务，提高用户体验，以赢得用户的"心"。在依靠第三方物流企业完成物流的过程中，由于物流行业普遍存在的服务水平低，导致其在电子商务的实现环节，在唯一面对消费者的企业形象体现环节差强人意。因此，为掌握主动权，大多有实力的电子商务企业纷纷自营物流。

2．电子商务对物流的影响

（1）物流需求发生了新的变化，主要体现在物流服务对象的变化和物流专业化需求。其中物流专业化主要指第三方物流，即供需之外的第三方提供物流服务的厂商。

（2）拓展了物流服务空间，提供了更多增值服务，如服务的便利性、物流反应的快速性、服务低成本化和延伸服务；减少了不必要的过程和环节。

（3）对物流环节的影响，更好地实现物流环节控制和合理化，从而提高物流效率，降低物流成本，提升物流对市场的响应速度。

（4）促进了物流技术的发展，传统物流技术为物资运输技术，包括运输材料、机械和设施，而现代物流技术则以信息技术为基础，如 GIS、GPS、EDI、Bar Code、RFID 等技术在物流系统中的应用。

3．现代物流和电子商务的关系

（1）现代物流与电子商务是密不可分的。一方面，现代物流是电子商务不可缺少的支撑体系，网上完成交易的货物必须通过现代物流系统送到购买者手中；另一方面，现代物流的信息交易和组织管理也要借助电子商务的手段实现，从而使现代物流效率更高，物流资源利用更加充分。

由于现代物流与电子商务存在这种"我中有你、你中有我"的关系，因此，在发展现代物流与电子商务时要通过发展现代物流推动电子商务的不断发展，通过发展电子商务增加现代物流市场的有效需求。

电子商务的发展既对现代物流提出新的要求和挑战，同时也为物流业发展带来新的机遇，也带来更广阔的增值空间。借助电子商务的发展，信息技术广泛应用于物流系统，从而提升了传统物流产业的服务水平和竞争力。

（2）物流是电子商务的重要组成部分。一个完整的商务活动必然要涉及信息流、商流、资金流和物流等四个流动过程。在一定意义上讲，物流是信息流和资金流的基础与载体。在电子商务下，四流中的前三流均可通过计算机和网络通信设备实现；而物流，只有诸如电子出版物、信息咨询等少数商品和服务可以直接通过网络传输方式进行，其他不可能在网上实现，要借助一系列机械化、自动化工具传输，最多可以通过网络来优化。

（3）物流影响电子商务的发展，但电子商务也将改变物流。电子商务活动对物流的影响主要表现在以下几个方面：电子商务将改变人们传统的物流观念，电子商务将改变物流的运作方式，电子商务将改变物流企业的经营形态，电子商务将促进物流设施的改善和物流技术与物流管理水平的提高。

11.5.3 电子商务企业物流模式

1. 电子商务物流产权层面运作模式

从产权角度看，电子商务公司采取的物流模式一般分为自营物流、物流企业联盟、第三方物流以及第四方物流，其分类如图 11-5 所示。

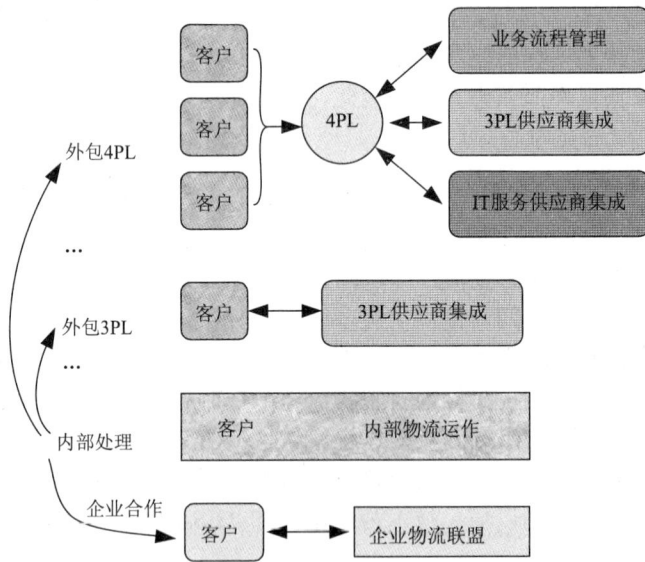

图 11-5 基于产权层次的物流模式分类

1）企业自营物流模式（1PL 和 2PL）

电子商务企业借助自身的物质条件，自行开展经营的物流称为自营物流。这样的电子商务企业要经营信息业务和物流业务。具有以下特征的从事电子商务的企业依靠自身力量解决配送问题。

（1）业务集中，送货形式单一；

（2）拥有覆盖面很广的代理、分销、连锁店，而且企业业务又集中在其覆盖范围内；

（3）规模大，资金雄厚；

（4）物流对企业具有战略地位。

目前采取自营物流的电子商务企业主要有两类：第一类是资金实力雄厚且业务规模较大的电子商务公司；第二类为传统的大型制造企业或批发企业经营的电子商务网站。

自营物流的优势是反应快速、灵活，同时企业拥有对物流系统运作过程的有效控制权。而其劣势在于一次性投资大、成本高，需要企业有较强的物流管理能力。

2）第三方物流（3PL）

第三方物流（Third—Party Logistics，3PL 或 TPL）是由相对"第一方"发货人和"第二方"收货人而言的第三方专业企业来承担企业物流活动的一种物流形态。它是提供物流交易双方的部分或全部物流功能的外部服务提供者。由于 3PL 是以签订合同的方式，在一定期限内将部分或全部物流委托给专业物流企业来完成，因此又称合同物流或契约物流、外包物流。

第三方通过与第一方或第二方的合作来提供其专业化的物流服务，它不拥有商品，不参与商品买卖，而是为顾客提供以合同约束的、以结盟为基础的专业化、规模化、个性化、信息化的物流代理服务。它提供的物流服务包括设计物流系统、EDI 能力、报表管理、货物集运、选择承运人及货代人、海关代理、信息管理、仓储、咨询、运费支付和谈判等。

第三方物流公司和典型的运输或仓储等公司的关键区别在于：第三方物流的最大附加值是基于信息和知识，而不是靠提供最低价格的一般性的无差异的服务。例如，我们并不把一个纯粹的汽车运输公司称为第三方物流公司。

随着社会分工的细化、物流业发展到一定阶段，必然会促使第三方物流企业出现，其利用专业设施和物流运作的管理经验，为顾客订制物流需求计划和提供个性化的物流服务。3PL 是物流专业化的重要形式，是物流社会化、合理化的有效途径。所以，第三方物流的发展程度反映和体现着一个国家物流业发展的整体水平。在美国的一些主要市场上，3PL 的利用率已经达到 73%。在社会化配送发展最好的日本，第三方物流业在整个物流市场的份额更是高达 80%。

开展第三方物流应具备的条件有：拥有现代化的仓储设施与运输工具；拥有迅速修复物流障碍的能力，提供增值服务；拥有以先进的信息技术为基础的物流信息系统及高素质的现代物流人才。

3）物流联盟模式

物流联盟是两个或两个以上的经济组织为实现特定的物流目标而采取的长期联合与合作，是指在物流方面通过签署合同形成优势互补、要素双向或多向流动、相互信任、共担风险、共享收益的物流伙伴关系。

物流联盟是一种介于自营和外包之间的物流模式，它可以降低前两种模式的风险。物流联盟是为了取得比单独从事物流活动更好的效果，在物流方面通过契约形成优势互补、要素双向或多向流动的中间组织。联盟是动态的，只要合同结束，双方又变成追求自身利益最大化的单独个体。

物流联盟适用于两种情况。第一，物流在企业的发展战略中起主要作用，而企业自身的物流管理能力、管理水平又比较低。在这种情况下，组建物流联盟将会在物流设施、运输能力、专业管理技巧上收益极大。第二，物流在其战略中不占关键地位，但其物流水平很高，这时可以组建物流联盟共享物流资源，获得规模效益。

物流联盟的风险在于容易产生对战略伙伴的过分依赖，由于资产专用性和信息不对称的原因可能使企业蒙受损失。另外，可能造成核心竞争力的丧失。

物流联盟模式为电子商务企业组建物流配送体系提出新的发展方向：企业可以在不同的区域内选择合适的物流公司，用计算机网络技术将各地的仓储、配送等信息连接起来，通过对各物流企业商流、物流信息的共享以及一系列的决策支持技术来进行统一调度和管理，从而使得物流服务范围与商流集散空间变大，最终实现对消费者的配送。

4）第四方物流（4PL）

第四方物流是 1998 年美国埃森哲咨询公司率先提出的，专门为第一方、第二方和第三方提供物流规划、咨询、物流信息系统、供应链管理等活动。第四方并不实际承担具体的物流运作活动。4PL 经营者是基于整个供应链过程考虑，扮演着协调人的角色：与客户协调，与客户共同管理资源、计划和控制生产，设计全程物流方案；与各分包商协调，组织完成实际物流活动。4PL 提供的是一种全面的物流解决方案，与客户建立的是长期、稳固的伙伴关系。

2．物流作业模式

物流按作业模式可以分为如下三类：

1）店铺直送

店铺直送是指由供货方或者供货商的批发商等对连锁店铺直接进行送货的方式。这种方式需要有"批发商数×店铺数"次送货。

2）配送中心联合配送

为了减少到货的次数，出现了配送中心共同配送的物流模式。供货商和店铺之间设置配送中心，将每个店铺的商品集中后进行配送，使配送的车辆大大减少。不同的配送中心还可以联合起来进行共同配送。共同制订计划，统一调配运输车辆，共同对某一地区的客户进行配送。这样，更能提高设施的利用效率，降低配送成本。

3）一括物流

一括物流是为了减轻店铺所需要众多人力的验货和商品陈列作业，在物流中心等地所进行的相应的支持物流系统。一括物流是从店铺开始向上推移进行的物流构筑的方式。如果说共同配送是"区分店铺的物流系统"，那么一括物流就是"区分货架的物流系统"。

一括物流的"一括"有两种含义。一是"货架的一括"，指的是以每个货架为单位，不管供货商和供货形式，进行全部商品的集中。另一个含义是对"业务的一括"，不仅仅是保证订货和到货的商品完全正确，并且容易进行商品的到货陈列，将到货业务全部集中处理。

11.5.4　仓储物流的新模式——云仓

1．云仓的概念

在电子商务的发展过程中，可以注意到，如果实现仓运配一体化协同，打造扁平化的供应链，在效率上就会提高很多。尤其是仓配环节，随着电子商务与 O2O 的发展，企业和消费者也越来越重视前后端的客户体验。电商企业如何才能把货物越快越好的送到客户的手中呢？

新型的物流仓储模式——云仓就应运而生，云仓的概念是利用云技术和现代管理方式，依托仓储设施实现在线交易、交割、融资、支付、结算等一体化的服务。

2. 云仓和传统仓储的区别

1）仓储品类的不同

传统仓储储存的货物品类是相对单一的，而云仓则不同，它是多品类的集中。以往物流企业接到企业的订单后，可能需要到不同的仓库去分别取货，最后集中到一起，这样的结果是取货出库的时间即流通的时间比较长。而电商仓则不同，它是集中在同一仓库的不同库位上，改变了以往仓储的方式。根据订单或自动或人工拣选，形成最终包裹。也是由于电商货物体积重量相对较轻，使得改方案可以实施。

2）管理方式与要求的不同

传统仓与云仓最大的区别，是管理方式和要求上的不同。传统仓主要的管控集中于库内的安全和库存的数量，而云仓的管理方式和要求则要比传统仓大很多。除了必须满足的库内安全和库存数量，云仓更讲求仓内作业的时效以及精细化的管理。

如果云仓的作业流程中入库的速度变慢则会影响电商前端的销售速度；若出库的速度变慢则会影响到客户的整体体验。如京东物流配送体系：提交订单之后，系统会从距离客户最近的仓进行发货，拣货到待出库的时间基本在 10 分钟左右，而且每一步都会在后台给予显示，速度快而且准确率高，有利于对消费者提供一个极佳的购物体验。

3）装备与技术的不同

除了管理要求精益化外，如何才能提高整体流程的效率呢？自然就要应用到云仓自动化的装备和信息化的软件。和传统仓储不同，云仓由于其发货的特点是多批次小批量，所以为了保证其整体的正确率，需要通过软件系统和硬件装备来共同完成。软件方面，WMS 仓储管理系统以及 RFID 的条码信息化处理；硬件方面，自动分拣机、巷道堆垛起重机等一系列自动化设备。这些都是传统仓所不完全具备的，也是主要的差异所在。

3. 云仓的模式对比

目前云仓的模式与主要公司的运营情况，按照不同公司所进行的云仓来分类，主要包含以下三大类：

1）平台类云仓——京东、亚马逊等

此类云仓为电商企业自建云仓，主要通过多区域的协同仓储实现整体效率最优化，保证电商平台的客户体验，从而提高用户的黏性。京东即是如此，通过建立云仓，通过大数据发掘不同地区不同品类的消费者的消费情况，进而更好地进行预测从而快速反应。

2）物流快递公司所建的云仓：顺丰云仓、EMS 云仓、百世云仓等

由物流快递企业所建立的云仓，大多数是为了更好地进行仓配一体化。建仓不是优势，但确实是战略的其中一部分。以顺丰云仓为例，其云仓网络的构成主要是"信息网+仓储网+干线网+零担网+宅配网"。此类由物流快递企业建立的仓储有两点值得我们关注。第一是建仓的合作伙伴，软件与硬件服务支持的提供商；第二就是云仓的布局，因为这是全网协同的形式。

3）第三方仓储物流提供商所建云仓：物联云仓、中联网仓等

这些第三方仓储物流提供商是在什么背景下产生的呢？答案很明显，在"双十一"

时，部分快递企业爆仓现象严重，即使没发生大规模的爆仓现象，货物仍可能会滞后几天发出，商家还需面对各种扫尾问题：漏发、错发和商品破损。相应的问题也出现在快递公司，尽管增派了人手和车辆，但爆仓仍成为最常见的局面。对比之下，京东和亚马逊的自建物流似乎很少会遇到这样的窘境，但它们却因为身份所限，无法将优质的物流提供给淘系的中小卖家使用。由此，第三方物流服务商应运而生。此类云仓的成长是迅速的，同时能够提供自动化、信息化和可视化的服务。虽然其配送环节相对不足，但是通过采取必要的措施保证与快递企业的配送对接无缝化。

4．仓配一体化的趋势与发展

为适应电子商务市场的发展，传统仓储物流企业开始向电子商务物流转变，快递企业推出高效率、低成本的仓配一体化运营服务产品，而拥有自建仓储和配送团队的电商平台更是借助仓配一体化来保证客户体验。

仓配一体化已经成为电商物流和第三方服务公司的新方向。因此各类型和服务物流企业也应该明确在物流业仓配一体化格局下企业定位，制定并推进仓配一体化、敏捷供应链。

5．未来云仓的定位

趋势一定是应需求而生的，甚至是创造需求而存在的。因此未来云仓的趋势一定是最大程度上满足客户的需求。

目前电商客户需求主要是两点：高效与准确。下单后直接出库，通过快物流系统以预约的时间送至消费者面前。满足客户高效准确的物流需求，需要的是大数据的支持和仓储智能化的发展。大数据保证供应链的链条不断裂的同时使需求预测得更加准确。线下的快物流体系的建立使得整体运输速度快，配送速度快，但这两者在快物流体系中属于不同的方面。因此，今后的云仓一定是向转运中心的模式去发展。商品的购买时间和批次均通过大数据系统确定，同时云仓的智能化会提升到一定的水平，从而满足消费者的需求和当今的趋势。

11.5.5　电子商务物流系统建设的发展趋势

1．电子商务物流系统技术的研发与应用加速

"供应链"概念的提出，使企业内部物流系统与供应商物流系统连接起来，并与销售体系的物流系统相集成，从而形成整个供应链物流管理系统。

由此，企业对物流系统中自动存储系统与生产系统集成化提出更高的要求，加速了企业对电子商务物流系统的研发与应用，例如，对集成化物流系统软件向深度和广度发展，提高对物流仿真系统软件的深入应用，制造执行系统软件与物流系统软件整合并与ERP 系统集成等。

2．电子商务物流系统需求呈个性化发展趋势

电子商务物流系统的个性化需求主要表现在 B2C 电子商务物流配送环节。B2C 电子商务面对的庞大消费群体具有范围广、需求灵活等特点，需要个性化的配送服务。但目前大多数企业依托的第三方物流配送服务未能满足其发展要求，因此，具有一定规模的电子商务企业通过自营物流来优化配送服务、提供个性化的物流配送体系以增加用户黏性，占据行业市场份额。

3．电子商务物流系统呈智能化发展趋势

物流系统智能化已成为电子商务物流系统发展的新趋势。目前，物流系统中库存水平的确定、运输路径的选择、自动导向车的运行轨迹和作业控制、自动分拣机的运行、物流配送中心经营管理的决策支持等技术，都需要依靠大量的物流知识并不断进行研发创新来实现。

4．电子商务物流系统呈柔性化发展趋势

通过柔性化的电子商务物流系统，电子商务企业能够有效地应对多品种、小批量、多批次、短周期的消费需求，对生产、流通进行集成，从而灵活组织生产、实施物流作业。

在此过程中，产品对终端客户的实际可得性将大大提高，需求将会发生"量"和"质"的变化，进而拉动物流系统更高效地运行。同时，物流系统各环节的成本将降低，如降低采购成本、库存成本，缩短产品开发周期，为客户提供有效的服务，降低销售和营销成本，增加销售机会等。

5．产品的数字化发展使物流系统更加隐性化

随着网络基础设施建设不断完善，用户对信息的获取已越来越网络化，对于一些能够在网上直接传输的产品，如书籍、报刊杂志、音像制品、软件等，即数字化产品，其物流系统将与网络系统重合甚至被取代，最终成为未来电子商务物流的发展趋势。

6．电子商务物流系统的绿色化将成发展趋势

目前，对资源的利用和环境的保护越来越受重视，世界各国都将绿色物流的推广作为物流业发展的重点，对于中国来说，发展绿色物流也是参与全球物流业竞争的重要基础。我国电子商务物流系统的绿色化必须尽快对物流系统的目标、设施设备、活动组织等进行改进与调整，如通过对资源消耗大的环节进行资源回收与再利用，以实现物流系统的整体最优化、对环境的损害最低限，从而提高电子商务物流整体水平，保护环境和可持续发展政策。

11.5.6　智慧物流

智慧物流的概念是在 2009 年由华夏物联网、物流技术协会等多个机构共同提出的，主要指的是国家在未来的发展、建设工作中，应该逐步建立出同时具备互联、智能以及先进等三种特征优势的供应链。其在实际运作的过程中，需要通过 RFID 标签、GPS、感应器、制动器以及其他多种不同的系统、设备实施生成信息的、被称为智慧供应链的工作体系。而后，该种概念与体系迅速蔓延、发展。对我国的整体发展而言，智慧物流是近年来不断发展与完善的概念，在其概念与功能中，需要将传感网、互联网技术以及物联网进行整合发展，并在后续实际进行物流管理工作时实现更加科学、精细的管理流程，并逐步形成可视化、网络化、智能化、自动化的物流管理与供应。最终，使物流体系具备更加显著的价值与发展前景。

1．智慧物流三大特点

（1）互联互通，数据驱动。所有物流要素实现互联互通，一切业务数字化，实现物流系统全过程透明可追溯；一切数据业务化，以"数据"驱动决策与执行，为物流生态系统赋能；

（2）深度协同，高效执行。跨集团、跨企业、跨组织之间深度协同，基于物流系统全局优化的智能算法，调度整个物流系统中各参与方高效分工协作。

（3）自主决策，学习提升。软件定义物流实现自主决策，推动物流系统程控化和自动化发展；通过大数据、云计算与人工智能构建物流大脑，在感知中决策，在执行中学习，在学习中优化，在物流实际运作中不断升级，学习提升。

2. 智慧物流的技术架构

智慧物流基于物联网技术在物流业应用而提出，根据物联网技术架构，智慧物流也有三层技术架构。

（1）感知层。感知层是智慧物流系统实现对货物感知的基础，是智慧物流的起点。物流系统的感知层通过多种感知技术实现对物品的感知，常用的感知技术有：条码自动识别技术、RFID 感知技术、GPS 移动感知技术、传感器感知技术、红外感知技术、语音感知技术、机器视觉感知技术、无线传感网技术等等。所有能够用于物品感知的各类技术都可以在物流系统中得到应用，具体应用中需要平衡系统需求与技术成本等因素。

（2）网络层。网络层是智慧物流的神经网络与虚拟空间。物流系统借助感知技术获得的数据进入网络层，利用大数据、云计算、人工智能等技术分析处理，产生决策指令，再通过感知通信技术向执行系统下达指令。

（3）应用层。应用层是智慧物流的应用系统，借助物联网感知技术，感知到网络层的决策指令，在应用层实时执行操作。

3. 智慧物流技术体系

根据智慧物流的技术架构，智慧物流主要有感知技术、数据处理技术、数据计算技术、网络通信技术、自动化技术等技术体系。

（1）感知技术。感知技术是物联网核心技术，实现物品自动感知与联网的基础，主要技术有编码技术、自动识别技术、传感技术、追踪定位技术等。

（2）数据处理技术：数据处理技术主要有大数据存储技术、大数据处理技术、机器学习技术区块链技术等。

（3）数据计算技术：数据计算技术主要以云计算为核心，结合实际的应用场景，在智慧物流系统的层级，常常应用雾计算技术，在智慧物流独立硬件应用场景，常采用边缘计算技术。之所以出现新的云计算创新模式，主要是为了更适应实际的智慧物流不同的场景，实现更快速的反应和智能物联实时的操作，达到统筹资源，快速响应的目的。

（4）网络通信技术：网络通信是智慧物流的神经网络，是智慧物流信息传输的关键，网络通信技术在局部应用的场景，如智慧物流仓，常采用现场总线、无线局域网等技术；在实现状态感知，物物联网，实现物与物通信时，常采用物联网技术，在全国或全球智慧物流网络大系统的链接中，主要采用物联网技术。目前，集网络、信息、计算、控制功能为一体的虚实融合网络系统，信息物理系统（CPS）技术架构正在发展之中，2017年中国正式发布国家的"信息物理系统白皮书"，随着信息物理系统技术发展，这一技术体系有望成为智慧物流底层的基础技术体系。

（5）自动化技术：自动化技术是智慧物流系统的应用层的执行操作的技术，主要有自动分拣技术、智能搬运技术、自动立体库技术、智能货运与配送技术等。

4．智慧物流的三大核心系统

根据智慧物流定义与技术架构，结合人类智慧的特点，我们认为智慧物流主要由智慧思维系统、信息传输系统和智慧执行系统组成。

（1）智慧思维系统是物流大脑，是智慧物流最核心的系统。大数据是智慧思考的资源，云计算是智慧思考的引擎，人工智能是智慧思考与自主决策的能力。

（2）信息传输系统是物流神经网络，为智慧物流最重要的系统。物联网是信息感知的起点，也是信息从物理世界向信息世界传输的末端神经网络；"互联网+"是信息传输基础网络，是物流信息传输与处理的虚拟网络空间；CPS（信息物理系统）技术反应的是虚实一体的智慧物流信息传输、计算与控制的综合网络系统，是"互联网+物联网"的技术集成与融合发展。

（3）智慧执行系统是物理世界智慧物流具体运作的体现，呈现的是自动化、无人化的自主作业，核心是智能操作执行中智能硬件设备的使用，体现的是智慧物流在仓储与配送领域的全面应用。

11.5.7　人工智能（AI）

人工智能是模拟实现人的思维的技术，它的主要目的是赋予机器人特有的视听说以及大脑抽象思维能力，尤其体现在判断、推理、证明、识别学习和问题求解等思维活动上。总体来说，它是知识和思维的结合体。自工业革命以来，我们利用机器代替人进行部分工作，极大地解放了人类。随着计算机技术和信息网络的发展，我们已不满足于操作机器去完成相关任务，而是希望它可以自主地去帮助我们完成某些工作，从而实现对人的更深层次的解放。

物流企业转型升级变革形势下，人工智能对物流企业的发展影响较大，无论是在人工智能物流基础设施方面，还是在人工智能生产工具及劳动力、物流运作流程都呈现出不同的影响力，具体如下：

1．人工智能设备重组物流基础设施、生产工具及劳动力

在人工智能时代下，智能机器人、互联汽车及自动驾驶汽车兴起，这种利用虚拟劳动力的模式在一定程度上产生了较高的劳动生产率，给现代物流企业带来较大影响，形成了新的物流基础设备、生产工具及劳动力，在物流生产要素结构上进行了重组，对物流企业运输影响重大。据普华永道研究，欧洲无人驾驶车辆于 2025 年能使物流企业的运营成本相比 2017 年节省 30%左右，波士顿咨询公司也表明采用无人驾驶车辆比传统车辆降低了 33%的物流成本，为缓解集货时间可使用小吨位的自动驾驶车辆运输，提高物流运输效率。同时，法国机器人价格在 1990 年的 116 欧元/小时，相比人力成本 9 欧元/小时，高达 12.9 倍，而从 2016 年开始，机器人的成本逐渐低于 20 欧元/小时，而人力成本逐渐高于 20 欧元/小时，这种趋势下，在 2020 年机器人的单位时间成本将低于人力单位时间成本，具有一定的价格优势。据罗兰贝格研究，在美国物流机器人的价格由 2010 年的 400 000 美元降至 2015 年的 22 000 美元，由此看来欧美的机器人与智能设备比人工劳动成本低，那么也可将之流向中国，在影响物流企业物流运输效率的同时，也对全球生产力布局形态及需求端产生影响。

2. 人工智能计算重新构建物流运作流程

传统的物流运作流程由"物流生产车间-车辆运输-物流园区与配送中心-客户"组成，在人工智能计算下，逐渐分解成若干并行结构，除了各物流设备互联互通外，在各流程中加入了装有人脑芯片的智能车辆与运输设备，在强大的计算与决策下，快速反射出诸多物流信息，能够自动形成小的自决策系统，计算出车厢中剩余空间、部位受损、维修时间等，物流企业物流运作流程大规模并行在一定程度上实现了运行速度提升及精准性提高，如图 11-6 所示。

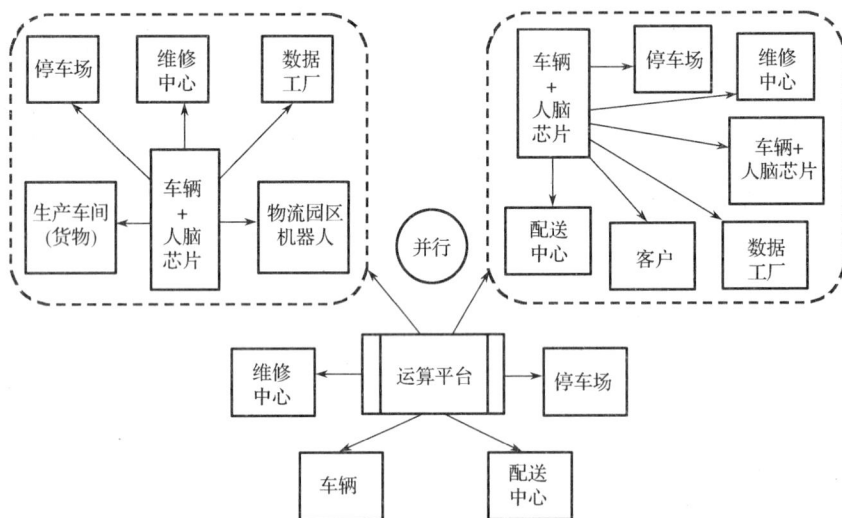

图 11-6　智能计算重构物流运作流程图

在图 10-4 中"车辆+人脑芯片"是人工智能时代下物流企业运作流程中的新兴产物，芯片之间能够相互联系与信息交流，如同人的大脑一般可自动与物流配送中心建立链接，在智能化识别下做出自动安排装卸与修理时间的信息化物流决策，通过芯片完成自动检测、修理及决策过程，让物流活动在自动流程中排序完成。同时，在智能计算下，物流运作流程自动化，部分物流活动无须利用云计算中心平台，直接在"车辆+人工芯片"计算下进入物流系统，在并行结构中分散运行，突破了计算与存储分离结构进行分布式工作，提高了物流系统计算效率与反应能力。如 DHL 的干线运输，将传感器安装在运输工具上，定时传输相关数据，检测货物的定位、速度、包装及温湿度，一旦遭遇紧急事件就自动展开报警，具有一定的安全性并降低货物损耗成本，城市配送也无须大量依靠人力配送，物流末端配送的时效性与利用率得以大幅提升。

3. 人工智能时代下物流企业转型升级的发展趋势

人工智能技术推动物流企业转型升级，在一定程度上影响着物流企业物流基础设施、生产工具及劳动力、物流运作流程及区块链方式等的发展，那么未来的发展趋势如何呢？

（1）物流企业"强者恒强"和"大鱼吃小鱼"。人工智能时代下，物流企业群雄并起，在"618"，京东的"无人机+无人车+无人仓"物流配送正预示着向技术性电商转型升级，尤其是物流仓储配送将逐渐被人工智能设备所取代。顺丰也拥有国内一流的物流服务，在规模不断扩大与成本可控下，利润空间更大。不过，京东自营快递的成本较高，并非万能，需要建立在自营承载力之上，京东相比大型物流企业承载力有限，大多数集中于小型包裹体量。不过，京东与顺丰人工智能化、物流服务与菜鸟联盟的"强者恒强、大鱼吃小鱼"的现象也很普遍，这是物流行业智能化发展的必然趋势，在朝向技术密集化发展，而未实现智能化升级的企业将会被人工智能化物流企业所替代，不少物流企业发展也面临着严峻的形势。

（2）物流企业整合发展业务日趋激烈。人工智能科技创新下，物流企业仓储配送等设备逐渐实现智能化，加速了物流企业的业务量，但物流行业几乎被大型物流企业所垄断。除了排名靠前的京东、顺丰、人人快递、菜鸟裹裹及亚马逊等资金雄厚企业之外，中小企业涉足智能化物流设备较少，其盈利能力一般，随时都可能有更多的投资者进入物流行业，竞争力较大，在量多利小的"大蛋糕"中的利润空间较少。当然，人工智能技术的广泛应用，并非是物流企业中的唯一壁垒，相对大型物流企业，中小型物流企业受资金链、加盟商、人力、物力等多因素的影响，物流企业的整合发展形势严峻，其业务日趋激烈。不过，虽然人工智能技术更迭速度较快，但物流地理基础设施短期内节点网络不变，长期下可能会被强化成智慧物流，与其他节点和工具相互融合，体现出强大的物流组织功能，京东自营建设配送中心，以基础设施设备为切入点进行物流活动数字化改造及物流企业业务并行计算能力等多方面整合，将会加剧行业内物流企业集群的业务竞争力。

（3）业内潜力股介入竞争格局。在当今科技行业领域也潜藏着物流企业，就如菜鸟最初以科技公司出现，伴随科技推进物流发展成为 5A 级物流企业，成为物流队伍中的潜力股及"搅局者"。此外，人工智能下以货物交易为入口的电商企业也是物流企业的"搅局者"，如京东与苏宁自建物流趋向第三方物流企业发展，依托电商货源优势与数字化人工智能，布局物流基础设施，物流运营能力快速上升。电商物流企业逐渐成为物流界的"搅局者"，不过全面实现具有物流服务的物流企业还有很长的路要走。

小结

物流配送是完成电子商务的一个关键环节，我国物流市场基本上分为三大阵营：外资物流企业、国资物流企业、民营物流企业。顺丰速运是民营物流企业中较具代表性的：其竞争方式是价格策略和价值服务相结合，相对来说，顺丰速运的速度、安全、服务具有较强的市场认可度。顺丰速运坚持自营网络的发展策略，是其速度、安全和服务质量的保障。同时，通过物流信息技术投入，具有较强的物流信息应用研发能力和基础，顺丰的客户服务系统、基于 GPS 的车辆监控与调度系统、自动分拣系统等系统的开发和应用是其低价和快速策略的有力保障。

习题

1. 顺丰速运的核心竞争力是什么？
2. 顺丰速运是如何实现信息化和电子商务的？
3. 顺丰速运有哪些信息化应用？它是如何提升其效率、服务的？
4. 电子商务物流的内涵可以分为哪几个层次？为什么要这么划分？
5. 如何理解顺丰速运集团建立五大事业群的组织机构变革？其变革的依据是什么？组织变革的难点是什么？

6. 结合顺丰云仓模式提出的背景，探讨云仓模式对顺丰核心能力与战略发展的意义。

7. 企业如何选择自己的物流模式？

8. 根据案例知识，结合我国电子商务物流发展现状，试探讨电子商务物流系统的发展趋势。

9. 简述顺丰是如何开展国际物流业务的。

能力拓展

我国物流业现状是外资企业、国有企业及民营企业三分天下的局面，本案例讨论了民营快递——顺丰速运的发展历程及其具有特色的竞争战略与经营策略，分析了其成功所在及不足之处。试查阅相关文献资料，分别以一个典型的外资物流企业和一个典型的国有物流企业为例进行分组交流讨论。

第 12 章　慧聪网——B2B 电子商务平台的先锋

学习目标

通过对本章内容的学习，学生应该能够做到：

（1）了解慧聪网 B2B 电子商务发展历程，以及慧聪网特有的 B2B 电子商务模式；体验国内 B2B 电子商务的迅猛发展及传统企业向 B2B 电子商务服务提供商的转变。

（2）理解 B2B 电子商务的概念、特点及不同模式，理解 B2B 电子商务的内涵并掌握其本质。

（3）分析掌握并体验 B2B 电子商务发展的内在规律，找出案例中所使用的策略及内在原因。

（4）通过学习本案例内容，结合课后参考资料，搜集资料并整理出一个 B2B 案例，进行课堂讨论与交流。

引言

本章选取 B2B 电子商务的代表之一——慧聪网进行案例研究，通过对慧聪网案例纵览、聚焦热点、成功之处的分析及对其的点评与建议，使学生对案例有全面、透彻的了解和掌握。同时学习与本案例相关的知识点内容，包括 B2B 电子商务的概念、特点和模式。要求体验 B2B 电子商务的发展过程及其内在规律，并组成小组进行拓展分析与讨论。

12.1　案例纵览

2003 年 12 月，慧聪国际在香港挂牌上市，为国内信息服务业及 B2B 电子商务服务业首家上市公司。开盘 1.23 港元，一度高至 1.53 港元，报收于 1.46 港元，较发行价涨 34%，交易金额 4 320 万港元。慧聪网实现了在我国香港创业板的成功上市，为慧聪网的发展注入了新的活力，也成为国内信息服务业及 B2B 电子商务服务业首家上市公司。

随着网络营销的推广，慧聪网在为中小企业提供了 12 年的商情服务后，于 2004 年成功推出了网络交易平台——买卖通，这个行业门户网站具有较强的专业性，受到中国中小企业主的欢迎。在短短的几个月里，注册用户总量便突破 100 万大关。在实施收费后不到两个月的时间里，买卖通的单日销售额最高突破 185 万元。打破了此前中国 B2B 电子商务几乎由阿里巴巴一家垄断的格局。

经过近 30 年的努力与发展，慧聪网业务范围已经拓展至全国上百个城市设立分销网点和服务体系，慧聪网还建立了以呼叫中心为核心的呼出和热线服务体系，同时推出包括即时通信软件"发发"、商务小秘书、帮助中心在内的互联网化的客户交流和客户服务手段，全方位地为注册用户服务。2009 年，慧聪网行业公司获得了 ISO 9001 质量管理体系的证书，成为国内第一家获得 ISO 质量管理体系认证的互联网企业。

慧聪网形成以中关村在线为首，包括家电电子商务公司、汽车产业电子商务公司、化工电子商务公司、酒店用品电子商务公司、工程机械电子商务公司、安防电子商务公司、电子产业电子商务公司在内的八大垂直电子商务公司。

慧聪网还拥有消费品电子商务公司（包括 18 个行业）、工业品电子商务公司（包括 20 个行业）、慧聪 O2O 电子商务产业园公司、神州数码慧聪小贷公司以及兆信防伪科技公司五大独立公司，总共 13 家独立公司，将专注于电子商务、金融、地产及防伪四大领域。

慧聪网目前已经将其服务范围扩展至全国上百个城市，在十几个城市拥有分公司。慧聪网为用户提供了丰富的产品线，可以满足中小企业用户全面营销推广的需求。拥有近 1 500 万企业用户，每天均有 30 万个以上的企业发布供应、采购、招标、代理等重要信息，日均商机发布量达数十万条。很多供应商通过慧聪网完成了交易的前期工作，并获得了来自采购者的长期采购订单。

慧聪集团有限公司作为综合产业服务提供商，慧聪集团依托自身在产业链核心地位优势、产业集群优势、资源利用优势，赋能企业转型，聚力产业改造，建立以数据服务为基础、信息服务为支撑、交易服务为场景的产业互联网全产业链生态。

12.1.1 背景

1992 年 10 月，针对"信息不对称"状况在市场中的普遍存在，为了在降低信息流动阻滞及交易成本的市场行为中寻求商业机会，北京市慧聪公关信息咨询公司成立，开创了商情信息服务的业务模式。

慧聪创建的初期，慧聪网董事局主席郭凡生骑着自行车，穿梭在北京的大街小巷，将家电、计算机等经销商的报价信息收集起来，进行分类、加工处理。以投稿的方式在《首都经济信息报》和《计算机世界》开辟了家电和计算机产品报价栏目，后来开始油印小 16 开本《中国商情快报——家用电器》，面向北京家电商场发行，这就是慧聪商情的前身。

集团愿景是成为中国领先的产业互联网集团，集团使命是用互联网和数据赋能传统行业，集团价值观是为客户创造价值，言行一致，说到做到。

12.1.2 现状

慧聪集团有限公司（02280.HK）简称慧聪集团，致力用互联网和大数据赋能传统产业，成为领先的产业互联网集团和数据公司。

慧聪集团于 1992 年在北京创立，原名慧聪网有限公司，创始人为郭凡生先生。公司成立后务实稳健发展，依靠稳定的业绩和实力于 2003 年在香港联合交易所创业板挂牌上市，2014 年 10 月成功转入主板，2017 年 8 月被恒生指数有限公司选为多个指数系列的成分股，同年 9 月被调入深港通。

慧聪集团作为国内最早的 B2B 电商平台之一，自 2017 年底开始转型产业互联网，

2018 年 3 月,公司正式更名为慧聪集团有限公司。通过专注和聚焦,慧聪集团已形成科技新零售、智慧产业、平台与企业服务事业群,建立起了完整的产业互联网生态。

慧聪网在商务服务领域拥有丰富经验,经过多年辛勤耕耘与积累,目前慧聪网(HK8292)已是国内领先的 B2B 电子商务服务商之一。

慧聪网依托网络平台及先进的搜索技术,为中小企业搭建诚信的供需平台,提供全方位的电子商务服务。

慧聪网服务范围扩展至全国上百个城市,在 17 个城市拥有分公司,100 余个城市拥有代理商。慧聪网为用户提供丰富的信息产品与服务,以满足中小企业用户全面营销推广的需求。

慧聪网在网络交易平台的同时还拓展线下实体业务,通过商情广告、行业资讯大全以及市场研究等实体产品进行延伸服务,使国内对互联网不熟悉的线下企业同样可以参与商业信息的全面互动。例如,慧聪网出版的工商行业目录——《慧聪商情广告》,覆盖行业达 30 余个;同时出版着 30 余个行业的年度商务黄页——《中国行业资讯大全》。

慧聪网还提供个性化的增值服务,如结合互联网资讯针对不同行业编写市场研究报告、组织参与行业展会等。慧聪网还在全国各地推出供需见面会服务,使得会员企业成交率大幅提升,用户价值得以最大限度的挖掘。

经过 20 多年的发展,慧聪网形成行业公司、电子商务公司、市场研究公司 3 家独立运营的公司。目前,慧聪网注册用户超过 1 500 万,买家资源达到 1 300 多万,覆盖行业 70 余个,员工约 3 500 名,是国内最有影响力的互联网电子商务公司之一。

其中,慧聪网行业公司一直通过线上、线下的专业产品,为客户提供媒体平台和行业专属服务,行业服务细分如下:

第一事业群:汽保、汽配、汽用、工程机械。

第二事业群:广电、教育、酒店、通信。

第三事业群:安防、消防、水工业、暖通、泵阀、热泵。

第四事业群:涂料、表面处理、塑料、制鞋、化工。

第五事业群:家电、专灯、影音、小家电。

第六事业群:印刷、丝印、食品、制药、纸业。

第七事业群:电子、IT、电气、变频器。

分公司遍布全国重点区域:北京、济南、广州、深圳、宝安、顺德、泉州、厦门、上海、杭州、温州、瑞安、慈溪、南京、无锡等。渠道共有 40 个城市:沧州、衡水、保定、廊坊、石家庄、德州、济宁、淄博、潍坊、临沂、滨州、烟台、苏州、常州、泰州、盐城、徐州、扬州、镇江、淮安、宿迁、合肥、滁州、安庆、衢州、郑州、新乡、安阳、焦作、洛阳、珠海、南宁等。

12.1.3 发展历程

慧聪集团的发展共分为以下四个阶段:第一阶段,慧聪在天津、内蒙古、太原、西安等地成立分公司,慧聪模式迅速展开;第二阶段,慧聪网与腾讯科技合作,联手为商务人士推出即时通信工具"买卖通 TM",成为国内第一家获得 ISO 质量管理体系认证的互联网企业;第三阶段,慧聪网获得由北京市经济和信息化委员会、北京市发展和改革委员会联合授予的"北京市电子商务服务平台重点企业"称号，并对股票代码进行了变更；第四阶段，慧聪网更名为慧聪集团，与腾讯达成战略合作。

1．第一阶段，慧聪模式迅速展开

1991 年，在《计算机世界》开辟计算机产品报价版，慧聪模式的商情业务迅速展开。

1992 年，与电报局合作，在北京承办邮电部 160 咨询电话的计算机、汽车、家用电器商情报价专线 1601188。

1993 年，成立天津、内蒙古、太原、西安、上海、哈尔滨、济南、大连、青岛等分公司。

1994，慧聪与富国公司签订独家代理《个人电脑》（PC Magazine 我国内地中文版）、《电子与电脑》（PC Computing 我国内地中文版）广告的协议，进入媒体广告代理领域。

2000 年，慧聪在全国近 20 个城市举办"慧聪与企业对话"巡回演讲会，郭凡生总裁与万余家企业进行面对面的交流，并做"网络时代的企业制度"的精彩演讲。

2001 年，慧聪国际研制开发的 I 系列软件正式对外发布，并已被国家级网站中国网全面使用。

2003 年，慧聪国际资讯于我国香港联合交易所创业板挂牌上市。

2．第二阶段，成为国内第一家获得 ISO 质量管理体系认证的互联网企业

2004 年 3 月，成功举办"中国行业门户宣言"新闻发布会，慧聪商务网正式更名为慧聪网，开通 40 余个行业频道和 76 个行业搜索引擎。

2004 年 9 月，慧聪网与腾讯科技合作，联手为商务人士推出即时通信工具"买卖通 TM"。

2004 年 10 月，慧聪网买卖通正式开始接受付费。

2005 年 4 月，慧聪网买卖通开始组织供需见面会，每月 40 场以上。

2005 年 5 月，买卖通付费会员突破 2 万。

2005 年 7 月，买卖通服务推出尊享（VIP）会员服务。

2005 年 10 月，买卖通付费会员突破 3 万，慧聪网启用新的企业标志。

2005 年 11 月，买卖通 2.0 版本发布。

2009 年 2 月，慧聪网行业公司获得了 ISO 9001 质量管理体系的证书，成为国内第一家获得 ISO 质量管理体系认证的互联网企业。

3．第三阶段，慧聪网获得"北京市电子商务服务平台重点企业"称号

2010 年 7 月，慧聪网等企业共同承办由北京市商务委员会支持、北京电子商务协会主办的北京 2010 电子商务 B2B 高峰论坛暨"首都商网服务中国"发布会。此次会议发起了"首都商网服务中国"工程，郑重承诺将信守"首都商网服务中国"宣言。

2010 年 8 月，慧聪网获得由北京市经济和信息化委员会、北京市发展和改革委员会联合授予的"北京市电子商务服务平台重点企业"称号。

2014 年 10 月，慧聪网从香港创业板转到香港联交所主板上市，股票代码变更为（02280）。

2015 年 3 月，内部创办化工行业交易平台——买化塑。收购包括中关村在线、中关村商城、万维家电网等股权。

2016 年 12 月，收购天津慧嘉元天广告传媒有限公司。

2017 年 8 月，获恒生指数有限公司选为多个指数系列的成分股。

2017 年 9 月，被调入深港通。

4. 第四阶段，慧聪网更名为慧聪集团，与腾讯达成战略合作

2017 年 10 月，慧聪集团新行政总裁刘军上任。

2017 年 11 月，慧聪集团聚焦产业互联网发展计划。

2018 年 3 月，更名为"慧聪集团有限公司"，刘军出任董事会主席兼 CEO。

2018 年 4 月，慧聪集团控股棉联，加速优化产业链服务体系。

2018 年 7 月，慧聪集团增持兆信股份，持股比例至 79.51%。慧聪集团增持中模国际股份，持股比例至 51%。慧聪集团推出共计 36 000 000 股的高管期权激励计划。

2018 年 9 月，慧聪集团董事会主席、CEO 刘军累计出资 1 416.91 万港元，连续 9 次增持慧聪集团股份，合计增持 260 万股。

2018 年 11 月，慧聪集团荣获 4.5 亿港元融资加速产业互联网布局。

2018 年 12 月，与腾讯达成战略合作，慧聪集团成为腾讯转型产业互联网的战略级伙伴。出资收购北京融商通联科技有限公司，有效持股 89.34%，融商通联成为慧聪集团控股子公司。

2019 年 1 月，业务迭代，组织架构升级，成立科技新零售、智慧产业、平台与企业服务事业群。

12.2 聚焦热点

慧聪网（HK8292）成立于 1992 年，是国内领先的 B2B 电子商务服务提供商，依托其核心互联网产品买卖通，通过专业服务及先进的网络技术，为中小企业搭建诚信的供需平台，提供全方位的电子商务服务。2003 年 12 月，公司实现了在香港创业板的成功上市，为国内信息服务业及 B2B 电子商务服务业首家上市公司。

12.2.1 推出慧聪商务网

2000 年，慧聪商务网（www.sinoBnet.com）建立。2004 年，行业门户宣言发表，并将网站更名为 HC360 慧聪网（www.hc360.com），确立了以网上业务为核心的发展战略。完成了从大全和黄页起家，由传统纸质资讯向互联网的转变，对慧聪来说，是一个从线下服务转移到线上服务的全新开始。

由于在慧聪网成立之前，慧聪国际资讯已经在国内多个行业打下了牢固的基础，这个基础为慧聪网迅速崛起提供了重要保障。慧聪国际资讯前期的商情报价、广告代理、市场研究、市场营销策划、媒体监测、展示公关等一系列活动为慧聪网的发展提供了有力的线下支持和庞大的顾客群体。

12.2.2 首家中国香港创业板上市的 B2B 企业

2003 年 12 月，慧聪网实现了在我国香港创业板的成功上市，所配售的一亿股新股获得 9.6 倍超额认购，每股定价 1.09 港元；17 日首日挂牌收市价为每股 1.46 港元，较发行价每股 1.09 港元上升 33.9%。2002 年 12 月，新浪网正式采用新版慧聪新闻搜索引擎和网页搜索引擎。

我国香港创业板的成功上市，为慧聪网的发展注入了新的活力，成为国内信息服务业及 B2B 电子商务服务业首家上市公司。

12.2.3　推出行业订制化服务

2008 年 9 月，慧聪网宣布正式推出行业专属服务：客户可以优先获得买家求购信息及优先参加买家线上、线下的采购会；收录当年行业大全名录，参加国内重大的业内展会及活动；针对不同行业的客户差异化需求，为企业量身定做网上做生意、结商友的诚信平台；卖家推荐，定期将企业产品定时、定点通过邮件、IM 等推荐给优质买家；企业重大的产品、活动等事件通过慧聪网第一时间在互联网平台做新闻发布。订制化服务最大优势在于提供精准的求购信息，提供行业内知名专家、顾问咨询服务。

慧聪网发布"慧聪发发"网上贸易即时沟通软件，还具备手机绑定功能，帮助客户轻松把握商机，在线洽谈生意，结交商界好友，组建商友圈。

慧聪网通过网络和纸媒推广的全面覆盖、新闻营销，深度打造互联网服务企业品牌，不断提升行业服务深度与广度。从而为每一位行业客户提供专业、订制化的精准服务。

12.2.4　获得 ISO 9001 认证

经过对 ISO 9001 的立项、申请、培训、标准文件编写、内部审核、外部审核等一系列举措，2009 年 2 月 28 日，慧聪网对外宣布成功通过 ISO 9001 质量管理体系认证。

认证的成功通过，说明了慧聪网一直非常重视客户对其产品使用的体验与应用效果，标志着慧聪网已具有提供满足顾客要求和适用法规要求的国际标准产品和服务的能力，慧聪网已具备为顾客提供国际标准产品和服务所需的产品设计、技术实现、产品合格生产、售后服务等过程控制能力。慧聪网通过 ISO 9001 质量管理体系相关标准也为慧聪网产品和服务的顾客提供相关体系保障。通过 ISO 9001 认证，以更高标准满足用户需求，从而提升慧聪网品牌满意度和知名度，提升了慧聪网以互联网为核心的电子商务企业核心竞争力。

12.2.5　与环球资源网战略合作

2006 年 5 月，慧聪网与环球资源达成战略合作伙伴关系，双方结成中国最大的 B2B 服务商。环球资源是外贸 B2B 服务方面的佼佼者，而慧聪网作为内贸 B2B 的领先者，与环球资源结盟，慧聪网在 B2B 服务领域将向外贸领域拓展。双方在内外贸市场、业务模式等层面进行的优势资源互补，对双方企业提高市场竞争力、拓展客户群体做出了有益的尝试。

12.2.6　慧付宝的推出

慧付宝是慧聪公司与支付机构及（或）银行合作的、为慧聪网客户提供的、支持买卖双方在线完成交易的支付服务工具，主要提供货款代收代付的服务。2013 年 9 月 1 日，慧聪网在线交易系统上线的同时，推出了慧付宝服务，支持使用 11 家银行的个人网银付款，16 家银行的企业网银付款，支持使用 25 家银行的个人或企业银行卡提现。

12.2.7　开启家电新零售市场

2019 年 3 月 6 日，慧聪集团旗下慧聪拿货商城联合长虹日电，举办"助力渠道·合力打造"项目启动会暨长虹集成家电卫浴生活馆招商发布会。

大会聚焦中国家电市场，旨在推动整合家电零售店，打造线上供货服务和线下体验的新零售体系。

1. 合力破解家电零售业痛点问题

慧聪拿货商城 2016 年 7 月创立，是国内家电行业首个 B2B2C 交易平台，为家电零售门店提供综合服务。业务覆盖全国大部分三四线城市，已与海尔、长虹、创维等品牌厂家建立深度合作。

2018 年，中国家电行业销售规模呈下滑趋势。中国家电研发和产品质量处于世界领先，但在销售渠道、品牌推广方面，存在"好产品不好卖、好品牌不出名"等问题。尤为严重的是，很多实体零售店客流下降、库存积压、顾客反复比价却难成交。

慧聪拿货商城与长虹日电合作，目的是联合家电零售店，破解行业痛点问题，向新零售转型。

2. 家电新零售万亿市场待开启

依托慧聪集团资源，慧聪拿货商城拥有完整的家电新零售解决方案，已帮很多家电零售店缩短通路，降本增效，多卖货、多挣钱。

12.2.8　建立产业互联网生态圈

2018 年初，慧聪集团开始向产业互联网转型，通过专注和聚焦，慧聪集团已形成完整的交易场景以及产业互联网生态，并且确立了依托新零售、物联网、大数据等先进技术，赋能传统产业的商业模式。

2018 年 9 月 30 日，腾讯宣布启动新一轮整体战略升级。在连接人、连接数字内容、连接服务的基础上，推动实现由消费互联网向产业互联网的升级。腾讯企点作为连接亿级用户的数字化营销、CCaaS 的专家，运用其积累了十余年丰富的 B2B 客户资源、企业服务经验和开放平台能力，助力多个行业的 B2B 交易平台的交易员提升沟通效率、加快商机开拓。

2018 年 12 月 26 日，慧聪集团与腾讯云旗下的企业级产品腾讯企点，共同宣布达成战略合作，将在产业互联网产品研发、服务、销售推广等领域开展战略合作，共同开拓产业互联网市场，并将进一步探讨开展更多深度合作的领域和方式。

此次合作，是基于"互联网的下半场属于产业互联网"的共识，合作不仅有助于实现双方优势互补，更有助于慧聪集团丰富产业线，完善点线面相结合的产业互联网布局。在 AI、机器学习、物联网、SaaS、IM 等技术方面进行产品合作和联合市场推广。

腾讯企点包含一组 SCRM 社交化客户关系管理套件，用于扩展和定制的开放平台，以及专业化的企业级服务。腾讯企点依托腾讯在社交、即时通信、大数据和 AI 等领域的丰富积累，助力企业更好地连接和理解客户，并通过高效且个性化的触达、沟通、互动来全面升级客户体验，最终提升企业市场营销、销售、运营和服务的绩效。

慧聪友客是基于慧聪网大数据服务的一款云销售线索发现系统，不仅可以为中小企业提供售前的海量云线索推送，还可以导入售中的物流信息和售后的客户信息沉淀、用户评价等，提供流量、商品、交易等全套解决方案，帮助客户洞悉实时数据，抢占生意先机，扩大生意规模。双方还将在生产制造、商贸批发、新零售等多个领域联合开发适配产业场景的定制化产品，为传统企业数字化、智慧化转型升级提供解决方案。未来，双方将推动合作的进一步深化，助力传统产业转型升级，为中国企业服务向高质量发展提供更多新动能。

12.2.9　大数据开创未来金融科技

慧聪集团旗下兆信股份和京东金融签约，双方合作采取货押模式，为中小微企业提供动产融资，即供应链金融服务。慧聪是此次合作的发起方，并由慧聪"货慧通"，为服务提供基于区块链技术的溯源系统及防复制二维码技术保障体系。

1. 为实体经济发展提供"压舱石"

世界银行 2018 年 1 月公布的数据显示，中国中小微企业资金缺口达 12 万亿元，近80%的小微企业融资需求无法得到满足。因为缺乏有效的风控手段，传统商业银行"心有余而力不足"。

雪上加霜的是，在金融去杠杆的大背景下，市场资金面趋紧，中小微企业融资难加剧。中小微企业是我国经济发展的基础，创造了 60%以上的 GDP。此时慧聪联合京东金融向中小微企业注入"金融活水"，帮他们脱困，是"雪中送炭"，是对中国经济和民生的重大贡献。

2. 大数据助企业融资解困，审核通过当天放款

互联网时代，大数据呈指数级增长，为解决中小微企业融资困境提供了新思路。一些互联网科技企业，通过大量研发走在了这个领域前列。例如慧聪，在传统供应链金融服务的基础上，走出了一条"用大数据帮助企业融资解困"的新路。

慧聪已经形成了信息、数据、交易服务并举的局面，拥有数据采集和大数据应用优势，尤其是慧聪正在打造全球最具价值的溯源公链——慧链，可以利用互联网、大数据、区块链等技术，为企业提供全产业链服务，形成服务闭环。

3. "货慧通"保障安全，慧聪金融科技优势凸显

慧聪集团旗下兆信股份和京东金融携手，开展供应链金融服务，兆信股份的技术为服务提供了重要保障。基于动态、多维的大数据，精准的风控模型，以及数量众多的风控变量，京东金融供应链金融服务能够提供有效的监控和预警，并依据技术开发的优势与物流企业开展合作及系统对接，为企业提供动产融资服务。

兆信股份为此专门研发了一款名为"货慧通"的产品，这是一种基于区块链技术的智能封箱应用。在货物的物流运输环节，由兆信股份提供智能封箱条，并将封箱数据上传到慧链，做到了货物的防开箱、防复制、防篡改和智能验收，此举解决了品牌企业、资金方、经销商三方互信的问题，使放款更加灵活。

4. 中小微企业融资需求旺盛，市场空间大

慧聪可以为品牌企业经销商提供的供应链金融服务，市场空间非常巨大。已与兆信有深度合作的某知名白酒企业，该企业目前全国有 3 000 家经销商，如果每家经销商每

年有 3 次 100 万的融资需求,全年需要的融资额就达 90 亿元。慧聪服务的品牌企业众多,仅满足这些品牌企业经销商的融资需求就是一个庞大的市场。

慧聪集团与京东金融合作,将共同挖掘供应链体系中大数据的价值,挖掘慧链的数据价值,开发出更多有价值、有潜力的优质客户,为慧聪集团的客户提供更多增值服务,不断增强客户黏性,同时为慧聪集团在更多垂直行业开展此类服务。

12.3　成功之处

慧聪网依靠其在商务服务领域拥有的丰富经验,经过多年积累,在线下建立了稳定的客户群体。同时,依托网络平台及先进的搜索技术,为中小企业搭建诚信的供需平台,提供全方位的电子商务服务。

12.3.1　线上线下有机融合

慧聪网依托其网络交易平台以及核心互联网产品——买卖通为中小企业提供线上服务,还通过其雄厚的传统营销渠道——慧聪商情广告与中国资讯大全、研究院行业分析报告,为客户提供线下的全方位服务,慧聪网将电子商务服务线上与线下有机融合,最大限度地扩大服务的深度和广度,形成互联网线上线下优势互补、信息互动,为客户提供全方位立体式服务模式,已成为中国 B2B 电子商务行业服务的典范,提供最独特、最精准信息服务也是其最具竞争力的优势。

线上线下的有机融合,迎合了市场对 B2B 平台信息行业性配套的要求,也是慧聪网在保持线下业务优势的同时,对线上业务的进一步拓展和创新。不仅有利于提高用户满意度,还大大增强了对行业客户的黏性。

12.3.2　垂直一体化纵深发展

慧聪网坚持行业垂直纵深发展,力求为客户提供专业化、精准的信息服务。慧聪网专注于行业业务领域,通过把网站资讯做得更专业、更权威、更精彩,来吸引顾客群和潜在顾客群体。因为随着网络用户的增多和对各种服务要求的差异,网上充斥着海量的各种信息,这就为专业化、细分化的网络平台和网络信息服务提供了充足的发展空间。而慧聪网也由于致力于专业领域的网站平台,为其发展赢来了广阔的发展空间。

据慧聪网渠道相关负责人介绍:"慧聪网一直坚持的战略就是行业垂直,而在不断深入的市场调查和分析过程中,慧聪网已经完全掌握了各行业在全国各省、市、地区的分布情况,而在某些产业高度集中的地区,慧聪网就非常需要当地代理商来帮助其开拓市场、服务客户。因为他们占据了地利、人和,比我们更了解市场、更贴近客户。"

慧聪网 B2B 电子商务伊始,就十分重视与全国各地代理商的合作,以"共赢为渠,慧聪之道"为指导,携手共同打造具有领导地位的内贸 B2B 电子商务平台。通过慧聪网行业的扩张,慧聪的代理商已经遍布华北、华南、华中、华东以及东北地区,具有一定规模的代理商有 100 余家。通过不断提高的技术水平和服务水平,慧聪网在赢得千万客户的同时,坚持低折扣,帮助全国各地的代理商迅速成长壮大起来。

慧聪网还拥有着一支约 2 500 名业务人员的庞大队伍,正是这些业务员保持与客户的紧密联系,确保了对客户需求反应的及时性,同时这些业务员在与客户面对面的交流过程中，收集到了更多的信息，了解到了更多最新、动态的客户需求服务。慧聪网还通过参加每年 600 多个展会收集种种信息，以使慧聪更了解客户信息及需求。

采购交易会的推出更是基于慧聪网近 20 年的企业服务经验及对 B2B 服务的独特理解，对于带动线上、线下企业交流起到了巨大的推动作用。采购交易会能把平时不上网的商人也带进电子商务世界，使其感受到电子商务的便利与优势。而对进行电子商务的企业来说，采购交易会能为其提供与更多企业交流的机会，现场达成采购意向。

会展为一些必不可少的线下交流环节提供了最适当的环境与机会。例如，在生产流通环节，看货、验货，必须在线下进行。扁平的网络加上立体的面对面交流，将网络与线下的优势兼收并蓄。这种采购交易会通过跨媒体互动的策略，帮助买卖双方更快地找到对方，以降低交易成本，提高交易效率。在用网络进行在线贸易撮合的同时，以纸媒覆盖非互联网用户，再以会展进行协同，实现跨媒体的整合，这也正是慧聪的优势所在。

12.3.3　提供精准、原创的信息服务

电子商务信息服务的有效性、完全性以及精确性始终是慧聪致力发展的方向。能够提供精准、原创的信息是慧聪作为电子商务服务提供商占领市场的核心竞争力之一。慧聪是靠资讯起家，具有 20 多年丰富的资讯服务行业经验，搜集一手资讯一直是其强项。资讯方面的优势始终是慧聪保持行业地位的法宝。

慧聪网 CEO 在中国行业门户宣言中提到：“慧聪网做 B2B 的成功主要得益于信息的披露度和完全性比一般的商业网站要高两至三倍。”

慧聪网站搜索信息的精确性是吸引客户的主要因素，慧聪网正在将资讯内容细分为企业搜索、资讯搜索、产品搜索、商机资讯搜索、行业的科技新闻搜索等。同时将数据库分类是提高精确搜索的关键所在，比如计算机搜索引擎去找配件的时候，只找到 IT 行业相关的计算机配件，这对于提高电子商务信息搜索的效率十分明显。

12.3.4　为多个行业提供专业、全方位的信息服务

作为一个 B2B 网站，慧聪商务网依托其前身——慧聪国际资讯已经在国内多个行业打下了牢固的基础，慧聪国际资讯前期的商情报价、广告代理、市场研究、市场营销策划、媒体监测、展示公关等一系列活动则全面扶持了慧聪网的发展。

慧聪网提供服务于企业和采购者的 B2B 网上信息发布与查询、企业主页、信息订制、网上广告、网上交易等网络增值服务，并力求通过“网络”“网刊”及“综合服务”的多元化信息服务模式，最大化地满足客户需求。

1. 网络服务

依托慧聪买卖通、商机搜索、商情数据库和传统信息服务的基础，为企业上网解决方案、网络营销、商务服务及专业市场四大部分的功能提供全面、完整、多选择的网络增值服务。

2. 综合服务

慧聪网提供个性化的增值服务，如全国各地推出的供需见面会服务，结合互联网资讯针对不同行业编写的市场研究报告、组织参与行业展会等。

慧聪网在全国各地推出供需见面会服务后，每月举办的大大小小的洽谈会近百场，分为线上洽谈会、线下洽谈会和大额的线下采购峰会等，贸易额最高达 50 亿元，会员企业成交率大幅提升，用户价值得以最大限度地挖掘。

交易会采用网上网下同步进行的方式，对部分不能到场的客户，慧聪网将邀请其参加网上洽谈，参加现场采购交易会的慧聪网会员能获得网上同步展示的机会，供有意向的企业查询和比较。

慧聪网是国内首家将传统采购交易会展整合进电子商务的 B2B 服务商，拥有完整的会展组织工作平台和信息资讯平台，其网络、纸媒资源都可以用来对采购交易会进行支持，为会员提供立体的交投环境。

12.3.5　专业研发与技术支撑

慧聪拥有雄厚的技术实力和专业的研发精英队伍。慧聪网网络技术有限公司（即慧聪网网络技术公司）是直属于慧聪国际资讯有限公司的高科技企业，拥有近百名技术专家和资深研发人员，是国内最早从事互联网领域研发的精英团队。

慧聪网网络技术公司在电子商务、网站建设、海量数据挖掘、人工智能、行业搜索等领域有着丰富的经验。门户站点内容管理技术、电子商务建设技术、论坛及博客技术、大型数据库技术、数据挖掘技术、海量信息检索等多项技术的综合运用在慧聪网建设中得到合理科学的整合与发展。对大数据量、大并发量的高度支持在千万级数据量的基础上，支持每日千万级的访问量。强大的硬件支持采用当前主流的硬件平台，分布在全国多个核心骨干机房，超大带宽，从而保障了慧聪网提供高效稳定的服务。24×7 技术服务体系以客户为核心，不断强化技术服务理念，提供 24 小时的网站监控和技术支持。

慧聪网网络技术公司凭借雄厚的资金、技术、信息资源和市场运作实力，致力于企业互联网应用服务，为企业提供全方位、多层面的企业信息化解决方案及应用服务。慧聪网为企业提供"一站式"的互联网服务体系，利用先进的互联网应用技术和高效率的营销体系，使企业及时地获取并使用实时、可靠的互联电子商城、电子政务、企业协同办公平台、邮箱系统、企业推广等多元化服务项目。

慧聪网网络技术公司拥有覆盖全国 30 多个城市和地区的服务营销网络，通过网上、网下为企业客户提供 360°的立体化和一对一的服务体系，提供各种咨询、实施、培训、售后支持等服务，为慧聪提供全方位互联网服务提供了有力支持与保障。

12.3.6　战略合作，推出新营销模式

慧聪网和四搜索引擎达成战略合作，签约额达 4 000 万元。B2B 电子商务平台服务提供商慧聪网联合百度、谷歌、搜搜、搜狗推出 B2B 电子商务+搜索引擎新营销模式，并且慧聪网与上述搜索引擎共签署总额为 4 000 万元的合作协议。B2B+搜索是慧聪网新推出的电子商务营销模式，能够帮助企业一方面获得慧聪网自有商务流量，另一方面还能获得合作搜索引擎的流量，从而增加企业交易的机会。慧聪网根据这一新的商业模式推出相应产品"标王"。慧聪网在标王产品研发、市场宣传及关键词购买上都进行了重金投入。仅关键词一方面，其就与百度、谷歌、搜搜、搜狗达成 4 000 万元的合作协议，用于购买 B2B 相关产品的关键词。

12.3.7　推出科技新零售事业群 TRG

融合"中关村在线""融商通联""家电汇"三家力量，打造 3C 家电领域产业路由器，一端连接品牌厂家，实现定制化生产，另一端通过 SAAS、金融等手段，赋能 3C 家电行业供应链，包括中小零售商和连锁零售商，实现线上线下融合发展。

中关村在线是一家资讯覆盖全国并定位于销售促进型的 IT 互动门户，集产品数据、专业资讯、科技视频、互动行销为一体，日均 PV 达到 1.85 亿，日均独立用户达到 2 330 万，总注册用户 4 010 万，覆盖科技产品线 580 条，覆盖产品数量超过 110 万种，品牌客户数量超过 1.2 万家，服务经销商超过 10 万家，日均撰写科技原创资讯超过 1 500 篇。

融商通联——产业互联网专业 SaaS 解决方案服务商，通过 SaaS 产品服务通路合作客户，赋能客户新零售能力，同时通过供应链和互联网金融等赋能提升产业互联网中各产业经营收入和利润形成深度合作，将整合产业资源引入产业互联网，赋能合作伙伴。

家电汇是一个专注于家电全产业链的电商交易服务平台，家电汇在涵盖互联网交易、金融、支付、仓储物流、售后服务基础上，通过供应链+SAAS 系统+服务的模式，帮助传统家电零售店改造升级为线上+线下"门店"，提升门店综合竞争力，助力家电经销商转型新零售。

12.3.8　推出智慧产业事业群

通过技术赋能、金融赋能、流量赋能、制度赋能，深度服务垂直行业，构建交易场景，形成"中国服装网""买化塑""棉联""中模国际""兆信股份"多个垂直行业的产业互联网平台。

1. 中国服装网——中国服装新零售践行者

在为服装行业提供 1.0 信息广告、媒介服务和 2.0 直播服务的基础上，通过搭建中国服装交易中心，提升平台为服装行业产业链上下游企业提供服务的能力，服务服装行业全产业链，打造服装行业产业互联网矩阵。

2. 买化塑——深耕化塑产业供应链服务平台 20 年

化塑领域垂直产业互联网平台，专注化工、塑料、涂料产业+互联网赋能服务，为化工产业链上下游企业提供互动营销、咨询研究、商品交易、供应链管理、金融、在线质检等全产业链服务。起源于慧聪旗下创建 20 余年的化工电子商务平台，已发展成为国内领先的化工产业 B2B 平台，服务覆盖中国化工橡塑产业链近 100 万家企业和 800 万网站会员。

3. 棉联——棉花全产业链电商综合平台

作为棉花行业 B2B 电商最早的进入者之一，汇聚了棉花行业丰富经验的领导者以及重要的市场资源，提供精准匹配的撮合交易、代销代购、物流配送、供应链金融、数据资讯与质量查询等一站式棉花综合交易服务，深入推进棉花行业产业互联网实践，打造以棉花在线交易为核心的新型产业链生态。

4. 中模国际——建筑模架行业的物资银行

模架整体解决方案服务商，以建筑模架租赁业态为核心目标，向供应链中生产、租赁、施工的上下游提供数据、金融、交易、物流、劳务撮合等增值服务，致力于用互联网、大数据、智能设备及物联网技术改造传统的模架供应链产业，打造建筑模架行业物资银行。

5．兆信股份——防伪溯源行业标准制定者和规模最大的解决方案提供商。

防伪溯源，产品数字身份管理专家，以自主知识产权"产品数字身份管理技术"为核心，基于云平台，利用大数据、物联网、互联网、移动互联网等技术，通过数字码、二维码、RFID 等标签及印刷包装载体，为客户提供综合防伪、防窜货、防乱价、溯源、营销、大数据、供应链金融、消费管理等覆盖整个产品全生命周期的管理服务，致力于成为企业的数字化转型提供物联网解决方案，目前，兆信股份拥有 4 万多家客户，品牌价值保护 10 万亿，年赋码量超 150 亿。

12.3.9　推出平台与企业服务事业群

凭借"慧聪网"和"慧嘉"，全面提升慧聪集团旗下产业互联网平台的信息服务能力，依托慧聪网深耕的 50 余个行业、累计服务过的 2 500 万家中小企业，通过"慧嘉"的品牌推广、营销服务、信息服务巩固慧聪网资讯、商情平台行业地位，同时构建产业数据链及业务场景，为产业链上下游提供金融、数据营销、SAAS 等增值服务，推动产业互联网转型升级，服务中国经济和产业发展。

慧聪网致力于用技术推动产业进步，助力供给侧改革，深耕垂直行业 20 多年，深度触达 50 多个垂直行业。随着慧聪集团加码产业互联网，慧聪网作为慧聪集团旗下子公司，将肩负起连接垂直行业与垂直跑道的重任，全面推动慧聪集团产业互联网生态的建立。

通过跨界整合营销模型 Wisdom Matrix，运用技术及资源优势覆盖目标用户的活动时间及场景，让品牌更有效率、有方法的产生交易，实现从营到销的全流程服务。慧嘉为大量知名的品牌客户提供包括线上及线下的各类型营销服务，获得了包括 intel、华硕、联想、宾利、丰联、中粮、国安等大量客户的好评。

金融服务依托金融科技，基于慧聪网 20 多年服务 B 端中小企业的经验，将中小企业散落在物流、信息、交易等环节数据串联打通作为风控依据，为产业链上下游中小企业提供低成本融资，满足企业造血再生产的需求，为产业链降本增效。

12.4　点评与建议

慧聪网以行业信息资讯服务起家，开创了中国商情报价广告业务的先河，形成了"慧聪商情"经营模式，引发了信息服务行业的变革。但是，由于以前慧聪在整体方向上出现了问题，现在慧聪网找到了电子商务网发展的方向，但是一直未能做大，还存在如下问题。

12.4.1　战略定位不够明确

应当看到，慧聪有很多好的概念和服务内容，但是一直没有做大，很大的原因就是定位不明确，没有好的战略，在具体运作过程中就显得不知所措。在慧聪网的发展过程中缺乏一个准确的战略定位与科学的市场规划，造成战线拉得过长，服务项目范围过大，行业跨度较大，在激烈的市场竞争中遭遇发展的瓶颈。

慧聪网战略发展不够明确表现在两个方面：一方面表现在慧聪的服务项目很多，几乎涵盖了顾客所有需求；另一方面表现在慧聪现在涉及的行业过多，每个行业做到最好，做得很完美，就应考虑到有限资源是否能够合理配置的问题。

因此，慧聪当务之急是需要明确自己的发展战略和发展重心，所面临的问题是如何进行取舍，如何合理地配置有限的资源，根据实际情况来发展自己的亮点，挖掘出自己的优势。一味求全求大反而会造成资源紧张、顾此失彼，而限制了自己的发展空间。

12.4.2　页面设计优化不足，操作不够简捷

慧聪网站层次不明了，进入慧聪网主页的时候会发现，所做的事情全部体现在首页，由于想把各个行业的东西全部包括进去，结果首页密密麻麻，没有主题，没有主次之分。有行业资讯和新闻，有交易信息，又有 B2C 购物等，但是特色与优势并不明显。

慧聪网页面设计有待优化，文字与图片搭配不符合人们的审美观，内容架构与网站发展战略不一致，给人的感觉是条理不够清晰。慧聪的博客和论坛的操作与阿里巴巴相比，操作麻烦不够简便，不能够吸引更多的人。如果操作麻烦，就没有几个人愿意访问，人气和浏览量自然受到很大影响。

12.5　知识点学习

12.5.1　B2B 电子商务的概念

1．B2B 电子商务定义

B2B（Business-to-Business）是电子商务的一种模式，是企业与企业之间通过互联网进行产品、服务及信息的交换。这种交易可能是在企业及其供应链成员间进行的，也可能是在企业和任何其他企业间进行的。这里的企业可以指代任何组织，包括私人或者公共的，营利性的或者非营利性的。B2B 是电子商务的一种具体主要的表现形式。它将企业内部网通过 B2B 网站与客户紧密结合起来，通过网络的快速反应，为客户提供更好的服务，从而促进企业的业务发展。

2．B2B 主要功能

B2B 主要功能包括发布供求信息，订货及确认订货，支付过程及票据的签发、传送和接收，确定配送方案并监控配送过程等。B2B 是电子商务的主流，也是企业在网络时代面临激烈的市场竞争拓展市场，建立核心竞争力的首选方式。

3．常见的 B2B 电子商务平台

常见的 B2B 电子商务平台有中国供应商、阿里巴巴、中国制造网、慧聪网等。

4．分类

按行业性质可分为综合 B2B 和垂直 B2B。按服务对象可分为外贸 B2B 及内贸 B2B。

5．B2B 电子商务中的实体

（1）卖方公司：从个别公司的营销管理角度看问题。

（2）买方公司：从个别公司的采购管理角度看问题。

（3）电子中介：类似交易所和供应链服务中心的第三方中介服务提供者（服务范围可能延伸到订单执行）。

（4）交易平台：定价和议价的规则，如拍卖和反向拍卖等。

（5）支付服务：提供将货款支付给销售商的机制。

（6）物流提供商：包装、仓储、运输和其他交易必须的后勤服务。

（7）网络平台：因特网、内联网、外联网和增值网。

（8）通信协议：EDI 或 XML。

（9）其他服务：目录服务、撮合买卖双方、安全以及第三者托管。

（10）后台集成：连接到 ERP 系统、数据库、内联网和其他应用系统。

6．B2B 电子交易市场的分类

根据提供服务层次分为简单信息服务提供型及全方位服务提供型。根据服务对象的范围有两种分类方法。

（1）水平市场和垂直市场。水平市场同时为多个行业的企业服务；垂直市场将特定产业的上下游厂商聚集一起，让各阶层的厂商都能很容易地找到物料供应商或买主。

（2）开放市场和专有市场。开放市场对参加交易的企业来者不拒；专有市场对参加交易的企业的资格加以限制，往往是由行业的一个或几个领导者所发起。

7．B2B 电子交易市场最基本的功能

（1）为企业间的网上交易提供供求信息服务。

（2）提供附加信息服务。

（3）提供与交易配套的服务。

（4）提供客户管理功能。

8．B2B 电子交易市场价值链

供应商包括基础设施提供商、加密认证服务商、技术平台提供商。

服务提供商包括应用服务商、内容提供商、贸易社区。

系统集成商在每一个阶段提供系统集成技术，或者帮助企业重组业务流程，以便更好地为企业提供服务。

9．B2B 的商业模型

B2B 的商业模型包括目录（Catalogue）、拍卖（Auction）、交易（Transaction）、社区（Community）。

12.5.2　网络经纪

1．网络经纪的定义

网络经纪是指网络经济时代企业通过虚拟的网络平台将买卖双方的供求信息聚集在

一起，协调其供求关系并从中收取交易费用的市场中介商。这种企业可以是商家对商家的、商家对消费者的、消费者对消费者的或消费者对商家的经纪商。

2．网络经纪网站业务类型划分

彼得·韦尔（P.Weill）等（2001）提出，作为电子商务中介的经纪人可以划分为四种形式。

（1）直销模式，投资者为每次交易支付交易费，或者是支付用于交易的年预交费用。

（2）全面服务提供商模式，通过增加对电子经纪人服务的需求来作为电子经纪人的合作伙伴。

（3）中介网站模式，借助于专门的垂直网站的电子经纪人业务。

（4）门户网站模式，依靠公共的门户网站，如雅虎网站等。

3．网络经纪网站专业性划分

按照网络经纪网站的专业性程度，网络经纪模式的网站可划分为以下几种：横向型（即水平型）网站、纵向型（即垂直型）网站、专业网站和公司网站。下面重点讨论横向型网站和纵向型网站。

1）纵向型网站（又称纵向电子商务市场）

纵向型网站是指提供某一类产品及其相关产品（互补产品）的一系列服务（从网上交流到广告、网上拍卖、网上交易等）的网站。该类网站的优势在于产品的互补性（在一个汽车网站不仅可买到汽车，还可以买到汽车零件，甚至汽车保险）和购物的便捷性，顾客在这一类网站中可以实现一步到位的采购，因而顾客的平均滞留时间较长。

2）横向型网站（又称横向电子商务市场）

横向型网站是这样一些 Web 站点：买卖双方能在网上一起进行通信、交流、制作广告、在拍卖中叫价、进行交易，以及管理库存和完成交易。"横向"的含义是指服务于各种不同的行业，或者说是定位于跨行业的横向应用。

其不足在于深度和产品配套性的欠缺。由于该类网站充当的是中间商的角色，在产品价格方面处于不利地位，而且横向型网站难以为不同行业客户提供一步到位的服务，需要做大量工作以使其内容、产品以及服务满足各种客户的需求和利益。横向电子商务市场模式是否会成功还有待于观察。总的来说，任一横向市场迎合太多产业就有把自己铺展得太薄弱的危险。与纵向电子商务市场相比，横向电子市场缺乏提供满足市场要求的服务所必需的专业技能。

12.5.3　产业互联网

产业互联网（Industrial Internet）是从消费互联网引申出的概念，是指传统产业借力大数据、云计算、智能终端以及网络优势，提升内部效率和对外服务能力，是传统产业通过"互联网+"实现转型升级的重要路径之一。

1．产品用途

产业互联网是依托大数据实现传统产业与互联网的深度融合，助推经济脱虚向实，实现转型升级的重要路径之一。产业互联网的兴起，意味着制造、农业、能源、物流、交通、教育等诸多传统领域相继都将被互联网所改变和重构，并通过互联网提高跨行业协同的效率，实现跨越式发展。

2．产品优势

产业互联网可以让大数据、云计算、人工智能等代表先进生产力的虚拟经济，与政府公用事业、社会保障、数字内容、传统产业、金融科技等诸多领域实现有机的融合，提高效率、加速转型升级，实现虚拟经济为实体经济服务、宏观经济转型升级的目的。

产业互联网不仅能把企业和企业、把产业的上下游连接起来，更重要的是连接了两侧企业内部的个体和数据，能重构传统产业的业务链和产业链。

业内人士指出，传统产业在大数据、行业经验以及产品认知等方面存在的壁垒，使消费互联网巨头过去所积累的优势难有发挥空间。同时，传统产业的链条长、环节多，每一块都需要专业人才去做。

小结

本章通过对慧聪网案例纵览、聚焦热点、成功之处的分析及对其的点评与建议，使学生对案例有了全面、透彻的了解和掌握。同时学习与本案例相关的知识点内容，包括 B2B 电子商务的概念、特点和模式。要求体验 B2B 电子商务的发展过程及其内在规律，并组成小组进行拓展分析与讨论。

习题

1. 慧聪网是什么类型的电子商务？
2. 慧聪网的核心竞争力（或者说特色）是什么？
3. 慧聪网如何实现线上与线下的有机融合？
4. 为什么慧聪网并不为普通大众所熟知，但却受到行业内中小企业的青睐？
5. 为什么慧聪网可以实现快速发展？试简述其在实现快速发展过程中实施了哪些策略。
6. 慧聪网如何实现从提供传统信息服务到提供电子商务服务的快速转型？
7. 慧聪网快速崛起的策略可以适用于其他类型的电子商务吗？
8. 慧聪网是如何吸引客户并获取客户的信任的？
9. 慧聪网近年来取得了哪些成就？

能力拓展

瀛商网是中国首创的实名制视频宣传平台、企业电视台推广平台及供需洽谈会的结合体，立足于打造全球最大的"可视化"电子商务平台，帮助客户更加有效、清晰、直观、生动、全方位地展示企业形象、推广品牌、宣传产品及技能培训，为企业提供全面创新的商业视频营销。瀛商网以服务用户为核心的产品群组已经得到了数十万各国采购商及数百万中国供应商会员的广泛推崇。瀛商网在各地与各类伙伴深入开展长期互惠的业务合作，媒体、会展、宾馆、饭店、物流等众多商务机构在参与瀛商网灵活多样的商务营销中共同发展；瀛商网同时欢迎各地渠道商与其携手共同发展业务开拓市场，实现共赢。

试根据以上提供的资料，搜集并整理瀛商网案例，结合慧聪网案例体验并比较二者发展过程及电子商务模式的异同点，分析总结出我国 B2B 平台发展的特点、特有的电子商务模式、面临的困境及应对策略。要求完成瀛商网案例报告，分成小组交流讨论。

第13章 环球资源——国际电子商务的领跑者

学习目标

通过对本章内容的学习，学生应该能够做到：

（1）了解环球资源 B2B 电子商务发展历程，以及环球资源特有的 B2B 电子商务模式，体验国内 B2B 电子商务的迅猛发展，传统企业向 B2B 电子商务服务提供商的转变。

（2）理解 B2B 电子商务的概念、特点及不同模式，理解 B2B 电子商务的内涵并掌握其本质。

（3）分析掌握并体验 B2B 电子商务发展的内在规律，找出案例中所使用的策略及内在原因。

（4）通过学习本案例内容，结合课后参考资料，搜集资料并整理出一个 B2B 案例，进行课堂讨论与交流。

引言

本章选取 B2B 电子商务的代表之一——环球资源进行案例研究，通过对环球资源案例纵览、聚焦热点、成功之处的分析和对其的点评与建议，使学生对案例有全面、透彻的了解和掌握。同时学习与本案例相关的知识点内容，包括 B2B 电子商务的概念、特点和模式。要求体验 B2B 电子商务的发展过程及其内在规律，并组成小组进行拓展分析与讨论。

13.1 案例纵览

环球资源是一家领先业界的多渠道 B2B 媒体公司，在 B2B 领域定位于中高端客户，服务于全球，中国市场是其经营的一部分，在行业定位上专业性较强。公司的核心业务是通过一系列英文媒体，包括网站、印刷及电子杂志、采购资讯报告、"买家专场采购会"、贸易展览会及"在线展会"，重点发展消费品、电子元器件行业；经营理念是"与客户共赢，看着客户慢慢成长""少而精，一寸宽一里深"。

1971 年，美国人韩礼士（Merle Hinrichs）与合伙人共同创办亚洲资源公司。亚洲资源公司首先推出了《亚洲资源》杂志。1985 年，针对中国内地市场推出了第一本杂志。1995 年，推出亚洲资源网站，其作为全球领先外贸 B2B 电子商务网站，以促成全球贸易为宗旨，其业务收入几乎一半来自中国市场。1999 年，为适应全球贸易发展的要求，公司更名为"环球资源"。2000 年，其电子商务收入已超过环球资源总收入的 50%。环球资源的业务形态是通过网站、杂志、专业光盘、专用目录、会展及技术展览活动等为国际买家提供采购资讯，并为供应商提供综合的市场推广服务。

根据不同的客户需求，为其提供不同的服务。针对全球供应商与采购商提供专业的贸易杂志、中国采购资讯报告、通过行业与门户网站为提供信息交流平台、展会等服务。其在上海和深圳成立了客服中心，客户服务与管理比较规范。

如今环球资源有超过 118 万名国际买家，其中包括 90 家来自全球百强零售商，使用环球资源提供的服务了解供应商及产品的资料，帮助他们在复杂的供应市场进行高效采购。另一方面，供应商借助环球资源提供的整合出口推广服务，提升公司形象、获得销售查询，赢得来自逾 240 个国家及地区的买家订单。环球资源也通过一系列中文媒体协助海内外企业在大中华地区行销，当中包括网站、印刷及电子杂志、研讨会及贸易展览会。环球资源在中国设有超过 30 个办事机构，公司的中文媒体拥有逾 400 万名网上注册用户及杂志读者。环球资源于 2000 年在美国纳斯达克股票市场公开上市，目前已经成功迈向第 5 个十年。

13.1.1　背景

20 世纪 70 年代，亚洲四小龙崛起，亚洲开始出现物美价廉的供应商。1965 年，美国人韩礼士（Merle Hinrichs）怀揣着仅有的 25 美元，一手提着行李箱，开始了他的亚洲创业之路。韩礼士发现，欧美买家需要物美价廉的商品，而 20 世纪 70 年代新崛起的"亚洲四小龙"拥有大量优质平价的新供应商，但欧美买家却对新崛起的亚洲供应商了解不多，信息渠道很少且信息流通很慢。看准了亚洲供应商想进入欧美市场，而欧美买家想购买优质平价商品的巨大需求，韩礼士决心做一个提供及时商情信息的贸易中介服务商。

自 1971 年，韩礼士分别倡导创办了《亚洲资源》《中国出口商品专刊》《国际电子商情》等杂志，并于 1992 年又新增了《世界经理人文摘》，也就是现在的《世界经理人》的前身，主要提供经济信息并报道国际贸易发展状况。20 世纪 90 年代初，环球资源开始采用电子数据交换软件帮助用户发送和接收订单，这几乎可以看作电子商务的最早形式。

13.1.2　现状

环球资源作为一家值得信赖的 B2B 线上线下平台，创立至今已经 48 年。公司的核心业务是通过贸易展览会（GlobalSources.com/exhibitions）、环球资源网站（GlobalSources.com）、贸易杂志及手机应用程序，促进亚洲与全球各国的贸易往来，深受海外买家及供应商社群的高度信赖。

环球资源于每年 4 月及 10 月在香港举办八场贸易展览会，其中包括世界领先的消费电子展及移动电子展，以及 Lifestyle 展、时尚产品展。

与此同时，供应商借助环球资源提供的整合出口推广服务，提升公司形象、获得销售查询，赢得来自逾 240 个国家及地区的买家订单和生意机会。环球资源同时也是中国华南地区最大的制造业盛会——"深圳国际机械制造工业展览会"的大股东。

环球资源以外贸见长，为国外专业买家提供采购信息，并为国内供应商提供综合的市场推广服务。其主要竞争对手是阿里巴巴和中国制造网，在外贸方面的表现尤为突出，并在 2007 年推出中文内贸网，进军中国的内贸领域，旨在帮助希望进入中国市场的海外公司拓展新业务。

环球资源帮助超过 100 万名国际买家在全球供应市场进行更有效的采购。公司的目标是提供最多、最有效的市场推广途径，并协助供货商推销产品给遍布 240 个国家平时难以接触的买家。

环球资源为其所服务的行业提供最广泛的媒体及出口市场推广服务，供货商采用公司四项基本服务，包括网站、专业杂志、展览会和网上直销服务进行出口市场推广。每年，环球资源通过 14 个行业网站、13 本贸易月刊、超过 90 本采购资讯报告以及在 9 个城市举行 73 场专业的贸易展览会，将逾 262 000 家供应商的超过 570 万种的产品信息传递给环球资源的买家社群。每年，环球资源买家社群透过环球资源网站向已核实供货商发出超过 1 亿 2 700 万宗信息查询。环球通（Global Sources Direct）是环球资源于 2005 年推出的服务，旨在协助供货商通过网站营销。环球资源的贸易解决方案凝聚了 40 多年国际贸易杂志出版的丰富经验、16 年统筹及管理亚洲展览会及 15 年经营国际贸易网站的成功经验。

环球资源（Global Sources）成立于 1971 年，至今已有 48 年历史，是一家多渠道的贸易平台公司，于 2000 年在美国纳斯达克上市，股票代号 GSOL。

环球资源通过促成亚洲制造商与国际优质买家之间的成功贸易，积极推动着全球经济的发展。2005 年，环球资源更在深圳中央商务区购入超过 9 000 m² 的全新商务写字楼，并在此设立了新的中国总部。2019 年，环球资源已拥有近 50 年国际贸易成功推广经验，也已植根我国内地近 30 年，通过一系列中文媒体协助海内外企业行销，当中包括网站、印刷及电子杂志、研讨会及贸易展览会。在中国超过 40 个城市设有销售代表办事机构，拥有约 2 700 名团队成员。公司的中文媒体拥有逾 300 万名网上注册用户及杂志读者。

目前，环球资源开展业务如下：

1）环球资源买家专场采购会

环球资源买家专场采购会为顶级买家与已核实的供应商提供单独洽谈生意、建立长期合作关系的绝佳商机。它于亚洲各大货源中心及环球资源系列采购交易会现场举办。全球前 100 大零售商中，32 家均通过买家专场采购会寻找优质供应商：每场会议锁定一个产品类别或一个买家+买家会前甄选供应商+私密的洽谈环境=高效率的会晤。

2）环球资源系列采购交易会

环球资源系列采购交易会于 2003 年首次举办，为供应商创造了与投入时间及财力的诚意买家面对面洽谈业务的良机。业界成长最快的专业出口商展在每年采购旺季于全球各大采购枢纽举办超过 60 场，覆盖 50 亿消费者。

3）环球资源电子及印刷杂志

环球资源贸易杂志针对不同行业，为买家提供可靠的供应商及产品信息，帮助供应商充分展示独特卖点。18 本电子版及 16 本印刷版专业贸易杂志，以多种形式、多种渠道发行，全面覆盖专业买家。电子杂志便携易得，功能齐讲，买家可随时随地翻阅和发送查询，帮助供应商赢得更多生意机会。在采购交易会月份推出的《采购交易会专刊》更保证供应商接触到高品质的展会买家。专业的广告设计团队为每一位客户度身设计卖点突出的广告。

4）中国采购资讯报告

《中国采购资讯报告》为全球顶级买家提供高需求产品的深度信息。

5）环球资源贸易网站

环球资源网站拥有最专业及全面的 B2B 搜索引擎，帮助专业买家锁定合格的供应商信息。14 个行业网站涵盖业内最详尽的产品和供应商信息；星级供应商方案快速吸引对口买家；"已核实供应商"身份迅速赢得买家信赖；多达 18 个推广网页传递完整的供应商产品和公司信息；产品资讯速递功能向目标买家即时推广新产品。

6）环球资源专用供应商目录

环球资源专用供应商目录是为供应商度身设计的高效强大的推广信息管理后台。增强与买家的沟通，最大化销售业绩；随时随地，在线更新产品目录及公司信息；便捷注册申请参加买家专场采购会，获取极具价值的市场资讯。

13.1.3　发展历程

经过 48 年的发展，环球资源成为亚洲 B2B 电子商务的领跑者，环球资源在发展的 48 年历程中大致经历了以下三个重要的阶段：第一阶段，出版和发行传统贸易杂志；第二阶段，信息光碟的推出以及电子数据交换和其他贸易软件的开发，补充和完善了传统贸易杂志的功能；第三阶段，环球资源网站以及全套电子贸易管理软件的不断完善，实现了公司从传统贸易杂志出版商向电子贸易市场交易中枢的成功转型。

1．第一阶段，传统出版发行阶段（1990—1998 年）

1990 年，在菲律宾马尼拉成立新的办事机构。

1991 年，收购马尼拉 World Executive's Digest 杂志，开发订单管理软件。

1992 年，推出《世界经理人文摘》简体中文版；引进全新的关系数据库，整合公司广告客户、读者和编辑档案；亚洲资源荣获我国香港商业奖卓越企业证书。

1993 年，推出《电子工程师》简体中文版，亚洲资源在我国香港商业奖的评选活动中荣获国际大奖。

1995 年，推出亚洲资源网站，一个全天候 24 小时的网站，志在成为亚洲互联网贸易中心；面向买家推出包含大量产品和供应商信息的光盘和电子采购工具；针对亚洲资源贸易社群推出由网站、光盘和杂志多渠道全面解决方案。

1996 年，推出亚洲资源电子工程师网站，推出《中国出口商品专刊》简体中文版，推出《世界经理人》杂志简体中文版。

1997 年，亚洲资源网站荣获 Tenagra Award 网络杰出市场策划奖，建立亚洲资源企业网。

1998 年，推出首个 Asian Sources 专用买家目录。

2．第二阶段，现代计算机技术应用（1999—2006 年）

1999 年，推出环球资源网站，标志着亚洲资源已完全成长为一个新的 B2B 电子商务网络公司，并拥有了新的使命和公司名称——环球资源；推出新的地区网站——China Sources；与全球合作伙伴签订战略合作协议，推出 Australian Sources 和 South African Sources。

2000 年，推出 Korean Sources 网上交易平台，推出环球资源专用供应商目录。

2001 年，世界零售商联盟与环球资源建立战略合作关系，开发亚洲供应商采购项目。

2006 年，环球资源买家社群成员数量超过 544 000；环球资源 3 场采购交易会在我国香港亚洲国际博览馆开幕，并取得巨大成功，包括电子产品及零件展、流行服饰配件展、礼品及家居用品展。

3. 第三阶段，网络综合交易平台完善、成熟（2007—2011 年）

2007 年，在上海举办的流行服饰配件采购交易会和婴儿及儿童产品采购交易会吸引了 5 600 多位本土及国际买家；推出中文内贸网，帮助中国的内贸公司和希望进入中国市场的海外公司拓展新业务。

2008 年，首届孟买采购交易会开幕，13 635 位买家到场参观；推出星级供应商体系，为买家集中呈现经第三方审核的"已核实供应商"信息。

2009 年，推出 E-Sourcing 平台，连接中国供应商与新兴市场的买家。

2010 年，在南非约翰内斯堡加拉格尔会展中心举办的首届"环球资源采购交易会"是非洲历来规模最大的地区性产品展览会；"环球资源采购交易会"首次在新加坡的新达新加坡国际会议与博览中心举行，展示来自中国等国家或地区的供应商，包括礼品及赠品、家居用品、服装及面料、五金及建材产品、汽摩配件和食品及饮料等多种类别的产品。

2011 年，环球资源扩充上海展会规模，五大专业采购展包括流行服饰配件、礼品及赠品、婴儿及儿童产品、家居用品、内衣及泳衣产品等，将进一步满足中国本土市场对高质量产品日益增长的需求。

2016 年，环球资源春季展系列在香港的亚洲国际博览馆举行，展会设超过 7 500 个展位，分三期展示来自不同行业的创新产品。

2017 年，黑石集团收购环球资源全部股权。

2018 年，秋季电子展展位达到 7 359 个，同比增长 13%。

2018 年，全新 Lifestyle 展聚焦创意产品，环球至酷大奖推动中国原创设计。

2018 年，"环球时尚荟"采用新型采购模式，帮助供应商寻找更多商机。

13.2　聚焦热点

13.2.1　亚洲第一家 B2B 网站

环球资源集团的前身成立于 1971 年，环球资源总裁韩礼士以一本名为《亚洲资源》的贸易杂志起家，收录供应商及产品，向海外采购商免费赠阅，杂志的收入来自产品供应商的广告。

1995 年，在亚洲几乎没人了解 B2B 的时候，韩礼士发现用电子化的数据库更方便买家寻找和比较供应商，于是创建了第一个 B2B 网上市场交易中枢，也创造了亚洲第一个电子商务网站——亚洲资源网站，并且竭尽全力以最简便的方式帮助供应商由传统贸易向电子贸易转变和发展。环球资源抢位互联网做新网商的道路充满艰难，环球资源 CEO 韩礼士回忆道，当时遍布中国和亚洲其他地区的业务员们每天都要进入不同企业，向企业解释什么是互联网，如何使用 E-mail。

1995 年到 2001 年，环球资源的供应商社群已达 123 000 个，买家社群遍布 230 个国家和地区，数量超过 306 000，买家社群年进口额达 1.7 万亿美元，在同行业中令人瞩目。

此后，由于中国经济的崛起以及数不胜数的中国优质平价供应商的出现，中国供应商逐渐超过亚洲四小龙，成为亚洲资源的主要供应商，亚洲资源也因此改名为环球资源。1995 年，环球资源中国内地的办事处超过 18 个。2010 年，中国地区的营业收入已经占到了整个环球资源收入的 75%。成立 40 年，植根我国内地近 30 年，环球资源在外贸方面的表现非常抢眼，主要通过杂志、网站、展会连接亚洲供应商与全球买家。

环球资源以小礼品和电子产品为优势，是目前亚洲知名的电子商务平台。2001 年，美国福布斯杂志评选出全球"最佳 B2B 网站"，环球资源与 IBM、Oracle 共同跻身于前十名中。

13.2.2　拓展进军会展业务领域

1999 年，英国著名的《经济学人》杂志将韩礼士评为"亚洲电子商务之父"。与此同时，环球资源还大举进军会展业务，形成了"杂志+网站+会展"的 B2B 模式。

经过十多年的发展，环球资源会展业务已经非常成熟并具有专业水准。2010 年，在南非约翰内斯堡加拉格尔会展中心举办的首届"环球资源采购交易会"是非洲历来最大规模的地区性产品展览会；"环球资源采购交易会"首次在新加坡的新达新加坡国际会议与博览中心举行，展示来自大中华地区供应商，包括礼品及赠品、家居用品、服装及面料、五金及建材产品、汽摩配件和食品及饮料等多种类别的产品。2011 年，环球资源首个"在线展会"于 4 月亮相我国香港；环球资源扩充上海展会规模，五大专业采购展包括流行服饰配件、礼品及赠品、婴儿及儿童产品、家居用品、内衣及泳衣产品等，将进一步满足中国本土市场对高质量产品日益增长的需求。

13.2.3　传统出版商向新型网商的转变

随着向互联网的转型，环球资源的电子交易业务份额稳步上升，环球资源实现了由传统出版商向互联网、B2B 新网商的成功转型。

环球资源网实际上不是一个单独的网站，它是由产品行业网站、地区入口网站、技术管理及其他网站三大部分构成。行业网站按照行业来划分，包括计算机产品、五金产品、时尚服饰及供给品、电子产品、电子零件、钟表工业等，每个产品行业网站包含比较全面的行业信息且每日更新，使客户可以快速进入互联网上最大的产品和供应商数据库；地区入口网站按地区分类，包括中国大陆、中国香港、中国台湾、墨西哥、印度、印度尼西亚、泰国等十几个国家和地区；技术管理及其他网站主要是链接技术、管理类的网站。

13.2.4　B2B 平台主业向电子类产品以及创新类产品转移

2016 春季展系列于香港的亚洲国际博览馆举行。本届展会将设有超过 7 500 个展位，分三期展示来自不同行业的创新产品。环球资源电子展将分两期举行，展位超过 5 500 个，是全球规模最大的电子产品采购盛会。第一期电子展于 4 月 11 至 14 日举行，主题围绕家用、办公室、车载电子、安防产品和电子零件；第二期的移动电子展则于 4 月 18 至 21 日举行，将展示最新的智能手机、平板电脑、可穿戴产品及移动电子配件。电子展将设有多个全新的产品体验专区，让买家亲身体验新兴且具高增长潜力的电子产品，专区覆盖多个类别，包括虚拟现实及游戏、智能家居安防产品、运动及健康产品、电动平衡车及无人机。环球资源把市场最炫酷的科技及产品引入展会。春季展预计吸引来自 150 个国家、数以万计的买家到场参观，阿迪达斯、三星、松下、飞利浦、英特尔等众多世界领先品牌和零售商的代表们均已到场参观。

环球资源 B2B 平台这块的主业向消费类电子产品以及创新类产品方向发展，环球资源作为一个资深 B2B 公司有很多零售商巨头如沃尔玛、迪士尼等与之合作，对于消费类电子企业及高新产品企业投放环球资源是首先平台。

13.2.5　开展环球资源展

每年 4 月和 10 月在中国香港举办多场专业采购展会，聚焦热门行业，覆盖创新产品，其中包括环球资源消费电子展、移动电子展、Lifestyle 展以及时尚产品展。

展会开辟多个特色专区、新品发布会、体验区、高峰论坛，以及一系列针对亚马逊卖家的服务，不仅有效促成贸易，还能帮助买卖双方洞察商机，运筹帷幄。

创客展（Startup Launchpad）为亚洲最大型硬件产品展，致力于推进创客产品在知名线上及线下零售平台中的全球分销。

13.2.6　做中国领先的商业管理媒体

世界经理人关注研究中国企业在管理上的发展，挖掘报道优秀管理实践和成功案例；同时，坚持介绍在华跨国公司、海外优秀制造企业管理实践，拓展中国企业家视野，全面展现中国市场相互交融与合作现状，记录全球化不断深入发展的历史进程。

世界经理人拥有逾 500 优质而活跃的中国高级经理人精英社群，凭借旗下网站、论坛、APP、微信微博、杂志等一系列产品及服务，世界经理人为社群提供全方位优质管理资讯与交流平台。

13.2.7　开展深圳国际机械制造工业展览会

机械造业是中国经济的支柱产业之一，在"中国制造 2025 规划"下，市场巨大并增长迅速。环球资源于 2013 年收购深圳国际机械制造工业展览会，旨在加强我们在该领域的影响力。作为国际展览业协会在中国华南地区首家认可并推荐的国际级专业展会，也是深圳品牌展会之一的"深圳机械展"至今已成功举办 18 届。

13.2.8　聚焦创意产品

"环球资源 Lifestyle 展"特别邀请萨瓦纳艺术设计大学（SCAD）的国际创意团队为大会提供创新意念，以当前的流行趋势及年轻一代的思维设计展区，为展会注入活力与灵感。当中 SCAD 以六大色系构思各个展区，让节日装饰、礼品包装、潮流产物、健康生活、办公室及家居用品的展区各具特色。

展会聚焦热门产品及行业发展趋势，特设"智选 Y 商机""Lifestyle 直播""环球至酷大奖及至酷产品体验区"及"Pantone 色彩流行趋势专区"等系列专题活动。

"环球资源 Lifestyle 展这一全新采购展会将为买家带来各个品类的热门创新产品。环球资源将以专业的组织与策展，为买家打造一个高质量的一站式采购平台，让买家品味焕然一新的采购体验。"环球资源礼品、家居用品及五金组总裁柯迈隆（Cameron Walker）先生说道。

13.2.9　网络及亚马逊卖家享全面服务

一系列服务旨在提高网络及亚马逊卖家的采购体验及采购效率，包括特设的可接受小额订单参展商及"网上零售 101"专题研讨会。研讨会邀行业专家共同分享电商策略及营销技巧。此外，展会将通过精彩"时装表演"展示亚马逊热销产品，并设有"环球资源峰会"，为期三日，曾在 2017 Seller Awards 评选中荣获 Best Amazon Conference 大奖的峰会，旨在助力从亚洲采购的中高级亚马逊及电商卖家拓展业务。

GlobalSources.com 应用程序让买家可以在展前预先筛选供货商、于展会期间寻找展位位置、拍照并在展会结束后与供货商进行后续的跟进工作。而于展会期间每日出版的"展会现场直击"（At the Show）电子简讯将以编辑报道及视频介绍展会最热门的产品。

13.3　成功之处

环球资源聚集着 36.1 万个活跃买家，14.8 万多名供应商。利用这庞大的平台，环球资源做到市值超过 20 亿美元。"环球资源致力于促成全球供应商和买家之间在多个行业市场中的国际贸易。"具体来说，环球资源的核心能力就是收集和整理全球出口供应的产品图像和资料，帮助供应商向全球买家推广其产品。同时，还提供贸易软件及网站服务，以促进跨地域国际贸易。推广方式为网络+杂志+光盘，产品信息能直接卖给采购商；杂志起家，在贸易杂志和展会推广方面比较专业；电子产品有优势；中国、韩国、欧美市场具有优势。

13.3.1　提供专业信息服务

环球资源为买方提供了详尽而专业的供应商数据以及符合贸易标准的贸易信息。网站拥有超过十万名供应商和几百万种产品的详细资料。专用供应商目录也相当规格化和标准化，提供包括基本的公司背景、产品规格、图像以及安全标准、生产设备、公司研发力量等重要信息。环球资源还提供各种增值服务和电子贸易工具，方便买卖双方在网上进行采购和交易，利用电子贸易实现增加贸易、提高效率和降低成本。

国际买家在采购中最关心的问题是怎样找到质量合格并且有经验的供应商，免得发生产品质量及交货等纠纷，环球资源会很严格地筛选供应商，亲自拜访所有客户，拜访几次之后，才会把供应商信息上载到网站。环球资源也会根据供应商的特质，提供个性化的服务，在策划方面进行一些设计工作，帮助供应商用一句宣传语最准确地概括自己的特点，确保供应商的宣传质量。

13.3.2　客户群体稳定，中国、韩国、欧美市场有优势

从企业会员来讲，环球资源只接纳大型企业高端会员，阿里巴巴则是高、中、低端各类会员均有，而中国制造网则是接纳数量庞大的中小企业。虽然从会员数量来讲，环球资源数量不多，但主要是一些老的具有实力的大客户。

韩礼士认为，B2B 已经分化为低端与中高端市场，市场足够大，因此，并不是想拥有所有类型的供应商和所有的买家，而是更推崇有品质的增长。他亦坦承，环球资源前几年更注重于线下的资源和专业及诚信的积累，而前期针对高端用户的投入将会为后期用户价值的最大化提供良好的保证。

为了保持几十年积累下来的优质买家客户群的稳定，环球资源对供应商的要求标准很严格，由一个月的考核时间以及线下看厂调查方式可见一斑。这也符合其高端 B2B 的平台定位。

在推广策略、业务构成以及服务价格方面，"纯美资"公司环球资源与"本土"起家的阿里巴巴，乃至企业的精神文化在实质上都迥然不同。在客户认证上，环球资源着重于中、高端供应商市场，运营着杂志、互联网、展览会、行业报告等多个线下和线上平台，并始终维护着"高端"与"高价"策略。走高端路线还包括线下展会和出版的杂志都是高质量而受到广泛的欢迎，其中，《国际电子商情》杂志是非常权威的。

13.3.3　加大社群影响力

环球资源是老牌的 B2B 外贸网站，主要的优势行业是电子和礼品等行业，环球资源的高质量的买家资源也最为丰富，达到 100 万家之多。环球资源的收费会员价格一般都在 10 万元以上，门槛非常高，通常小企业很难承受。当然，环球资源会员的效果也是最好的。一方面是因为环球资源优质且丰富的买家资源，另一方面则是因为环球资源会员的高门槛带来的供应商实力的保障。

环球资源作为典型的外资 B2B 外贸平台，其对准确把握国际买家行为尤为擅长，经常与媒体、供应商会员分享其对国际采购商的调查成果。其每年主办、参与的展会是环球资源自身的主要推广手段之一。

13.3.4　丰富媒体资源和海外推广实力

面对全球专业买家和供应商，环球资源以全套产品采购、市场推广及目录管理工具和服务，用适当的格式，在适当的时机，提供适当的信息。环球资源之所以能够满足这一社群的需要，在于买家能寻找到新的产品及供应商，而供应商能向全球买家推荐自己的产品及生产能力。这里的全套工具和服务是指专业贸易杂志、专业光盘、采购目录、行业网站、地区入口网站、专用供应商目录、商展网页、商展参与。

2000 年，环球资源成功在纳斯达克中小企业版上市，国外的知名度比较高，是国内最早做采购目录的、B2B 网站建设开展得比较早的公司，积累了一定的国内厂商资源。

13.3.5　针对专业人士提供个性化服务

针对亚洲及中国的高科技专家提供全套组合信息服务。环球资源通过杂志、网站和技术研讨暨展览会的全套组合，为亚洲及中国的电子业的工程师和厂商提供所需信息。而这一群体涉及特定的两个行业，分别是亚洲及中国的电子工程设计、中国的电子产品生产及采购。

为业洲及中国的电子业的工程师和厂商提供所需信息全套组合，包括"杂志+网站+订制信息+研讨展览会"。

（1）杂志为亚洲和中国电子行业的设计工程师以及企业采购与生产部门的经理提供最新的行业新闻和科技动态。

（2）网站以四种不同的语言，全天候地提供最新行业和科技新闻。这些网站提供了全球和地方新闻摘要、产品的首次展示、供应商短信、特别栏目、参考文档和其他信息。

（3）订制的电子邮件新闻广播将最新信息直接传递至用户的桌面。

（4）技术研讨暨展览会为供应商和电子行业专家提供了面对面交流的机会。这些活动为亚洲工程界提供了学习机会，帮助其了解先进技术及相关应用、趋势和实践经验。技术研讨暨展览会还是国际技术供应商将新产品介绍给亚洲设计工程师群体的场所。

针对中国的商界决策人士，提供先进理念、网站以及交流的研讨会。

（1）环球资源《世界经理人文摘》杂志、世界经理人网站及相关知识的分享活动为中国商界决策人士提供领先且行之有效的管理理念，并分析这些理念在中国环境下的贯彻实施。创刊于 1992 年的《世界经理人文摘》杂志为中国商界精英提供实用的管理理念。杂志每月出版，报道栏目涵盖了企业经理人、人力资源专员、企业家及出口商所关注的主要商业及金融领域。

（2）网站每日更新，7 个专门频道下的新闻报道和深入内容为用户提供国际管理资讯和分析见解。

（3）"世界经理人"组织并主办了众多管理研讨会，这些研讨会及活动让中国的管理人士齐聚一堂，共同学习探讨管理理念或就某个专题进行集中讨论。

13.3.6　提供多样化的服务

环球资源集团自身拥有并维护着一个规模庞大的亚洲产品及供应商数据库，拥有 27 个行业网站及 14 个地区入口网站，拥有庞大而稳固的贸易社群，是亚洲最大的独立商贸信息资源。

环球资源拥有雄厚的信息资源，为其所服务的行业提供媒体及出口市场推广服务。供应商采用四项基本服务，包括网站、专业杂志、展览会和网上直销服务进行出口市场推广。环球资源同时还提供广告创作、教育项目和网上内容管理等支援服务。

13.3.7　业界独有的优质卖家社群

超过 150 万名国际买家，包括 94 家全球百强零售，以及亚马逊网站上的超级卖家，使用环球资源的服务进行高效采购，并且他们都是经核实的高质量买家社群。

活跃买家：最近 12 个月内，注册使用至少一种环球资源采购服务的买家。这些服务包括：环球资源展、环球资源网站、采购杂志以及产品资讯速递。

已核实买家：在环球资源举办的展会现场经过面对面核实的成功买家。

13.3.8　独特的已核实供应商社群

环球资源独一无二的"已核实供应商"体系，帮助供应商向买家展示专业、可靠的企业形象，快速赢得买家信赖。

已核实供应商：所有供应商的营业执照和业务范围都通过了第三方认证公司的认证审核，以确认供应商是合法和实体存在的经营单位。

已核实制造商：供应商是合法登记的制造商，并在营业执照资料中清晰记录了供应商的产品制造范围。

供应商评估服务：环球资源与国际知名第三方机构合作，为买家提供涵盖供应商的生产设备、产能及产品质量等多项能力的评估信息。

13.4　点评与建议

经营历史比较久，在市场上具有较高的品牌影响力。但我们都知道，好的不一定适合。重点发展消费品和电子元器件行业，在这类行业中，其品牌知名度较高，但其他行业方面就很难说。再加上其昂贵的价格，所以它不是所有企业的最好的选择。运营成本过高，而这些成本都变相地加到客户的身上，无形中加重了客户的负担，增加了客户的经营风险。

13.4.1　会员费用及服务价格下调大势所趋

由于环球资源的高端定位，环球资源的经营策略和服务价格对于国内大批中小外贸企业来说也是高不可攀，最便宜的价格是海外供应商 28 888 元/年，1—6 星价格不等，最高 33 万元。每年 10 万元以上的外文杂志广告投放价格并非一般小型出口企业能够承受的。即使投放了广告，在较高的心理预期下，可能与实际投资收益效果有所偏差。而与之完全不同的是，平民起家的阿里巴巴则以"四海之内皆兄弟"的胸怀网罗了大批以作坊起家的中小企业主，线上业务是其主业，平民且平价则是其商业信条。因此，过高的会费及服务价格使得环球资源在中国内贸服务市场的份额与阿里巴巴差距甚远。

杂志行业降价也是大势所趋，因为是从杂志行业起家的，因此杂志成了环球资源的一个专业代表、其所能提供的杂志也是行业无人能及的。但是价格却居高不下，其实网络的诞生，印刷技术的改进，杂志的成本已经可以降下来；另外新的竞争对手的加入，很多杂志都免费送到买家手里，阅读量已经有所下降；采购商的更新换代，笔记本电脑已经普及，而杂志的价值在买家面前所能体现的意义也大不如前了，所以杂志的价格必将下调。

13.4.2　国内贸易本地化不足

环球资源网相比线下市场的强大优势，网站的搜索引擎优化比阿里巴巴晚，加之最初网站平台的本地化方面易用性不足，以及过高的会费和使用价格，使得环球资源网在中国大众的影响力和知名度远不如阿里巴巴。

由于环球资源的总裁韩礼士是地道的美国人，亚洲是其事业发展的突破口，不可避免地深受美国文化的影响，过于遵守"美国规则"。因为专家的身份，所以一切规则和制度烦琐、无趣。如果想另外创建一个产品栏目，冗余烦琐的程序磨灭了变革的热情，等到竞争对手也有同样的产品已经为时已晚。快速高效开辟特殊行业的版位，在迎合买家习惯的同时，也要适当考虑中国供应商的需求。

13.4.3　中小型客户渠道有待拓展

过于相信自身品牌的力量。虽然买家在数量和质量上都堪称一流，但环球资源从来都不是买家唯一的采购渠道，而很多买家都是有自己专门的采购部门和渠道，如此分摊下来给到中国的供应商就更少了。中国企业和人口都是重在基数，因此另辟渠道为中小型客户留有一席之地也是环球资源所需要做的。

中小企业在市场份额占比举足轻重，因此开拓中国中小型客户渠道对于环球资源来说也是必须要做的。比如，阿里巴巴的平民化道路在中国受到中小型企业欢迎而家喻户晓，占有绝对的市场份额。

13.4.4 管理层和销售队伍建设受到局限

个人发展上，环球资源是一个老派的外资企业，已经有超过近50年的历史，董事长是一个美国犹太人，顶级的管理层都是由欧美人士占据，中国人少之又少。一般来讲，中国人最多做到区域经理，相对来说晋升比较困难，但是这样对销售队伍建设极为不利，老板对中国人缺乏信心，他们认为自己比中国人更了解中国人。其实现在中国已经有不少的出色的优秀人才，导致整个队伍士气不够，而影响环球资源的未来整体发展。

总之，环球资源起家于香港的出版公司，仅仅是环球资源杂志延续的信息表现载体，而并非真正的B2B互动交易平台，使用杂志和网站的用户重复；网站功能不强，只有供应商目录查询功能；价格太高，现在有一些低价服务，但是效果差；采购商信息采集和分类是其弱项，产品信息能否被高质量的采购商拿到就成为突出的问题；在B2B行业的同行们市场占有率突飞猛进的这几年，环球资源却好像一直不温不火。

13.4.5 联盟合作的收效并不显著

2006年5月，慧聪网与环球资源Global Sources达成战略合作伙伴关系，双方结成中国最大的B2B服务商。但是，由于慧聪的业绩并不理想，环球资源放弃了购买慧聪公司的股份，而导致了慧聪网与环球资源联盟合作在中途夭折。

虽然有再和eBay合作推出环球通，但是却收效甚微，原因在于担忧eBay做得太好了可能会导致部分客户的流失。eBay斥资26亿美元收购了Skype，从环球资源推出了一项向中国供应商收费的网络电话的Free Phone的项目，可以看出彼此的合作并不密切。而且事实证明，为买家提供的这项免费服务也并不理想。

诸如与DHL，虽然在业务上往来也比较密切，但是却缺乏真正意义上的合作。如果展开深入合作，DHL可以为中国供应商解决部分的低成本的运输问题，而彼此信息的交换和提供又可以增加相互的业务量，环球资源在这一方面还是需要深思的。

13.5 知识点学习

13.5.1 B2B电子商务的两种基本模式与常规流程

B2B（Business To Business）是指电子商务形式的一种，是特指企业对企业之间所进行的通过IT信息技术及互联网信息交互的活动。B2B电子商务是现代电子商务的一种主要的表现形式。它将企业内部网通过B2B网站与客户紧密结合起来，通过网络的快速反应，为客户提供更好的服务，从而促进企业的业务发展。

1. B2B电子商务的两种基本模式
1）面向制造业或面向商业的垂直B2B
垂直B2B可以分为两个方向，即上游和下游。

（1）上游关系。生产商或商业零售商可以与上游的供应商之间形成供货关系，比如 Dell 计算机公司与上游的芯片和主板制造商就是通过这种方式进行合作。

（2）下游关系。生产商与下游的经销商可以形成销货关系，比如 Cisco 与其分销商之间进行的交易。简单地说，这种模式下的 B2B 网站类似于在线商店，这一类网站其实就是企业网站，就是企业直接在网上开设的虚拟商店，通过这样（自己）的网站可以大力宣传自己的产品，用更快捷更全面的手段让更多的客户了解自己的产品，促进交易；或者也可以是商家开设的网站，这些商家在自己的网站上宣传自己经营的商品，目的也是用更加直观便利的方法促进、扩大交易。

2）面向中间交易市场的水平 B2B

这种交易模式是将各个行业中相近的交易过程集中到一个场所，为企业的采购方和供应方提供一个交易的机会，比如阿里巴巴、环球资源网等。这一类网站其实既不是拥有产品的企业，也不是经营商品的商家，它只提供一个平台，在网上将销售商和采购商汇集一起，采购商可以在其网站上查到销售商的有关信息和销售商品的有关信息。

B2B 只是企业实现电子商务的一个开始，它的应用将会得到不断发展和完善，并适应所有行业的企业的需要。目前企业要实现完善的 B2B 需要许多系统共同的支持，比如制造企业需要有财务系统、企业资源计划 ERP 系统、供应链管理 SCM 系统、客户关系管理 CRM 系统等，并且这些系统要能有机地整合在一起实现信息共享、业务流程的完全自动化。

2．B2B 电子商务的常规流程

（1）商业客户向销售商订货，首先要发出"用户订单"，该订单应包括产品名称、数量等一系列有关产品问题。

（2）销售商收到"用户订单"后，根据"用户订单"的要求向供货商查询产品情况，发出"订单查询"。

（3）供货商在收到并审核完"订单查询"后，给销售商返回"订单查询"的回答。基本上是有无货物等情况。

（4）销售商在确认供货商能够满足商业客户"用户订单"要求的情况下，向运输商发出有关货物运输情况的"运输查询"。

（5）运输商在收到"运输查询"后，给销售商返回"运输查询"的回答。例如：有无能力完成运输及有关运输的日期、线路、方式等要求。

（6）在确认运输无问题后，销售商即刻给商业客户的"用户订单"一个满意的回答，同时要给供货商发出"发货通知"，并通知运输商运输。

（7）运输商接到"运输通知"后开始发货。接着商业客户向支付网关发出"付款通知"。支付网关和银行结算票据等。

（8）支付网关向销售商发出交易成功的"转账通知"。

13.5.2　B2B 网站的主要盈利模式

B2B 网站的盈利模式如图 13-1 所示。网站盈利主要方式如下：

1．会员费

企业要通过第三方电子商务平台参与电子商务交易，必须注册为 B2B 网站的会员，每年要交纳一定的会员费，才能享受网站提供的各种服务。目前会员费已成为我国B2B网站最主要的收入来源。比如，阿里巴巴网站收取中国供应商、诚信通两种会员费，中国供应商会员费分为每年 40 000 和 60 000 两种，诚信通的会员费每年 2 300元；中国化工网每个会员第一年的费用为 12 000 元，以后每年综合服务费用为 6 000元；五金商，中国的金视通会员费 1 580 元/年，百万网的百万通 600 元/年。

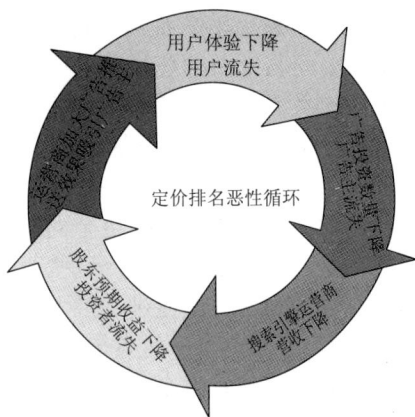

图 13-1　B2B 网站的盈利模式

2．广告费

网络广告是门户网站的主要盈利来源，同时也是 B2B 电子商务网站的主要收入来源。阿里巴巴网站的广告根据其在首页的位置及广告类型来收费。中国化工网有弹出广告、漂浮广告、Banner 广告、文字广告等多种表现形式可供用户选择。

3．竞价排名

企业为了促进产品的销售，都希望在 B2B 网站的信息搜索中将自己的排名靠前，而网站在确保信息准确的基础上，根据会员交费的不同对排名顺序做相应的调整。阿里巴巴的竞价排名是诚信通会员专享的搜索排名服务，当买家在阿里巴巴搜索供应信息时，竞价企业的信息将排在搜索结果的前三位，被买家第一时间找到。中国化工网的化工搜索是建立在全球最大的化工网站上的化工专业搜索平台，对全球近 20 万个化工及化工相关网站进行搜索，搜录的网页总数达 5 000 多万，同时采用搜索竞价排名方式，确定企业排名顺序。

13.5.3　B2B 盈利模式的创新途径

1．开展增值服务

B2B 网站可以通过开展增值服务来扩大收入来源，如提供企业建站服务、企业认证、在线支付结算、产品行情资讯服务等。

2．联盟与合作

B2B 网站可以通过联盟与合作满足用户真正的需求，可以提供用户既"专业"又"综合"的服务，并能平等地将专业网站的内容、流量等资源有效整合。

3．资源整合和多元化发展

随着综合性网站、行业网站的发展和市场细分，业务的相互交叉和竞争日趋激烈，为了提高其综合的竞争优势，一些网站开始走多元化的发展道路，开展新的收入来源。业务细分模式之间的融合和资源的共享已经成为 B2B 网站巩固自身优势、开拓新市场的主要手段。

总之，B2B 网站盈利模式的根本在于创新，只有不断地创新才能在电子商务市场中取得成功。

13.5.4　B2B 网站的优化

网站优化已经成为 B2B 电子商务网站的基本网络营销策略。由于 B2B 电子商务网站具有明显的 B2B 行业特征，B2B 网站优化成为企业开展 B2B 电子商务的首要问题。

1．高质量的图片

高质量的图片更能吸引买家的注意，详细的产品说明更能让客户熟悉产品。任何一个平台都是如此，图片的质量越高，越容易给买家一个专业的形象。

2．关键词的选择

在发布产品的时候，所有 B2B 平台都提供了一个让客户自己选择添加关键词的地方。注意要选择精准的词，买家可以更快地发现。

3．排名优化

排得越靠前的产品越容易被发现。最简单的办法是对已经发布的商品不变更内容，进行重新发布，定期地更新产品。再就是专业的内容和精准的关键词对排名优化也很有帮助。

4．B2B 站内广告投放

通常所有 B2B 平台的首页和次级栏目页都有广告位出租，也就是常说的"Banner标志广告"。

5．合理目录分类

B2B 网站结构看起来简单，无非是供应信息、求购信息、产品库、企业库等主要栏目，以及每个栏目下对不同行业、不同产品类别的分类，将相应的信息发布到相应的分类中。但实际上，B2B 网站分类方法对于网站的整体优化状况是至关重要的，因为分类目录不合理将造成用户难以获取网站信息、搜索引擎忽略二级栏目及二级栏目中的信息，以及网站 PR 值低等综合问题。根据新竞争力对 B2B 网站优化研究的体会，B2B 网站的栏目和分类目录设置中的问题比较突出。

6．网站层次结构设计合理

随着供求信息发布量的增加，大量新发布的信息在不断滚动更新，但很多新的信息还未等到搜索引擎收录就已经滚动到多层次目录之下，而由于网站结构层次设计不合理的原因，即使全部网页都转化为静态网页，仍有可能造成信息无法被搜索引擎收录。

7．全部信息的静态化处理

领先的网站早已经过网站优化改造实现了全部信息的静态化处理，但 B2B 网站发展到今天，仍然有大量网站采用全动态网页技术，甚至主栏目和二级栏目都是动态生成，这样的动态网站已经无法在搜索引擎自然检索结果中获得任何优势，即使网页被搜索引擎收录，也难以获得比其他同类内容的静态网页的任何优势，最终结果是通过搜索引擎自然检索带来的访问量越来越少。

8．网页标题设计要与网页内容一致

一般在由网站维护人员编辑内容的网站中，网页标题的设计以及网页标题与网页内

容的相关性问题可以得到比较好的控制，但在用户自行发布信息的 B2B 行业网站，网页标题设计不专业以及与网页内容相关性不高的问题比较突出，其后果是不仅供求信息内容网页在搜索引擎中没有竞争优势，甚至可能影响整个网站的表现。

13.5.5　亚洲流派与欧美流派的 B2B 平台比较

1．亚洲的 B2B 平台

亚洲流派的 B2B 平台以海商网、阿里巴巴、百万网、慧聪网、中国制造交易网、商机网、生意宝、中国制造网、环球资源等为代表。

1）优点

（1）在国内知名度高，聚集了大量国内同类企业；

（2）访问量都比较大；

（3）比较贴近国内客户的服务；

（4）商机发布式的交易机制比较直接，操作简单；

（5）打破传统的面对面交易理念，实现方便快捷。

2）缺点

（1）普遍没有解决一个根本问题——国外买家客户的访问量低；

（2）被国外认为是中国小商品的集散平台，以短单和小批量为主，很难有大客户询盘；

（3）内部群发询盘的方式使得询盘多，但是成交量少；

（4）大量国内同行企业充斥其中，竞争激烈，使得利润极低；

（5）要获得好的排名需要付出巨额成本，性价比越来越低；

（6）基本上优势集中在服装、工艺礼品、小五金、电子等行业以及东南亚和中东等地区市场；

（7）安全性不能得到保证，易被黑客攻击导致网站瘫痪，从而造成重大损失。

2．欧美的 B2B 平台

欧美流派的 B2B 平台以 Kompass、Thomasnet、Kellysearch 等为代表。

1）优点

（1）访问量基本来自海外，以欧美为主，遍及全球；

（2）都在传统出版和展会等商业信息领域具有悠久历史，有深厚的基础和极高的声誉；

（3）聚集了国外的高端买家和商务人群，询盘质量高，一旦形成交易就是长期稳定的合作；

（4）交易方式规范，注重品牌和信用，提升企业的长久竞争力；

（5）商务查询和品牌、产品的展示宣传手段丰富；

（6）平台建设技术先进，服务深入，数据准确可靠。

2）缺点

（1）在国内知名度不高；

（2）专业化程度较高，使用比较复杂；

（3）直接询盘比较少；

（4）交易过程较长。

13.5.6　O2O 模式

实现 O2O 营销模式的核心是在线支付。这不仅仅是因为线上的服务不能装箱运送，更重要的是快递本身无法传递社交体验所带来的快乐。但如果能通过 O2O 模式，将线下商品及服务进行展示，并提供在线支付"预约消费"，这对于消费者来说，不仅拓宽了选择的余地，还可以通过线上对比选择最令人期待的服务，以及依照消费者的区域性享受商家提供的更适合的服务。但如果没有线上展示，也许消费者会很难知晓商家信息，更不用提消费二字了。另外，目前正在运用 O2O 摸索前行的商家们，也常会使用比线下支付要更为优惠的手段吸引客户进行在线支付，这也为消费者节约了不少的支出。

从表面上看，O2O 的关键似乎是网络上的信息发布，因为只有互联网才能把商家信息传播得更快、更远、更广，可以瞬间聚集强大的消费能力。但实际上，O2O 的核心在于在线支付。

1.　应用价值

O2O 的优势在于把线上和线下的优势完美结合。通过网购导购机，把互联网与地面店完美对接，实现互联网落地。让消费者在享受线上优惠价格的同时，又可享受线下贴身的服务。同时，O2O 模式还可实现不同商家的联盟。

（1）O2O 模式充分利用了互联网跨地域、无边界、海量信息、海量用户的优势，同时充分挖掘线下资源，进而促成线上用户与线下商品与服务的交易，团购就是 O2O 的典型代表。

（2）O2O 模式可以对商家的营销效果进行直观的统计和追踪评估，规避了传统营销模式的推广效果不可预测性，O2O 将线上订单和线下消费结合，所有的消费行为均可以准确统计，进而吸引更多的商家进来，为消费者提供更多优质的产品和服务。

（3）O2O 在服务业中具有优势，价格便宜、购买方便，且折扣信息等能及时获知。

（4）将拓宽电子商务的发展方向，由规模化走向多元化。

（5）O2O 模式打通了线上线下的信息和体验环节，让线下消费者避免了因信息不对称而遭受的"价格蒙蔽"，同时实现线上消费者"售前体验"。

整体来看O2O 模式运行得好，将会达成"三赢"的效果；

对本地商家来说，O2O 模式要求消费者在网站支付，支付信息会成为商家了解消费者购物信息的渠道，方便商家对消费者购买数据的搜集，进而达成精准营销的目的，更好地维护并拓展客户。通过线上资源增加的顾客并不会给商家带来太多的成本，反而带来更多利润。此外，O2O 模式在一定程度上降低了商家对店铺地理位置的依赖，减少了租金方面的支出。

对消费者而言，O2O 提供丰富、全面、及时的商家折扣信息，能够快捷筛选并订购适宜的商品或服务，且价格实惠。

对服务提供商来说，O2O 模式可带来大规模高黏度的消费者，进而能争取到更多的商家资源。掌握庞大的消费者数据资源，且本地化程度较高的垂直网站借助 O2O 模式，还能为商家提供其他增值服务。

2．经营模式

与传统的消费者在商家直接消费的模式不同，在 O2O 平台商业模式中，整个消费过程由线上和线下两部分构成。线上平台为消费者提供消费指南、优惠信息、便利服务（预订、在线支付、地图等）和分享平台，而线下商户则专注于提供服务。在 O2O 模式中，消费者的消费流程可以分解为五个阶段：

1）第一阶段：引流

线上平台作为线下消费决策的入口，可以汇聚大量有消费需求的消费者，或者引发消费者的线下消费需求。常见的 O2O 平台引流入口包括：消费点评类网站，如大众点评；电子地图，如百度地图、高德地图；社交类网站或应用，如微信。

2）第二阶段：转化

线上平台向消费者提供商铺的详细信息、优惠（如团购、优惠券）、便利服务，方便消费者搜索、对比商铺，并最终帮助消费者选择线下商户、完成消费决策。

3）第三阶段：消费

消费者利用线上获得的信息到线下商户接受服务、完成消费。

4）第四阶段：反馈

消费者将自己的消费体验反馈到线上平台，有助于其他消费者做出消费决策。线上平台通过梳理和分析消费者的反馈，形成更加完整的本地商铺信息库。可以吸引更多消费者使用在线平台。

5）第五阶段：存留

线上平台为消费者和本地商户建立沟通渠道，可以帮助本地商户维护消费者关系，使消费者重复消费，成为商家的回头客。

3．对比区别

O2O 引用较多的一种解释是：O2O（Online To Offline）即线上到线下，其核心是把线上的消费者带到现实的实体店中去，也就是让用户在线支付购买线下的商品和服务后，到线下去享受服务。

首先，真正的 O2O 应立足于实体店本身，线上线下并重，线上线下应该是一个有机融合的整体，你中有我我中有你，信息互通资源共享、线上线下立体互动，而不是单纯的"从线上到线下"，也不是简单的"从线下到线上"。O2O 应服务于所有实体商家，而不仅仅局限于餐饮娱乐等少数类型；其次，O2O 应涉及实体商家的主流商品，绝不仅是个别的特价商品。最为重要的是，对于实体商家而言，互联网只是为其所用的一个工具而已，任何本末倒置的方法都将动摇实体商业的发展根基。

1）不同点

（1）O2O 更侧重服务性消费（包括餐饮、电影、美容、SPA、旅游、健身、租车、租房……）；B2C 更侧重购物（实物商品，如电器、服饰等）；

（2）O2O 的消费者到现场获得服务，涉及客流；B2C 的消费者待在办公室或家里，等货上门，涉及物流；

（3）O2O 中库存是服务，B2C 中库存是商品；

2）相同点

（1）消费者与服务者第一交互面在网上（特别包括手机）；

（2）主流程是闭合的，且都是网上，如网上支付客服等；

（3）需求预测管理在后台，供需链管理是 O2O 和 B2C 成功的核心。

4. O2O 适用的行业

餐饮业，服务业，团购几乎采取 O2O 模式

关于支付方式，业内人士指出，"采用二维码、声波等支付方式，再也不用担心需要提前准备现金了，也不用担心收到假币了，还可以实时掌控销售额。"

作为双线零售，有线上零售渠道和线下零售渠道的品牌商、零售商都可以通称为 O2O。有些人分得更细，把线下（实体店）和线上（网店）有机融合的一体化"双店"经营模式称为 OAO（Online And Offline），但还有些人更喜欢把这类商品零售企业称为 B2C。不管叫什么，这种模式的线上线下双零售渠道结合的形式，已经颇具代表模式，这是传统零售企业做电商的集体表征，这种模式从规模上做得最好的是苏宁易购。

从消费内容上可分为服务和产品，上述几种 O2O 模式围绕的都是"服务消费"，双线零售的 O2O 模式围绕的是"产品消费"。围绕"产品消费"的 O2O 模式不仅只有零售企业的双线结合，与 B2C 相比，还有很多产品更适合 O2O 模式，比如有些企业已开始在房产、汽车、家具、橱柜、配镜等非标准、高单价商品上进行尝试，并取得了不错的成绩，这类商品需要极强的用户体验，虽然 B2C 也可以进行销售，但不能满足大部分用户的需求，O2O 则是更为理想消费形式。

小结

通过对环球资源案例纵览、聚焦热点、成功之处的分析及对其的点评与建议，使学生对案例有了全面、透彻的了解和掌握。同时学习了与本案例相关的知识点内容，包括 B2B 电子商务的概念、特点和模式。

习题

1. 环球资源是什么类型的电子商务？
2. 环球资源的核心竞争力（或者说特色）是什么？
3. 环球资源的战略定位是什么？
4. 环球资源如何实现线上与线下的有机融合？
5. 与慧聪网相比，环球资源的优势表现在哪里？
6. 环球资源是如何定位客户群体并吸引客户的？
7. 环球资源目前遇到的困境是什么？
8. 环球资源近年来举办的系列展会有哪些特点？

能力拓展

环球贸易网（Global Trade）是一家为全球企业提供面对面贸易服务的诚信供需平台，于 2007 年注册成立，为香港闽孚科技公司下属企业福州希尔达信息技术有限公司开发运营。我国内地服务运营中心设立在泉州及福州。作为国内领先的电子商务平台，环球贸

易网充分利用其雄厚的传统营销渠道和各类展会开展多渠道的、线上为主、线下辅助的全方位服务，这种优势互补、纵横立体的架构，已成为中国 B2B 行业的典范。

　　试根据以上资料，搜集并整理环球贸易网案例，结合环球资源案例，体验并比较两者发展过程及电子商务模式的异同点，分析总结出我国 B2B 平台发展的特点、特有的电子商务模式、面临的困境及应对策略。要求完成环球资源案例报告，并分成小组交流讨论。

小资料

B2B、B2C、C2C、C2B、B2G 之间的区别

　　B2B（Business to Business）是指商家与商家建立的商业关系。例如，在麦当劳只能够买到可口可乐是因为麦当劳与可口可乐的商业伙伴关系。商家们建立商业伙伴关系是希望通过大家所提供的东西来形成一个互补的发展机会，大家的生意都可以有利润，例如海商网、Directindustry（Finderwal）、百万网、阿里巴巴、慧聪网、商机网等。

　　B2C（Business to Consumer）就是供应商直接把商品卖给用户，例如当当、卓越、优凯特等。

　　C2C（Consumer to Consumer）类似于零售市场，购物对象直接是终端用户，例如淘宝、拍拍、易趣、有啊等。

　　C2B（Consumer to Business）是由客户选择自己要些什么东西，要求的价格是什么，然后由商家来决定是否接受客户的要求。假如商家接受客户的要求，那么交易成功；假如商家不接受客户的要求，那么就是交易失败。

　　B2G（Business to Government）模式即企业与政府之间通过网络所进行的交易活动的运作模式，比如电子通关，电子报税等。

　　B2B、B2C、C2C、C2B 之间主要是对象的区别：

　　（1）B2B 是企业间的电子商务；

　　（2）B2C 是企业对个人用户的电子商务；

　　（3）C2C 是个人对个人的电子商务；

　　（4）C2B 是个人对商家的电子商务。

第14章　中国化工网——中国专业电子商务第一品牌

学习目标

通过对本章内容的学习，学生应该能够做到：

（1）了解中国化工网 B2B 电子商务发展历程，以及中国化工网特有的垂直 B2B 电子商务模式；体验国内 B2B 电子商务的迅猛发展，以及传统企业向 B2B 电子商务服务提供商的转变。

（2）理解 B2B 电子商务的概念、特点及不同模式，理解 B2B 电子商务的内涵并掌握其本质。

（3）分析掌握并体验 B2B 电子商务发展的内在规律，找出案例中所使用的策略及内在原因。

（4）通过学习本案例内容，结合课后参考资料，搜集资料并整理出一个 B2B 案例，进行课堂讨论与交流。

引言

本章选取 B2B 电子商务的代表之一——中国化工网进行案例研究，通过对中国化工网案例纵览、聚焦热点、成功之处的分析及对其的点评与建议，使学生对案例有全面、透彻的了解和掌握。同时，学习与本案例相关的知识点内容，包括 B2B 电子商务的概念、特点和模式。要求体验 B2B 电子商务的发展过程及其内在规律并组成小组进行拓展分析与讨论。

14.1　案例纵览

中国化工网是国内第一家专业化工网站，也是目前国内客户量最大、数据最丰富、访问量最高的化工网站。中国化工网隶属浙江网盛生意宝股份有限公司旗下（以下简称"网盛公司"）网盛公司是一家专业从事互联网信息服务、电子商务、专业搜索引擎和企业应用软件开发的高新企业，目前已发展成为国内最大的垂直专业网站开发商。除了最早创建并运营中国化工网（www.chemnet.com.cn）外，网盛公司还分别创建并运营着中国纺织网（www.texnet. com.cn）、中国医药网（www.pharmnet.com.cn）、中国服装网（www.efu.com.cn）、中国机械专家网（www.mechnet.com.cn）等多个国内外知名的专业电子商务网站。

目前，网盛公司先后在北京、上海、广州、南京、济南、成都、沈阳、郑州、韩国首尔、美国西雅图等地设立了分支机构，形成遍布全国、辐射全球的市场及服务体系。网盛公司拥有一支由博士、硕士、学士组成的技术开发队伍、市场开拓及服务队伍，现有员工 900 余人，平均年龄 27 岁，98% 为大学本科以上学历。

中国化工网，通过多年的努力，已发展成为行业内最具影响力的第三方服务平台之一。每天接待 100 多万商务人士的信息发布与收集；15 万行业人士资讯订制与索阅；10 万次专业数据调档与查询；2 万多人次的技术咨询与交流；数百家媒体的数据引用和采集。

14.1.1　背景

1997 年 10 月，沈阳工业大学计算机专业毕业的孙德良从国内早期网络公司"讯业"辞职，以 2 万元起家开始创业。当孙德良去参加一个服装展览会时突遭大雨，在同学那避雨时发现了满抽屉的化工业名片，于是产生创办化工网站的想法。他于 1997 年 11 月，开通国内第一个垂直化工网站（英文版），也是国内首家专业化的 B2B 电子商务平台——中国化工网。年底，孙德良就赚了 20 万元。2000 年，杭州中化网成立，2001 年公司销售额就达 5 000 万元，利润超过 2 000 万元，随后开始出现稳定增长。

中国化工网成立之初，就按照"广告+会员"的盈利模式进行发展。据网盛科技董事长孙德良介绍，"那时，深感肩上的压力，工作非常拼命，白天找客户，晚上做技术。"孙德良说，"不过，非常幸运的是，网站成立当月就收到会员费 2 000 元，到 1997 年底时，就开始盈利，挣了几十万。到 1999 年，公司竟然赚到 500 多万元。我简直太高兴了!"

继中国化工网后，网盛又成立了中国纺织网和中国医药网等网站。2006 年 12 月 15 日，网盛在深交所正式挂牌上市（股票代码：002095），成为"国内互联网第一股"，并创造了"A 股神话"。上市之后，网盛生意宝积极拓展电子商务新领域，独创了"小门户+联盟"的电子商务新发展模式，是国内最大的垂直专业网站开发运营商，成为国内专业 B2B 电子商务标志性企业。

14.1.2　现状

中国化工网建有国内最大的化工专业数据库，内含 40 多个国家和地区的 11 万多个化工站点，含 51 万多家化工企业，150 多万条产品记录；建有包含行业内上百位权威专家的专家数据库；每天新闻资讯更新量上千条，日访问量突破 780 000 人次，是行业人士进行网络贸易、技术研发的首选平台。全球化工网提供一流的信息、超强的专业引擎、新一代 B2B 交易系统于一体的专业服务，享有很高的国际声誉。

中国化工网是中国第一家专业化工网站，也是目前国内客户量最大、产品数据最丰富、访问人数最多的化工网站。自 1997 年推出以来，始终坚持以客户服务为宗旨，不断推陈出新、完善服务内容、强化服务质量。中国化工网以强大的人才优势、技术优势和服务体系逐步确定了其行业权威地位。中国化工网提供有价值的专业信息、专业的网站服务项目、信息集成、网站地图、资讯商情等服务。

1. 提供专业信息服务

（1）汇集每天最新的国际国内化工新闻信息、化工行情、化工资讯；

（2）超过 78 万人次的日访问量，其中有 1/3 来自海外；

（3）拥有国内最大的化工产品数据库、化工企业数据库；

（4）每天有 3 000 多条来自国内外的产品供求信息；

（5）拥有功能强大的化工搜索引擎，提供多种形式的产品检索方式。

2．提供主要相关服务项目

（1）专业的化工企业网站建设；

（2）化工企业网上推广、产品信息发布；

（3）网上化工贸易信息撮合；

（4）专业的化工资讯电子杂志订阅；

（5）专业及时的化工市场行情信息服务；

（6）专业的化工企业电子商务解决方案；

（7）享受《网上化工资源》的强力推广。

3．提供资讯行情

中国化工网行情资讯中心（http://news.chemnet.com）现有专业信息编辑 30 余名，客座专家 80 多位，合作伙伴 200 余家，信息渠道 2 000 多条，每日奉献覆盖海内外和各行业上下游产业链的 1 000 余条精品行情专递、新闻报道、专家评述。

行情资讯中心以中国化工网庞大的产品、信息、客户数据库和资讯合作网络为基础，共分为新闻热点、行情专递、专家评述、数据统计、行情论坛五大板块；油品、橡胶、塑料、化工四大专区。整个行情中心融石化、化工资源之精华，集产品（油品、塑料、橡胶、化工等四大类 200 余种）、市场（近 100 个专业市场）、厂商（1 200 余家代表性生产厂家、3 000 余名贸易商）于一体，旨在打造一个专业、免费、及时、全面的综合性化工资讯平台，为广大客户提供最优质、最全面的信息资讯服务。

14.1.3　发展历程

经过十多年的发展，网盛科技由单一化工行业为代表的行业垂直门户网站发展成为化工、纺织和医药行业，创建了以信息技术为支撑、以行业服务为内容的网上公共服务平台；通过这些平台，向行业内企业提供包括网上企业产品展示窗口、网上产品市场、商业情报支撑、网上商务服务媒介等在内的种类繁多的电子商务服务。纵观旺盛科技的发展历程，大致可分为三个阶段：第一阶段为专业提供化工行业资讯的垂直 B2B 的起步；第二阶段为向各行业拓展垂直 B2B 电子商务服务；第三阶段为向 B2B 综合应用型平台发展。

1．第一阶段发展历程

1997 年，开通国内第一个垂直化工网站，也是国内首家专业化的 B2B 电子商务平台——中国化工网。成立杭州世信信息技术有限公司，正式开始运营中国化工网。

2000 年，在江苏、北京基础上，先后成立山东、上海、广州等办事处，至此初步形成了辐射全国的市场与服务体系。

2001 年，被浙江省科技厅认定为浙江省高新技术企业，并被批准为杭州高新技术产业开发区软件产业园企业，并通过软件企业认证。

2001 年，应诉日内瓦，在"中国入世跨国知识产权第一案"中，成功击退澳大利亚最大的化工集团 Orica 公司，赢得周转四大洲六个国家的世界传奇域名 www.chemnet.com，成为国内数百家主流媒体关注的焦点。同年，基于 www.chemnet.com 域名，推出国内首创、国际领先的新一代 B2B 电子商务平台。

2. 第二阶段发展历程

2002 年，对 www.chemnet.com 进行全面改版升级，形成集信息提供、专业引擎、B2B 交易系统为一体的面向国际的化工门户平台，开通并运营中国纺织网（www.texnet.com.cn）。

2003 年 2 月 18 日，国际纺织网（www.textweb.com）全面推出。

2004 年，公司正式更名为"浙江网盛科技股份有限公司"。公司推出国内最大的专业化工搜索引擎 ChemIndex.com，ChemIndex 集化工产品搜索、目录搜索、网页搜索为一体，拥有 100 万个化工产品、8 万家供应商库、5 万个专业化工站点、1 000 万个化工网页的化工数据库。

2005 年，网盛科技被评为首批行业信息技术应用推广服务机构示范企业。

2006 年，公司首次公开发行股票获审核通过，同年 12 月 15 日，公司正式在深交所中小板上市交易，股票代码为 002095。网盛生意宝前身网盛科技获中国证监会审核通过后顺利实现 IPO，受到证券市场的热烈追捧，中国互联网企业没有一家实现 A 股 IPO 的历史正式宣告结束。

2007 年，网盛科技宣布正式推出基于行业网站联盟的大型商业门户与搜索平台——"生意宝"，开创了继"行业 B2B""综合 B2B"之后的第三模式——"小门户+联盟"模式。同年，生意宝推出"纵横营销模式"。网盛生意宝公司"小门户+联盟"模式案例获"2007 年度最佳商业模式奖"。网盛与中国工商银行签订合作协议，双方将在金融融资、电子商务、网上支付平台、B2B 交易服务开展合作。

3. 第三阶段发展历程

2008 年，网盛生意宝对其平台进行大范围升级与调整，将自身定位从单一 B2B 平台向"B2B 用户总入口"演变。生意宝商机发布量突破 50 万条大关，在国内位居前茅。生意宝网站注册"生意旺铺"总量已突破百万大关。网盛生意宝宣布携旗下行业网站产业集群，出台"暖冬计划"，同时推出新一代 B2B 创新型暖冬产品——"小中大、多层次"电子商务解决方案。

2009 年，生意宝宣布已初步完成"B2B 门户+电子商务搜索"的战略布局架构。生意宝迎来推出运营 2 周年，宣布"同时在线人数"与"日商机发布量"这两项 B2B 平台重要数据指标双双突破百万大关。生意宝的"小门户+联盟"创新成果案例一举摘得"第三届中国管理学院奖"。生意宝董事长兼总裁孙德良被评为"2008 最具影响力 B2B 网站领袖奖"。

2010 年，网盛生意宝获"首届中国创新榜样"奖，公司推出生意社。

2015、2016 年由中国贸促会化工行业分会与浙江网盛生意宝股份有限公司（中国化工网）联合举办"中国国际精细化工及定制化学品展览会（SpeChem China）"。该展览会是我国精细化工行业知名的专业展会，展会已历经 8 年，在精细化工领域，特别是医药、农药中间体、定制化学品等产品中拥有大批优质的参展企业和海内外采购商，成为精细化工行业贸易合作交流最佳平台。展览会历年来在上海举办，已成为精细化工行业知名品牌展览会。

展会迎来国内外生产厂商、贸易商、科研院所和相关服务机构的专业观众约 8 千多人次，涉及行业包括精细化工、医药、农药、环保水处理、染料及颜料、涂料、食品、日化、建筑、橡塑、纺织、电子、环保工程、化工园区等领域。来自赢创、拜耳、霍尼韦尔、罗地亚、杜邦、英力士、道康宁、瓦克、TCI、阿法埃莎等国际知名化工企业的专业人士及海外采购商齐聚展会，与各参展商洽谈商务、共商合作。

展会现场设置"国际买家洽谈区"，同时发布了来自美国、德国、意大利、印度、俄罗斯、埃及、土耳其、日本、韩国、巴西、沙特等 50 多个国家和地区的海外买家采购信息。俄罗斯下诺夫哥罗德州工业贸易商业厅率领俄罗斯企业代表团，在展会期间与国内企业进行了商贸洽谈，现场气氛活跃热烈。另外，展期召开了多场技术交流会与新产品发布会，为现场观众和展商带来了精彩的技术报告。

2019 年 7 月在中国地区独家代理"印尼国际化工展览会(INACHEM)"，展会地点是印尼泗水，展会周期，两年一届。展会迎来国内外生产厂商、贸易商、科研院所和相关服务机构的专业观众约 8 000 多人次，涉及行业包括精细化工、医药、农药、环保水处理、染料及颜料、涂料、食品、日化、建筑、橡塑、纺织、电子、环保工程、化工园区等领域。

14.2　聚焦热点

中国化工网由名不见经传的小型资讯网络公司发展成为中国专业电子商务第一品牌，与其所经历的如下热点事件息息相关。

14.2.1　胜诉"跨国知识产权纠纷第一案"

由于 chemnet 是由英文 chemical（化工）network（网络）简称而来，公认有直观的"化工网"的意思。最早在美国一家机构注册，以此域名构建站点的是最早在互联网上出现的专业化工信息平台，并纷纷被与化工有关的企业、图书馆、大学系部链接到首页。

几经转手，几经易主，2001 年澳大利亚最大的化工企业 Orica 公司同瑞典一家网络公司 VDAB 达成将 www.chemnet.com 域名转让给 Orica 公司的协议。然而，Orica 公司却犯了一个致命的错误，即未按注册规定向域名注册服务机构 NSI 及时付费而于 2001 年 8 月 30 日被 NSI 注销。按规定，域名被注销后任何人都有权重新注册使用。2001 年 8 月 31 日，该域名被韩国一家互联网公司 DomainAgent.com 成功注册。

2001 年 9 月 3 日，孙德良意外发现自己已经追踪多年的 www.chemnet.com 域名为韩国公司持有，随即同该公司联系可否转让。令人意外的是，韩国这家互联网公司并不清楚这个域名的价值。经洽谈，中国公司以 9 000 美元的低价将该传奇域名购回杭州。

2001 年 9 月 9 日上午，Orica 公司对中国公司擅自使用该域名的行为表示严正抗议，希望公司立即归还域名并限 24 小时答复，否则，Orica 公司将诉诸 WIPO（世界知识产权组织）仲裁。

面对 Orica 公司发出的两大邮包上千页的英文诉讼材料，谁也看不懂，更谈不上对 WIPO 有关法则的精通。在十万火急的情况下，孙德良决定发动手下 200 名员工群策群力。公司自力更生，组成了一个 4 人应诉小组。经过 10 多天准备，中国公司于 2001 年 10 月 19 日向日内瓦 WIPO 递交答辩状，对所有指控一一加以驳斥，并陈述了大量事实和国际法依据，同时向澳大利亚公司传送答辩状副本。

10 月 24 日，中国公司收到 WIPO 的确认函，指出将有专家组择日裁决。10 月 31 日，Orica 公司请求 WIPO 延期裁决，称将同答辩方寻求通过商业途径解决域名纠纷。11

月 1 日和 12 日，WIPO 两次通知 Orica 公司，如需要延期裁决，请递交书面请求，并限定了最后时间，最终，Orica 公司提出撤诉请求。WIPO 通过电子邮件通知孙德良域名归中方公司所有。

一场由花钱买来的域名而引起的中国"入世"后知识产权纠纷第一案，将名不见经传的化工网从幕后推到了台前，从此声名大振。

14.2.2　中国互联网企业第一股

2006 年，网盛科技公司首次公开发行股票获审核通过，同年 12 月 15 日，公司正式在深交所中小板上市交易，股票代码为 002095，被誉为"中国互联网第一股"。

经历了 2000 年的互联网泡沫，孙德良领导中国化工网"逐步壮大、滚动发展"，一步一个脚印地从低起点发展起来。2001 年的域名事件，中国化工网据理力争，大获全胜，一举成名。中国化工网确立了其"会员+广告"的商业模式，并盈利 2 000 万。2004 年，中国化工网更名为现今的网盛科技。孙德良认为做强是根本，做大不过是结果。只有做强的网站才有机会做大，也才有更多成功的可能。化工是中国化工网的强项，可以将中国化工网的经验克隆到其他产业网站的经营上。网盛想要将自己的整个体系向外扩张也不是那么容易的事情，公司要扩展规模，首先要完成融资上市。

经过多年在化工领域的埋头苦干，孙德良步步为营，最终成功上市。2006 年，基于行业网站联盟的全球领先的电子商务门户及生意搜索平台，A 股市场上第一只纯正互联网络股——网盛科技，后更名为生意宝，在深交所挂牌交易。

14.2.3　开创了"小门户+联盟"的新一代 B2B 电子商务模式

"小门户+联盟"模式类似于网站联盟，但要求签订相关合同。就网盛来说，参与结盟的各行业门户将各自客户发布的供需信息共享给网盛的生意宝，而生意宝作为公共的查询入口为用户提供查询结果。查询结果按照发布时间或价钱进行排序，也就是以拥有近千家行业网站的联盟为基础，平等地将各行业网站的内容、流量、商机等资源有效整合。生意宝开创了独有的"小门户+联盟"模式，是近年来我国 B2B 电子商务创新发展的一个代表。通过两年多的筹备运营，网盛科技成功打造成为基于"小门户+联盟"的全球领先的生意人门户及搜索平台，并首创了我国电子商务的纵横营销模式。

14.2.4　开创"会员+广告"的盈利模式

中国化工网成立之初确立了"会员+广告"的商业模式，即网站的收入来源主要依靠两项收费服务：一是为企业建立网站并提供虚拟主机服务的收费；二是信息服务费用（会员费模式收取）及网上广告收入。这种盈利模式顺应了中国电子商务行业的发展趋势，取得了很可观的成效。

具体操作则是通过提供若干免费服务项目来聚集人气，提高网站的知名度和浏览量，进而吸引、发展会员，通过为会员提供域名注册、网站建设、信息发布维护、网络广告制作及发布等服务来实现网站的收入和利润。

英文网站吸引了大批国外客户，很多外商对企业相关事宜进行查询，这些积极的广告反馈成了中国化工网加速的助推器。创业当年，凭借良好的广告效应，中国化工网依靠英文网站的运转，盈利达到 20 万元，这是孙德良从互联网行业掘到的第一桶金，之后又推出了中国化工网中文版。

网盛科技在构建中文版中国化工网的时候也使用了整合企业供求信息的方式：一方面提取企业的产品供求信息，另一方面不断和行业内网站进行结盟，始终坚持"会员+广告"的基本盈利模式，经过多年的积累，中国化工网抢占了化工行业 70% 以上的交易份额。

中国化工网依托于传统化工产业，根据行业特点有针对性地分阶段为企业提供信息服务和电子商务服务，在 2000 年互联网产业普遍低迷的情况下率先摸索出了盈利模式，走出了中国化工行业电子商务的特色之路。

14.2.5　致力打造央企"互联网+"发展样本

近年来，央企混改、新动能转换已经开始向互联网、大数据方向布局。目前包括中国联通、中国黄金、中国铁路总公司等多家企业已经加快混改步伐，互联网、大数据、电商成为不少央企混改的新方向之一，与相关民营企业的合作也在持续深化。国企、央企的上下游、渠道、供应商、客户都将集中在互联网上，这也是导致国企、央企融入互联网+势在必行。

鲁泰控股正全力全速推进公司的新旧动能转换，此次联盟生意宝将有利于加快实现公司新旧动能转换目标。"互联网+"排名我国发展新动力首位，正深刻影响着中国经济的发展和转型，互联网与各领域的融合发展具有广阔前景和无限潜力，已成为不可阻挡的时代潮流。公司也将利用好这一发展新动力，使"互联网+"成为推动鲁泰控股新旧动能转换的重要加速器。

传统企业利用"互联网+"来实现转型升级是发展趋势。此次生意宝与鲁泰控股的深度合作，实现了公司互联网技术优势与鲁泰控股的产业优势有效结合，将为鲁泰控股插上"互联网+"的翅膀，也为未来赋能给更多传统企业提供借鉴。

14.2.6　开展在线供应链金融

双方合作内容主要包括在线供应链金融、第三方支付机构备付金存管、泛市值管理、国际贸易、个性化金融等十个合作项目。

公司通过与浦发银行的全面战略合作，银行大额资金的授信，将推动公司在线供应链交易与金融业务的发展进程。

生意宝的在线供应链金融业务于 2015 年底正式启动，生意宝平台会员融资由网盛融资保证。按照协议，浦发银行将按照生意宝的要求，实现网上便捷支用.对异地会员，由生意宝给予授信或采用其他方式，满足平台会员需求。

14.3　成功之处

中国化工网集一流的信息提供、超强专业引擎、新一代 B2B 交易系统于一体，享有很高的国际声誉。

14.3.1 专业性特色突出，中国化工网始终保持领先优势

公司主要网站会员数量增长情况及预测如表 13-1 所示。

表 13-1 公司主要网站会员数量增长情况及预测

项目	年份	2003	2004	2005	2006	2007	2008	2009
化工网	会员数	3 185	4 355	5 284	6 183	7 211	8 211	9 211
	增速	34.55%	36.86%	21.33%	17.01%	16.63%	13.87%	12.18%
纺织网	会员数	421	904	1 373	1 734	2 044	2 344	2 644
	增速	383.91%	114.73%	51.88%	26.29%	17.88%	14.68%	12.80%

资料来源：网盛科技招股说明书、年报、中报、宏源证券研究中心

网盛科技公司虽然已经拥有并经营中国化工网、全球化工网、中国纺织网、医药网、糖酒招商网、南阳商务网等行业或地区专业网站。至 2007 年底，公司主营业务收入中的 80%仍来自于中国化工网和全球化工网，如表 13-2 所示。化工网在相关网站中流量排名第一，具有绝对的优势。

表 13-2 2007 年上半年公司网站主营收入及占比

项目	网站	中国化工网	全球化工网	中国纺织网	医 药 网	其他业务	合 计
主营收入		2 385.51	742.48	371.80	175.57	0	3 675.36
占比		64.91%	20.20%	10.12%	4.78%	0	100%
同比增减		17.97%	4.64%	7.51%	28.17%	−100%	14.04%

资料来源：网盛科技 07 年中报

网盛科技公司还将陆续开通更多行业的联盟，这些新网站的会员数将高速增长。网盛科技公司总会员在未来三年可以保持 20%～30%左右的增速。同时，会员数量的增长比将会提升广告的投放效果，其广告收入也将快速增长。

由于采取了垂直化网络结构，因此，中国化工网在专业方面的优势就要详尽很多，目标聚焦，很多化工企业会通过中国化工网的供应商目录去了解目标企业。所以化工企业要选择网络服务一般会首选生意宝，这也是中国化工网的品牌价值和专业特色之所在。

— 作者点评 —
电子商务网站是目前互联网发展最为迅速的一个方向，但是并不是所有的电子商务网站都能够成功，选择行业是能否做成专业电子商务网站的关键。只有选对专业内容方向，做精做深，才能形成特色，发挥优势。

14.3.2 横向发展推出生意宝

生意宝是网盛发起的行业网站联盟，是一个综合性的 Web 2.0 搜索网站，其作用类似于奇虎（Qihoo）的论坛联盟网站。以 Web 2.0 为特征的网站充分利用客户的主动参与性，以达到加快信息更替和最大化信息量为目的。未来的盈利模式应该是基于综合行业搜索下的广告业务——依旧离不开"信息流"的范畴。网盛公司通过使用"生意宝"进行控股、参股和新设三种方式，实施在行业 B2B 领域的横向发展。

2005 年 11 月，网盛科技以下属的上海生意宝公司为载体，发起设立行业网站联盟，以联合国内近千家行业网站为主要目的，达到共同推广的效果以提升各自的流量。网站联盟具有 Web 2.0 的特征，即网盛科技不参与内容的制作，仅仅提供一个共享信息平台，并且负责制定联盟的各种规章制度。目前有中国纸业网、中国饰品网、中华机械网、中国水泥网、中国工艺网、中国开关网、中华汽保网、中国物流设备网、中国注塑网、中国包装网、中国化妆品网、中国建材网等近百家专业网站加盟。

"生意宝"联合了数百家有一定影响力的成长中的行业网站，而这些网站的流量可以被网盛科技时刻掌握——这无疑成为网盛科技一个潜在的利益增长点。网络公司资产的有限性和业务发展的无限可能性使收购手段成为网络公司快速成长的最佳途径之一。因此，一旦某个加盟行业类网站开始展现出收购价值和盈利前景，网盛科技可以迅速介入收购，这对提高广告收入的作用是非常直接有效的。

14.3.3　"专业+综合型"的"纵横营销"创新电子商务模式

所谓"纵横营销"模式就是中国化工网等行业网站可以专注于向"纵深"的方向发掘服务，做得更专业、更深入；而"生意宝"作为生意人的门户与搜索平台，则可以专注于"横向"发展，做得更综合，向综合应用型平台发展，这样突破了目前两种 B2B 模式的瓶颈，对于网盛科技来说也是一种新的探索与尝试。

商业模式直接决定了网站的服务模式与收入模式，由此也决定了网站是否具备可持续发展的能力。网盛科技董事长孙德良对"纵横营销"给出了一个形象的概括，即专业服务"一纵到底"，综合服务"一横到边"。针对中国电子商务行业的现状，网盛科技要进一步拓展市场空间就必须实施"纵横营销"策略。

生意宝是网盛科技于 2005 年在"行业网站联盟"的基础上正式推出的大型综合性商务网站与生意搜索平台，与全国近千家各行业领先的行业网站有着不同层面的合作关系，并在千家行业网站上进行了重点宣传。坚持以"一纵到底，一横到边"的纵横电子商务服务理念，生意宝的数据库每天收录 20 万条以上的商机及资讯，为全国中小型企业和商务人士提供方便快捷的电子商务服务，全力打造"全球领先的生意人门户及搜索平台"。

电子商务在中国经历 20 多年的发展，形成了专业化和综合化的两种主要电子商务发展模式，这两种模式各有所长，企业在实施电子商务的时候一般采取二选一的方案，即要么选择专业化，要么选择综合化。但是随着上网企业越来越多，网络贸易的竞争也越来越激烈，企业要想从有限的网络商机中得到最多的机会，选择最佳的电子商务解决方案成为在竞争激烈的网络贸易中胜出的关键因素。理论上，生意宝的"纵横电子商务模式"既具有专业化的优点又具有综合化的优点，解决了上述两种电子商务存在的不足，已成为企业实施电子商务的最佳方案之一。

14.3.4　采用"数据战略"

基于公司旗下化工网、纺织网和医药的数据资源，公司打造了数据服务平台生意社。现在已建成覆盖国民经济上游的能源、化工、纺织、有色、钢铁、橡塑、建材、农副等八大领域数百个大宗商品的数据库群，成为跟踪、分析和研究大宗商品的数据机构。把日/周/月价格、国/内外价格、现/期货价格全部采集监控起来，编制了很多非常准确的指数。在数据业务拓展上，已与期货、证券、银行等诸多行业机构展开了初步合作探索。

数据战略发展现状：目前此平台跟踪了 500 多个大宗商品，包含能源、化工、橡塑、有色、钢铁、纺织、建材、农副八大行业，覆盖 8 000 多家原材料生产企业、20 000 多家流通企业和 12 万家下游企业的市场情况，同时覆盖纽约商品交易所、上海商品交易所等全球 20 多个期货市场及国内 200 多个电子交易市场的情况。通过 50 多位行业专家、200 多名资深编辑、分析师，并借助 500 多位数据师的力量，每日可提供涉及现货、期货、证券和电子盘数据的信息以及相关动态。

14.4　点评与建议

目前，国内 B2B 电子商务领域是典型的寡头市场格局，尽管网盛科技从专业化起步，在化工行业积累了一定优势，但其市场份额还较小，知名度不及竞争对手，其生意宝目前还不能够吸引足够的用户，这与其提供服务的深度、推广力度、用户习惯的培养有关。

14.4.1　联盟网站总体质量不高，深层服务质量有待提高

具体表现为公司现阶段提供的服务大多为浅层次的，只是信息平台和营销平台。联盟网站总体质量不高，深层服务质量有待提高（诚信体系、支付体系、法律、物流等方面），例如，物流、资金、法律等服务还没有涉及，这与阿里巴巴 B2B 网站形成了很大的差距。

生意宝需要为用户提供深层次服务的形式，包括信用体系、支付体系等的建设，以及融资、物流、法律服务等。只有这样，才能提高用户的退出成本，增强用户黏性，使生意宝真正成为生意人进行垂直搜索的第一选择。

14.4.2　会员比例不足，盈利模式制约了公司的发展空间

网盛生意宝的盈利模式为"会员+广告"，但会员比例不足自身网站在线人数的 1/10。相关资料表明，在行业竞争激烈，同类网站多的环境下，大部分中小企业都注册了多个网站的免费会员来获取交易信息。

生意宝目前的收入来自于行业网站联盟和生意宝广告联盟。针对最终用户的供应商服务目前还是免费的，处于用户吸引和教育、习惯培养阶段。行业网站的细分导致了每个领域的垂直网站规模相对较小，仅凭借资讯服务收取会员费的盈利模式在一定程度上制约了公司的发展空间。

此外，网盛科技"会员+广告"的商业模式简单且门槛拦截作用有限，很容易为同行复制，行业日益细分，而过度细分必然导致每个领域的垂直网站规模相对较小，仅凭借资讯服务收取会员费模式的瓶颈就逐渐显现出来，由此制约了这种模式的发展空间；加上主流的综合网站（阿里巴巴、慧聪）的压力，其成长空间就更加受到了限制。"会员+广告"盈利模式在一定程度上制约了公司的发展空间。

14.4.3　资金不足，市场扩张受到成本约束

与国内领先的互联网公司相比，网盛科技的相对劣势体现在资金不足。自创建以来，网盛科技从未引进过任何风险投资或战略投资，通过自身业务的扩张和稳健的经营战略

实现了连年盈利。但是，公司现有的经营规模和资金实力与业内知名互联网公司相比仍处于较低水平。

此外，规模扩张将导致市场营销成本加剧上升。公司人力资源构成比例的数据显示，市场销售人员所占比重最大，达到 58.37%，一般技术人员和技术研发人员比例为 35%。这说明网盛科技业务的开拓发展主要通过市场营销人员的扩张来实现，因此公司业务发展具有"费用驱动"的特点，预计公司营业费用率和管理费用率将呈上升趋势。随着募股项目的投入，未来两年公司管理费用率和营业费用率将略有上升，之后则将呈下降趋势。

14.4.4　受行业整体环境的影响较大，抗风险能力弱

当前，我国许多出口型中小企业以劳动密集型产品、低附加值出口产品为主，产品技术含量不高。人民币兑美元汇率的持续上升，将直接影响出口型中小企业的利润，造成大批企业倒闭，而为这些企业出口服务的 B2B 网站自然也将随之萎缩。

网盛从中国化工网之类的行业网站起家，主要面向的客户群为化工、纺织等行业的中小企业。受国际金融环境持续恶化的影响，行业内的下游企业面向欧美的订单急剧减少，这种恶性循环势必传导至上游行业，企业的利润空间缩小，行业内企业数量和规模也都将出现萎缩，这将直接影响到会员费的整体规模。

但从 B2B 整体行业来说，激烈的 B2B 行业网站竞争导致行业正浮现出泡沫，而股价一路走低也正是说明了受到行业整体影响，抗风险能力较差。

14.4.5　有待高效整合行业间的内部资源

网盛与阿里巴巴、慧聪的商业模式基本相同，区别在于前者专而后者博。而要增强自己的"体质"，最好的方式还是先做大，单一行业网站的弊端也显而易见。所以网盛科技尝试将专业的行业网站业务向其他行业拓展，这不仅可以提高品牌、技术、管理、营销等资源的利用效率，更是突破收入增长瓶颈，在新行业取得成功，使得旗下各行业网站实现均衡发展。综合网站虽然高投入，但抗风险能力强、发展前景广阔，而单一行业网站的成长空间受到很大局限。

面对阿里巴巴、慧聪可以横向面向几十个行业，生意宝凭借的主要武器就是"生意搜"这个搜索引擎，要打通电子商务产业链与整合行业间内部资源，将众多由于相互联系不够紧密形成一个个"信息孤岛"的小门户联合起来，聚集形成"长尾"优势。

而如何聚集形成"长尾"优势，形成核心盈利模式的实质性突破却是摆在网盛科技面前的难题。目前，生意宝所采取的合作方式，要求这些小门户网站嵌入自己的搜索引擎，成为自己的联盟伙伴，专门搜索商业机会、供求信息，把很多商机通过这个搜索引擎聚合到生意宝这个平台上，本质上是将广告模式从平面延伸到了搜索引擎上，其核心盈利模式却并没有实质性突破。联盟既是生意宝的手段也是生意宝的工具，这就是生意宝所强调的核心优势。但联盟在实践中是否能紧密联合而高效整合行业间的内部资源，形成"长尾"优势，正是网盛科技要解决的问题。

现阶段，网盛科技的实力暂时无法与阿里巴巴相抗衡，就只有采取区域战略，立足于已经成熟的化工领域，逐步向纺织、服装、农产品（行情论坛）领域延伸，将这两个行业做深做细，逐步以点连接成片进行扩张，并提出"再造 100 个行业网站"的计划。

14.5　知识点学习

14.5.1　电子商务平台特征

电子商务平台是 B2B 型电子商务开展的主要场所，能够去除一切非效率因素，增进企业与顾客的关系，提高效率，降低成本，使市场化交易更简便易行，最终提高企业竞争优势。以电子商务平台为核心形成的电子市场一般具有如下特征：

（1）电子市场是一个集中于某个行业或商务项目的虚拟市场；

（2）电子市场是买卖双方连接的重要纽带；

（3）电子市场是使基于供应链的商务活动更加便捷的新的商务模式；

（4）电子市场是未来供应链发展的方向；

电子市场可以由三种方式建成：

（1）由一家企业单独建成，以采购原材料和出售最终产品为主要目的；

（2）由独立第三方开发，面向多个行业提供服务；

（3）由某个联合体共同建成，目的是在效率更高的环境中进行交易。

14.5.2　集成的电子市场和电子交易平台

在今天这个剧烈竞争的环境之中，企业不仅要生产，而且还要营销，并以最有效率的方法拓展市场，互联网时代的最大变化就是市场边界的变化——成为全球性的市场。电子市场这种商业模式提供了一个场所，任何一个企业都可以作为集成供应链上的买方或卖方来部分或完整地进行贸易活动。虽然电子市场是定位于某个范围，但得益于高效计划与生产，每一个企业都有机会在由这个电子市场形成的范围内销售其产品。所以说，现阶段的商务是围绕着电子市场来开展的。

1. 集成的电子商务平台的功能

电子商务平台主要通过两种不同的功能来产生价值：聚集功能和匹配功能。

1）聚集功能

1 聚集功能指把大量交易者汇集到一个虚拟平台上，通过提供一站式购齐服务降低交易成本。聚集机制是一种静态机制，因为价格是预先商定的。这种功能的一个重要特性就是，当电子市场中加入一个新的购买者时，受益的是销售者，因为在聚集模型中，买者和卖者的位置都是固定的。

聚集机制在如下环境中能最好地发挥作用：

（1）处理一张订单的成本比按件购买要高；

（2）产品是专业化的，不是一般商品；

（3）单件产品数量或者存储单位（Stock-Keeping Units，SKUs）很大；

（4）供应商高度分散；

（5）购买者不熟知自动定价机制；

（6）购买按照事先的谈判合约进行；

（7）能产生一个容纳大量供应商的产品目录。

2）匹配功能

匹配功能指把买卖双方集合在一起，实行动态、实时的价格谈判。在匹配功能中，参与者的角色是不断变化的：卖者可能成为买者，反之亦然。因此，把一些新的成员加入到市场中，能增加市场的流动性，而且使买卖双方都受益。

匹配功能在如下环境中能很好地发挥作用：

（1）产品是日用品或近似日用品，无须验货就能交易；

（2）交易量比交易成本大得多；

（3）交易者能够熟练运用动态定价机制；

（4）企业通过实施采购抹平供需的波峰和波谷；

（5）物流可以通过第三方实现，从而不会泄漏买者或卖者的身份；

（6）需求和价格是不断波动的。

2．电子商务平台的风险

就购买过程而言，Saeed 和 Leith（2003）将外包的感知风险描述为三个维度：交易风险、安全风险和隐私风险。

安全风险和隐私风险是电子市场上所特有的，交易风险与逆向选择（主要是与供应商相关的不完全信息和错误信息）和道德风险（或者机会主义行为）有关；安全风险主要源于认证和数据丢失（不安全的数据传输和存储）；隐私风险主要包括不恰当的信息收集和未授权的信息公开（电子市场交易活动可能会暴露购买者的敏感信息和购买行为），信息公开或信息透明是区分传统市场和电子市场的重要特征（Zhu，2002），它根据电子市场披露个人信息的制度而各不相同。

14.5.3　"互联网+"概念

"互联网+"代表着一种新的经济形态，它指的是依托互联网信息技术实现互联网与传统产业的联合，以优化生产要素、更新业务体系、重构商业模式等途径来完成经济转型和升级。"互联网+"计划的目的在于充分发挥互联网的优势，将互联网与传统产业深入融合，以产业升级提升经济生产力，最后实现社会财富的增加。

"互联网+"概念的中心词是互联网，它是"互联网+"计划的出发点。"互联网+"计划具体可分为两个层次的内容来表述。一方面，可以将"互联网+"概念中的文字"互联网"与符号"+"分开理解。符号"+"意为加号，即代表着添加与联合。这表明了"互联网+"计划的应用范围为互联网与其他传统产业，它是针对不同产业间发展的一项新计划，应用手段则是通过互联网与传统产业进行联合和深入融合的方式进行；另一方面，"互联网+"作为一个整体概念，其深层意义是通过传统产业的互联网化完成产业升级。互联网通过将开放、平等、互动等网络特性在传统产业的运用，通过大数据的分析与整合，试图理清供求关系，通过改造传统产业的生产方式、产业结构等内容，来增强经济发展动力，提升效益，从而促进国民经济健康有序发展。

1．基本内涵

"互联网+"是两化融合的升级版，将互联网作为当前信息化发展的核心特征，提取出来，并与工业、商业、金融业等服务业的全面融合。这其中关键就是创新，只有创新才能让这个"+"真正有价值、有意义。正因为此，"互联网+"被认为是创新 2.0 下的互联网发展新形态、新业态，是知识社会创新 2.0 推动下的经济社会发展新形态演进。

通俗来说，"互联网+"就是"互联网+各个传统行业"，但这并不是简单的两者相加，而是利用信息通信技术以及互联网平台，让互联网与传统行业进行深度融合，创造新的发展生态。

2．社会影响

"互联网+"中重要的一点是催生新的经济形态，并为大众创业、万众创新提供环境。

"互联网+"是对创新 2.0 时代新一代信息技术与创新 2.0 相互作用共同演化推进经济社会发展新形态的高度概括。

李克强总理所提的"互联网+"与较早相关互联网企业讨论聚焦的"互联网改造传统产业"基础上已经有了进一步的深入和发展。李克强总理在政府工作报告中首次提出的"互联网+"实际上是创新 2.0 下互联网发展新形态、新业态，是知识社会创新 2.0 推动下的互联网形态演进。

伴随知识社会的来临，驱动当今社会变革的不仅仅是无所不在的网络，还有无所不在的计算、无所不在的数据、无所不在的知识。"互联网+"不仅仅是互联网移动了、泛在了、应用于某个传统行业了，更加入了无所不在的计算、数据、知识，造就了无所不在的创新，推动了知识社会以用户创新、开放创新、大众创新、协同创新为特点的创新 2.0，改变了我们的生产、工作、生活方式，也引领了创新驱动发展的"新常态"。

小结

通过对环球资源案例纵览、聚焦热点、成功之处的分析及对其的点评与建议，使学生对案例有了全面、透彻的了解和掌握。同时学习与本案例相关的知识点内容，包括 B2B 电子商务的概念、特点和模式。

习题

1. 中国化工网是什么类型的 B2B 电子商务？
2. 中国化工网的核心竞争力（或者说特色）是什么？
3. 简述中国化工网域名（www.chemnet.com）的由来。
4. 中国化工网如何保持其专业特色的优势？
5. 为什么慧聪网可以实现快速发展？试简述其在实现快速发展过程中实施了哪些策略。
6. 中国化工网为什么实施"纵横营销"创新电子商务模式？
7. 中国化工网如何实施"会员+广告"的盈利模式？为什么这一盈利模式非常有效？
8. 中国化工网是如何定位客户群体、吸引客户并获取客户信任的？
9. 中国化工网目前遇到的困境是什么？

能力拓展

中国制造网（Made-in-China.com）是一个中国产品信息荟萃的网上平台，是面向全球提供中国产品的电子商务服务, 旨在利用互联网将中国制造的产品介绍给全球采购商。中国制造网创建于 1998 年, 是由焦点科技开发和运营的, 国内最著名的 B2B 电子商务网站之一, 已连续四年被《互联网周刊》评为中国最具商业价值百强网站。

中国制造网是汇集中国企业产品, 面向全球采购商, 提供高效可靠的信息交流与贸易服务平台, 为中国企业与全球采购商创造了无限商机, 是国内中小企业通过互联网开展国际贸易的首选 B2B 网站之一, 也是国际上有影响的电子商务平台。

试根据以上提供的资料, 搜集并整理中国制造网案例, 结合中国化工网案例体验并比较二者发展过程及电子商务模式的异同点, 分析总结出我国 B2B 平台发展的特点、特有的电子商务模式、面临的困境及应对策略。要求完成中国制造网案例报告, 分成小组交流讨论。

参 考 文 献

[1] 石琦. 线上线下携手的新零售战略分析: 以阿里巴巴为例[J]. 现代营销, 2019(04): 8-9.

[2] 周银. 浅谈淘宝网的大数据分析对淘宝营销的作用[J]. 现代经济信息, 2018(14): 147.

[3] 八月. 淘宝直播的崛起给我们哪些启示[J]. 互联网周刊, 2019(05): 12-13.

[4] 王智东. 我国互联网金融发展的特征、现状、问题及措施[J/OL]. 商业经济研究, 2019(06): 158-160.

[5] 刘锦花. 跨境电商市场营销策略分析: 以小红书为例[J]. 商场现代化, 2019(01): 20-21.

[6] 吕永昕, 区炳超. 基于社区平台构建的"互联网+"商业模式创新路径研究: 以小米、小红书为例[J]. 现代商业, 2018(18): 167-168.

[7] 冉鹏. 共享单车 B2C 商业模式浅谈: 以 ofo 为例[J]. 时代金融, 2018(02): 292-293.

[8] 徐思雅. 共享经济的发展现状和对策思考: 以 ofo 共享单车为例[J]. 现代营销(经营版), 2019(02): 53.

[9] 付一夫, 朱丽娜. ofo 反思录: 共享经济是否还有未来[J]. 互联网经济, 2019(Z1): 70-75.

[10] 刘翠莲, 戴群, 尤心一. 物流视角下共享单车运营问题及对策[J]. 重庆交通大学学报: 社会科学版, 2019, 19(01): 59-63.

[11] 李文婷. 共享经济视角下的营销新路径研究: 以福州地区共享单车为例[J]. 科技经济市场, 2019(01): 97-99.

[12] 黄雲. 跨境电商平台敦煌网品牌国际化研究[D]. 首都经济贸易大学, 2017.

[13] 朱耘. 敦煌网: 开启"一带一路"的网上丝绸之路[J]. 商学院, 2017(06): 106-107.

[14] 林艳. 跨境电商运营模式研究: 以敦煌网为例[J]. 全国流通经济, 2017(24): 16-17.

[15] 武敏杰. 应用电子商务平台提升采购管理效益[J]. 中国物流与采购, 2016(14): 74-75.

[16] 李松霖, 由芙洁, 吴佩芸. 中国 B2B 电商发展史话[J]. 互联网经济, 2018(05): 88-95.

[17] 孙慧婷, 方晓, 董娜. 基于 DEA 模型的购物网站效率评价研究[J]. 西昌学院学报: 自然科学版, 2018, 32(04): 31-35.

[18] 许美贤, 郑琰. 大数据技术在物流企业中的应用: 以京东企业为例[J]. 电子商务, 2019(05): 55-56.

[19] 谢振宇. 移动电商场景营销策略研究[D]. 暨南大学, 2017.

[20] 谢君, 李孛. "新零售"趋势下生鲜电商平台 O2O 模式研究: 以京东到家为例[J]. 价值工程, 2018, 37(17): 117-119.

[21] 马露. B2C 电商新媒体商业模式创新研究: 以京东为例[J]. 电视指南, 2018(09): 263-264.

[22] 任芳. 京东无界物流迎接无界零售时代[J]. 物流技术与应用, 2018, 23(03): 108-111.

[23] 张雪佳. 苏宁智慧零售转型策略分析[J]. 中国经贸导刊(中), 2018(35): 68-69.

[24] 郭朋. 新零售模式下顾客感知价值研究[D]. 河北科技大学, 2019.

[25] 朱静荷. 电子商务模式下苏宁易购主要业务环节内部控制的案例研究[D]. 华中科技大学, 2018.

[26] 曲国霞, 马婉璐. 企业关系网络、社会资本与经营绩效: 基于苏宁易购集团的案例分析[J]. 山东大学学报: 哲学社会科学版, 2018(06): 91-99.

[27] 王祎明. 浅析跨境电商物流信息系统构建: 以网易考拉海购为例[J]. 时代经贸, 2019(06): 6-7.

[28] 郑建辉. 网易考拉自营海购平台的现状分析及路径选择[J]. 现代商贸工业, 2018, 39(32): 71-74.

[29] 胡保亮, 田萌. 自营类跨境电商商业模式构成要素解析: 以网易考拉海购为例[J]. 杭州电子科技大学学报: 社会科学版, 2018, 14(04): 7-12.

[30] 桂嘉越, 李晓峰. B2C 模式下我国跨境进口电商成功经验探析: 以网易考拉海购为例[J]. 湖北工程学院学报, 2018, 38(01): 86-91.

[31] 张亚. "亚马逊物流+"助力网易考拉海购[J]. 商业文化, 2016(12): 44-45.

[32] 李祎, 吕红. 网易考拉海购经营模式研究[J]. 农村经济与科技, 2018, 29(22): 142-143.

[33] 张楠. 探析中国快递企业竞争发展趋势: 基于顺丰快递与阿里菜鸟物流的竞争分析[J]. 纳税, 2019, 13(07): 187-190.

[34] 王飞. 区块链技术与促进我国跨境电商发展的新思路研究[J]. 理论月刊, 2019(03): 117-122.